Islam in der Gesellschaft

Herausgegeben von
R. Ceylan, Osnabrück, Deutschland
N. Foroutan, Berlin, Deutschland
A. Zick, Bielefeld, Deutschland

Die neue Reihe *Islam in der Gesellschaft* publiziert theoretische wie empirische Forschungsarbeiten zu einem international wie national aktuellem Gegenstand. Der Islam als heterogene und vielfältige Religion, wie aber auch kulturelle und soziale Organisationsform, ist ein bedeutsamer Bestandteil von modernen Gesellschaften. Er beeinflusst Gesellschaft, wird zum prägenden Moment und erzeugt Konflikte. Zugleich reagieren Gesellschaften auf den Islam und Menschen, die im angehören bzw. auf das, was sie unter dem Islam und Muslimen verstehen. Der Islam prägt Gesellschaft und Gesellschaft prägt Islam, weil und wenn er in Gesellschaft ist. Die damit verbundenen gesellschaftlichen Phänomene und Prozesse der Veränderungen sind nicht nur ein zentraler Aspekt der Integrations- und Migrationsforschung. Viele Studien und wissenschaftliche Diskurse versuchen, den Islam in der Gesellschaft zu verorten und zu beschreiben. Diese Forschung soll in der Reihe *Islam in der Gesellschaft* zu Wort und Schrift kommen, sei es in Herausgeberbänden oder Monografien, in Konferenzbänden oder herausragenden Qualifikationsarbeiten.

Die Beiträge richten sich an unterschiedliche Disziplinen, die zu einer inter- wie transdisziplinären Perspektive beitragen können:

- Sozialwissenschaften, Soziologie
- Islamwissenschaft
- Integration- und Migrationsforschung
- Bildungswissenschaft
- Sozialpsychologie
- Kulturwissenschaften
- Geschichtswissenschaft und
- weitere Wissenschaften, die Forschungsbeiträge zum Thema aufweisen.

Peter Antes · Rauf Ceylan
(Hrsg.)

Muslime in Deutschland

Historische Bestandsaufnahme,
aktuelle Entwicklungen
und zukünftige Forschungsfragen

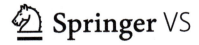

 Springer VS

Herausgeber
Peter Antes
Leibniz Universität Hannover
Deutschland

Rauf Ceylan
Universität Osnabrück
Deutschland

Diese Publikation wurde gefördert vom Bundesministerium für Bildung und Forschung

GEFÖRDERT VOM

Islam in der Gesellschaft
ISBN 978-3-658-15114-0   ISBN 978-3-658-15115-7   (eBook)
DOI 10.1007/978-3-658-15115-7

Die Deutsche Nationalbibliothek verzeichnet diese Publikation in der Deutschen Nationalbibliografie; detaillierte bibliografische Daten sind im Internet über http://dnb.d-nb.de abrufbar.

Springer VS
© Springer Fachmedien Wiesbaden GmbH 2017
Das Werk einschließlich aller seiner Teile ist urheberrechtlich geschützt. Jede Verwertung, die nicht ausdrücklich vom Urheberrechtsgesetz zugelassen ist, bedarf der vorherigen Zustimmung des Verlags. Das gilt insbesondere für Vervielfältigungen, Bearbeitungen, Übersetzungen, Mikroverfilmungen und die Einspeicherung und Verarbeitung in elektronischen Systemen.
Die Wiedergabe von Gebrauchsnamen, Handelsnamen, Warenbezeichnungen usw. in diesem Werk berechtigt auch ohne besondere Kennzeichnung nicht zu der Annahme, dass solche Namen im Sinne der Warenzeichen- und Markenschutz-Gesetzgebung als frei zu betrachten wären und daher von jedermann benutzt werden dürften.
Der Verlag, die Autoren und die Herausgeber gehen davon aus, dass die Angaben und Informationen in diesem Werk zum Zeitpunkt der Veröffentlichung vollständig und korrekt sind. Weder der Verlag noch die Autoren oder die Herausgeber übernehmen, ausdrücklich oder implizit, Gewähr für den Inhalt des Werkes, etwaige Fehler oder Äußerungen.

Gedruckt auf säurefreiem und chlorfrei gebleichtem Papier

Springer VS ist Teil von Springer Nature
Die eingetragene Gesellschaft ist Springer Fachmedien Wiesbaden GmbH
Die Anschrift der Gesellschaft ist: Abraham-Lincoln-Str. 46, 65189 Wiesbaden, Germany

Vorwort

Mit dem Band „Muslime in Deutschland: Historische Bestandsaufnahme, aktuelle Entwicklungen und zukünftige Forschungsfragen", der von Peter Antes und Rauf Ceylan editiert und herausgegeben wird, präsentieren wir den ersten Band der neuen Buchreihe *Islam in der Gesellschaft*. Zugleich möchten wir damit Wissenschaftlerinnen und Wissenschaftler motivieren, in dieser neuen Reihe zu publizieren und ihre Manuskripte einzusenden.

Die Buchreihe soll ein Ort für disziplinäre wie interdisziplinäre Forschungsarbeiten, Studien und Debatten schaffen, der Analysen und Diskussionen über ein herausforderndes wie wissenschaftlich anstrengendes Thema ermöglicht. Welchen Ort und Status hat der Islam in modernen Gesellschaften? Was prägt ihn, was verankert und verändert ihn? Wie wird der Islam wahrgenommen? Welches Verhältnis haben Muslime und andere religiöse wie nicht religiöse Menschen zum Islam? Welche muslimischen wie nicht muslimischen Interpretation des Islam gibt es? In welcher Beziehung stehen Islam und Integration wie Migration? Wie nähern sich die Disziplinen der Bestimmung methodisch wie theoretisch an?

Die Reihe *Islam in der Gesellschaft* möchte zu diesen und vielen anderen Fragen theoretische wie empirische Forschungsarbeiten publizieren. Sie möchte nationale wie internationale Analysen zugänglich machen. Den Islam verstehen wir dabei als eine heterogene und vielfältige Religion, wie aber auch kulturelle und soziale Organisationsform, der moderne Gesellschaften prägt, wie aber auch von ihnen geprägt wird, Konflikte erzeugt, Vergemeinschaftung und Wandel. Die damit verbundenen gesellschaftlichen Phänomene und Prozesse der Veränderungen sind nicht nur ein zentraler Aspekt der Integrations- und Migrationsforschung. Viele Studien und wissenschaftlichen Diskurse versuchen, den Islam in der Gesellschaft zu verorten und zu beschreiben. Diese Forschung soll in der Reihe *Islam in der Gesellschaft* zu Wort und Schrift kommen, sei es in Herausgeberbänden oder Monografien, in Konferenzbänden oder herausragenden Qualifikationsarbeiten.

Die Reihe möchte gerne Querverbindungen der Forschung ermöglichen. Sie wendet sich deshalb an unterschiedliche Disziplinen, die zu einer inter- wie transdisziplinären Perspektive beitragen können: Sozialwissenschaften, Soziologie, Islamwissenschaft, die Integration- und Migrationsforschung, Bildungswissenschaft, Sozialpsychologie, Geschichtswissenschaft, Kulturwissenschaft, Recht und weitere Wissenschaften können zu einer multiplen Analyse und zu einem wissenschaftlich breiter fundierten Verständnis beitragen. Dazu brauchen sie einen zuverlässigen Ort, der ihren interdisziplinären Annäherungen Ausdruck verschaffen kann. Die Reihe Islam in der Gesellschaft kann dieser Ort werden und dafür danken wir dem Verlag Springer VS.

Rauf Ceylan, Naika Foroutan und Andreas Zick
Osnabrück, Berlin und Bielefeld im September 2016

Der erste Band ist ein guter Anfang für die Reihe, weil er nicht nur die Breite und multidisziplinäre Perspektive auf den Islam kenntlich macht. Es geht um ein aktuelles Thema, welches angesichts der gesellschaftlichen Debatten und der vielerorts heftigen wie populistisch geführten Konflikte darum, ob der Islam überhaupt zur Gesellschaft gehört und ob Muslime gleichwertige Mitglieder in der Gesellschaft sind, eine wissenschaftliche Analyse fast unmöglich macht. Die Autorinnen und Autoren bieten aus disziplinär höchst unterschiedlichen, aber analytisch wie thematisch verbindenden Positionen neue Perspektiven auf Muslime in Deutschland an. Fünfzig Jahre nach Anwerbung von ‚Gastarbeiterinnen und Gastarbeitern', von denen Einige eben auch Muslime waren, ist es Zeit, weitere analytische Klarsichten in den öffentlichen und publizistischen Blick auf Muslime zu einzuspeisen. Der Band, den Peter Antes und einer der Reihenherausgeber Rauf Ceylan zusammengestellt haben, verbindet Wissenschaftlerinnen und Wissenschaftler, die eine historische wie gegenwartsbezogene, empirische wie theoretische, rechtliche wie theologische Analyse der Lebenslagen wie –perspektiven von Muslimen in Deutschland bieten. Nahezu alle wesentlichen Lebensbereiche von Muslimen werden angesprochen. Wir freuen uns über die Beiträge und hoffen, mit dem ersten Band einen Akzent setzen zu können, der zu weiteren Debatten und Analysen führen kann. Von hier aus kann es weitergehen.

Andreas Zick und Naika Foroutan

Inhalt

Zu diesem Buch: Ein kurzer Überblick 1
Peter Antes und Rauf Ceylan

I Gesellschaftliche Wahrnehmung und gesellschaftliche Akzeptanz der Muslime in Deutschland

Perceptions of Islam in Western Publics. Between Orientalism, Islamophobia and Multiculturalism 7
Maxie Wolf and Dirk Halm

Das Vorurteil über Muslime 39
Andreas Zick

AfD, Pegida & Co. Die Formierung einer muslimfeindlichen rechten Bewegung 59
Alexander Häusler

II Rechtliche Anerkennung des Islam in Deutschland

Muslimische Religionsgemeinschaften als Körperschaften des öffentlichen Rechts 77
Stefan Muckel

Deutsche Religionspolitik im Kontext des Islam. Ursachen und
Auswirkungen der Re-Formation von Religionspolitik als
Integrationspolitik 115
Sven W. Speer

III Akademische und schulische Integration des Islam – Stand und Perspektiven

Die Etablierung der Islamischen Theologie. Institutionalisierung einer
neuen Disziplin und die Entstehung einer muslimischen scientific
community 151
Peter Antes und Rauf Ceylan

Islam – Made in Germany 163
Arnfrid Schenk

Stand und Entwicklung des Islamischen Religionsunterrichtes und
Religionspädagogik in Deutschland 171
Ismail H. Yavuzcan

„Feminisierung des Islam"? Theologinnen als neue religiöse Autoritäten ... 187
Melahat Kisi

IV Muslimische Identitäten und Religiosität

Islamische Erziehung in Familien mit Zuwanderungsgeschichte 209
Haci-Halil Uslucan

Muslimische Religiosität: Problem oder Ressource? 225
Yasemin el-Menouar

Religiöses Kapital als Element muslimischer Identitätsperformanzen 265
Naika Foroutan

Muslimische Jugendkulturen in Deutschland 279
Markus Ottersbach

Salafismus als Erweckungsbewegung 293
Rüdiger Lohlker

V Muslimische Strukturen und Organisationen

Muslimische Organisationen in Deutschland. Entstehung,
Entwicklungen und Herausforderungen 309
Thomas Lemmen

Zur Notwendigkeit Islamischer Wohlfahrtspflege und Rolle der
Deutschen Islamkonferenz: Einblicke, Rückblicke und Ausblicke 325
Samy Charchira

Das Avicenna-Studienwerk: ein Stipendienprogramm für leistungsstarke
und engagierte muslimische Studierende und Promovierende 345
Hakan Tosuner

Über die Notwendigkeit einer muslimischen Akademie. Ein engagiertes
Plädoyer für mehr muslimische Bildungseinrichtungen am Beispiel der
Entwicklungen in Niedersachsen 359
Annett Abdel-Rahman und Kathrin Klausing

Die Autorinnen und Autoren 371

Zu diesem Buch: Ein kurzer Überblick

Peter Antes und Rauf Ceylan

Der Islam in Deutschland weist eine über 50-jährige Geschichte auf, die wesentlich auf die Arbeitsmigration aus islamisch geprägten Ländern zurückgeht. Im Laufe der Jahrzehnte hat sich mit der Präsenz der Muslime nicht nur ihre Population erhöht sowie ihr Organisationsgrad gesteigert, sondern in allen gesellschaftlich relevanten Feldern (Politik, Bildungssystem, Universitäten usw.) sind zugleich erfolgreiche Integrations- und Partizipationsprozesse zu verzeichnen. Mit der zunehmenden öffentlichen Wahrnehmung der Muslime ist jedoch zugleich die gesellschaftliche Bewusstwerdung über die Existenz der zweitgrößten Religionsgemeinschaft im eigenen Land verbunden. Obwohl die Zahl der Muslime und ihre religiösen Organisationen bereits seit den 1970er Jahren stark zugenommen haben, sind islamkonnotierte Themen und Debatten erst zu Beginn der 2000er Jahre initiiert worden. Zum einen ist diese Entwicklung im Kontext globaler und europäischer Prozesse zu bewerten. Die politischen Entwicklungen in islamisch geprägten Staaten sowie die Migrationsprozesse aus diesen Ländern und die mediale Auseinandersetzung darüber haben hierzu beigetragen. Zum anderen basiert die gesellschaftliche Wahrnehmung auf der Tatsache, dass infolge der quantitativen und qualitativen Relevanz der muslimischen Minorität die Politik den Islam im integrations- und bildungspolitischen Kontext nicht mehr ausblenden konnte. So ist festzustellen, dass in einem rasanten Tempo in den letzten fünfzehn Jahren große Fortschritte in der Anerkennung und Eingliederung der muslimischen Community erfolgten. Allerdings verlaufen die Prozesse gesellschaftliche Wahrnehmung, strukturelle Integration und gesellschaftliche Akzeptanz nicht synchron. Denn begleitet wird die Entwicklung durch die gesellschaftliche Ablehnung der Muslime, die sich u. a. in islamfeindlichen Parteien und Bewegungen (AfD, PEGIDA) sowie durch Umfragen zu Islamophobie offenbaren. Wiederum kann diese Entwicklung nicht unabhängig von globalen und europäischen Prozessen bewertet werden, wenn auch nationalstaatliche Faktoren (Demografische Entwicklungen, (wirtschaftliche)

Abstiegsängste usw.) eine Rolle spielen. Vor dem Hintergrund dieser ambivalenten Entwicklung hat sich der vorliegende Band zum Ziel gesetzt, eine Bestandsaufnahme der 50-jährigen islamischen Geschichte im Kontext der Arbeitsmigration vorzulegen. Ziel ist es, das Thema auf der Grundlage einer facettenreichen Darstellung zu behandeln. In fünf zentralen Themenschwerpunkten – historische und gegenwärtige – soll das Leben der Muslime in Deutschland analysiert werden, um ein Gesamtbild zu erarbeiten. Auf der Basis einer Bestandsanalyse sollen zudem zukünftige Entwicklungen antizipiert bzw. prognostiziert werden.

Im **Themenschwerpunkt I** wird die gesellschaftliche Wahrnehmung des Islam in westlichen Gesellschaften, insbesondere in Deutschland untersucht. Der erste Beitrag von Maxie Wolf und Dirk Halm analysiert auf der Basis empirischer Daten, wie die Islamophobie und Orientalismus durch die Konstruktion eines „Muslim-Bildes", vor allem in den Medien, die Wahrnehmung in der Rezeption dieser Religionsgruppe negativ prägt. Andreas Zick zeigt anhand sozialpsychologischer Theoriebildung und empirischer Untersuchungen, wie und warum Vorurteilsbildungen gegenüber der muslimischen Minorität existieren. Diese werden anhand aktueller empirischer Daten exemplifiziert. Im dritten Beitrag beleuchtet Alexander Häusler den antimuslimischen Rassismus in Deutschland. Dieses Phänomen zeigt er am Beispiel der rechtspopulistischen Bewegungen PEGIDA und AfD auf, indem er die Entstehung, Entwicklung und Strategien dieser Strömung plastisch macht.

Der **Themenschwerpunkt II** richtet den Fokus auf die Frage der rechtlichen Anerkennung des Islam bzw. der muslimischen Gemeinden in Deutschland. Stefan Muckel setzt sich in seinem Beitrag mit den Voraussetzungen zur Anerkennung des Islam bzw. der muslimischen Gemeinden als Körperschaft des öffentlichen Rechts auseinander. In diesem Kontext zeigt er die Herausforderungen auf, mit denen die muslimischen Organisationen auf dem Weg zur Anerkennung konfrontiert sind. Sven Speer beleuchtet in seinem Beitrag die deutsche Religionspolitik sowie religionspolitische Entscheidungen in den Jahren 1990 bis 2016, um den Umgang des Staates mit dem Islam kritisch zu hinterfragen. Dabei wird nicht nur die Religionspolitik als Integrationspolitik entlarvt, sondern auch das Postulat des Staates für eine Vereinheitlichung der muslimischen Struktur zur Diskussion gestellt.

Themenschwerpunkt III behandelt die Integration des Islam in akademischen Strukturen sowie im Bildungssystem. Vor diesem Hintergrund setzt sich der erste Beitrag von Peter Antes und Rauf Ceylan mit der Entwicklung der Institute für Islamische Theologie seit den Empfehlungen des Wissenschaftsrats in 2010 auseinander. Dabei wird aufgezeigt, dass eine muslimische scientific community im Entstehen ist, die die kompetenten theologischen Fragen für den deutschen Kontext behandeln kann. Der zweite Beitrag von Arnfrid Schenk knüpft an dieses Thema an. Auf der Basis von Interviews mit den wissenschaftlichen Vertretern der unterschiedlichen Institute für Islamische Theologie skizziert Schenk die unterschiedlichen Profilierungen und zeigt auch kritische Entwicklungen auf. Sein Beitrag ist nicht nur ein Zwischenresümee, sondern lässt auch auf weiterhin positive Entwicklungen im akademischen Bereich hoffen. Weiter geht es im Beitrag von Ismail Yavuzcan um den Islamischen Religionsunterricht, der seit Ende der 1990er Jahre in unterschiedlichen Bundesländern zunächst als Schulversuch angeboten und dann in einen ordentlichen Religionsunterricht überführt wurde. Yavuzcan untersucht die unterschiedlichen Entwicklungen, um den gegenwärtigen Stand dieser bildungspolitischen Aufgabe darzulegen. Mit der Etablierung der Institute für Islamische Theologie sowie der Einführung des Islamischen Religionsunterrichts ist zugleich die Hoffnung verbunden, mehr muslimische Frauen für die Theologie zu gewinnen. Diese Zielsetzung setzt Melahat Kisi in ihrem Artikel auf den Prüfstand. Während für den Islamischen Religionsunterricht mittlerweile viele Religionslehrerinnen tätig sind, sieht es im akademischen Bereich derzeit nur im wissenschaftlichen Mittelbau bzw. bei Qualifikationsstellen positiv aus. Bei den Professoren ist eindeutig eine Männerdominanz festzustellen.

Im **Themenschwerpunkt IV** wird die Frage der muslimischen Identitäten sowie muslimische Religiosität aufgegriffen. Der erste Beitrag von Haci-Halil Uslucan geht auf die vermittelten Inhalte in der islamisch-religiösen Erziehung ein. Dabei thematisiert Uslucan die Bedeutung der religiösen Sozialisation im Verlauf der Lebensphase der muslimischen Jugendlichen insbesondere im Kontext ihrer gesellschaftlichen Integration. Im zweiten Beitrag von Yasemin el-Menouar wird u. a. auf der Basis empirischer Studie der Bertelsmann-Stiftung der Frage nachgegangen, ob die Religiosität der Muslime auch als Ressource wahrgenommen werden kann. Kritisch wird aufgezeigt, dass der Islam und die Religiosität der Muslime in den öffentlichen Debatten eher als ein Integrationshindernis wahrgenommen werden, statt sie auch „als soziale oder persönliche Ressource für den Integrationsprozess" zu begreifen. Mit dieser Diskussion korrespondiert der Beitrag von Naika Foroutan, die in ihrem Beitrag zu hybriden muslimischen Identitäten nicht nur die Komplexität der muslimischen Community zeigt, sondern auch die Erkenntnis, dass der Islam keine benachteiligende Wirkung auf die gesellschaftliche Partizipation haben muss. Mit dem Artikel von Markus Ottersbach wird der monolithische Blick auf die Muslime dekonstruiert, wenn er die Heterogenität der muslimischen Jugendkulturen detailliert vor Augen führt. Ottersbach zeigt u. a., dass die heterogenen Lebensstile der muslimischen Jugendlichen keine Fortführung ihrer „Herkunftskulturen" darstellen, wie so oft in der öffentlichen Wahrnehmung stigmatisierend zugeschrieben. Im Gegenteil, die Vielfalt der muslimischen Jugendkulturen sei ein Produkt individueller Auseinandersetzung unter den jeweiligen persönlichen Rahmenbedingungen. Der letzte Beitrag von Rüdiger Lohlker geht schließlich auf das Phänomen des Salafismus ein, um die Frage zu erörtern, ob es sich hierbei um eine Erweckungsbewegung handelt. Thematisch ergänzt dieser Beitrag insofern die anderen Artikel, als dass der Salafismus auch ein Ausdruck einer Jugendkultur ist, die zudem infolge der hohen Zahl an Konvertiten nicht nur auf Jugendliche mit einem sogenannten Migrationshintergrund zu reduzieren ist.

Der **Themenschwerpunkt V** greift schließlich die Frage muslimischer Organisationen und Strukturen auf. Thomas Lemmen thematisiert im ersten Beitrag die unterschiedlichen islamischen Organisationen in Deutschland und zeichnet ihre Transformationsprozesse nach. Samy Charchira behandelt das Thema der muslimischen Wohlfahrtspflege, die in 2015 von der Deutschen Islam Konferenz – im Zusammenhang der nachholenden (strukturellen) Integration der Muslime – als ein mittel- bzw. langfristiges Ziel formuliert wurde. Charchira bespricht daher die Vorrausetzungen, um diese ambitionierte Zielsetzung zu erreichen. Hakan Tosuner stellt in seinem Beitrag das Avicenna-Förderwerk vor und fokussiert die Diskussion auf die Ausbildung einer muslimischen Bildungselite, die in Deutschland zukünftig eine wichtige Vorbildfunktion und weitere gesellschaftliche Verantwortung übernehmen werde. Schließlich wird im letzten Beitrag von Annette Abdel-Rahman und Kathrin Klausing die Notwendigkeit muslimischer Akademien diskutiert, die am Beispiel der Entwicklungen in Niedersachsen konkretisiert wird.

I
Gesellschaftliche Wahrnehmung und gesellschaftliche Akzeptanz der Muslime in Deutschland

Perceptions of Islam in Western Publics
Between Orientalism, Islamophobia and Multiculturalism[1]

Maxie Wolf and Dirk Halm

Abstract

The representation of Muslims and Islam in Western publics is dominated by topics related to terror, violence and fundamentalism. As far as the media discourse is concerned, the article asks in how far Eduard Said's postcolonial theory – Orientalism – can be applied to understanding the underlying structure of the reporting. The rationale of this approach is that journalists may function as "Orientalists" according to Said's reasoning, generating one-sided, Western-centric information. The article focuses on how Islam and Muslims are represented in the broadsheet newspaper *Daily Telegraph* by means of reporting about the first free democratic election in Tunisia and the terrorist attack on *Charlie Hebdo*. Special emphasis lies on the extent to which the West/East dichotomy is maintained, possibly resulting in Islamophobia. As a result, it shows that Orientalism and Islamophobia are limited concepts when it comes to the representation of Muslims and Islam in Western publics. In contrast, the authors argue that multiculturalism and transnationalization have loosened Said's West/East dichotomy. At the same time, the findings show a rather weak connection between Islamophobia and Orientalism. Instead, the two concepts are relatively autonomous factors, frequently, but not continuously occurring in the media coverage of particular events, which are used to open more general debates about the role of Muslims and Islam in Western societies. We suggest that the West/East dichotomy is increasingly replaced by new dichotomies, e.g., by contrasting open and closed societies.

---

1 The present article is a revised and supplemented excerpt from a bachelor's thesis submitted in 2015 at Twente and Münster Universities (Double Degree European Public Administration); see Wolf 2015.

1 Introduction

The image of Islam in Western societies has become increasingly negative with the rise of fundamentalist terror since 9/11 (Halm 2013, 465; El-Gallal 2014, 14). Here, the media play an important role as a nearly sole source of information (cf. Richardson 2001, 148). As a consequence, a negative image of Muslims seldom derives from personal experience, but from the media coverage of the wars in Iraq, Afghanistan and Syria and terrorism in the 'Western' as well as in the 'Muslim' world. At the same time, the increasingly negative image of Islam still allows for differentiation, depending on the chosen topics (e.g., security, social integration) (cf. Halm 2013, 465-466). But overall, attitudes of the European population towards Muslims are far more negative than towards members of other non-Christian religions (Pollack 2010). At the same time, negative stereotypes are more frequent where interpersonal contact is lacking, which is frequently the case as long as the cultural majorities are concerned (Hafez and Schmidt 2015, 67). Thus, mediated experience is very important for the formation of Islam's image. Leaving aside the (subjective) discussion of to which degree the image of Islam and Muslims in Western publics is unfair, one can say that it is at least unbalanced, depending to a large extent on second-hand information produced by media markets that play by particular rules. And obviously, Muslims are affected negatively by the outcomes.

The present article will discuss possible mechanisms of information production on Muslims by Western media.

- "Irregular" and spectacular events such as war and terrorism are of particularly high interest for consumers. As a result, these topics sell better than "regular" information or integrative developments (cf. Hafez 2000, 9).
- According to Edward Said's much considered book *Orientalism* (1991, first published in 1978)[2], which sees the Western perception of the Muslim world rooted in the colonial era, one could expect that media still refer to an unresolvable dichotomy between the "superior West" and the "inferior East", due to ongoing imperialism and eurocentrism (Macfie 2002, 91).
- In the aftermath of colonialism, Muslim voices are underrepresented in Western media, although they are an integral part of Western societies. Instead, as successors of the *Orientalists* who formerly provided arguments and legitimacy for colonialization (cf. Said 1985, 99), Western journalists dominate the reporting on topics concerning the *Orientals* and thereby Islam, eventually promoting *Islamophobia* in Western publics.

---

2   In the following this is cited with the year 1991.

- However, a more diverse and manifold world view has emerged from multiculturalism and transnationalism which goes beyond imperialism and colonialism. Insofar, it is questionable whether former colonial structures are still in place and whether the media have taken up the new developments, or whether they continue to work within old patterns. At the same time, Islamophobia could be a reaction to multiculturalism and transnationalization rather than a continuous by-product of Orientalism, though both phenomena may interact.

Through the analysis of one positively and one negatively ('good story to sell') connoted case example, the present text looks for the representation of Muslims in Western media by examining the coverage of the first free democratic election in Tunisia in 2011 in the British broadsheet newspaper *Daily Telegraph*, which is considered to be a positive development and not as noteworthy as the terrorist attack on the French satire magazine *Charlie Hebdo* in 2015, the second example observed here.

The following chapter will present the theoretical framework, starting with the previously mentioned theory of Orientalism, which was developed with a specific character of international relations in mind. Thus, a more current perspective is introduced, leading to the introduction of the term Islamophobia, followed by a brief discussion of a possible connection between Orientalism and Islamophobia. After an introduction of the research methodology, we will present the results of the qualitative analysis of the corpus from the *Daily Telegraph* to then discuss in how far the concepts applied (Orientalism, Islamophobia) are sufficient and adequate to help understand the press articles examined.

The sample of 51 articles that the present text refers to is too narrow and does not in any way allow general conclusions to be drawn about the media coverage of topics related to Islam in Western media. Nevertheless, it can serve as a test of the general applicability of the conceptual framework outlined in the following chapter.

2 Theoretical Framework

2.1 Orientalism in the Postcolonial Era

Orientalism "was in the eighteenth and nineteenth centuries generally used to refer to the work of the orientalist, a scholar versed in the languages and literatures of the East" (Macfie 2002, 3). Edward Said redefined the term as "a style of thought based upon an ontological and epistemological distinction made between 'the Orient' and 'the Occident'" (Said 1991, 2). Throughout his book, Said describes how Orientalists who claimed to have knowledge about culture(s) and language(s) of the Eastern area, together with the colonial rulers, created the Orient and legitimized its colonialization. The Orientalists' writings represented the "irrationality, barbarity, obscurantism and backwardness" (Zebiri, 2008, 8) of the people living in the Orient, the Orientals. These writings also served to revaluate the colonial rulers as "rational, peaceful, liberal, logical" (Said 1991, 49). This distinction is applied to a relationship of superiority and subordination by contrasting "us", meaning superior Westerners and "they", meaning inferior Orientals (Said 1991, 45), resulting in a dichotomy between East/Islam and West (Jung 2011, 9; Richardson 2004, 5-6). After the British and French colonial era ended, Said sees the United States as their successors (Said, 1991, 17). As a consequence, "the existence of an absolute and systematic difference between East and West, […], and a conviction that the Orient is eternal and unchanging, […] – survived intact" (Macfie 2002, 91).

According to Said, the Orientalists uphold the distinction between East and West through books and articles about the Orient (1991, 35), providing arguments for "colonizing and suppressing Islam" (Said 1985, 99), resulting in the legitimization of colonialization. Besides colonialization, the Oriental other had "a special role to play *inside* Europe" (Said 1991, 71; emphasis in original). This idea can be adapted to the current West vs. East/Islam debate that must be "not only about Islam *and* the West but also Islam *in* the West" (Esposito 2011, 73; emphasis in original).

Postcolonial studies ask in how far colonial dichotomies continue. Today, postcolonialism "is working against the backdrop" of violent terrorist attacks that are often equated with Islamism. As a result, postcolonial discourses identify the Western understanding of the world as racialized (Albrecht 2011, 4-7). One can assume that an ongoing distinction between West and Islam is a political measure to fight the emerging need of mutual understanding and communication. One example are right-wing parties that fuel xenophobia against Muslims and Islam by means of political programs (El-Gallal 2014, 104-105).

2.2   Orientalism and Islamophobia in the Context of Media Production

In contrast to Said's Orientalism, the term Islamophobia has spread widely in recent years, not only being used in academic, but especially popular debates about attitudes of Western majorities towards Muslims and Islam. The definition of the concept most frequently referred to is Islamophobia as "unfounded hostility towards Islam" (Runnymede Trust 1997, 4). It is seen as "a form of racism" (Marranci 2004, 105), but is subject to an ongoing debate about its proper definition. Initially leaving aside the question of the extent to which attitudes in the West are empirically formed by Islamophobia, the concept is controversial due to the assumption that it may be utilized as a strategic argument in public discourses increasing "the accuser's discursive power because it makes criticism of Islam seem irrational and pathological" (Halm 2013, 260). Adjustments to the concept may be seen as a reaction to such criticism. It is inter alia discussed whether the attack is really directed at Islam or rather at Muslims, introducing the term "anti-Muslimism" (Halliday 1999, 898). Marranci expounds the problem of the foundation of hostility against Islam and concludes that "Islamophobia is a 'phobia' of multiculturalism and the transruptive effect that Islam can have in Europe and the West through transcultural processes" (2004, 116-117). Analogically, El-Gallal suggests the reason for Islamophobia to be based on an identity crisis that has emerged from increasing supranationalization and globalization and the consequential process of immigration (2014, 103-104). For Zaki (2011, 4) however, the debate is clear: Islamophobia is "endemic in the European psyche". Within his line of argumentation, he concludes that Islam has been singled out for special treatment because it "poses a challenge to the West in a way that no other belief system in the world does" (2011, 5-6).

How the concepts of Orientalism and Islamophobia are interrelated is a theoretically as well as empirically under-researched topic. Keeping in mind the role of the media and spinning out Said's main arguments, 'orientalist journalists' publish their work adopting "a White outlook in their reporting" (Richardson 2004, 229), leaving little space for Muslims to represent themselves. At the same time, acts of terror and violence become the main topics of reporting that potentially promote Islamophobia when these acts are presented as a general threat to open, multicultural societies. One could expect that the West/East dichotomy will be a main argument where orientalist and islamophobic discourses meet, as 'othering' is an integral part of both concepts.

3   Media Coverage of Islam – Spotlights on Britain and Germany

There is a vast amount of scientific literature relevant regarding to which extent Western media take up the West/East dichotomy. At the same time, most of the research is qualitative, allowing for the proof of the existence of a dichotomy between West and Islam in the reports, but giving little information about the extent the media discourse is affected by such tendencies as a whole. Content-wise, reporting is based on many factors. Journalists, for example, are "shaped by various social forces which contribute to their understanding of Muslims and Islam". Simultaneously, "media is fluid and changing", resulting in a constant transformation of the way in which Islam and Muslims are portrayed. Influencing factors are developments of political and social circumstances such as increasing interstate relations, for example, which can lead to more movement across increasingly fluid national borders. Furthermore, the occurrence of particular events can influence the way in which the portrayal of Muslims and Islam as well as the media itself develops (Akbarzadeh/Smith 2005, 6). An older quantitative study is available for the case of Britain – whose *Daily Telegraph* is subject to the present article. As a main result of the analysis, broadsheet newspapers divide the society into Briton and Muslim, which can be considered a tool to distance both groups, even though they live in the same country (Richardson, 2004, 118).

For Germany, there is a further older quantitative study, which is still interesting insofar as its design corresponds with the concepts of Orientalism an Islamophobia, as it inter alia singles out an item group labeled "Incompatibility of Islam and the West", the core orientalist argument. Comparing the press reporting in the years before and after 9/11, it shows that this item group in no way correlates with the (expected) increase in items that indicate Islam as a threat or skepticism regarding the successful integration of Muslims into German society (both latter item groups related more to Islamophobia) (Halm 2013, 464-465). Thus, the data show no evidence of the promotion of Islamophobia due to orientalist tendencies.

Although the data observed are from the first half of the 2000s, they hint at the fact that Orientalism and Islamophobia are not necessarily connected in the press coverage of negatively connoted events related to Islam and Muslims. And taking the picture as a whole, there is no rejection and exclusion of Muslims in the German media, which would indicate general Islamophobia, though such examples occur. Increasingly negative depictions of Islam and Muslims are owed to a high share of security-related items, partly, but not completely affecting other discourses (cf. Halm 2013, 465).

4 Research Methods

4.1 Research Design

The research design is qualitative content analysis. Content analysis can "be used in an inductive or deductive way" (Elo/Kyngäs 2007, 109). The deductive approach has been chosen here due to the fact that the study is based on an existing theory and aims at testing it in different contexts. The deductive content analysis can be further reduced to either formal structuring, typecasting or scaled structuring. The scaled structuring used in the present text is especially suitable for studies that analyze the intensity of phenomena by a classification into different scales (Mayring 2010, 94), allowing for quantified distributions of qualitatively gained results in a sample.

4.2 Sampling

The data collection was conducted from June 15, 2015 until June 20, 2015, with the electronic search engine LexisNexis. The sample comprises newspaper articles published by the British broadsheet newspaper *Daily Telegraph*. The *Daily Telegraph* was chosen because Said based his theory on British and French colonialization. The sample results from the detection of the terms *Charlie Hebdo* and *Tunisia* within a limited time after the incidents: October 23, 2011 until October 30, 2011 for the search term Tunisia and January 07, 2015 until January 14, 2015 for Charlie Hebdo. Both events were of high interest, as Tunisia was the cradle of the 'Arab Spring', while the terrorist attack on *Charlie Hebdo* not only brought murder and terror to the heart of Europe, but could also be seen as an explicit assault upon values such as freedom of the press. The Tunisia election is understood as a potentially positively connoted event because it can be associated with convergence to democracy, and although the Islamist *Ennahda* gained a relative majority in the election, it led to a new democratic and liberal constitution. This is of special interest because if Islam and the East are rarely represented in a positive way, one can examine how the positive potential of the event is represented by the media.

The sampling resulted in 51 articles, each provided with an article ID. The article's title, date of release, date of retrieval, the assigned category and a brief overall evaluation are listed in a table in the appendix.

4.3 Data Analysis

The data analysis was conducted as illustrated in Figure 1. The steps show the procedure of the whole analysis.

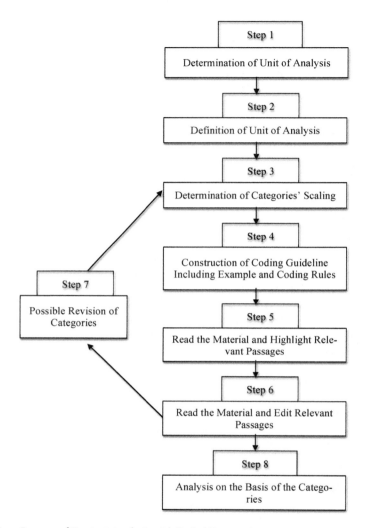

Fig. 1 Process of Content Analysis with Scaled Structuring

Source: Mayring, 2010, 102 (German language; translation for present article)

Figure 2 shows the results of the fourth step of the analysis ("Construction of Coding Guidelines").[3] It suggests categories, definitions and coding rules. The unit of analysis of the research question is the *Daily Telegraph*'s reporting from the perspective of a dichotomy between West and East. The category's scaling determines the extent to which the distinction is made. While the first category in Figure 2 refers to the general geographical distinction, the second category refers to cultural, political and ideological meanings of West and East. Category 3 strongly relates to Said's Orientalism. Category 4 represents the common understanding that Muslims and Islam are also present in the West. Category 5 instead unites a kind of 'counter-discourse', establishing cross-border, cross-cultural and cross-religious entities. Category 6 was included for articles that cannot be clearly assigned. In order to answer the research question, the coding guideline provides the framework for the qualitative content analysis.

Category	Definition	Example	Coding rules
C1: Local/ Geographical Distinction	• Division of world into the local entities West/East containing Middle East, Far East and North Africa; Orient/Occident	In the case of Tunisia: Localization of the country, possibly with reference to border countries	• Division is only made for local reasons
C2: Distinction as Other	• Division goes beyond locality, with more political, ideological and cultural meaning • Words of special interest: 'Us'/'Them'; 'British'/'Foreigner'	In the case of Charlie Hebdo: Their understanding of freedom of the press is different from ours	• Representation of a local other that differs in terms of culture and politics
C3: Distinction as Superior/Inferior Other	• Division into superior/inferior West vs. inferior/superior East/Islam • Words of special interest: 'inferior'/'superior'; 'un(der)developed'/ 'developed'	In the case of Tunisia: Free elections in such an autocratic state cannot be compared to our democratic elections	• Article clearly refers to a relationship of superiority and subordination • One area is considered to be 'better' • more democratic/ stable than the other

---

3   By undertaking Step 7, additional categories (4 and 5) were added in the course of the analysis.

Category	Definition	Example	Coding rules
C4: Distinction as Other Within	• Division into West and East/Islam that is located in the West - Words of special interest: 'European-born Tunisian/Algerian/Syrian'	In the case of Charlie Hebdo: The Islamist terrorists lived in France for all their lives	• Article clearly states that the other can be assigned to the East as well as the West
C5: No Distinction, but Unity	• Understanding of society as one, independent from religion and nationality • Words of special interest: 'Unity'; 'We'	In the case of Tunisia: Tunisians living in Britain had the opportunity for an absentee vote to exercise their right to vote	• Article argues for a belonging to society beyond nationality and religion • Does not state any weakening argument
C6: Distinction not Ascertainable	• The context of distinction is not clear and cannot be categorized	In the case of Charlie Hebdo: There are satire magazines in the East as well as in the West	

Fig. 2 Coding Guideline

5 Results

5.1 Sample size and frequency of reporting

The overall sample contains N=51 articles, 7 articles on the election in Tunisia and 44 on the terrorist attack on *Charlie Hebdo*[4]. This uneven distribution is owed in

---

4 It needs to be added that 14 articles resulted in the search regarding Tunisia. In three articles, Tunisia was only mentioned in a subordinate clause. These articles did not report about the election, but resulted due to the search term 'Tunisia'. Additionally, three articles were almost identical to three others because sometimes more current information is added. Those small corrections left the majority of the text untouched. Here, the more current article was included in the sample. A comparable procedure was performed for the *Charlie Hebdo* sample. The result of the search in the LexisNexis was 79 articles. Fourteen articles were updated versions of previous articles, therefore, as in the case of Tunisia, the most recent article was included in the sample. Moreover, letters to the editor were generally excluded because this study aims at analyzing the reporting itself and not the reactions to it. A Further exclusion criteria was the lack of

particular to the data collection method on LexisNexis, which did not provide all of the *Daily Telegraph*'s articles. Generally, the distribution between the articles about the election in Tunisia and those about the terrorist attack on Charlie Hebdo is uneven. This finding may support our assumption that negative and spectacular, maybe even frightening incidents are of higher relevance due to mechanisms of the media market. Although this is not only plausible, it has also been shown in previous studies on the reporting of Islam, our sample can only very carefully be used to support those findings, or to reject the possibility that changes in the recent media reporting might be at hand. For example, the more important factor for the low take-up rate in the case of Tunisia could be the lacking interest in phenomena abroad. The first free election in Tunisia is an event that 'happened elsewhere', outside of Europe. In contrast, the terrorist attack in France happened in the heart of Europe, which might explain the higher take-up rate.

5.2 The First Free Democratic Election in Tunisia

Aside from the representation of events of (inherently) different character in the media, an orientalist perspective may lead to a negative bias in the reporting here. Figure 3 shows the distribution of categories in the sample. Three out of seven articles make a geographical contrast: They position Tunisia in the Arab world (Articles 3, 6 & 7) and one article refers to Libya as the neighboring state (Article 3). Those articles were assigned to the first category. Another text (Article 4), however, goes further than geographical localization (Category 2). Category 6 is represented three times. These articles simply report about the parties that ran for election. One extremely dominant topic in every article is the Islamist party *Ennahda* and the rise of Islamist parties in general, not only in Tunisia.

---

the words 'Islam' and 'Muslim'. Articles that do not contain 'Islam' and/or 'Muslim' are understood to be simple reports about the case examples, without any connection to culture, religion or people.

Distribution by Category	Sample
1	N=3
2	N=1
3	N=0
4	N=0
5	N=0
6	N=3
Total	N=7

Fig. 3 Distribution of Articles in the Tunisia Sample

Referring to *Ennahda,* the articles balance pro and con arguments, often by quoting individuals. Marwen Hamadan, an architecture student, for example, states that he does not "want to live with Islamic ideology" and that he worries about a possible religious dictatorship lead by Ennahda (Article 7). It becomes obvious that such worries are a serious matter, which is underlined by the term *dictatorship*. However, the author quotes Mohammed Ammar as a counterpart who would be happy if *Ennahda* wins the election. Both voices are left uncommented. By giving a voice to opponents as well as sympathizers, one can assume that the *Daily Telegraph* does not position itself. This assumption is confirmed in another article that describes violent protests that broke out after the election (Article 2). Initially, it seems as if the protests are reasonable and embody the fear of an Islamist party as a political leader. This impression is defused by referring to analysts who "have said that *Ennahda*, even in a majority alliance, would be unable to 'dictate' any programme to the assembly". Here, both positions are included and again left uncommented. In both articles, with the help of pro and con arguments, the authors present a balanced view. Moreover, both articles often quote individuals in order to strengthen the statements. They range from politicians and analysts to individuals from civil society. Various Muslims with different attitudes are quoted. Furthermore, the importance of each voice is not weighed up against the other. Assuming that, Said's statement (1991) that Orientals hardly get the chance to represent themselves does not apply here, which is an unexpected finding.

The article assigned to category 2 (Article 4) mentions the possible impact the Islamist party may have on the constitution and thereby on the West. Furthermore, it refers to Egypt and Libya as countries in which Islamist parties are also on the rise. Thus, a geographical distinction is made between the West and other countries, followed by an association with Islam and Islamism. In order to strengthen the apparent concern about the Islamist parties, the article gives an example of Libya's Islamist party that will possibly introduce a "sharia government", leaving this term undefined, but stating that this form of government would be "the antithesis of the West's concept of personal liberty". Even though these statements are made in connection to the political development in Libya, the article concludes that "[t]here was always a danger that dark forces would lie behind the Arab awakening". As a result, a development in one particular country is generalized to every country that was part of the Arab Spring. Furthermore, it can be assumed that the author creates an image of not only current danger, but also tries to evoke a feeling of caution towards countries where the Arab Spring occurred.

This argumentation cannot be generalized to every article in the sample. For example, the Arab Spring is also mentioned without negative associations (see Article 7), and the other articles assess *Ennahda* from different, unagitated angles.

According to Kalin and Esposito, the relationship between the West and Islam is challenging (2001, 157), in addition to Said's patterns of superiority and subordination. Article 7, entitled "Tunisians enjoy the fruit of the Arab Spring", establishes a modified perspective by referring to Tunisia's reputation as the "Arab world's most progressive state" and its society's fear of losing this status with *Ennahda* in power. Here, a distinction between open and closed societies overlaps the Orient/Occident dichotomy, driven by the assumption that cooperation with Western countries (who set the standards for what can be understood as modern political systems) is seen as a necessity.

Taken as a whole, the dominant tone in the reporting of Tunisia's election is unexpectedly neutral from the angle of an orientalist framework. Only one article was categorized as a report that utilizes the distinction of East/Islam and West to attach more than a geographical difference to these regions. However, it is important to stress that the articles do not only give insight into the election itself, but rather broach the issue of the country's Islamist party. Even though the topics are strongly connected to each other, the election is used as a stimulus to discuss *Ennahda* and the reporting not only assesses the outcome of the election and possible consequences for Tunisia, but also for the Arab World in general. In this respect, the election is the opener to a discussion on the rise of Islamist parties. This assumption can be further interpreted. Reasons for the emphasis on this particular topic could be concerns about the Islamist parties or clarification of their political impact. Additionally, the frequency of this discussion implies that *we* claim to understand the domestic circumstances in these countries, with constant regard to democracy as the ideal political system. Such a perspective can be considered to be eurocentric and postcolonial. As a consequence, the *Daily Telegraph* rarely reflects on the positive impact the election might have had on the country.

Even though is seems judgmental to describe the Arab Spring as a "dark force", the overall discussion of the Islamist party does not end by taking a clear position. As a result, Richardson's claim that broadsheet newspapers "believe 'Muslim government' and free election of 'Muslim political parties' to be disadvantageous to the 'democracy' of Muslim countries" (2004, 89) is not accurate here. This finding might depend on the changes the media most likely has gone through since Richardson's publication. However, it cannot be denied that some of the rather (old) statements about media coverage are still visible.

5.3   The Terrorist Attack on Charlie Hebdo

The sample for the terrorist attack on *Charlie Hebdo* consists of 44 articles. As shown in Figure 4, the spread among the categories is wider than in the Tunisia sample. The categories contribute better to the structuring of this (larger) sample and are therefore more frequently referred to in the analysis.

Distribution by Category	Sample
1	N=1
2	N=5
3	N=4
4	N=13
5	N=5
6	N=16
Total	N=44

Fig. 4   Distribution of Articles in the *Charlie Hebdo* Sample

The majority of the articles discuss the offenders' identities. Article 8 was assigned to the first category. It reports about the life of one of the victims who was killed in the attack. Within this description, France is geographically positioned in Europe.

In category 2, article 50 goes in line with Richardson and his claim that Islam and the West as well as Muslims and Westerners are perceived as two differing cultural camps (2004, 114). Al-Azhar, a prestigious university, commented on the new issue of *Charlie Hebdo* after the attack as follows: "The drawings 'do not serve the peaceful *coexistence* between peoples and *hinders the integration* of Muslims into European and Western societies'" (Article 50; emphasis added by the authors). This is ambiguous because the word coexistence implies that, on the one hand, Western societies and Muslims can live together peacefully. On the other hand, one may assume that Muslims cannot be a part of this society. Here, the author gives a voice to a Muslim institution, which, however, goes in line with his own argumentation. This finding provides an insight into the different processes that may influence the article's content. It hints at the ambiguities that Marranci (2004) and El-Gallal (2014) established concerning the inclusion of Islam into Europe and the resistance of majorities to such inclusion.

Within the articles assigned to category 3, phrases such as "Western way of life" and "war of civilisations" are used (Article 10). Here, the massacre induces the general Islam vs. West debate. The common tone is that Islam and Islamists challenge Western countries and societies by attacking their values, for example, freedom of expression. This is strengthened by using terms such as "jihadists" in a diffuse manner, possibly contributing to the transformation of Islam into "a form of attack" (Said 1997, xv). Insofar, the four articles in category 3 are fitting examples of Said's Orientalism. The dichotomy between East/Islam and West is maintained. Moreover, it is even represented as unresolvable by referring to the West's guaranteed "moral victory" (Article 26) as well as the "war of civilisations" (note the variation on Huntington's "clash") in which France was portrayed as the victim (Article 10).

Articles assigned to category 4 deal with the 'others within'. Even though the 13 articles were each assigned to the same category, they still differ considerably from each other. There are two dominant topics. Firstly, the definition of the other within is derived from the country of origin and language of the individuals. Examples are the description of the terrorists' French skills: "accentless French" (Article 11) and "speaks in French and stuttering Arabic" (Article 35). It seems contradictory that those violent individuals live in France, speak French even better than Arabic, but belong to a terrorist organization. Moreover, the origins of the terrorists and other Muslim individuals point out that they are the other within: "Franco-Algerian" (Article 11), "native-born jihadists" (Article 18) and "French-Islamists" (Article 17). Such descriptions combine West and East or West and Islam. The second dominant topic are individuals who traveled to Eastern countries, such as Iraq and Syria, were radicalized there and returned to Europe. Exemplary passages are: "Muslim extremists who travelled to Syria and Iraq […] to fight would return home to plot carnage" (Article 11) and "native-born jihadists travelling to countries such as Syria and Iraq, who then plan to return to bring terror to the streets of European cities" (Article 18). Words such as "home" and "return" indicate that these individuals are resident in Europe or even belong there. Here, Said's dichotomy is softened because one can live in the West while having roots in the Middle East or North Africa. However, following the articles' arguments, the circumstances abroad are in complete contrast to a generalized West. To a large extent, the articles explicitly address 'extremists' and 'Islamists'. However, Article 27 implies that Islam is the driving force of this terrorist attack. Moreover, the author pleas for a stop to the Islamization of Europe. This statement is justified by examples of how Muslims "want to create a sort of state within our state". Additionally, Muslims, according to this article, want to change *our* (superior) laws and replace them with *their* (inferior) legislation.

The five articles in category 5 do not distinguish between nationality and religion. For example, article 28 reminds the readers that it would be wrong to blame Muslims in general for the attack in France (Article 28). Another example is article 16 that includes a more open and empathetic world view. It does not divide the world into East and West, but proposes a differentiation between "open" and "closed" societies. Societies stick together due more to shared values than nationality (Article 16). Terms like "we", 'unity' and 'European solidarity' explicitly include Muslims in the articles of this category. It is obvious that terrorism cannot simply be dismissed. However, Muslim organizations and individuals are important voices in the fight against it (Article 34). The most striking argument is given in article 39, which states the existing possibility of being "both Western and Muslim".

The articles assigned to Category 6 count up to 16. The reasons why an article was assigned to this category varied. Many articles do not draw a dichotomy. Some mention Islamists without assigning them to a particular country or area (Articles 31 & 32). Other articles include a variety of arguments that could each be assigned to different categories. The final position does not yet become clear (Articles 36, 37, 47 & 49).

As with the Tunisia election, the attack on Charlie *Hebdo* is used to open up a broader debate on the position and role of Muslims in British society. A dichotomy between East and West is frequent, but its prominence is to a large extent due to the demarcation of the authors from Islamist terror, not from Muslims as a whole – similar to Halm's findings (2013, 465) regarding German media which showed that, to a large extent, rejection of Muslims are combined with items related to security. Instead, new dichotomies are emerging, like 'open' and 'closed' societies, which can both include Muslims.

5.4 The Link between Orientalism and Islamophobia

One can expect that articles which report in an 'orientalist tone' also discriminate Muslims on the grounds of Islamophobia. Orientalism in the media coverage on the Tunisia election and the *Charlie Hebdo* attack can be indicated by the space for Muslims to represent themselves. In fact, the articles about the election in Tunisia quote various individuals, mostly Muslims from different political camps as well as from Tunisian society. This shows an ambiguity because, on the one hand, this representation clears up the perception of Muslims as backward and irrational. On the other hand, it is still the journalist's decision who he/she cites. However, the diversity of the quotes indicates that Muslims are given the chance to represent themselves in the articles.

The reporting about the other case example is less evident. The articles focus on thorough descriptions of the terrorists. They are only cited when the quote can be linked to their extremism. Examples are "Allah has been revenged" (Article 9) and "If you attack the Caliphate and the Islamic State, you will be attacked" (Article 35). This finding relates to Said et al., who claim that often only "Muslim figures who appear in the media are the ones who held extremist views [...] who do not represent the Muslim community at all" (2007). One can assume that the perception of Muslims and Islam as barbaric is strengthened by quoting such individuals. Moreover, politicians, police officers as well as analysts or other individuals from Europe are quoted far more often. This gives the impression that Muslims get the opportunity to represent themselves whenever the quote goes in line with the intended message. Here, a tendency towards 'orientalist journalism' can be recognized.

In how far this reporting evokes Islamophobia is not as obvious. Again, in our analysis we refer to the categories of 'othering' established above. Articles that were assigned to categories 2, 3 and 4 potentially sustain Islamophobia, leaving out category 1, 5 and 6. Category 5 is instead understood to undermine the West/East dichotomy, while category 1 and 6 neither place an ideological meaning on Islam, nor understand the society as united.

In the reporting about the election, there is no clear link between Orientalism and Islamophobia. However, one aforementioned article stands out. Article 4 assigned to category 2 sees the Arab Spring as a possible danger, strongly relying on Islam as an intermediate element. However, this is an extreme example and the overall impression of the sample does not indicate islamophobic attitudes.

As already mentioned, the sample of the articles about the *Charlie Hebdo* attack is more diverse. The articles assigned to categories 3 and 4 highly outweigh the articles in the fifth category. Article 33 shows the most striking example. One of the offenders, Amedy Coulibaly, is strongly associated with Islam through the description of how he sieged a Jewish supermarket and suddenly started praying to Allah before the police stormed in.[5]

It is important to note that the author did not make up this fact. Yet, the undifferentiated representation leads to the assumption that the readers of the *Daily Telegraph* may fail to differentiate between Muslims who pray for their faith and other Muslims who supposedly kill in the name of Islam. As a consequence, the attitude towards terrorists may be generalized to the whole Muslim population, while the extremists are equated "with the religion of Islam rather than considering it a dangerous aberration" (Esposito and Mogahed 2007, 27). However, the remaining articles in the sample do not show such a clear tendency. Therefore, the articles that indicate 'orientalist journalists' who provide arguments for Islamophobia cannot be generalized to the whole sample. The connection between Orientalism and Islamophobia seems to come closest to the following reading, given the articles of our sample: Muslims get the opportunity to represent themselves through the filters of 'orientalist journalists' who write and publish articles about countries and events associated with Muslims and Islam. The readership is, in some cases, equipped with arguments for discrimination of Muslims and Islam based on unfounded hostility, in some cases they are not. At the same time, generalizing rejection of Islam and Muslims does not only occur in the context of Orientalism, but also derives from the fear that Islam is a threat to societies and an international system that is increasingly multicultural and transnational.

Such fears can be taken up by politicians, be it right-wing or left-wing parties. This situation is also described in the data. Article 13 (Category 6) describes how "the attack on Charlie Hebdo is likely to play into the hands of Marine Le Pen, leader of the far-right Front National". Le Pen does not argue in the context of Orientalism, but takes advantage of the opinion that Islam is a threat to societies. Such fears as well as the role of France in the European Union are transferred into publicly stated islamophobic attitudes expressed by words and phrases such as "this is a terrorist attack carried out in the name of radical Islam" and "murderous ideology". This consequently promotes a hostile attitude towards Islam and Muslims and Islamophobia thereby becomes socially acceptable. Clearly, Marine Le Pen is an extreme example of a politician who does not shy away from openly stating her anti-Semitic and islamophobic attitude. However, the data also showed subliminal Islamophobia, especially in descriptions of the terrorists and their backgrounds.

---

5   Amedy Coulibaly was not responsible for the *Charlie Hebdo* attack. Nevertheless, he was in close contact with the other offenders and simultaneously planned additional attacks. Therefore, the articles about the *Charlie Hebdo* attack also reported about Coulibaly.

It goes without saying that multiculturalism and transnationalism result in diverse societies. The idea of integration often plays a role within this debate. Article 31 (Category 6) refers to that idea by reporting about the Kouachi brothers and their backgrounds. The author describes their apparently troubled childhood and adolescence. It is stated that they "spent their teenage years at a centre for troubled and vulnerable youngsters". This fact is accentuated by quoting Patrick Fournier, the director of the centre, who commented that the two brothers were "perfectly integrated and never posed behavioural problems". Here, one must ask why the concept of integration is brought up. As already stated above, the two brothers were Frenchmen, lived in France for most of their lives and spoke French fluently. We note that nationality or religion is not necessarily the deciding factor on integration. However, the author may have understood Islam to be an intervening factor, meaning that even though the Kouachi brothers were "perfectly integrated", only their religious affiliation was the reason for the attacks. This subjective interpretation should be taken with a grain of salt. Nevertheless, a possible connection between Islamophobia and the belief that Islam and Muslims pose a threat to societies can be detected in the data. Such developments have to be carefully observed in order to provide a society of mutual acceptance that the European Union claims to hold.

6 Conclusion

By representing the Orientals as irrational, barbaric and violent, the Orientalists, mostly scholars, provided arguments for oppression. The works of both colonialism and the Orientalists created an unresolvable dichotomy between the Orient and Occident. This can also be understood as a West/East dichotomy, in which the term East, including the Middle and Far East as well as North Africa, is strongly associated with Islam and understood to be the inferior other. The world, however, has changed through ongoing migration as well as multiculturalism since Orientalism was published. As a result, different opinions on the new cultural and ethnic landscape have emerged. One example is the coining of the term 'Islamophobia'. Muslims and Islam can be treated and represented as monolithic and dangerous without colonialization in place. Therefore, Albrecht's (2011) statements concerning postcolonialism are found to be more accurate. However, it needs to be noted that Said's theory is based on the colonial era and thus on subjugation. As a consequence, the disagreement can be traced back to the temporal developments since Orientalism.

The reporting of the *Daily Telegraph* establishes a different dichotomy than the one Said referred to. Even though the *Daily Telegraph* abides by the general distinction between West and East, the dichotomy is loosened. In today's world people do not either belong to the Orient or the Occident. They can live in the West while following Islam. However, this development is more often represented as threatening and dangerous than advantageous, but this does not necessarily indicate that those articles are islamophobe.

At the same time, not surprisingly, the specific events covered by media reports highly shape the degree of skepticism towards Islam and Muslims, leading to the assumption that, in the line of the findings of Halm (2013, 466) in the case of Germany, it is rather the frequency of terrorist incidents covered than the quality of the reporting which make up a problematic image of Islam in the West.

Based on our findings, we suggest that Orientalism and Islamophobia need to be viewed from another angle. The concept of Orientalism should be developed beyond the Orient/Occident dichotomy. Colonialization of the Orient is no longer present. The world has developed into a tight network, resulting in the necessity for new concepts which can help to understand othering. Marranci (2004) already took up this aspect by relating multiculturalism to Islamophobia. Moreover, El-Gallal (2014) included similar aspects such as the emerging identity crisis through transnationalism and globalization on the one hand, and the cultural diversity that correlates with immigration on the other. We suggest that the discourse develops towards a distinction between closed and open societies.

Since the data basis of the present analysis was rather narrow, we understand our text to be an exploration of the challenges that research on the image of Islam faces in a situation where established patterns of reporting persist to a certain extent on the one hand, but media adapts to the new transnational and multicultural realities quite rapidly on the other hand. In this context, research has to be careful not to become subject to interest-driven discourses itself, in the struggle of Muslims and non-Muslims finding and defending their roles in the world and in Western societies.

References

Primary Sources – Daily telegraph articles

Article ID 1: Author unknown (29.10.2011): Tunisian election protesters riot.
Article ID 2: Author unknown (28.10.2011): Protests flare in Tsunami as Islamist party wins first democratic election.
Article ID 3: Mitchell, Jonathan & Richard Spencer (27.10.2011): We'll keep liberal laws, say Tunisia's Islamists.

Article ID 4: Author unknown (26.10.2011): Resurgent Islamism. London: Daily Telegraph.
Article ID 5: Mitchell, Jonathan & Richard Spencer (26.10.2011): Tunisia starts coalition talks.
Article ID 6: Mitchell, Jonathan & Richard Spencer (25.10.2011): Tunisian Islamists to gain huge victory in first elections of the Arab Spring.
Article ID 7: Mitchell, Jonathan & Richard Spencer (24.10.2011): Tunisians enjoy the fruit of the Arab Spring. London:
Article ID 8: Author unknown (08.01.2015): Cabu.
Article ID 9: Author unknown (08.01.2015): A terrible price for freedom of speech.
Article ID 10: Pearson, Allison (08.01.2015): I salute the Charlie Hebdo martyrs for their bravery.
Article ID 11: Evans, Martin, Gordon Rayner & Henry Samuel (08.01.2015): War on Freedom.
Article ID 12: Duqqan, Oliver (08.01.2015): Magazine resolute in ridiculing extremists.
Article ID 13: Watt, Holly (08.01.2015): Le Pen aims for surge in support as she condemns 'murderous ideology'.
Article ID 14: Alexander, Harriet, David Chazan & Henry Samuel (08.01.2015): Attackers 'delinquents who were radicalised'.
Article ID 15: Bingham, John (08.01.2015): Cartoons that lit the fuse of Islamist hatred.
Article ID 16: Clegg, Nick (09.01.2015): We must have the freedom to cause offence.
Article ID 17: Samuel, Henry & Patrick Sawer (09.01.2015): Paris network that links gunmen to Isil.
Article ID 18: Coughlin, Con (09.01.2015): Again it appears security services have taken their eye off the ball.
Article ID 19: Chazan, David (09.01.2015): 18-year-old named by police who gave himself up remains in custody.
Article ID 20: Alexander, Harriet, Paris Martin & Rory Mulholland (09.01.2015): Killers go to ground in forest larger than Paris.
Article ID 21: Gardner, Bill & Holly Watt (09.01.2015): 'You want to kill me?' said policeman. 'OK chief …'.
Article ID 22: Samuel, Henry & Tom Whitehead (09.01.2015): Al-Qaeda plotting UK attack.
Article ID 23: Molloy, Mark (09.01.2015): Magazine print run up from 60,000 to a million.
Article ID 24: Author unknown (09.01.2015): The lessons of Paris must not be forgotten.
Article ID 25: Barrett, David & Gordon Rayner (09.01.2015): Suspect linked to Finsbury Park Mosque.
Article ID 26: Author unknown (10.01.2015): We must remain reasonable, free and strong.
Article ID 27: Moore, Charles (10.01.2015): Terrorism is working – we are not all living in a free society.
Article ID 28: Deacon, Michael (10.01.2015): Orwellian words of wisdom.
Article ID 29: Blair, David (10.01.2015): Attack may be the latest inspired by al-Qaeda propagandist.
Article ID 30: Gardner, Bill (10.01.2015): Terror mentor's wife on benefits in Leicester.
Article ID 31: Farmer, Ben, Henry Samuel & Patrick Sawer (10.01.2015): Attacker's roots in jihadist group that met in a Paris park.
Article ID 32: Rayner, Gordon (10.01.2015): Twin sieges bring three days of horror to a grisly end.
Article ID 33: Rayner, Gordon, Henry Samuel & Patrick Sawer (10.01.2015): Paris 9/1: France's Terror Nightmare.

Article ID 34: Johnson, Boris (12.01.2015): The Islamists want war, but it would be fatal if we fell for it.
Article ID 35: Samuel, Henry (12.01.2015): Supermarket killer's video of homage to Isil before his attack.
Article ID 36: Chazan, David, Rory Mulholland & Henry Samuel (12.01.2015): After a minute of silence, the chants started 'we are not afraid', they roared.
Article ID 37: Chazan, David & Martin Evans (12.01.2015): Random shooting of jogger was killer's first act of terror.
Article ID 38: Deacon, Michael (12.01.2015): Liberty, equality, fraternity: France defies the terrorists.
Article ID 39: Author unknown (12.01.2015): The lasting message of 'Nous sommes Charlie'.
Article ID 40: Farmer, Ben & Gregory Walton (12.01.2015): We often discussed al-Qaeda assaults, gunman's widow told police.
Article ID 41: Haqqam, Husaiiv (13.01.2015): Muslims must shed the narrative of grievance.
Article ID 42: Johnston, Philip (13.01.2015): Why tougher terror measures inevitably fall by the wayside.
Article ID 43: Samuel, Henry & Gregory Walton (13.01.2015): Mohammed cartons in UK Hebdo edition.
Article ID 44: Samuel, Henry (13.01.2015): French streets flooded with 15,000 soldiers and police to guard against further assaults.
Article ID 45: Squires, Nick (13.01.2015): Pope condemns 'deviant religion' for the attacks.
Article ID 46: Foster, Peter (13.01.2015): Isil jihadist hackers hit at heart of US military.
Article ID 47: Riddell, Mary (14.01.2015): This is a critical moment for the destinies of Britain and Europe.
Article ID 48: Harley, Nicola, Matthew Holehouse & Gordon Rayner (14.01.2015): 'Vigilantes will thrive without a snoop'.
Article ID 49: Mulholland, Rory (14.01.2015): Hunt for terror cell spreads as suspects held in Bulgaria.
Article ID 50: Samuel, Henry (14.01.2015): Charlie Hebdo issue 'to make world laugh and not mourn'.
Article ID 51: Chazan, David & Robert Tait (14.01.2015): Families united in grief as Paris and Jerusalem bury their dead.

Secondary Literature

Akbarzadeh, Shahram & Bianca Smith (2005): *The Representation of Islam and Muslims in the Media (The Age and Herald Sun Newspapers)*. Melbourne: Monash University. Retrieved 03.05.2015 from http://artsonline.monash.edu.au/psi-study-areas/politics-international-relations/.

Albrecht, Monika (2011): Postcolonialism, Islam, and Contemporary Germany. *Transit, 7* (1), n. pag.

El-Gallal, Hana S. (2014): *Islam and the West: The Limits of Freedom of Religion*. Bern: Peter Lang.

Elo, Sati & Helvi Kyngäs (2007): The qualitative content analysis process. *Journal of Advanced Nursing, 62* (1), 107-115.

Esposito, John L. & Dalia Mogahed (2007): *Who speaks for Islam? What a Billion Muslims Really Think*. New York: Gallup Press.
Esposito, John L. (2011): *Islam: The Straight Path*. New York: Oxford University Press.
Hafez, Kai (2000): *Islam and the West in the Mass Media. Cornerstones for a New International Culture of Communication in the 21st Century*. Center for European Integration Studies, Discussion Paper C61 2000.
Hafez, Kai & Sabrina Schmidt (2015): *Die Wahrnehmung des Islams in Deutschland. [Perception of Islam in Germany]* Gütersloh: Bertelsmann Stiftung.
Halliday, Fred (1999): 'Islamophobia' reconsidered. *Ethnic and Racial Studies, 22* (5), 892-902.
Halm, Dirk (2013): The Current Discourse on Islam in Germany. *Journal for International Migration and Integration, 14*, 457-474.
Jung, Dietrich (2011): *Orientalists, Islamists and the Global Public Sphere: A Genealogy of the Modern Essentialist Image of Islam*. Sheffield: Equinox.
Kalin, Ibrahim & John Esposito (2001): Islam and the West: Deconstructing Monolithic Perceptions – A Conversation with Professor John Esposito. *Journal of Muslim Minority Affairs, 21* (1), 155-163.
Macfie, Alexander L. (2002): *Orientalism*. London: Longman.
Marranci, Gabriele (2004): Multiculturalism, Islam and the Clash of Civilizations Theory: Rethinking Islamophobia. *Culture and Religion, 5* (1), 105-117.
Mayring, Philipp (2010): *Qualitative Inhaltsanalyse – Grundlagen und Techniken. [Qualitative Content Analysis – Basics and Methods]* Weinheim: Beltz Verlag.
Pollack, Detlef (2010): Bevölkerungsumfrage des Exzellenzclusters "Religion und Politik". [Population Survey of the Cluster of Excellence "Religion and Politics"] Retrieved 16.12.2015 from https://www.uni-muenster.de/Religion-und-Politik/aktuelles/2010/dez/Gastbeitrag_Pollack.html
Richardson, John E. (2001): Now is the time to put an end to all this. Argumentative discourse theory and Letters to the Editor. *Discourse & Society, 12* (2), 143-168.
Richardson, John E. (2004): *(Mis) Representing Islam. The racism and rhetoric of British broadsheet newspapers*. Amsterdam: John Benjamins B.V.
Runnymede Trust (1997): *Islamophobia: A Challenge for Us All*. London: Runnymede Trust.
Said, Edward W. (1985): Orientalism Reconsidered. *Cultural Critique, 1*, 89-107.
Said, Edward W. (1991): *Orientalism* (first published in 1978). London: Routledge and Kegan Paul.
Said, Edward W. (1997): *Covering Islam: How the Media and the Experts Determine How We See the Rest of the World*. London: Vintage.
Saied, Ameli R. et al. (2007): The British Media and Muslims Representation: The Ideology of Demonisation, Summary, n.pag. Retrieved 01.06.2015 from http://www.ihrc.org.uk/publications/reports/5679-the-british-media-and-muslim-representation-the-ideology-of-demonisation-
Wolf, Maxie (2015): *Orientalism and Islamophobia as Continous Sources of Discrimination?* Bachelor's thesis (Enschede & Münster). Retrieved 15.12.2015 from http://essay.utwente.nl/67684/
Zebiri, Kate (2008): The Redeployment of Orientalist Themes in Contemporary Islamophobia. *Studies in Contemporary Islam, 10* (1-2), 4-44.

Appendix: Overview of Articles' Classification

ID	Article's Title	Date of Release	Date of Retrieval	Category	Overall Evaluation
001	Tunisian election protestors riot	29.10.2011	15.06.2015	6	• Short article about riots after the election
002	Protests flare in Tsunami as Islamist party wins first democratic election	28.10.2011	15.06.2015	6	• Presentation of protests with quotes of the leader of the Islamist party as counter arguments • Supports this statement by referring to analysts
003	We'll keep liberal laws, say Tunisia's Islamists	27.10.2011	15.06.2015	1	• Article refers to Libya as the neighbor state • Mentions differences between Tunisia's and Libya's Islamists
004	Resurgent Islamism	26.10.2011	15.06.2015	2	• Article mentions the possible impact of the Islamist party • Claims that Islamism is on the rise • Libya might introduce a 'sharia government' • Arab "awakening" is presented to be a possible danger
005	Tunisia starts coalition talks	26.10.2011	15.06.2015	6	• Article reports about possible coalition partners for Islamist party • Relationship between parties is expected to be consensual
006	Tunisian Islamists to gain huge victory in first elections of the Arab Spring	25.10.2011	15.06.2015	1	• Tunisia is located in the Arab world • Article reports about Islamist party and possible future scenarios
007	Tunisians enjoy the fruit of the Arab Spring	24.10.2011	15.06.2015	1	• Tunisia is located in the Arab world and referred to as the "Arab world's most progressive state" • Reflects on positive and negative voices towards the Islamist party

ID	Article's Title	Date of Release	Date of Retrieval	Category	Overall Evaluation
008	Cabu	08.01.2015	16.06.2015	1	• Positions France in Europe • Mentions the war in Algeria • Mainly about the life of the journalist Jean Cabu who was killed in the attack on *Charlie Hebdo*
009	A terrible price for freedom of speech	08.01.2015	16.06.2015	2	• States the terrorists' connection to al-Qaeda Yemen and simultaneously equates them with Islam/Islamists • Mentions France's colonial past • Reflects on Anti-Muslim attitudes • Does not take an unequivocal stance
010	I salute the Charlie Hebdo martyrs for their bravery	08.01.2015	16.06.2015	3	• Refers to the "Western way of life" and that the "jihadists" loathing it • Mentions the "war of civilizations" • Wants the "extremists" to accept the "liberal democracy" of the West
011	War on Freedom	08.01.2015	16.06.2015	4	• Assigns the terrorists to Algeria and France: "Franco-Algerian" • Refers to the European intelligence service's fear that extremists who traveled to eastern countries like Syria and Iraq would return and "plot carnage" • Mentions that the terrorist threat level in Britain is the second-highest
012	Magazine resolute in ridiculing extremists	08.01.2015	16.06.2015	3	• The attack is understood as "an act of barbarism", "challenges us all as humans and Europeans" and "an attack on freedom of expression and the press", which is a "key component of our free democratic culture" → Quotes politicians

ID	Article's Title	Date of Release	Date of Retrieval	Category	Overall Evaluation
013	Le Pen aims for surge in support as she condemns 'murderous ideology'	08.01.2015	16.06.2015	6	• Short article about Front Nationale and how politician Marine Le Pen reacted towards the attack • Article does not take a stance on the statements
014	Attackers 'delinquents who were radicalised'	08.01.2015	16.06.2015	4	• Reports about the identities and lives of the terrorists • Refers to the Middle East and the war in Iraq as well as the Muslims who suffered from the war
015	Cartoons that lit the fuse of Islamist hatred	08.01.2015	16.06.2015	6	• Mentions al-Qaeda and that they put the editor of *Charlie Hebdo* on the wanted list → no clear location of al-Qaeda
016	We must have the freedom to cause offence	09.01.2015	17.06.2015	5	• Divides world into open and closed societies • Frequent use of words like 'we', 'our', 'enemy' → shared values decide about the categorization • Terrorists do not share these values, e.g., freedom of speech
017	Paris network that links gunmen to Isil	09.01.2015	17.06.2015	4	• Explains terrorists' backgrounds and their connection to other terrorists/organizations • Mentions "French Islamists", "Tunisian-Frenchman", "Frenchman of Algeria"
018	Again it appears security services have taken their eye off the ball	09.01.2015	17.06.2015	4	• Puts emphasis on the danger of "native-born jihadists" who fight in countries like Syria or Iraq and "bring terror to the streets of European cities" • Discusses the failure of French and British police to early recognize possible terrorists
019	18-year-old named by police who gave himself up remains in custody	09.01.2015	17.06.2015	6	• Short article about the third suspect • No reference to the origin of suspect

ID	Article's Title	Date of Release	Date of Retrieval	Category	Overall Evaluation
020	Killers go to ground in forest larger than Paris	09.01.2015	17.06.2015	6	• Reports about the three suspects and the search for them
021	'You want to kill me?' said policeman. 'OK chief …'	09.01.2015	17.06.2015	2	• Reports about the murder of the policeman who was a Muslim • Quotes a friend who claims that "they just saw the uniform and killed him", impressed by his nationality but not by his religion • Mentions solidarity of the French people
022	Al-Qaeda plotting UK attack	09.01.2015	17.06.2015	4	• Threat is clearly located in Britain • Fear is justified with reference to 600 British jihadists who fought in Syria • Those "Islamic extremists" want "to harm the West"
023	Magazine print run up from 60,000 to a million	09.01.2014	17.06.2015	6	• Reports about next *Charlie Hebdo* publication • Quotes statements from a *Charlie Hebdo* columnist
024	The lessons of Paris must not be forgotten	09.01.2015	17.06.2015	4	• Situation in France is transferred to Britain • Criticizes the failure of French authorities • Mentions the British government's new attempt to "tackle the problem of returnees from overseas conflicts" • Comments on further adjustments, such as the "promotion of Western values"
025	Suspect linked to Finsbury Park Mosque	09.01.2015	17.06.2015	4	• Positions terrorism and recruitment of "Muslims for jihad" in Europe • Mentions the suspects' connection to a mosque in Britain

ID	Article's Title	Date of Release	Date of Retrieval	Category	Overall Evaluation
026	We must remain reasonable, free and strong	10.01.2015	18.06.2015	3	• Reports about the terrorists' will to destabilize the West • Attacks need to be understood • Position of the West is ensured because its "moral victory is guaranteed"
027	Terrorism is working – we are not all living in a free society	10.01.2015	18.06.2015	4	• Distinguishes between the West and Muslim countries • Recognizes that millions of Muslims live in the West • "They" want to "Islamise the entire society" • States that there is a "price for living in a free society"
028	Orwellian words of wisdom	10.01.2015	18.06.2015	5	• Reminds the readers not to blame Muslims for the attack, by quoting George Orwell
029	Attack may be latest inspired by al-Qaeda propagandist	10.01.2015	18.06.2015	2	• Short article about connection between suspect and an al-Qaeda propagandist
030	Terror mentor's wife on benefits in Leicester	10.01.2015	18.06.2015	4	• Reports about the living conditions of the family of one of the suspect's mentors • Claims they receive benefits from the British state • Not only other within, but other that profits from being within • Possible financing of terrorists
031	Attacker's roots in jihadist group that met in a Paris park	10.01.2015	18.06.2015	6	• Reports about connection of the two suspects with a "closely-knit network of Islamist extremists" • Does not clearly refer to any distinction
032	Twin sieges bring three days of horror to a grisly end	10.01.2015	19.06.2015	6	• Detailed report about the hunt for the two *Charlie Hebdo* suspects • Also reports about a third terrorist • Does not mention the origins of the terrorists

ID	Article's Title	Date of Release	Date of Retrieval	Category	Overall Evaluation
033	PARIS 9/1: France's Terror Nightmare	10.01.2015	19.06.2015	4	• Short summary of the two coordinated sieges from the past day • Terrorists belong to al-Qaeda • Quotes David Cameron who claims to protect 'our' values • European solidarity with France creates a we-feeling
034	The Islamists want war, but it would be fatal if we fell for it	12.01.2015	19.06.2015	5	• Mentions words like 'we' and 'unity', including Muslims • Claims Muslim organizations and individuals to be an extremely important voice in the fight against terrorism
035	Supermarket killer's video of homage to Isil before his attack	12.01.2015	19.06.2015	4	• Reports about a video one of the terrorists recorded before the siege of a Jewish supermarket • In the video the terrorist speaks French better than Arabic • He is linked to Isil and has close links to mosques in France
036	After a minute of silence, the chants started 'We are not afraid', they roared	12.01.2015	19.06.2015	6	• Considers the terrorist to be "home-grown Islamist terrorists" → strong argument for 'other within' • Also gives arguments for unity that includes Muslims and Islam → position is not clear
037	Random shooting of jogger was killer's first act of terror	12.01.2015	19.06.2015	6	• Quotes the brother of one of the victims who claims that the terrorists were just terrorists, not Muslims • Religion is not to blame for the attack → Leaves the quote uncommented

ID	Article's Title	Date of Release	Date of Retrieval	Category	Overall Evaluation
038	Liberty, equality, fraternity: France defies the terrorists	12.01.2015	19.06.2015	5	• Reports about the solidarity march in Paris • Many nationalities and religions were present → solidarity independent from the nation and religion • However, solidarity by countries like Russia, Tunisia and Saudi Arabia is questioned
039	The lasting message of 'Nous sommes Charlie'	12.01.2015	19.06.2015	5	• States that it is possible to be both Muslim and Western • Reports about the mutual support and joint fight against terrorism
040	We often discussed al-Qaeda assaults, gunman's widow told police	12.01.2015	19.06.2015	6	• Reports about the wife of the supermarket attacker and her attitude towards Islam • Neither Islam nor the woman is linked to West/East
041	Muslims must shed the narrative of grievance	13.01.2015	19.06.2015	3	• Attacks due to insults to faith are considered to be "limited to Islamists" • Claims that position of Muslim community has changed from a pre-eminence to economic, political and military weakness
042	Why tougher terror measures inevitably fall by the wayside	13.01.2015	19.06.2015	6	• Discusses the legal acts that have been enacted after past terror attacks in Britain • Often not effective and "undermine the very freedoms we seek to defend"
043	Mohammed cartoons in UK Hebdo edition	13.01.2015	20.06.2015	6	• Reports about possible threats of next *Charlie Hebdo* publication • Magazine will also be sold in Britain → According to the UK distribution partners, the fear is unfounded

ID	Article's Title	Date of Release	Date of Retrieval	Category	Overall Evaluation
044	French streets flooded with 15,000 soldiers and police to guard against further assaults	13.01.2015	20.06.2015	6	• Expresses concerns about France's terror alert that "remained at its maximum level" • Many soldiers guard Jewish schools and Jewish as well as Muslim places of warship
045	Pope condemns 'deviant religion' for the attacks	13.01.2015	20.06.2015	2	• Positions Syria and Iraq in the Middle East, with association to Islam • Quotes the Pope who "blamed the spread of fundamentalist terrorism" to be the causing factor "of the violence tearing apart the Middle East"
046	Isil jihadist hackers hit at the heart of US military	13.01.2015	20.06.2015	4	• Cyber attack by Isil on the US Central Command • Attack was used for Isil propaganda • Not geographically or culturally other within, but technologically
047	This is a critical moment for the destinies of Britain and Europe	14.01.2015	20.06.2015	6	• Discussed the consequences of the 'Je suis Charlie' solidarity and possible influence on the political landscape in Europe and Britain • Unity vs. diversity
048	'Vigilantes will thrive without a snoop'	14.01.2015	20.06.2015	4	• Discussion of political attitudes within Britain and possible future scenarios linked to laws → Disagreement in the political landscape • Refers to Iraq and Syria as reasons for terrorists in Britain • Mentions preachers of hate from the Middle East who preach in Britain

ID	Article's Title	Date of Release	Date of Retrieval	Category	Overall Evaluation
049	Hunt for terror cell spreads as suspects held in Bulgaria	14.01.2015	20.06.2015	6	• States that the threat clearly comes from inside as well as outside of the West → Other within • Not every Muslim is categorized as other → Unity
050	Charlie Hebdo issue 'to make world laugh, not mourn'	14.01.2015	20.06.2015	2	• Creation process of new *Charlie Hebdo* issue is outlined • Quotes cartoonist to explain the caricatures • Quotes Muslim institution who claims that the cartoons hinder "the integration of Muslims into European and Western society"
051	Families united in grief as Paris and Jerusalem bury their dead	14.01.2015	20.06.2015	6	• Describes the funerals of the three police officers and four Jewish victims • Culprits are not further described

Das Vorurteil über Muslime

Andreas Zick

1 Einleitung

Wer in Deutschland in einer politischen oder privaten Diskussion über die Integration oder Bedeutung des Islam oder der Muslime redet, scheint nicht am Vorurteil vorbeizukommen. Einigen scheint es schwer zu fallen, ohne Vorurteile oder Stereotype auszukommen, insbesondere dann, wenn Wissen und Erfahrungen fehlen. Andere fällt es geradezu leicht, Vorurteile und negative Stereotype heranzuziehen, um Muslime auszugrenzen und/oder der Islam abzuwerten. Sie saugen jede negative Information über Muslime auf, um sie in eine Weltsicht einzubinden, die von einer verschwörerischen Islamisierung geprägt ist. Dabei wird geflissentlich übersehen, wie mächtig und gewaltig das Vorurteil die Diskriminierung befördert.

Wie sehr Vorurteile gesellschaftliche Zustände prägen können, haben die vergangenen zwei Jahre gezeigt. Dabei haben sich muslim- und islamfeindliche Vorurteile, die in der Bevölkerung weit geteilt werden und in bestimmten politischen Gruppierungen sowie Internet-Communities erzeugt und transportiert werden, sozial organisiert. Es hat sich eine Bewegung gegen eine vermeintliche ‚Islamisierung des Abendlandes' gebildet, die geradezu durch das Vorurteil organisiert wird. Der Verein ‚Pegida' und seine Ableger sind nur sichtbarer Ausdruck einer sozialen Stimmung, die bewegungsförmig wurde. Die Aufstieg der Partei Alternative für Deutschland war in weiten Teilen Ausdruck einer politischen Organisation des Vorurteils. Sie mündete in dem Antrag auf dem Bundesparteitag der Partei, den Islam als nicht vereinbar mit dem Grundgesetz zu beurteilen. Dass diese Kommunikation und Organisation des Vorurteils gelingt, ist dabei stets auf die explizite oder implizite Zustimmung zu Vorurteilen in weiten Teilen der Bevölkerung zurückzuführen.

Der folgende Beitrag versucht, das Vorurteil über Muslime und seine unterschiedlichen Facetten zu verstehen. Er greift auf ein sozialpsychologisches Verständnis von Vorurteilen zurück, welches zunächst erläutert wird. Vorurteile werden dabei als soziale Phänomene der Abwertung und Feindseligkeit von Gruppen gegenüber Gruppen verstanden. Sie werden von Individuen in dem Maße verinnerlicht und geäußert, wie sie bedeutsam für ihre soziale Identität sind. Im Anschluss an die Konzeptualisierung sollen unterschiedliche Facetten des Vorurteils gegenüber Muslimen diskutiert werden. Hierbei sollen auch Ergebnisse aus empirischen Studien einfließen, sodass deutlich werden kann, wie weit bestimmte Vorurteile in der Gesellschaft verbreitet sind. Im dritten Schritt werden einige Ursache und Folgen des Vorurteils gegenüber Muslimen hervorgehoben. Auch hier bezieht sich der Beitrag auf empirisch beobachtbare Analysen und blendet historische, philosophische wie andere disziplinäre Zugänge aus.

2   Konzept und Facetten des Vorurteils über Muslime

Der Begriff des Vorurteils ist in der sozialpsychologischen Vorurteilsforschung etabliert und gut definiert. Diese Forschung beschäftigt sich v. a. mit der Repräsentation von Vorurteilen bei Individuen. Das Vorurteilskonzept ist aber nicht unumstritten, wenn es das disziplinäre Feld der Vorurteilsforschung verlässt. Alternative Konzepte, wie etwa das Konstrukt des Rassismus werden oft dem Vorurteilskonzept gegenübergestellt, weil Vorurteile leicht als individuelle Einstellungen und nicht z. B. als gesellschaftlich erzeugte Phänomene verstanden werden; darauf wird später näher eingegangen.

In der Sozialpsychologie ist die Definition von Gordon Allport weit geteilt. Er hat in seinem Standardwerk The Nature of Prejudice Vorurteile verstanden, als „eine Antipathie, die sich auf eine fehlerhafte und starre Verallgemeinerung gründet. Sie kann ausgedrückt oder auch nur gefühlt werden. Sie kann sich gegen eine Gruppe als ganzes richten oder gegen ein Individuum, weil es Mitglied einer solchen Gruppe ist." (Allport, 1954/1971, S. 23)

Mit Blick auf die Gruppe der Muslime wären Vorurteile Antipathien gegenüber Muslimen, weil sie Muslime sind. Grundlegend ist, dass es sich um eine generalisierende Abwertung der Muslime oder von Personen handelt, weil sie tatsächlich oder nur vermutet Muslime sind. Vorurteile drücken damit eine Distanz und ein Feindschaftsverhältnis zwischen einer Ingroup (Eigen- oder Bezugsgruppe) und einer Outgroup (Fremdgruppe) aus. Es sind Phänomene der intergruppalen Differenzierung, die zur Abwertung der Outgroup führen sollen, also sozial motiviert sind (Tajfel & Turner, 1979. Zweitens drücken sich Vorurteile (vor allem) in Gefühlen oder Kognitionen aus. Die affektive Komponente beschreibt Emotionen, die sich nach ihrer Intensität unterscheiden können. Ärger, Hass und Wut gehören dazu, wie Verachtung, Ekel, Neid oder Mitleid. Die Emotionen können sich je nach Outgroup unterscheiden. Das ist leider für den Bereich des anti-muslimischen Vorteils kaum untersucht. Die affektive Dimension des Vorurteils kann sich aber auch in der Nicht-Zuschreibung von positiven Emotionen, wie Gefühlen von Bewunderung, Mitleid oder Vertrauen ausdrücken (Pettigrew & Meertens, 1995). Die kognitive Komponente beschreibt Prozesse der Informationsverarbeitung und Wahrnehmung, wie auch der Stereotypisierung. Das Vorurteil über Muslime umfasst demnach Überzeugungen über Muslime, ihre Merkmale, wie auch den Islam, wenn er mit „Muslim/a" kognitiv verbunden wird.

Die Forschung hat die Konzentration auf Affekte und Kognitionen kritisiert und später hinzugefügt, dass sich Vorurteile auch nur oder im Wesentlichen in Verhaltensweisen ausdrücken (Zick, 1997). Vorurteile können sich darin äußern, dass Gruppen wie Muslime auf soziale Distanz gehalten, ausgegrenzt und diskriminiert werden, oder sich das Vorurteil in Gewalt äußert, sei es durch Kommunikation von Gewalt oder manifeste Gewalt. Viele Schmierereien an Moscheen sind auch ein sichtbares Zeichen eines Vorurteils.

Hier ist zugleich die Verbindung zwischen Vorurteilen und Formen der strukturellen oder institutionellen Diskriminierung (Zick, 2016). Vorurteile sind ein wesentliches Werkzeug für die Legitimierung von Diskriminierungen und Diskriminierungen reproduzieren Vorurteile (Küpper & Zick, 2008). Dabei zu unterscheiden ist das Vorurteil als Verhalten und die Diskriminierung im Sinne einer Folge des Vorurteils, die sich über Kognitionen, Affekten und Verhaltensweisen auch in sozialen Strukturen, Selektionen von Gruppen nach scheinbar ‚objektiven' Kriterien, einem ungleichen Recht für Gruppen, der Ungleichheit und vor allem einer ungleichwertigen Behandlung manifestieren kann. Es macht daher keinen Sinn, das Konzept des Vorurteils in Frage zu stellen, weil es die Bedeutung von Formen der institutionellen oder strukturellen Diskriminierung mindert. Das lässt leicht die Macht und Gewalt des Vorurteils gerade für die Aufrechterhaltung von Diskriminierung übersehen, zudem blendet es die Wechselwirkung zwischen Vorurteilen und Diskriminierungen aus, wie Studien zur Diskriminierung von Muslimen zeigen (vgl. z. B. Gomolla & Radkte, 2002). Gerade die Wechselwirkung zwischen Kognitionen, Affekten, Verhaltensweisen und Diskriminierungen von Muslimen in einem bestimmten gesellschaftlichen Kontext, der von bestimmten sozialen und strukturellen Bedingungen geprägt ist, ist der wesentliche Gegenstand der Forschung, zu dem unterschiedliche Studien und Theorien beitragen können (siehe unten).

Die Affekte, Kognitionen und Verhaltensweisen, die im Kern das Vorurteil über Muslime beschreiben, können sich in unterschiedlichen Ausdrucksformen zeigen. Die empirische Vorurteilsforschung der Sozialpsychologie konzentriert sich auf Einstellungen und Überzeugungen, die Menschen über Muslime explizit oder implizit äußern. In anderen Forschungsfeldern werden viele weitere Expressionen des Vorurteils über Muslime entdeckt und untersucht, wie z. B. Bilder des antimuslimischen Rassismus im Internet (vgl. Schoomann, 2012). Kulturen haben diverse Artefakte des Vorurteils über Muslime hervorgebracht. Stereotype Narrative in Büchern, Lehrmaterial, wie auch Ikonographien in der bildenden Kunst („Die Türken vor Wien", Bilder von „Muselmanen"), wie sie z. B. im Exotismus zum Orientbild produziert wurden, gehören dazu. Auch Abhandlungen, die sich scheinbar nur auf Fakten über Muslime und den Islam beziehen, aber so konstruiert sind, dass sich am Ende eine Abwertung legitimieren lässt, werden dazu gezählt. Die Erscheinungsformen des Vorurteils über Muslime sind vielfältig, im Kern aber ist das definitorische Kriterium der generalisierenden, stereotypisierenden und motivierten Abwertung und Ungleichwertigkeit von Muslimen im Vergleich zu ‚uns' (Ingroup) entscheidend. Dieses Kriterium unterscheidet das Vorurteil vom Urteil. Eine negative Meinung darüber, dass ein Jihadist, der sich mit einer ideologischen Form des Islam identifiziert und einen Terrorakt begeht, kann ein Urteil sein. Die Generalisierung auf die Gruppe der Muslime oder eine muslimische Person, weil sie Muslima oder Muslim ist, die davon motiviert ist, Muslime als ungleichwertig zu markieren, ist ein Vorurteil, ebenso wie Meinungen, Emotionen etc., die konstruiert sind und/oder empirischen Tatsachen widersprechen. Da viele Urteile, insbesondere über Gruppen, nicht objektivierbar sind, sondern sozial konstruiert sind, leiten sich Vorurteile auch aus sozialen Konventionen und Normen ab. Insofern wird die Frage, was und wann etwas ein Vorurteil ist, von Gemeinschaften verhandelt. Zugleich hängen damit der Einfluss und die Kraft des Vorurteils auch immer davon ab, wie gut sich es in den Zeitgeist eingepasst und als vermeintliche Wahrheit vermittelt werden kann.

Die Ausdrucksformen und Facetten des Vorurteils über Muslime werden im folgenden Abschnitt anhand von empirischen Studien erläutert. Im Kontext der Vorurteilsdefinition sollen noch drei weitere wissenschaftliche Zugänge genannt sein, die die Konzeption von Vorurteilen ergänzen oder – je nach wissenschaftlicher Auffassung – sogar ersetzen können. Sie machen deutlich, dass es bei der Frage, was unter den anti-muslimischen Phänomenen verstanden wird, der je spezifische wissenschaftliche, politische, soziale oder historische Blickwinkel, d. h. das Erkenntnisinteresse, welches mit dem Konzept verbunden ist, entscheidend ist.

Heiner Bielefeldt (2012) hat Rahmen der Deutschen Islam Konferenz das Konzept der Muslimfeindlichkeit als Referenzgröße für Analysen und Diskussionen vorgeschlagen: „Aus der Perspektive der Menschenrechte scheint mir der Begriff der Muslimfeindlichkeit am ehesten geeignet zu sein, das hier zur Debatte stehende Syndrom zu bezeichnen. Denn darin kommt die menschenrechtliche Fokussierung zum Ausdruck, wonach es nicht um die Wahrheit oder Reputation der Religion als solcher geht, sondern um *Menschen*, die in ihrem Anspruch auf Würde, Freiheit und Gleichberechtigung missachtet werden und die dagegen gesellschaftliche Solidarität und staatlichen Schutz benötigen. Muslimfeindlichkeit ist eine Variante gruppenbezogener Menschenfeindlichkeit und muss deshalb politisch und rechtlich angegangen werden." (S. 23-24)

Bielefeld bezieht sich hier explizit auf das Konzept des Syndroms der Gruppenbezogenen Menschenfeindlichkeit, welches Heitmeyer (2002–2012) mit einem Forschungsteam des Instituts für Interdisziplinäre Konflikt- und Gewaltforschung (IKG) der Universität Bielefeld entwickelt hat (vgl. zur theoretischen Ausarbeitung auch Zick, Küpper & Heitmeyer, 2011). In diesem Kontext subsummiert die Muslimfeindlichkeit die Islamfeindlichkeit. Zudem beschreibt das Konzept die oben genannte Ingroup-Outgroup-Beziehung (Wir-Die) als Feindseligkeit. Drittens betont die Konzept der Gruppenbezogenen Menschenfeindlichkeit, dass das Vorurteil über Muslime mit vielen anderen Vorurteilen zusammenhängt, eben in einem Syndrom verbunden ist, welches durch Ideologien der Ungleichwertigkeit zusammengehalten wird. Empirisch hat das IKG dies anhand von Umfragedaten mehrfach nachgewiesen (vgl. Zick, Hövermann & Krause, 2011). Wenn Personen oder Gruppen Vorurteile über Muslime haben, dann ist die Wahrscheinlichkeit hoch, dass sie auch Vorurteile gegenüber anderen Gruppen haben. Soziale Vorurteile neigen dazu, zu generalisieren auf andere Vorurteile und Vorurteile können Katalysatoren für andere Vorurteile sein. Der Zusammenhang zwischen Vorurteilen über Muslime in Deutschland und der so genannten Ausländerfeindlichkeit ist evident, wenn Muslim als ‚Ausländer' kategorisiert werden. Vorurteile über Muslime gehen aber auch einher mit Antisemitismus, Sexismus, Antiziganismus und andere Elementen eines Syndroms der Gruppenbezogenen Menschenfeindlichkeit (Zick, Hövermann & Krause, 2011).

Einen anderen Akzent setzt Yasemin Schoomann (2010), indem sie das Konzept des antimuslimischen Rassismus entwickelt. Auch andere Autorinnen und Autoren verweisen explizit oder implizit darauf, dass es letztendlich bei der Abwertung und den Ungleichwertigkeitsideologien über Muslime oder den Islam um Rassismus geht. Der Erkenntnisgewinn dieser Sichtweise ist groß, denn damit wird deutlich, dass es auch gegenüber Muslimen Rassismus gibt und dass hinter vielen Erscheinungsformen rassistische Ideologien vorherrschen. In der Konzeption des Syndroms der Gruppenbezogenen Menschenfeindlichkeit (GMF) ist Rassismus jedoch ein Element unter anderen Elementen. Dies bedeutet, Rassismus gegenüber Muslimen ist ein besonders wichtiges Element, jedoch betont es v. a. vermeintliche Eigenschaften von Gruppen, die unveränderlich und quasi-natürlich sind, sodass sie als biologische, natürliche oder anthropologische Minderwertigkeit festgeschrieben werden. Auch Vorurteile können rassistisch sein, aber es gibt auch nicht-rassistische Vorurteilsphänomene, die weniger konstant, klar erkennbar und variabel sind. Die Unterstellung, Muslime verehren Terroristen wie Helden, kann Ausdruck eines historisch und kulturell gewachsenen Rassismus sein, aber sie kann auch Ausdruck einer politischen und von Vorurteilen geprägten Überzeugung sein, die nicht mit einem Glauben an explizite oder implizite rassistische Differenzen verbunden ist. Es könnte eingewendet werden, dass auch hinter solchen Aussagen Rassismus zum Ausdruck kommt, weil hier Muslimen bestimmte Eigenschaften zugesprochen werden. Je nach diskursivem und wissenschaftlichem Kontext mag das plausibel sein. Aus Sicht der Vorurteilsforschung wird die Entdeckung unterschiedlicher Facetten von Abwertungen allerdings erschwert, wenn allein die Generalisierung von Merkmalen über eine Gruppe oder Kategorie hinreichend ist, um Rassismus zu konstatieren. Zudem wird Rassismus im Sinne eins ‚Catch-All'-Begriffes den historischen, kulturellen und sozialen Hintergrund der verschiedenen Rassismen nicht gerecht.

Mit Blick auf die Frage nach der Konzeption des Vorurteils über Muslime wäre aus sozialpsychologischer Sicht auch zu unterscheiden, welche Qualität und Intensität Vorurteile haben. Dabei hilft die Einstellungsforschung, denn sie hat das Einstellungskonzept danach unterschieden, ob Einstellungen implizit oder explizit, stark oder schwach, stabil oder veränderlich, konsistent oder inkonsistent, direkt oder verzögert sind. Diese Unterscheidung kann auf Vorurteile übertragen werden. In der Vorurteilsforschung besonders prominent geworden ist die Unterscheidung in traditionelle und moderne Vorurteile. Nach Pettigrew & Meertens (1995) können zwei grundlegende Klassen von Vorurteilen unterschieden werden. Offene (blatant) Vorurteile sind demnach direkt, offen geäußert, leicht erkennbar, klar gegen die Norm gerichtet und ‚heiß'. Offene Vorurteile, die auch rassistisch begründet sein können, sind Unterstellungen von Bedrohung durch eine Outgroup (Muslime, Islam) und ihre Zurückweisung sowie die Zurückweisung enger Beziehungen, also soziale Distanz. Moderne Vorurteile seien subtil, indirekt und ‚kalt' und sie würden nicht so leicht als Vorurteile erkennbar sein, weil sie sich in der Überzeugung äußern, ‚die anderen' (Outgroup) verstießen gegen traditionelle Werte, sie würden sich grundsätzlich und vereinbar in kulturellen Eigenschaften unterscheiden und ‚nicht passen' sowie der Vorenthaltung positiver Emotionen. Der kulturalistische Rassismus, d. h. die bewusste oder unbewusste Parallelisierung von Kultur und Rasse wäre eine moderne Variante des Vorurteils. Es gibt eine Reihe anderer theoretischer Differenzierungen, die aber leider weitenteils nicht in Bezug auf Muslime untersucht wurden (vgl. zur Übersicht Zick, 1997).

3 Empirische Erscheinungsformen des Vorurteils über Muslime

Um einen Eindruck zu bekommen, welche unterschiedlichen Ausdrucksformen des Vorurteils über Muslime empirisch sichtbar sind, sollen im nächsten Schritt einige ausgewählte Ergebnisse aus größeren Umfragestudien genannt werden. Sie ermöglichen eine Einschätzung über Äußerungsformen des Vorurteils über Muslime, ihre gesellschaftliche Verbreitung und die Wahrscheinlichkeit der Diskriminierung von Muslimen, zu der Vorurteile drängen. Sie bieten nur einen von vielen Zugängen zum Phänomen der Vorurteile über Muslime, das heißt, sie können vor allem weit geteilte Vorurteile kenntlich machen. Viele qualitative Studien über Diskurse, Mediendarstellungen etc. können das Bild ergänzen.

In Umfragen werden Vorurteile geprüft, indem Zustimmungen oder Ablehnungen von generalisierten negativen Äußerungen gegenüber Muslimen gemessen werden. Sie sollen kognitive, affektive und verhaltensbezogene Reaktionen erfassen. Assoziationen, reine Gefühlsäußerungen und manifeste Verhaltensweisen sowie Kraft des Vorurteils, eine Kommunikation oder einen Diskurs zu beeinflussen, werden damit kaum erfasst. Es gibt weitaus mehr vorurteilslastige Reaktionen als jene, die gleich berichtet werden. Der Vorteil eines empirisch quantitativen Zugangs über Umfragen liegt darin begründet, dass sie Stimmungslagen kenntlich machen können und mit den gewonnen Daten kann untersucht werden, welche Bevölkerungsgruppen anfällig sind, Vorurteilen zuzustimmen.

Der folgende Bericht konzentriert sich dabei auf empirische Beobachtungen für die Bundesrepublik Deutschland. Dabei sollen v. a. Studienergebnisse des Forschungsansatzes zur Gruppenbezogenen Menschenfeindlichkeit des IKG genannt werden, da hierzu der Zugang zu den Primärdaten vorliegt. In der BRD gibt es aber mittlerweile einige Studien, die Vorurteile über Muslime beobachten. Dazu gehören zum Beispiel die so genannten Mitte-Studien der Friedrich-Ebert-Stiftung (vgl. Zick & Klein, 2014) oder der Religionsmonitor der Bertelsmann-Stiftung (2015). Auch die Leipziger-Mitte-Studien beobachten die Islamfeindlichkeit mit Kurzsskalen (Decker, Kiess & Brähler, 2016) und das Exzellenzcluster „Religion und Politik" der Universität Münster hat Studien vorgelegt (vgl. auch die Übersicht von Foroutan, 2012; Bielefeld, 2010). Teilweise liegen auch einmalige Umfragen in den Medien vor, die in die Diskussion tagesaktueller Ereignisse einfließen. Ob und inwieweit hier allerdings Vorurteile erfasst werden, entzieht sich oft der Überprüfbarkeit. Meistenteils werden in Studien Zustimmungen oder Ablehnungen zu einzelnen Aussagen präsentiert. Aus einer wissenschaftlichen Sicht reicht das aber nicht aus, um ein Vorurteil festzustellen. Hierzu bedarf es einer Zustimmung zu mehreren Aussagen, um den Nachweis zu erbringen, dass es sich um eine Überzeugung handelt.

Wesentliches Ziel in der folgenden empirischen Dokumentation des Vorurteils über Muslime ist es nicht nur Verbreitungen zu berichten, sondern auch die unterschiedlichen Ausdrucksformen des Vorurteils sichtbar zu machen.

In den GMF-Surveys wurden seit 2002 vor allem *traditionell offene Vorurteil über Muslime*[1], erfasst, die auch mit *kulturellen Abwertungen* und einer *distanzierende Verhaltensabsicht* einhergehen (vgl. auch Leibold & Kühnel, 2003). Abbildung 1 zeigt die mittlere Zustimmung zu muslimfeindlichen Äußerungen, gemessen an einer zuverlässigen Kurzskala (Krause & Zick, 2013). Die Aussagen waren z. B.: „Durch die vielen Muslime fühle ich mich manchmal wie ein Fremder im eigenen Land" oder: „Muslimen sollte die Zuwanderung verweigert werden." Zum Vergleich der Verläufe sind auch andere Elemente der Gruppenbezogenen Menschenfeindlichkeit abgebildet, um zu prüfen, ob die Trends sich unterscheiden. Da die Aussagen über Muslime anders sind als jene über andere Gruppen, können die Intensitäten nicht verglichen werden.

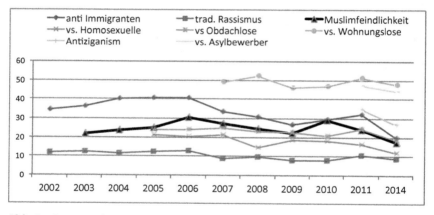

Abb. 1 Prozentuale Zustimmungen zu Elementen der Gruppenbezogenen Menschenfeindlichkeit in den GMF-Surveys 2002-2014

Die Abbildung zeigt, wie stabil die Zustimmungen sind mit einem Höhepunkt in 2006 und einem erneut absinkenden Trend seit 2014. Die Zustimmungen variieren

---

1 Entspricht dem was Leibold & Kühnel (2003) als generelle Ablehnung von Muslimen bezeichnen.

zwischen 20 und 30 % im Querschnitt der hier repräsentativ ausgewählten Stichprobe. Jede/r fünfte Person teilt Vorurteile über Muslime.

In Abbildung 2 sind neuere Daten aus dem Jahr 2016 der Studie ZuGleich (Zugehörigkeit und (Un-)Gleichwertigkeit) aufgeführt, die die Vorurteile im Kontext von Integrationseinstellungen erfasst (vgl. Zick & Preuß, 2016). Auch hier sind andere Elemente aufgeführt, wie Rassismus und Antisemitismus, um zu prüfen, ob die Trends in den Vorurteilen über Muslime sich von anderen Vorurteilen unterscheiden.

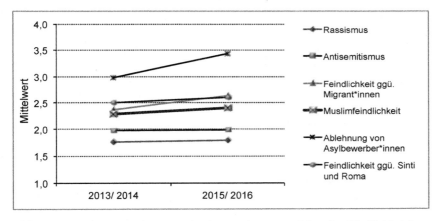

Abb. 2 Zustimmung zu Elementen der Gruppenbezogenen Menschenfeindlichkeit in der Studie ZuGleich

In der Studie wurden zwischen Dezember 2015 und Februar 2016 1.300 repräsentativ ausgewählte Personen, die älter als 16 Jahre waren, in Deutschland befragt. Die mittleren Zustimmungen zu einer Reihe von Aussagen, die eine Vorurteilsskala bilden, steigen zwischen 2014 und 2016, also der Zeit eines öffentlich starken Rechtspopulismus in Deutschland leicht an. Das gilt zugleich für andere Elemente der Gruppenbezogenen Menschenfeindlichkeit, die mit dem Vorurteilen über Muslime korrelieren[2]. In Tabelle 1 sind die Zustimmungen zu den einzelnen Aussagen aufgeführt, die die Skala zur Messung des Vorurteils über Muslime bilden (interne Konsistenz Alpha = .91).

---

2 Auf eine Darstellung der Korrelationskoeffizienten wird hier verzichtet. Sie können angefragt werden unter: madlen.preuss@uni-bielefeld.de

Tab. 1 Zustimmungen zu Vorurteilen über Muslime in der Studie ZuGleich

Vorurteile über Muslime	stimme nicht zu	stimme zu	Mittelwert	Fallzahl
Je mehr Muslime es an den Schulen gibt, desto größer ist meine Angst, dass deutsche Schüler davon beeinflusst werden könnten.	48,7	32,3	2,68	1.385
Vor allem in Bildungseinrichtungen sollten Muslime immer im Auge behalten werden, damit sie ihre Ideologien nicht verbreiten können.	45,1	33,6	2,78	1.382
Die muslimische Kultur hat einen gefährlichen Einfluss auf die deutsche Jugend.	55,1	25,0	2,45	1.352
Die islamistischen Terroristen finden starken Rückhalt bei den Muslimen.	41,0	33,5	2,88	1.272
Durch die vielen Muslime hier fühle ich mich manchmal wie ein Fremder im eigenen Land.	59,6	24,5	2,31	1.401
Es leben zu viele Muslime in Deutschland.	58,7	22,6	2,31	1.339
Die Zahl der Muslime in Deutschland sollte begrenzt werden.	55,9	26,4	2,41	1.390
Muslimen sollte die Zuwanderung nach Deutschland untersagt werden.	73,5	10,0	1,79	1.398

Die Zustimmungen zu den einzelnen Aussagen, die signifikant miteinander verbunden sind, machen deutlich, worauf die Intensität des Vorurteils zurückgeht. Aussagen, die *subjektive Bedrohungen* und *Infiltration* darstellen, finden besonders hohe Zustimmung: „Je mehr Muslime es an den Schulen gibt, desto größer ist meine Angst, dass deutsche Schüler davon beeinflusst werden könnten" (32,2 %). „Vor allem in Bildungseinrichtungen sollten Muslime immer im Auge behalten werden, damit sie ihre Ideologien nicht verbreiten können". „Die islamistischen Terroristen finden starken Rückhalt bei den Muslimen" (33,5 %). Die verhaltensorientierte Dimension der *Diskriminierung*, wie sie sich in den Zustimmungen zu der Aussage: „Muslimen sollte die Zuwanderung nach Deutschland untersagt werden" (10 %), oder: „Die Zahl der Muslime in Deutschland sollte begrenzt werden" (26,4 %), ist weniger deutlich ausgeprägt. Die Dimension der *Fremdheit und kulturellen Differenz* („Es leben zu viele Muslime in Deutschland", „Durch die vielen Muslime hier fühle ich mich manchmal wie ein Fremder im eigenen Land") ist ebenso geringer ausgeprägt als Unterstellungen von Bedrohungen, aber es stimmt jede vierte befragte Person zu.

Eine besondere Variante des Vorurteils stellt das eingangs genannte *subtile Vorurteil* dar. Es erweist sich nicht nur in der Überbetonung von Differenzen zwischen der Bezugsgruppe („Wir") und den Anderen („Die"), sondern auch in der Zurückhaltung von positiven Zuschreibungen. In Bezug auf Muslime erweist sich das Vorurteil durch eine Abwertung, indem Positives zurückgehalten wird. In den GMF-Studien zeigt sich z. B., dass eine Mehrheit der Befragten bei der Frage, wie oft sie Bewunderung oder Sympathie für Muslime empfunden hätten, dies klar zurückweisen. Im Jahr 2009 wurde dies gegenüber unterschiedlichen Gruppen gemessen. Abbildung 3 zeigt die mittlere Zurückweisung von positiven Emotionen gegenüber Muslimen.

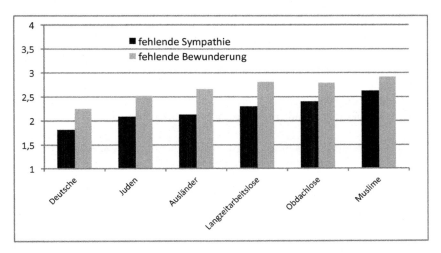

Abb. 3 Zurückweisung von Bewunderung und Sympathie gegenüber Gruppen unter deutschen Befragten des GMF-Survey 2009 (1 = max. Bewunderung und Sympathie; 4 = max. Verneinung von Bewunderung und Sympathie)

Die Abbildung 3 leicht erkennen, gegenüber der den Deutschen bestehen die positivsten Emotionen, während die Sympathie und Bewunderung gegenüber Muslimen im Vergleich zu allen Gruppen am geringsten ist; auch wenn die Unterschiede in Bezug auf die Zuschreibung von Bewunderung zwischen Arbeitslosen, Obdachlosen und Muslimen gering sind. Die Zusammenhänge zu den zuvor berichteten Vorurteilsäußerungen sind hoch und signifikant.

Insgesamt weisen diese ausgewählten Ergebnisse auf zwei miteinander verbundene Merkmale des Vorurteils über Muslime hin. Erstens zeigen sie, wie weit geteilt und verbreitet Vorurteile gegenüber Muslimen sind. Zweitens zeigen sie, wie vielfältig die Erscheinungsformen sind. Beide Aspekte hängen miteinander zusammen. Traditionelle Facetten des Vorurteils sind weit geteilt, aber weitaus geringer als moderne Facetten, die weniger als Vorurteile erscheinen und durch soziale Normen in geringerem Maße gebremst werden. Fasst man die zentralen Facetten des Vorurteils, wie sie sich in Umfragen äußern zusammen, dann lassen sich sieben Erscheinungsformen unterscheiden: Das Vorurteil über Muslime kann

- *traditionell exkludierend* (Muslime sind Fremde) oder sogar
- *separativ exkategorisierend* (Muslime passen nicht),
- *aversiv populistisch* (Bedrohung) oder
- *gleichwertigkeitsabwehrend* sein (Intoleranzunterstellung).
- Es kann auf einem *dehumanisierenden Inkubationsmythos* (Schwächung des Volkes, Überfremdung) beruhen, sich
- *subtil in Abwehr von Wertschätzung* zeigen. Nicht zuletzt zeigt es sich
- *intentional diskriminierend* in geäußerten Verhaltensabsichten, die zu manifesten Diskriminierungen tendieren (Muslime ausweisen, ausgrenzen).

Die Vorurteils- und Diskriminierungsforschung kennt viele weitere Facetten des Vorurteils. Implizit unbewusste Vorurteile, linguistische Abwertungen, vorurteilslastige Assoziationen und mentale Bilder, aber auch Formen des institutionalisierten und strukturellen Vorurteils gehören dazu. Zum Teil basieren die Assoziationen und Bilder auf Vorurteilen, zum Teil entsprechen sie ihnen.

4 Das Vorurteil über Muslime und politische Überzeugungen

Das Vorurteil über Muslime ist mit Blick auf innergesellschaftliche Konflikte eine wesentliche Grundlage für die Diskriminierung von Muslimen. Es erleichtert und legitimiert Diskriminierung, wenn es zur Ausbildung von Diskriminierungsintentionen beiträgt, die Diskriminierung durch soziale Normen gestützt wird und die diskriminierende Handlung möglich ist (vgl. Zick, 2016). Dabei ist zu beachten, dass Vorurteile ihrerseits eng mit weiteren Überzeugungen einhergehen und durch sie erleichtert werden. In einer europäischen Vergleichsstudie haben Zick, Küpper & Hövermann (2011) gezeigt, wie sehr das Vorurteil über Muslim in allen

Vergleichsländern mit autoritären Orientierungen, einer negativen Grundhaltung gegenüber Immigration, einer Ablehnung von Diversität in den Gesellschaften und sog. Dominanzorientierungen einhergeht.

Wie deutlich das Vorurteil über Muslime in politische Überzeugungen eingebettet ist, zeigen besonders die aktuellen rechtspopulistischen Bewegungen. Pegida und ihre Ableger, wie weite Teile rechtspopulistischer Parteien und Gruppierungen begründen ihre Identität und ihren Zusammenhalt auf dem Vorurteil. Es wird zum verbindenden Element äußerst heterogener Personen und Gruppen, die sich dennoch im Vorurteil, welches sie als Wahrheit oder Islamkritik beurteilen, vereint sind. In einer Analyse der Umfragedaten der Mitte-Studie 2014 der Friedrich-Ebert-Stiftung haben Zick & Küpper (2015a/b) empirisch ein rechtspopulistisches Überzeugungsmuster nachgewiesen. Es beruht im Kern auf Vorurteilen über Muslime, Immigranten, Asylbewerbern, Sinti und Roma. Diese hängen zusammen mit einem starken Demokratiemisstrauen, eine Elitenkritik, einer Anti-Europa-Haltung, einem Law-and-Order-Autoritarismus und politischen Emotionen von Wut und Hass auf Andersdenkende. Die Analysen zeigen, wie sehr das Vorurteil über Muslime seine Kraft entfaltet, gerade weil es nicht nur ein Feindschaftsverhältnis gegenüber Muslimen und dem Islam begründet, sondern sich einbettet in weitere Überzeugungen, die die Identifikation und zugleich die Abgrenzung von anderen, eben Kritikern, Außenseitern, Eliten etc., ermöglicht. Gerade weil das Vorurteil über Muslime in eine Überzeugung einer kaum fassbaren Bedrohung (Islamisierung des Abendlandes) eingebettet ist, immunisiert es sich gegen Überzeugungen und Erfahrungen. Zudem ist es ein wichtiges strategisches Element der Propaganda. Jedes Beispiel, wo jemand oder einige Personen aus der Gruppe der Muslime sich abweichend, deviant oder kriminell verhalten haben, nährt sich das Vorurteil aus dem Pars-pro-toto-Prinzip: der Einzelfall bestätigt das Vorurteil, welches aufgrund der Einbettung in ein politisches Überzeugungssystem als Kritik kommuniziert wird.

5 Ursachen und Folgen des Vorurteils über Muslime

Das zentrale Ziel des vorliegenden Beitrages gilt dem Verständnis von Vorurteilen über Muslime. Vorurteile haben mannigfaltige Ursachen und Folgen und sie sind je nach disziplinärem Zugang von unterschiedlicher Relevanz und Interesse. Hier sollen nur einige zentrale Ursachen und Folgen aus einer sozialpsychologischen Sicht zur Sprache kommen (vgl. auch Zick, 2011, 2013).

Es gibt aus dieser Sicht weder eine einzelne Ursache, noch ist eine bestimmte Gruppe oder Persönlichkeitsstruktur auszumachen, auf die das Vorurteil über Muslime zurückgeführt werden kann. Historische, makro-soziologische, sozialpsychologische wie individuelle Ursachen erzeugen das Vorurteil und halten es aufrecht. Dies sollte bei der Beschreibung des Konzepts deutlich geworden sein. Wesentlich aus einer sozialpsychologischen Perspektive ist die Identitätskonstitution, die das Vorurteil ermöglicht. Vorurteile sind Ausdruck und Folge sozialer Identifikation mit Gruppen (Zick, 2005). Sie setzen die eigene Bezugsgruppe (Ingroup) ist Differenz zur Außengruppe (Outgroup), im vorgegebenen Fall Muslimen.

Dies wiederum wird durch gesellschaftliche Hintergründe erleichtert. Wenn das Vorurteil kaum durch gesellschaftliche Normen gebremst und weit in der so genannten Mitte der Gesellschaft akzeptiert wird, erleichtert sich der Prozess.

Wie weit das Vorurteil über Muslime in der Gesellschaft verbreitet ist, zeigt ein Blick auf die soziodemografische Verteilung in der Gesellschaft. Einerseits zeigen viele Studien, wie deutlich gerade offene Formen der Muslimfeindlichkeit in Gruppen, die kürzere und weniger Bildung erfahren haben, verbreitet ist (Zick, 2011, 2013). Dies ist nicht nur darauf zurückzuführen, dass höher gebildete Menschen wissen, welche Antworten sozial erwünscht sind. Der Bildungseffekt ist unter anderem auf die Kompetenz, eine Gruppe differenzierter wahrzunehmen, zurückzuführen (vgl. auch Zick 1997). Islamfeindliche Äußerungen finden auch bei Menschen aus schwächeren sozialen Schichten mehr Zuspruch, wie die neueren Analysen der Mitte-Studien zeigen (Zick & Klein, 2014). Das ist teilweise auf deren niedrigeres Bildungsniveau zurückzuführen, aber nicht nur. Produziert und verbreitet wird Islamfeindlichkeit eher von Eliten, die über Bildung und Status verfügen. Zudem weist die hohe Verbreitung der Vorurteile in der gesellschaftlichen Mitte darauf hin, dass Islamfeindlichkeit nicht allein bildungs- und schichtspezifisch ist. Die GMF-Studie der Jahre 2009 und 2010 zeigen insbesondere einen Anstieg der Muslimfeindlichkeit in höheren Einkommensgruppen, die eine Bedrohung durch die damalige wirtschaftliche Krise erlebt haben. Auch die Religionszugehörigkeit spielt eine Rolle. Christlich orientierte Befragte stimmen signifikant stärker Vorurteilen über Muslime zu als nicht konfessionelle orientierte Personen (vgl. Küpper & Zick, 2015a/b). Es ist aber nicht die Religion per se, die anfällig macht, wohl aber eine enge religiöse Orientierung, die die eigene Religion überhöht oder gar als einzig wahre Religion behauptet. In den GMF-Studien zeigen sich ebenso Unterschiede in Geschlechtsgruppen. Vorurteile über Muslime sind unter Frauen stärker ausgeprägt (Küpper & Zick, 2011). Es spricht viel für die These, dass die Islamfeindlichkeit weniger als Reflex auf Unterdrückungen von Frauen in bestimmten islamischen Gruppen zurückzuführen ist, als vielmehr auf Identitätsvorstellungen von Frauen und die damit verbundenen Ängste. Diese wiederum resultieren aus politischen

Orientierungen, die entscheidender sind als demografische Gruppenzugehörigkeiten. Ideologien der Bedrohung, Autoritarismus und Dominanzorientierungen sowie das Leitbild eines homogenen Volkes, welches eben Muslime nicht als Teil der Gesellschaft versteht, erklären die Ausbildung von Vorurteilen. Zentral ist eine Ideologie der Ungleichwertigkeit, die mit der Präferenz für eine homogene Gesellschaft einhergeht.

Ursachen können nicht selten auch für das Aufweisen von Schutzfaktoren herangezogen werden. Die Analysen der Gruppenbezogenen Menschenfeindlichkeit in Europa, die auf den Erkenntnissen vieler anderer Studien basieren, zeigen, dass unter Berücksichtigung vieler möglicher Einflüsse zwei Faktoren Menschen besonders vor Islamfeindlichkeit schützen (vgl. Zick et al. 2011). Erstens schützt ein gesicherter sozialer Status davor, fremde Gruppen als Bedrohung zu empfinden und Minderheiten abzuwerten. Zweitens sind direkte, aber auch indirekte Beziehungen über Freunde, zu Muslimen protektiv. Befragte, die angeben über interkulturelle Kontakte zu verfügen, die evtl. sogar Freundschaftsbeziehungen aufweisen und die Muslimen vertrauen, erweisen sich im Vergleich zu anderen als weniger anfällig für islamfeindliche Überzeugungen.

Viele weitere Ursachen können der bisherigen Analyse hinzugefügt werden. Strukturelle und institutionelle Ausgrenzungen und Segregationen erleichtern die Ausbildung sozialer Vorurteile in Gesellschaften. Kontinuierlich negative Mediendarstellungen, die negative Stereotype über die Gruppe der Muslime präsentieren und insbesondere positive Zuschreibungen nicht vornehmen, erleichtern das Vorurteil (Heeren & Zick, 2014).

Diese Darstellungen und die Verbreitung des Vorurteils haben massive soziale Folgen. Vorurteile gehen signifikant mit einer Absicht der Diskriminierung einher. Sie stellen eine kaum zu überwindende Blockade der Integration dar (Zick, 2010). Die Muslimfeindlichkeit erzeugt eine anti-integrative Einstellung und nicht umgekehrt: Nicht, weil Muslime sich nicht integrieren, entwickelt sich das Vorurteil. Das Vorurteil ist schon vorher da.

Zudem haben Vorurteile über Muslime enorme soziale, psychische und gesundheitliche Folgen für Betroffene. Dies ist bisher kaum systematisch aufgearbeitet worden. Vorurteile und Diskriminierungen werden von Betroffenen als Bedrohung wahrgenommen, die längerfristige Folgen haben und auch nicht dadurch kompensiert werden können, dass die Betroffen das Vorurteil erfüllen, um die Bedrohung zu mindern.

6 Fazit

Der Beitrag hat einen Ausschnitt des Vorurteils über Muslime beleuchtet. Das Konzept des sozialen Vorurteils stand dabei im Vordergrund. Mit dem Blick auf Fragen nach der Klarheit eines Konzeptes und den Möglichkeiten, empirische Studien dazu durchzuführen, ist das Konzept des Vorurteils über Muslime bedeutsam. Dies wird hier abschließend betont, weil es Kontroversen um die angemessene Konzeption des Vorurteils über Muslime gibt. Reden wir von Feindseligkeit, Rassismus, Menschenfeindlichkeit, Diskriminierung? Die Suche nach Konsenskonzepten ist verständlich, aber wissenschaftlich nicht zwingend. Das Vorurteilskonzept ist an viele Zugänge anschlussfähig.

Es kann im Rückblick auf die Befunde noch genauer gefasst werden. Mit einem sozialpsychologischen Blick auf die Konzeptionsversuche über das Vorurteil und die empirischen Ausdrucksformen im Kontext gesellschaftlicher Entwicklungen und Umstände, drängt sich ein Verständnis von Vorurteilen auf, welches die sozialen Funktionen von Vorurteilen für die Diskriminierung betont. In Anlehnung an die Theorie der Sozialen Dominanz nach Sidanius & Pratto (1999) und die Konzeption des Syndroms der Gruppenbezogenen Menschenfeindlichkeit (Zick, Küpper & Heitmeyer, 2011) können Vorurteile über Muslime als hierarchielegitimierende Mythen, also ideologische Narrative, verstanden werden, die die Abwertung von Muslimen begründen und die Dominanz jener, die sie glauben und behaupten aufrechtzuerhalten sucht. Diese Mythen können religiös, weltlich, rassistisch oder politisch begründet sein. Sie halten die Ungleichwertigkeit von Muslimen aufrecht. Vorurteile über Muslime basieren dabei auf traditionellen Stereotypen, rassistischen Vorstellungen und anderen Ideologien, sie halten sich aber auch deshalb aufrecht, weil sie jeweils in den Zeitgeist von Menschen, die sich über das Vorurteil miteinander identifizieren, transformiert werden können. Auch deshalb entbrennen ständig Diskussionen über immer neu Bedrohungen, die von Muslimen und dem Islam ausgehen, weil die Mythen sich in den je historisch aktuellen Zeitgeist so einpassen müssen, dass jene, die an sie glauben sollen, sie als Wahrheiten verstehen können, die ihnen alltägliche Erfahrungen erklären können. Dies heißt schlussendlich auch, dass das Vorurteil über Muslime in seiner Funktion im sozialen Kontext von Menschen betrachtet werden muss (Zick, Küpper & Heitmeyer, 2011; Zick, Küpper & Hövermann, 2011). Das Vorurteil wird geglaubt und weiter transportiert, weil es Zugehörigkeit schafft, die Welt verstehen lässt, Kontrolle und sozialen Einfluss ermöglicht, Selbstwert schafft und Misstrauen erzeugt. Es schafft eine Grundlage für soziale Identifikationen und erzeugt Macht. Weil nichts praktischer ist als ein Vorurteil, um jene, die es treffen soll, auf Distanz zu halten, werden viele Vorurteile über Muslime auch als Islamkritik eingekleidet und der Verweis auf eine notwendige

Differenzierung zwischen Kritik und Vorurteil schon als Politische Korrektheit oder Angriff pariert. Würde der Mantel beiseitegelegt, käme das Vorurteil zum Vorschein. Die Demaskierung des Vorurteils als Vorurteil ist eine Möglichkeit der Intervention, erzeugt aber auch massive Konflikte, mit denen zu rechnen ist.

Literatur

Allport, G. W. (1954). *The nature of prejudice*. Reading, MA: Addison-Wesley/1971: Die Natur des Vorurteils, Köln: Kiepenheuer und Witsch.

Bertelsmann Stiftung (2015). *Religionsmonitor: verstehen, was verbindet. Sonderauswertung Islam 2015*. Gütersloh: Bertelsmann Stiftung.

Bielefeld, H. (2010). Das Islambild in Deutschland. In T. Schneiders (Hrsg.), *Islamfeindlichkeit* (S. 173–206). Wiesbaden: VS Verlag.

Bielefeldt, H. (2012). *Muslimfeindlichkeit: Ausgrenzungsmuster und ihre Überwindung*. In Deutsche Islam Konferenz (DIK)(2013)(Hrsg.), Muslimfeindlichkeit – Phänomen und Gegenstrategien. Beiträge der Fachtagung der Deutschen Islam Konferenz am 4. und 5. Dezember 2012 (S. 23 – 27). Berlin: DIK.

Decker, O., Kiess, J. & Brähler, E. (Hrsg.)(2016). *Die enthemmte Mitte: Autoritäre und rechtsextreme Einstellung in Deutschland*. Gießen: Psychosozial Verlag.

Foroutan, N. (2012). *Muslimbilder in Deutschland Wahrnehmungen und Ausgrenzungen in der Integrationsdebatte* (Expertise im Auftrag der Abteilung Wirtschafts- und Sozialpolitik der Friedrich-Ebert-Stiftung). Berlin: Friedrich-Ebert-Stiftung.

Gomolla, M. & Radtke, F. -O. (2002). *Institutionelle Diskriminierung. Die Herstellung ethnischer Differenz in der Schule*. Opladen: Leske & Budrich.

Heeren, J. & Zick, A. (2014). Misleading images: Results from interviews with media producers, journalists and consumers on Muslims and Islam in German media. *Middle East Journal of Culture and Communication, 7*, 46-63.

Heitmeyer, W. (2002–2011). *Deutsche Zustände, Folge 1–10*. Frankfurt a. Main/Berlin: Suhrkamp.

Küpper, B. & Zick, A. (2008). Soziale Dominanz, Anerkennung und Gewalt. In W. Heitmeyer (Hrsg.), *Deutsche Zustände, Folge 6* (S. 116-134). Frankfurt a. Main: Suhrkamp.

Küpper, B. & Zick, A. (2011) Inverse gender gap in Germany: Social dominance orientation among men and women. *International Journal of Social Psychology, 46*, 33-45.

Küpper, B. & Zick, A. (2015a). Religion und Menschenfeindlichkeit. In Jeserich, Klein & Zwingmann (Hrsg.), *Religiosität – die dunkle Seite. Beiträge zur empirischen Religionsforschung*. Münster: Waxmann.

Küpper, B. & Zick, A. (2015b). Religiosität und Gruppenbezogene Menschenfeindlichkeit – Ergebnisse der GMF-Studien. In S. A. Strube (Hrsg.), *Rechtsextremismus als Herausforderung für die Theologie* (S. 48-63). Freiburg: Herder.

Krause, D. & Zick, A. (2013). Gruppenbezogene Menschenfeindlichkeit – Kurzskala für Muslim- und Islamfeindlichkeit (S. 125 – 127). In C. J. Kemper, E. Brähler & M. Zenger (Hrsg.), *Psychologische und sozialwissenschaftliche Kurzskalen: Standardisierte*

Erhebungsinstrumente für Wissenschaft und Praxis (S. 100-102). Berlin: Medizinisch Wissenschaftliche Verlagsgesellschaft.

Leibold, J. & Kühnel, S. (2003). Islamphobie: Sensible Aufmerksamkeit für spannungsreiche Anzeichen. In W. Heitmeyer (Hrsg.), *Deutsche Zustände, Folge 2* (S. 100 – 118). Frankfurt a. Main: Suhrkamp.

Pettigrew, T.F. & Meertens, R.W. (1995). Subtle and blatant prejudice in western Europe. *European Journal of Social Psychology, 25*, 57-75.

Shooman, Y. (2010). „… weil ihre Kultur so ist" – Der neorassistische Blick auf MuslimInnen. In A. Pelinka (Hrsg.), *Vorurteile: Ursprünge, Formen, Bedeutung* (S. 101–111). Berlin: deGruyter.

Shooman, Y. (2012). Zwischen Alltagsrassismus und Verschwörungstheorien: Islamfeindlichkeit im Internet. In Deutsche Islam Konferenz (DIK)(2013)(Hrsg.), Muslimfeindlichkeit – Phänomen und Gegenstrategien. Beiträge der Fachtagung der Deutschen Islam Konferenz am 4. und 5. Dezember 2012 (S. 68-85). Berlin: DIK.

Sidanius, J. & Pratto, F. (1999). *Social dominance: An intergroup theory of social hierarchy and oppression.* New York, NY: Cambridge University Press.

Tajfel, H. & Turner, J.C. (1979). An integrative theory of intergroup conflict. In W. G. Austin & S. Worchel (Eds.), *The social psychology of intergroup relations* (pp. 33-47). Monterey, CA: Brooks/Cole.

Zick, A. (1997). *Vorurteile und Rassismus – eine sozialpsychologische Analyse.* Münster: Waxmann.

Zick, A. (2005). Die Konflikttheorie der Theorie der sozialen Identität. In T. Bonacker (Hrsg.), *Sozialwissenschaftliche Konflikttheorien: Eine Einführung* (3. Aufl.) (S. 409-426). Wiesbaden: Verlag für Sozialwissenschaften. Auflage in 2002)

Zick, A. (2010). Psychologie der *Akkulturation – Neufassung eines Forschungsbereiches.* Wiesbaden. VS.

Zick, A. (2011). Islamfeindlichkeit – Das Potenzial in Deutschland. In C. Pfeiffer & W. Benz (Hrsg.). *Wir oder Scharia: Islamfeindlichkeit und Antisemitismus* (S. 31–47). Schwalbach/ Ts.: Wochenschau-Verlag.

Zick, A. (2013). *Islamfeindliche Einstellungen in der Bevölkerung – ein Bericht über Umfrageergebnissen.* Berlin: Deutsche Islam-Konferenz.

Zick, A. (2016). Sozialpsychologische Diskriminierungsforschung. In A. Scherr A. El-Mafaakani & G. Yüksel (Hrsg.): *Handbuch Diskriminierungsforschung.* Wiesbaden: Springer.

Zick, A., Hövermann, A. & Krause, D. (2012). Die Abwertung von Ungleichwertigen. Erklärung und Prüfung eines erweiterten Syndroms der *Gruppenbezogenen Menschenfeindlichkeit.* In W. Heitmeyer (Hrsg.), *Deutsche Zustände, Folge 10* (S. 64–86). Berlin: Suhrkamp.

Zick, A. & Klein, A. (Hrsg.)(2014). *Fragile Mitte – Feindselige Zustände: Rechtsextreme Einstellungen in Deutschland 2014* (hrsg. für die Friedrich-Ebert-Stiftung von R. Melzer). Berlin: Dietz.

Zick, A. & Küpper, B. (2015a). Rechtspopulistische Überzeugungen der Mitte. *Aus Politik und Zeitgeschichte, 65. Jg., 14/2015,* 9-16.

Zick, A. & Küpper, B. (Hrsg.)(2015b). *Wut, Verachtung und Abwertung: Rechtspopulismus in Deutschland.* Bonn: Dietz.

Zick, A., Küpper, B. & Heitmeyer, W. (2011). Vorurteile als Elemente Gruppenbezogener Menschenfeindlichkeit – eine Sichtung der Vorurteilsforschung und ein theoretischer

Entwurf. In A. Pelinka (Hrsg.), *Vorurteile: Ursprünge, Formen, Bedeutung* (S. 287-316). Berlin: deGruyter.

Zick, A., Küpper, B. & Hövermann, A. (2011). *Die Abwertung der Anderen. Eine europäische Zustandsbeschreibung zur Intoleranz, Vorurteilen und Diskriminierung.* Berlin: Friedrich-Ebert Stiftung.

Zick, A. & Preuß, M. (2016). *Einstellungen zur Integration in der Bevölkerung: Kurzbericht zum Projekt ZuGleich – Zugehörigkeit und Gleichwertigkeit.* Essen: Stiftung Mercator.

AfD, Pegida & Co.
Die Formierung einer muslimfeindlichen rechten Bewegung

Alexander Häusler

Vor dem Hintergrund der realen Gefahr des terroristischen Islamismus und der Debatte über die Stellung des Islams in Europa bietet sich der Islam als Reizthema für öffentlichkeitswirksame Kampagnen europäischer Rechtsaußenparteien geradezu an. Die extreme Rechte versucht, aus der Angst um den Verlust von Zugehörigkeit und Sicherheit politisch Kapital zu schlagen. Besonders in Nordwesteuropa haben viele Rechtsaußenparteien einen Modernisierungsprozess durchlaufen und treten nun mehrheitlich mit kulturreligiös verklausulierten rassistischen Ressentiments in Erscheinung. Spätestens seit dem von der Schweizerischen Volkspartei (SVP) im Jahr 2009 erfolgreich inszenierten Referendum gegen Minarettbau in der Schweiz gilt der antimuslimische Rechtspopulismus als politischer Erfolgsschlager für Wählerstimmen im rechten Lager. In Deutschland versucht aktuell die rechtspopulistische Partei „Alternative für Deutschland" (AfD), mit muslimfeindlicher Programmatik parteipolitisch Erfolge zu erzielen. Auf der Straße hat die rechte Bewegung „Patriotische Europäer gegen die Islamisierung des Abendlandes" (Pegida) die Wirkungsmächtigkeit eines virulenten antimuslimischen Rassismus offenbart: Die Facetten rechter Muslimfeindlichkeit erstrecken sich dabei vom extrem rechten Rand bis hinein in die gesellschaftliche Mitte. In diesem Beitrag wird ein Einblick in das Akteursfeld und die Erscheinungsformen einer muslimfeindlichen rechten Bewegung gegeben.[1]

---

1   Die folgenden Ausführungen basieren auf einem von mir im Frühjahr 2014 für die Bundeszentrale für politische Bildung verfassten Beitrag mit dem Titel „Muslimfeindlichkeit als rechtsextremes Einfallstor", der online unter der Rubrik „Dossier Rechtsextremismus" veröffentlicht worden ist (http://www.bpb.de/politik/extremismus/rechtsextremismus/180773/muslimfeindlichkeit-als-rechtsextremes-einfallstor [10.05.2016]). Zudem sind in den vorliegenden Text weitere Passagen aus anderen, von mir bereits publizierten Beiträgen zur Entwicklung rechter Muslimfeindlichkeit einbezogen worden (s. Literaturverzeichnis).

1 Begriff und Merkmale von Muslimfeindlichkeit

Feindlichkeit gegenüber Muslimen ist grundsätzlich zu unterscheiden von einer Islamkritik, die sich auf die muslimische Religion bezieht. Während Kritik an unterschiedlichen Formen von Religion zum demokratischen Meinungsstreit gehört, stellt die pauschale Abwertung von Menschen mit religiöser Zugehörigkeit eine Form von Diskriminierung dar, die – etwa im Fall von Muslimfeindlichkeit – oftmals auch rassistische Ausprägungen beinhaltet. Allerdings weisen auch diverse Artikulationen von Islamkritik ebenfalls dann diskriminierende Ausprägungen auf, wenn sie von einem angeblich aufgeklärten christlich-westlichen Standpunkt ausgehend pauschale kulturalisierende Aussagen über die angebliche Rückständigkeit „der Muslime" tätigen, ohne zu differenzieren und die totalitären Dimensionen in der Genese westlicher Aufklärung zu hinterfragen (Attia 2014). Zur Beschreibung feindseliger Haltungen gegenüber Muslimen finden im öffentlichen Diskurs unterschiedliche Begrifflichkeiten Verwendung – so etwa Islamophobie, Islamfeindlichkeit, Muslimfeindlichkeit oder antimuslimischer Rassismus. International findet der Begriff der Islamophobie häufig Verwendung (Runnymede Trust 1997; Hafez 2013). Da hierbei jedoch oftmals die Ablehnung der islamischen Religion pauschal mit der Feindschaft gegenüber Muslimen gleichgesetzt wird, weist dieser Begriff[2] eine fehlende Trennschärfe auf, um Diskriminierung von Muslimen zu beschreiben. Ähnlich verhält es sich mit dem u. a. von Achim Bühl vorgeschlagenen Begriff der Islamfeindlichkeit (Bühl 2010: 293). Denn von einer Angst vor einer Religion oder Feindseligkeit dieser gegenüber lässt sich nicht automatisch auf Feindseligkeit gegenüber entsprechenden Personengruppen schließen. Mit dem Begriff der Muslimfeindlichkeit wird hingegen nicht das Verhältnis zur Religion, sondern zu den dieser Religion anhängenden Menschen in den Mittelpunkt gerückt. Im Unterschied zu legitimer Kritik an Glaubensvorstellungen richtet sich die Muslimfeindlichkeit von „vornherein auf die betroffenen Menschen" und nur indirekt auf Religionsfragen (Bielefeldt 2010). Unter dem Deckmantel von ‚Islamkritik' werden dabei die gläubigen Individuen mittels generalisierter Negativzuschreibung pauschal abgewertet und ausgeschlossen. Dies offenbart sich etwa in Behauptungen, Muslime seien per se integrationsunfähig sowie unfähig zur Demokratie. Ebenso drückt die Aussage „Muslime gehören nicht zu unserer

---

2 Bei den vom Bielefelder Institut für Konflikt- und Gewaltforschung von 2001 bis 2011 jährlich durchgeführten Befragungen zur „Gruppenbezogenen Menschenfeindlichkeit" wurden bis 2009 negative Einstellungen gegenüber dem Islam unter dem Begriff der Islamophobie erfasst. Ab dem Jahr 2010 wurde der Begriff der Islamfeindlichkeit verwendet.

Kultur" eine muslimfeindliche Haltung aus, wenn zugleich das dahinterstehende Kulturverständnis zum Gradmesser bürgerschaftlicher Zugehörigkeit deklariert wird. Wenn solche Haltungen zudem mit rassistischen Ressentiments verknüpft werden, lässt sich von antimuslimischem Rassismus sprechen (Müller-Uri 2014; Eickhoff 2010; Kuhn 2015). Hierbei werden rassistische Stereotype auf die Sphären der Kultur und der Religion übertragen. In der Behauptung einer ethno-kulturellen Unvereinbarkeit von Muslimen und Nicht-Muslimen im gesellschaftlichen Zusammenleben offenbart sich dieser antimuslimische Rassismus: Im Stereotyp Muslim = Ausländer + Islamist + Kulturzerstörer + Eroberer überschneiden sich muslimfeindliche mit rassistischen Zuschreibungen. Dabei werden den Muslimen pauschal negative Wesensmerkmale zugeschrieben (frauenfeindlich, unehrlich, machtbesessen, unzivilisiert etc.) und ihnen expansive Absichten unterstellt („demografische/kulturelle Landnahme"). So deutet etwa Geert Wilders, die Leitfigur des europäischen Rechtspopulismus, die „Islamisierung" als einen „Krieg, der mit den Waffen Demographie und Masseneinwanderung" geführt würde und gestoppt werden müsse (Wilders 2009). Ein solcher, antimuslimischer Rassismus, steht zugleich in Frontstellung zu der multikulturellen und multireligiösen Verfasstheit unserer europäischen Einwanderungsgesellschaften.

2   Muslimfeindlichkeit als rechtes Kampagnenthema

Mit muslimfeindlichen Kampagnen haben rechte Bewegungen in Europa an Einfluss gewinnen können. Besonders rechtspopulistischen Parteien ist es gelungen, Ängste und Vorbehalte gegenüber Muslimen politisch für eine rassistisch grundierte Politik der Ausgrenzung nutzbar zu machen.

Diskriminierende und oftmals auch rassistische Zuschreibungen werden dabei populistisch im Duktus der Fortschrittlichkeit und der Demokratieverteidigung verkündet. Der konstruierte Zusammenhang von einer angeblichen islamischen Landnahme Europas, mithilfe des Multikulturalismus und der linken kulturellen Hegemonie, stellt die zentrale These des muslimfeindlichen Rechtspopulismus dar. Hier zeigt sich zugleich ein zentrales Merkmal rechter Modernisierung: Die traditionelle extreme Rechte ist immer noch geprägt von der offenen Ablehnung der Demokratie. Rechtspopulistische Parteien distanzieren sich öffentlich vom verfassungsfeindlichen Rechtsextremismus und stellen sich als ‚wahre Hüter' heimatlicher Interessen dar, die es mittels ‚direkter Demokratie' in Form von Volksentscheiden und Bürgerbegehren durchzusetzen gelte. Während der klassische Rechtsextremismus von völkischem Rassismus und offenem Antisemitismus geprägt ist, vollzieht sich im Rechtspopulismus eine kulturreligiös geprägte Umdeutung des Rassismus, oftmals begleitet von einer Abkehr von allzu offenem Antisemitismus.[3] Anstelle traditionell rechtsextremer Bezugnahme auf eine offen rassistische Blut-und-Boden-Ideologie stehen im Vokabular des Rechtspopulismus die Begriffe Tradition, Kultur, Heimat und Glaube im Zentrum der Agitation. Heute weist der Rechtspopulismus sowohl extrem rechte wie auch rechtskonservative, neoliberale und zugleich auch sozialpopulistische Tönungen auf – er ist ideologisch flexibel geworden. Populistische Inszenierungsformen sind im Rechtsaußenspektrum weit verbreitet und reichen von der extremen Rechten bis hinein in den Nationalkonservatismus und Nationalliberalismus. Kennzeichnend für einen rechtspopulistischen Politikstil ist die Inszenierung als ‚Stimme der unterdrückten Mehrheit', die sich einer ‚linken Meinungsdiktatur' zu erwehren habe. Traditionell extrem rechte Parteien wie die Front National (FN) unter Marine le Pen bedienen sich eines solchen Stils ebenso wie die rechtskonservative Schweizerische Volkspartei. Parteien wie die FPÖ vermengen religiöse Bekenntnisse mit Muslimfeindlichkeit und Fremdenfeindlichkeit. Auf Plakaten der FPÖ zur Nationalratswahl 2013 trat deren Parteichef Heinz-Christian Strache mit der Plakatparole „Liebe deine Nächsten!" in Erscheinung. In der Unterzeile hieß es dann: „Für mich sind das unsere Österreicher!" (Die Presse 2013). Der gezielte Angriff rechtspopulistischer Parteien auf das interkulturelle Miteinander zeigt sich in öffentlichkeitswirksamen Kampagnen gegen Moscheebauprojekte sowie gegen eine behauptete ‚schleichende Islamisierung' durch die pure Anwesenheit von Muslimen sowie Menschen, denen aufgrund ihres Migrationshintergrundes pauschal muslimische Zugehörigkeit zugesprochen wird.

Seit der Debatte um die Thesen des Buchautors Thilo Sarrazin wird auch hierzulande die Frage um den Platz einer muslimfeindlichen Rechtsaußenpartei diskutiert. Doch trotz einer weit verbreiteten Muslimfeindlichkeit gelang es bislang keiner Partei am rechten Rand, dieses Potenzial erfolgreich abzuschöpfen. Allerdings bemühen sich unterschiedliche rechte Akteure, mit diesem Thema öffentlich an Einfluss zu gewinnen.

---

3 Dies zeigt sich deutlich im nordwesteuropäischen Rechtspopulismus, während in Südosteuropa rechtspopulistische Inszenierungen oftmals einhergehen mit dem Schüren antisemitischer Ressentiments (vgl. näher hierzu Häusler 2012).

3 Formen und Akteursfelder rechter Muslimfeindlichkeit

„Islamkritik für ganz Deutschland: Europawahlantritt von PRO NRW mit Ihrer Unterschrift unterstützen!" – mit diesem Slogan mobilisierte die muslimfeindliche Partei pro NRW zur Europawahl (pro NRW 2013). Die Pro-Bewegung hat ihren angestammten Platz im Lager der extremen Rechten: Im Jahr 1996 von Aktivisten der rechtsextremen Deutschen Liga für Volk und Heimat gegründet, erprobt diese Gruppierung den Einbruch von Rechtsaußen in die politische Mitte. Die Pro-Bewegung mit ihrer Ursprungsformation Pro Köln und ihren Exportmodellen Pro NRW und Pro Deutschland ist eine Wahlgruppierung der extremen Rechten, die getarnt als „Bürgerbewegung" versucht, sich von der Domstadt Köln aus in Nordrhein-Westfalen und darüber hinaus in ganz Deutschland auszubreiten. Zentrales Merkmal ihrer rechtspopulistischen Inszenierungen ist ein kampagnenorientierter Rassismus (Häusler 2008). Dies zeigt sich u. a. in muslimfeindlichen Aufmärschen und Unterschriftenlisten gegen Moscheebauprojekte und Migrantenvereinigungen. Größere wahlpolitische Erfolge außerhalb ihrer Ursprungsstadt Köln konnte die PRO-Bewegung bislang nicht erzielen. Doch trotz fehlender Wahlerfolge gelang es der Pro-Bewegung wiederkehrend, die vorherrschende emotionalisierte Auseinandersetzung um Islam und Integration nach Rechtsaußen zu kanalisieren. Deutliches Merkmal hierfür ist eine medienorientierte politische Inszenierungsstrategie, die auf Eskalation und Diskursverschiebung zielt. So gelang es Pro Deutschland mit einer bloßen Ankündigung, im September 2012 in Berlin öffentlich ein muslimfeindliches Hetzvideo zeigen zu wollen, eine internationale Medienpräsenz zu erzielen (Süddeutsche Zeitung 2013).

Die instrumentelle Stoßrichtung muslimfeindlicher Kampagnen offenbarte der Vorsitzende von Pro Köln, Markus Beisicht, in einem Interview mit der neurechten Wochenzeitung „Junge Freiheit". Dort bekundete er: „Es war klar, wir mussten etwas Neues erfinden: Statt einer bundesweiten Partei, haben wir mit pro Köln den entgegen gesetzten Ansatz gewählt: den einer kommunalen Bürgerbewegung." Darauf fragte der Interviewer: „Pro Köln ist also keine Anti-Moscheebau-Bürgerinitiative, sondern ein rechtes Parteiprojekt, das nur in diesem Gewand daherkommt?" Die Antwort des Interviewten lautete: „So könnte man sagen. […] Gerade in Großstädten kann man damit punkten! Wir haben die Marktlücke besetzt, und es ist uns der Einbruch in Schichten gelungen, die wir sonst nicht erreicht hätten" (Beisicht 2008)

Auch die neonazistische NPD versucht, mit dem Thema Islam zu punkten: Im sächsischen Landtag brachte die NPD einen Antrag zur Verfassungsänderung zum „Schutze der deutschen und abendländischen Identität" ein. In seiner Antragsbegründung verdeutlichte der NPD-Landtagsabgeordnete Jürgen Gansel die muslimfeindliche Stoßrichtung seiner Partei: „Der NPD-Entwurf zur Verfassungsänderung dient (...) dem Schutz und der Pflege unserer sächsischen, deutschen und auch europäischen Identität, denn wir wollen auch in Zukunft nur das vertraute Glockengeläut der Dresdner Frauenkirche, der Leipziger Nikolaikirche und des Freiberger Doms hören und nicht das Plärren eines Muezzins, der seine islamischen Gotteskrieger täglich in die Moschee ruft" (Gansel 2013).

Ausgehend von Berlin versuchte die muslimfeindliche Partei Die Freiheit erfolglos, sich als neue Kraft zu etablieren. Freiheits-Parteiführer Rene Stadtkewitz trat aus der CDU nach Konflikten um seine Einladung des Rechtspopulisten Geert Wilders nach Berlin aus und gründete die neue Partei im Oktober des Jahres 2010. Aufgrund fehlender Wahlerfolge rief Stadtkewitz im September 2013 dazu auf, die neu gegründete Partei „Alternative für Deutschland" zu unterstützen (Stadtkewitz 2013).

Neben antimuslimischen Parteiaktivitäten versuchen rechte Aktivisten auch, über Vereine öffentliche Wirkung zu entfalten. In der 2008 gegründeten Bürgerbewegung Pax Europa (BPE) bündeln sich solche Aktivitäten. Von der BPE werden „Handreichungen für Moscheebau-Verhinderer" verbreitet. Darin wird u. a. empfohlen: „der Konflikt muss in den nächsten Wahlkampf verschleppt werden (durch Bürgerbegehren, Normenkontrollklagen usw.), da die meist konfliktscheue Politik nur dann bereit ist, sich den Bürgerwillen an die eigene Fahne zu heften" (BPE 2013).

Mit der „Identitären Bewegung Deutschland" (IBD) wiederum versucht eine Strömung aus dem neurechten Lager auf der Ebene einer sozialen Bewegung, junge Leute mit muslimfeindlichen wie zugleich nationalistischen Kampagnen anzusprechen. „Uns Identitären geht es um den Erhalt unserer ethnokulturellen Identität, die heute durch den demographischen Kollaps, die Massenzuwanderung und die Islamisierung bedroht ist", heißt es auf der Webseite der IBD (2013a). Die Identitäre Bewegung Deutschland (IBD) wurde im Oktober 2012 als Facebook-Gruppe angemeldet und tritt in erster Linie über das Internet in Erscheinung (Bruns/Glösel/Strobl 2014). Ihren Ursprung hat die IBD in der französischen Génération Identitaire, einer Jugendorganisation des Bloc Identitaire (BI), der einen Zusammenschluss rechtsextremer und neurechter Gruppierungen in Frankreich darstellt. Der Génération Identitaire wurde große Aufmerksamkeit zuteil, als einige ihrer Mitglieder am 2. Oktober 2012, in Anlehnung an die historische Schlacht von Poitiers im Jahr 732, in dieser Stadt das Dach einer im Bau befindlichen Moschee besetzten. In erklärter Traditionslinie zu dem fränkischen Hausmeier Karl Martell, der damals bei jener Schlacht die islamische Expansion stoppte, inszenierten sich die Identitären dabei als Vorkämpfer gegen die „Islamisierung Europas". Zudem wurde ein Internetvideo produziert, das als Identitäres Manifest inhaltlich und stilistisch prägend für Nachahmer-Gruppen in Österreich und Deutschland werden sollte. Dieses Manifest beinhaltet eine „Kriegserklärung" an den Multikulturalismus und die „68er" als weiteres erklärtes Feindbild der Identitären. Von Frankreich aus verbreitete sich die Identitäre Bewegung zunächst nach Österreich und fand von dort ihren Weg nach Deutschland. Hierzulande fanden die Inszenierungsformen der Identitären sowohl in neonazistischen als auch in neurechten und muslimfeindlichen Kreisen Anklang.

In der dem neurechten Institut für Staatspolitik (IfS) angegliederten Sezession stellte der Autor Götz Kubitschek die von ihm gegründete und in der öffentlichen Wahrnehmung weitestgehend erfolglose Konservativ-Subversive Aktion als neurechten Vorläufer der IBD dar. In einem Sonderheft der Sezession wurden unter dem Titel „Alternativen für Deutschland" strategische Überlegungen zur Festigung neurechter Positionen angestellt, bei denen auch die neue Partei Alternative für Deutschland (AfD) als möglicher parteipolitischer Ort für identitäre Politik ins Spiel gebracht wurde (Sezession 2013). Eine im Jahr 2012 vom IfS veröffentlichte „Lageanalyse" zur Frage „Ist der Islam unser Feind?" veranschaulicht die weltanschaulichen Grundmuster eines antimuslimischen Rassismus am rechten Rand, der sich selbst als „Islamkritik" versteht. Dort lautet es: „Es geht nicht nur und nicht einmal in erster Linie um das gewaltsame Vordringen des Islam, um die Funktionsweise von Terrornetzwerken oder die Aggressivität der Mission von moslemischer Seite, sondern um die Verantwortungslosigkeit der Eliten einerseits und die politische, religiöse und kulturelle Formschwäche der europäischen Nationen andererseits. Die Perspektive der Islamisierung ergibt sich aus der Vitalität des Islam, aber vor allem aus dem Vitalitätsmangel der weißen Völker." (Institut für Staatspolitik 2012: 34). Nicht nur im Gerede von den „weißen Völkern" offenbart sich dort das rassistische und völkisch-nationalistische Verständnis von nationaler Zugehörigkeit: Vielmehr zeigt sich dort die Artikulation antimuslimischer Verschwörungsphantasien in Form einer imaginierten ‚Landnahme' durch einen angeblich feindlichen Islam, der mittels Zuwanderung und Fortpflanzung „das Eigene" existenziell bedrohe. Mittels einer solchen „Islamkritik" werden Zuwanderer aus muslimisch geprägten Ländern generell als nicht zur Nation zugehörig und zu Feinden des angeblich „Eigenen" abgestempelt.

Die seit dem Jahr 2004 aktivierte Internetplattform „politically incorrect" (p.i. news) gilt als das ‚Zentralorgan' der rechten Muslimfeinde (Shooman 2014). Dieses Weblog zählt zu den meistgenutzten rechten Internetseiten in Deutschland. Dort werden nicht nur in primitiver Form rassistische Anfeindungen gegenüber Muslimen verbreitet, sondern p.i. dient zudem als Informationsportal für die heterogene Achse rechter Muslimfeinde.

4 Muslimfeindliche Sammlungsbewegung „Pegida"

Im Oktober 2014 gab eine Demonstration in Dresden zur Unterstützung des kurdischen Widerstandes gegen den IS-Terror im Irak der Gruppe „Patriotische Europäer gegen die Islamisierung des Abendlandes" Anlass dazu, eine Facebook-Gruppe anzumelden. Laut Auskunft des Pegida-Organisators Lutz Bachmann boten zudem die ebenfalls stattgefundenen Auseinandersetzungen zwischen Kurden und Islamisten in Hamburg und Zelle den Auslöser zur Pegida-Gründung. Bachmann erläuterte diese Ursachen zur Pegida-Gründung in einem Interview mit der neurechten Zeitschrift „Blaue Narzisse" (Schüller 2014). Deutlich zeigen diese Anlässe, dass es dort in erster Linie Empörung über „die Ausländer" und nicht der Islamismus gewesen ist, der zu diesem Aufmarsch-Marathon in Dresden geführt hat. Der eingetragene Verein Pegida entfaltete zugleich, als eine Form von politischem Franchise-Unternehmen, ein Angebot für Ableger in anderen deutschen Städten. Dabei wurde das Pegida-Label durch die extreme und populistische Rechte aus anderen Bundesländern genutzt, um die öffentliche Aufmerksamkeit für eigene Ziele nutzbar zu machen. Mittlerweile ist das Pegida-Label in anderen Bundesländern mehrheitlich von der organisierten extremen Rechten okkupiert worden.

Mit Pegida haben muslimfeindliche Einstellungen ein niedrigschwelliges Angebot zur Artikulation auf der Straße erhalten. Die Pegida-Aufmärsche können hierbei als Indikator für ein rassistisch mobilisierbares Potential gedeutet werden: Pegida hat den Resonanzrahmen für die aktuell sich zuspitzende rassistische Eskalationsspirale auf der Straße geschaffen. So verweist die wissenschaftliche Forschung darauf, dass die „Pegida-Demonstrationen insbesondere in Sachsen mittelbar zu einer sprunghaften Zunahme gewalttätiger Übergriffe auf Asylbewerberheime im ersten Halbjahr 2015 beigetragen haben" (Vorländer et al. 2015; 146). Zugleich bietet Pegida unterschiedlichen Akteursgruppen aus dem deutschen Rechtsaussenspektrum eine Plattform zur Artikulation. So sind beispielsweise bei den Pegida-Aufmärschen Anhänger der Identitären Bewegung als fester Bestandteil des Demonstrationsgeschehens sichtbar. Das Selbstverständnis als Widerstandsbewegung bildet den Kern der extrem rechten kollektiven Identität. Es verbindet Gruppierungen unterschiedlichster Couleur und zeigt sich in Slogans und Parolen wie „Wir sind das Volk" bei Pegida, aber auch der Selbstbezeichnung neonazistischer Gruppen als „Nationaler Widerstand".

Empirische Forschungserkenntnisse ergeben bislang ein selektives Bild der Sozialstruktur und Problemdeutungen (Frames) der Teilnehmer. Auf der Basis von Befragungen geben u. a. zwei Untersuchungen der Universität Dresden unter Leitung von Hans Vorländer sowie von Werner Patzelt, eine Studie des Göttinger Instituts für Demokratieforschung unter Leitung von Franz Walter sowie eine

Studie des Wissenschaftszentrums Berlin für Sozialforschung (WZB) einen tieferen Einblick (Vorländer et al 2015; Patzelt 2015; Geiges et al. 2015; Daphi et al. 2015). Laut der WZB-Studie lehnen 69 Prozent der Pegida-Teilnehmer eine multikulturelle Gesellschaft ab und wenden sich entsprechend gegen die verschiedenen Aspekte von Multikulturalität. Drei dominierende Problemdeutungen der Befragten ließen sich benennen: Kritik an der Asyl- und Einwanderungspolitik; Kritik an der aktuellen Regierungspolitik sowie an der Gesamtheit der etablierten Politiker und Unzufriedenheit mit den Medien und deren Berichterstattung. Dazu kamen die Ablehnung des Islam oder zumindest Vorbehalte gegenüber der Integrationsfähigkeit von Muslimen; der Verweis auf kriminelle Asylbewerber; die Stärkung nationaler Kultur gegen Überfremdung; die wahrgenommene Unterdrückung der Meinungsfreiheit und die Forderung nach Bürgerentscheiden als Mittel demokratischer Beteiligung. Zudem weisen die Teilnehmer nach Angaben Berliner Forscher zu Teilen rechtspopulistische oder rechtsextremistische Einstellungen auf und seien parteipolitisch ganz überwiegend der AfD zuneigt.

5 Gefährliche Inszenierungen von Feindbildern

Alle rechten Muslimfeinde eint der Hang zu einem gefährlichen Katastrophenszenario, das in der Zuwanderung von Muslimen den Untergang der westlichen Welt begründet sieht. So erklärt etwa der Vordenker des rechtspopulistischen Vlaams Belang, Filip Dewinter: „Europa und der freie Westen stehen vor einer lebenswichtigen Wahl: die weitere Duldung von Multikultur, Massenzuwanderung und Islamisierung oder die manifeste Entscheidung für eine europäische Identität. Erkenntnis, Entschlossenheit und Klarheit sind nötig, um den Kampf zu führen." Hier offenbaren sich die Feindbilder des muslimfeindlichen Rechtspopulismus: die Zuwanderung und der Islam als ‚Zersetzer' der ‚Volksgemeinschaft' und der Multikulturalismus als deren „trojanisches Pferd" (Dewinter 2010: 244). Solche Verschwörungstheorien finden sich auch in dem „Manifest" des norwegischen Massenmörders Anders Behring Breivik. Er rechtfertigte seine Morde damit, dass die Linke durch ihre internationalistische Haltung verantwortlich sei für die „Islamisierung Norwegens". Sein über 1500 Seiten langes Rechtfertigungstraktat bestand größtenteils aus Kopien der Texte rechtspopulistischer Weblogs (Häusler/Virchow 2011).

Deren Inhalte sowie deren Endzeitprophezeiungen werden von vielen muslimfeindlichen Aktivisten in Deutschland geteilt. So veröffentlichte der rechte Antaios Verlag unter dem Titel „Europa verteidigen" Texte des norwegischen Bloggers

"Fjordman", von dem Breivik einen Großteil seiner Orientierungen erlangte (Lichtnetz/Kleine-Hartlage 2011). In rechten Kreisen erscheint das aggressive Vorgehen gegenüber Muslimen geradezu als ‚Notwendigkeit', um sich des angeblich drohenden Untergangs überhaupt noch erwehren zu können. So wurde etwa im Jahr 2011 im Internet ein „Aufruf zum allgemeinen Widerstand" veröffentlicht. Darin lautet es: „Nachdem nun auch die Kirche den schlimmstmöglichen Feind umarmt, der für Freiheit, Gleichheit und Brüderlichkeit aller Menschen vorstellbar ist: den Islam, ist jetzt die letzte Bastion im Widerstand gegen den menschenfeindlichen Faschismus Islam gefallen." Als Widerstandsmaßnahme wird u. a. gefordert: „Greift zu den Waffen, wenn es keine anderen Mittel gibt! Für uns, für unsere Kinder, für unsere Geschichte!" (Mannheimer 2011).

Vergleichbare verbale Aufrüstungen sind in dem „Manifest" zu lesen, das von der „Identitären Bewegung" verbreitet wird: „Täuscht euch nicht: Dieser Text ist kein einfaches Manifest: es ist eine Kriegserklärung", lautet es dort (IBD 2013b). Eine solche Drohkulisse wird auch von der „German Defence League" (GDL) aufgebaut, die nach dem Vorbild der muslimfeindlichen rechtsextremen „English Defence League" gegründet worden ist: „Maximalen Widerstand" versprechen deren Aktivisten in ihrer Selbstdarstellung im Internet (GDL 2013). In einem von der GDL verbreiteten Videoclip zum Lied mit dem Titel „Widerstand" von der Rechtsrockband „Abendland" werden Bilder europäischer muslimfeindlicher Vereinigungen gezeigt und dazu gesungen: „Noch ist Europa nicht verlor'n, es lebt durch seiner Völker Zorn" (Gruppe Abendland 2013).

Im Kontext einer wachsenden flüchtlingsfeindlichen und muslimfeindlichen rechten Bewegung häufen sich entsprechend die Straftaten gegenüber Muslimen und muslimischen Einrichtungen. Zwar existiert bislang noch keine systematische behördliche Erfassung muslimfeindlicher Straftaten, allerdings gibt es von Behörden und von muslimischen Einrichtungen deutliche Hinweise auf einen Anstieg derartiger Delikte in den letzten Jahren. Einen aktuellen Einblick in diese Entwicklung gibt ein im Jahr 2016 veröffentlichter Bericht der DITIB-Antirassismus- und Antidiskriminierungsstelle (DITIB 2016).

6 Die rechtspopulistische Partei AfD

Die im Februar 2013 gegründete Partei „Alternative für Deutschland" (AfD) zählt zur rechtspopulistischen Parteienfamilie (Decker 2016). Aktuell ist sie im Europaparlament in zwei Fraktionen vertreten: der rechtspopulistischen Fraktion „Europa der Freiheit und der direkten Demokratie" (EFDD) unter Führungen der englischen

UKIP sowie in der radikal rechten Fraktion „Europa der Nationen und Freiheit" (ENF) unter Führung der französischen Front National und der österreichischen FPÖ. Die AfD hatte ihren Entstehungskontext in der Euro-Krise und dem Merkel-Credo, die Euro-Rettungspolitik sei alternativlos. Die Partei verdankt ihren Aufstieg in der Wählergunst ihrer Selbstinszenierung als Anti-Euro-Partei, jedoch erweiterte die AfD ihr politisches Agenda-Setting auf das Einwanderungsthema und vollzog in Teilen eine Anlehnung an die PEGIDA-Proteste (Korsch 2016). Mit dem vorher als Professor für Volkswirtschaft an der Universität Hamburg tätigen Bernd Lucke erhielt die AfD zu Beginn ein vorzeigbares Gesicht: Lucke verschaffte der Partei eine hohe mediale Präsenz und den Anschein von (wirtschaftlichem) Sachverstand. Zwar inszenierte sich die AfD von Beginn an als besondere Partei mit völlig neuen Inhalten – real stellt sie hingegen ein Konglomerat aus ehemaligen Parteigängern der CDU, CSU, FDP sowie ehemaligen Mitwirkenden aus Rechtsaußenparteien wie dem *Bund freier Bürger* (BFB), der Partei *Die Freiheit* (DF), den *Republikanern* und der *Schill-Partei* dar (Häusler/Roeser 2015: 28–41).

Neben Angehörigen des wirtschaftlichen Establishments bot die Partei schon seit ihrer Gründung auch politisch heimatlos gewordenen Nationalkonservativen sowie neurechten Kräften und früheren Aktivisten rechtspopulistischer Kleinstparteien ein neues parteipolitisches Dach. Zur politischen Strömung der Neuen Rechten bestehen enge Verbindungen über die neurechte Wochenzeitung *Junge Freiheit* (JF), welche die AfD von Beginn an publizistisch unterstützte und sich mittlerweile zu einer Art informeller Parteizeitung entwickelt hat (Kellershohn 2013). Nach den AfD-Wahlerfolgen in Sachsen, Thüringen und Brandenburg verschärfte sich der innerparteiliche Widerspruch gegen den Führungsanspruch von Parteigründer Bernd Lucke.

Auf dem Essener Parteitag der AfD im Juli 2015 kam es schließlich zum vollständigen Machtwechsel: Bernd Lucke unterlag Frauke Petry im innerparteilichen Kampf um die Führungsrolle deutlich mit 38 Prozent gegenüber 60 Prozent an Mitgliederzustimmung. Nach dem Führungswechsel in der AfD hat sich deren parteipolitischer Kurs rapide hin zu einem Rechtspopulismus mit völkisch-nationalistischen Merkmalsprägungen verschärft. Die AfD verschaffte sich als „Anti-Flüchtlings-Partei" ein Alleinstellungsmerkmal und erwuchs dadurch zum parteipolitischen Kulminationspunkt der neuen flüchtlingsfeindlichen Bewegung. Das Thüringer AfD-Landesvorstandmitglied Björn Höcke definierte seine Partei in einem Referat bei dem neurechten Institut für Staatspolitik im November 2015 als „fundamentaloppositionelle Bewegungspartei" (Höcke 2015).

7 Islam als rechtspopulistisches AfD-Kampagnenthema

Während das Thema Islam bei der AfD anfänglich noch keine besondere Bedeutung eingenommen hat, ist im Laufe ihres weiteren Werdegangs eine zunehmende Hinwendung der Partei zu diesem Thema erkennbar. So wurde im sächsischen Landesverband der AfD im Vorfeld der Landtagswahlen 2014 ein Wahlprogramm erstellt, das als Annäherung an antimuslimische Agitationsformen gedeutet werden kann. Mit der Aufnahme der Forderung nach Volksabstimmungen über den Bau von Moscheen mit Minaretten in Sachsen hat zudem zum ersten Mal in der Entwicklung der AfD das Thema Moscheebau Eingang gefunden in den offiziellen Forderungskatalog der Partei (AfD Sachsen 2014). Seit ihrem Führungswechsel im Sommer 2015 hat die AfD ihren muslimfeindlichen politischen Kurs verstärkt. Das AfD-Bundesvorstandsmitglied Beatrix von Storch vertritt gar die Ansicht, dass der Islam eigentlich eine „politische Ideologie" sei, welche „mit dem Grundgesetz nicht vereinbar ist." Daher will die AfD einen Anti-Islam-Kurs in ihrem Grundsatzprogramm verankern: „Wir sind für ein Verbot von Minaretten, von Muezzins und für ein Verbot der Vollverschleierung", so von Storch weiter (von Storch 2016).

Als eine der ersten parteiinternen Strömungen mobilisierte die „Patriotische Plattform" für die politische Ausrichtung der AfD gegen den Islam im Bündnis mit den Pegida-Protesten (Patriotische Plattform 2014). Ein Positionspapier des Plattform-Sprechers Hans-Thomas Tillschneider verdeutlicht die rassistische Stoßrichtung solcher Anti-Islam-Positionen. Dort lautet es: „Die Forderung nach Willkommenskultur und nach Islamreform sind zwei Seiten derselben Feindlichkeit gegenüber Identität und kultureller Differenz." Die Würde des Menschen zeige sich „in seiner kulturellen Verschiedenheit". Daher wird der Islam aus „der grundsätzlichen Scheidung zwischen Eigenem und Fremden und der Verteidigung des Eigenen" heraus abgelehnt (Tillschneider 2015). Demnach steht die Ablehnung des Islam als Chiffre für eine rassistisch hergeleitete Abwehr von Einwanderung. Dementsprechend lautet es in dem Positionspapier: „Das Problem ist nicht der Islam, das Problem ist die multikulturelle Gesellschaft." Dementsprechend wird auch die Religionsfreiheit mit der Begründung abgelehnt, sie diene als „Vehikel einer multikulturellen Transformation. Sie fungiert als trojanisches Pferd, den Kulturrahmen aufzubrechen, der unsere Verfassungsordnung erst möglich" gemacht habe (Ebd.). In derartigen Ausführungen offenbart sich eine völkisch-nationalistisch hergeleitete „Islamkritik".

Bei ihrem Bundesparteitag in Stuttgart am 30. April und 1. Mai 2016 beschloss die AfD erstmals ein Grundsatzprogramm. „Der Islam gehört nicht zu Deutschland", lautet eine der politischen Positionierungen in ihrem Programm (Alternative für Deutschland 2016). Das Minarett lehne die AfD „als islamisches Herrschaftssymbol ebenso ab wie den Muezzinruf, nach dem es außer dem islamischen Allah keinen Gott gibt". Unterbunden werden solle die Finanzierung des Baus und Betriebs von Moscheen durch islamische Staaten oder ausländische Geldgeber bzw. ihre Mittelsmänner". Zugleich lehnt es die AfD ab, islamischen Organisationen in der Bundesrepublik den Status einer Körperschaft des öffentlichen Rechts – analog zu anderen Religionsgemeinschaften – zu verleihen. Darüber hinaus fordert die AfD ein allgemeines Verbot der Vollverschleierung in der Öffentlichkeit. Im öffentlichen Dienst soll zudem nach dem Willen der Partei kein Kopftuch getragen werden, in Bildungseinrichtungen weder von Lehrerinnen noch von Schülerinnen, wie es in dem Text heißt.

8 Fazit

Aktuell vollziehen sich hierzulande hinsichtlich des muslimfeindlichen Rassismus gefährliche Entwicklungen. Viele Jahre lang war Deutschland hinsichtlich des Rechtspopulismus noch ein weißer Fleck auf der Landkarte. Zwar hat die Einstellungsforschung seit etlichen Jahren Belege für eine weit verbreitete Muslimfeindlichkeit geliefert, die oftmals mit autoritaristischen und nationalistischen rechten Weltanschauungen einhergeht. Jedoch hatten derartige Einstellungen auf dem rechten Akteursfeld lange Zeit auf keiner realpolitischen Handlungsebene eine wirkungsmächtige Entsprechung erfahren. Dies hat sich mit der AfD, Pegida und den Pegida-ähnlichen flüchtlings- und muslimfeindlichen Protesten geändert: Diese politischen Protestakteure sind Ausdruck einer fortscheitenden Rechtsentwicklung, die im Kontext der aktuellen Flüchtlings- und Islamismusdebatten zu einer zunehmenden Polarisierung und Verrohung der politischen Kultur geführt haben.

Befeuert von den AfD-Wahlerfolgen wähnen sich die neurechten und völkisch-nationalistischen Strömungen innerhalb und im Umfeld der Partei in einer Phase des beginnenden politischen Umsturzes und mobilisieren zu zivilem Ungehorsam und politischem Aufstand. Diese rechte Aufstandsrhetorik zeigt ihren Widerhall nicht nur im Lager der extremen Rechten, sondern entfaltet zugleich Wirkungen im nationalkonservativen Spektrum. Die AfD nimmt hierbei die Rolle eines politischen Zugpferdes ein und setzt auf eine emotionalisierte Politik der Feindbilder: die Einwanderer, der Islam, und die sog. Alt-Parteien dienen dazu als wirkungsmächtige Sinnbilder einer angeblich volksfeindlichen Politik, gegen die in völkisch-nationalistischer Stoßrichtung zum Aufstand mobilisiert wird. Diese besorgniserregende Entwicklung auf dem (extrem) rechten Feld geht einher mit einer drohenden „Normalisierung" muslimfeindlicher und rassistischer Artikulationsformen. Durch die zunehmende Präsenz derartiger Positionierungen im öffentlichen und medialen Diskurs verschieben sich die Grenzen des Sagbaren – Diskriminierung wird hierbei nicht nur von rechten politischen Aktivisten als ‚Ausdruck von Meinungsfreiheit" verkauft. Je mehr der Rassismus kulturell und religiös verklausuliert wird, desto anschlussfähiger scheint er zu werden. Um zu verhindern, dass Muslime (sowie von rechter Seite her zu Muslimen deklarierte Menschen) zunehmend zur Zielscheibe von rassistischen und diskriminierenden Anfeindungen werden, muss die grassierende Muslimfeindlichkeit zu einem zentralen Thema hinsichtlich der Entfaltung präventiver, juristischer und forschungstheoretischer Maßnahmen gemacht werden. Dies erfordert ein Mehr an Anstrengungen und Aktivitäten sowohl in Politik, institutionalisierter Bildung und Zivilgesellschaft wie zugleich auch in der muslimischen Community und den muslimischen Verbänden.

Literatur

AfD Sachsen (2014): Wahlprogramm. afdsachsen.de/index.php?ct=wahlprogramm [20.06.2014].

Alternative für Deutschland: Grundsatzprogramm der Alternative für Deutschland – Leitantrag der Bundesprogrammkommission und des Bundesvorstandes, S. 34ff., https://www.alternativefuer.de/wp-content/uploads/sites/7/2016/03/Leitantrag-Grundsatzprogramm-AfD.pdf, [03.05.2016].

Attia, Iman (2009): Die westliche Kultur und ihr Anderes. Zur Dekonstruktion von Orientalismus und antimuslimischem Rassismus, Bielefeld.

Attia, Iman/Häusler, Alexander/ Shooman, Yasemin (2014): Antimuslimischer Rassismus am rechten Rand, Münster.

Beisicht, Markus (2008): „Wir sind die Stimme der Bürger". Interview, in: Junge Freiheit v. 16.09.2008

Bielefeldt, Heiner (2010): Facetten von Muslimfeindlichkeit, Vortrag v. 06.09.2010 auf der Deutschen Islamkonferenz, (überarbeitet) S. 2, online unter: http://www.deutsche-islam-konferenz.de/cln_092/SharedDocs/Anlagen/DE/DIK/Downloads/Sonstiges/vortrag-bielefeldt,templateId=raw,property=publicationFile.pdf/vortrag-bielefeldt.pdf [27.12.2011]

BPE (2013): http://bpeinfo.wordpress.com/moschee-nein-danke/ [01.12.2013].

Bruns, Julian/ Glösel, Kathrin/ Strobl Natascha 2014: Die Identitären. Handbuch zur Jugendbewegung der Neuen Rechten in Europa, Münster.

Bühl, Achim (2010): Islamfeindlichkeit in Deutschland. Ursprünge, Akteure, Stereotype, Hamburg.

Daphi, Priska/Kocyba, Piotr/Neuber, Michael/Roose, Jochen/Rucht, Dieter/Scholl, Franziska// Sommer, Moritz/Stuppert, Wolfgang/Zajak, Sabrina 2015: Protestforschung am Limit:

Eine soziologische Annäherung an Pegida, URL: https://www.wzb.eu/sites/default/files/u6/pegida-report_berlin_2015.pdf [07.01.2016].

Decker, Frank (2016): Die „Alternative für Deutschland" aus vergleichender Sicht der Parteienforschung, in: Häusler, Alexander (Hrsg.): Die Alternative für Deutschland. Programmatik, Entwicklung und politische Verortung, Wiesbaden, S. 7–23.

Dewinter, Filip (2010): Inch'Allah? Die Islamisierung Europas, Graz.

Die Presse (2013): FPÖ wirbt mit „Nächstenliebe" – für Inländer, Print-Ausgabe v. 13.08.2013

DITIB (2016): Moscheeübergriffe als Teil von Diskriminierung in Deutschland. Darstellung erfasster Übergriffe 2014–2015, http://www.ditib.de/media/Image/duyuru/Bericht_Moscheeu_Deutschland.pdf [30.05.2016].

Eickhof, Ilka (2010): Antimuslimischer RSSISMUS IN Deutchland: Theoretische Überlegungen, Berlin.

Gansel, Jürgen (2013): Rede im sächsischen Landtag v. [15.05.2013, http://www.npd-presse.de/2013/05/15/heimat-statt-islam/ 02.12.2013].

Geiges, Lars/Marg, Stine/Walter, Franz 2015: Pegida. Die schmutzige Seite der Zivilgesellschaft?, Bielefeld.

GDL (2013): http://www.german-defence-league.com/ [01.12.2013].

Gruppe „Abendland" (2013): Widerstand, unter: http://www.youtube.com/watch?v=jlu-74rGDRI [27.12. 2013].

Hafez, Farid (Hrsg.) (2013): Jahrbuch für Islamophobieforschung. Wien.

Häusler, Alexander 2002: Multikulturalismus als Bedrohung deutscher Identität. Migration und Integration in Medien der extremen Rechten. In: Butterwegge, Christoph/Cremer, Janine/Häusler, Alexander/Hentges, Gudrun/Pfeiffer, Thomas/Reißlandt, Carolin/Salzborn, Samuel: Themen der Rechten? Themen der Mitte. Diskurse um deutsche Identität, Leitkultur und Nationalstolz. Opladen, S. 67–94.

Häusler, Alexander (2008): Antiislamischer Populismus als rechtes Wahlkampfticket, in: ders. (Hrsg.): Rechtspopulismus als Bürgerbewegung. Kampagnen gegen Islam und Moscheebau und kommunale Gegenstrategien, Wiesbaden, S. 155–169.

Häusler, Alexander (2012): Feindbild Moslem: Türöffner von Rechtsaußen hinein in die Mitte?, in: Botsch, Gideon/ Glöckner, Olaf/ Kopke, Christoph/ Spieker, Michael (Hrsg.): Islamophobie und Antisemitismus – ein umstrittener Vergleich, Berlin/Boston, S. 169–190.

Häusler, Alexander/Roeser, Rainer 2015: Die rechten Mut-Bürger. Entstehung, Entwicklung, Personal und Positionen der Alternative für Deutschland, Hamburg.

Häusler, Alexander/Virchow, Fabian (2011): Breiviks profane Analysen, in: Zeit online v. 26.07.2011, http://www.zeit.de/gesellschaft/zeitgeschehen/2011-07/norwegen-manifest-breivik [27.12.2011].

Höcke, Björn 2015: Asyl. Eine politische Bestandsaufnahme – Vortrag beim IfS, http://www.jenapolis.de/2015/12/11/asyl-eine-politische-bestandsaufnahme-von-bjoern-hoecke-beim-ifs/ [20.01.2016]

IBD (2013a): http://identitaere-bewegung.de/unser-ziel/ [02.12.2013].

IBD (2013b): Identitäre Generation – die Kriegserklärung, unter: http://www.youtube.com/watch?v=dkV7ZzaKM80 [20.12.2013].

Institut für Staatspolitik (2012): Ist der Islam unser Feind? Eine Lageanalyse, Schnellroda.

Kellershohn, Helmut (Hg.) 2013: Die Deutsche Stimme der Jungen Freiheit. Lesarten des völkischen Nationalismus in zentralen Publikationen der extremen Rechten. Münster: UNRAST Verlag.

Korsch, Felix 2016: „Natürliche Verbündete"? Die Pegida-Debatte in der AfD zwischen Anziehung und Ablehnung, in: Häusler, Alexander (Hg.): Die „Alternative für Deutschland" – Entwicklung und politische Verortung, Wiesbaden, S. 111–134.

Kuhn, Inva (2015): Antimuslimischer Rassismus. Auf dem Kreuzzug für das Abendland, Köln.

Lichtnetz, Martin/Kleine-Hartlage, Manfred (Hrsg.) (2011): Fjordman. Europa verteidigen. Zehn Texte, Schnellroda.

Mannheimer, Michael (2011): Aufruf http://michael-mannheimer.info/2011/04/09/mein-aufruf-zum-widerstand-gegen-das-politische-establishment-gemas-art-20-abs-4-gg/ [22.12.2013].

Müller-Uri, Fanny (2014): Antimuslimischer Rassismus, Wien.

Patriotische Plattform (2014). AfD muss sich gegen Islamisierung des Abendlandes aussprechen! http://patriotische-plattform.de/blog/2014/12/09/stellungnahme-der-patriotischen-plattform-afd-muss-sich-gegen-islamisierung-des-abendlandes-aussprechen/ [10.12.2014].

Patzelt, Werner J. 2015: Was und wie denken PEGIDA-Demonstranten? Analyse der PEGIDA-Demonstranten am 25. Januar 2015, Dresden. Ein Forschungsbericht, URL: https://tu-dresden.de/die_tu_dresden/fakultaeten/philosophische_fakultaet/ifpw/polsys/for/pegida/patzelt-analyse-pegida-2015.pdf [07.01.2016].

Pro NRW (2013): Aufruf, http://pro-nrw.net/unterstuetzen-sie-unseren-antritt/ [23.12.2013].

Runnymede Trust (Hrsg.) (1997): Islamopobia: A Challenge for Us All, London; Islamophobia reports 2009-20012, unter: http://www.cair.com/islamophobia/islamophobia-reports-other-documents.html [20.12.2013]. Hafez, Farid (Hrsg.): Jahrbuch für Islamophobieforschung 2013. Wien

Schüller, Johannes 2014: Gemeinsam gegen Islamismus, http://www.blauenarzisse.de/index.php/gesichtet/item/4994-gemeinsam-gegen-islamismus [07.01.2016]

Sezession (Sonderheft) 2013: Alternativen für Deutschland, Mai 2013, www.sezession.de [20.01.2016]

Shooman, Yasemin (2014): Antimuslimischer Rassismus und Islamfeindlichkeit im World Wide Web. In: Attia, Iman/Häusler, Alexander/ Shooman, Yasemin (2014): Antimuslimischer Rassismus am rechten Rand, Münster, S. 34–61.

Stadtkewitz, Rene (2013): http://www.pi-news.net/2013/09/die-freiheit-stellt-bundes-und-landespolitische-vorhaben-zugunsten-der-afd-ein/ [20.12.2013].

Süddeutsche Zeitung (2013): . http://www.sueddeutsche.de/politik/umstrittener-schmaehfilm-in-deutschland-warum-ein-verbot-des-mohammed-films-schwierig-ist-1.1469840 [20.12.2013].

Tillschneider, Hans-Thomas (2015): Prinzipien alternativer Islampolitik, http://www.derfluegel.de/2016/01/25/prinzipien-alternativer-islampolitik-i/ [10.02.2016].

Von Storch: „Islam nicht mit Grundgesetz vereinbar", in: http://www.faz.net/aktuell/politik/inland/von-storch-islam-nicht-mit-grundgesetz-vereinbar-14182472.html, [24.04.2016].

Vorländer, Hans/Herold, Maik/Schäller, Steven 2015: PEGIDA. Entwicklung, Zusammensetzung und Deutung einer Empörungsbewegung, Wiesbaden.

Wilders, Geert (2009: Eine Waffe im Krieg der Islamisierung"; Interview, in: FAZ v. 20.03.2009, online unter: http://www.faz.net/aktuell/politik/interview-mit-geert-wilders-eine-waffe-im-krieg-der-islamisierung-1922094.html [20.10.2011]

II
Rechtliche Anerkennung des Islam in Deutschland

Muslimische Religionsgemeinschaften als Körperschaften des öffentlichen Rechts

Stefan Muckel

1 Einführung

Das Thema ist nicht neu. Schon vor mehr als zwei Jahrzehnten habe ich darüber nachgedacht[1] – und war bei weitem nicht der erste, der die Frage näher untersuchte.[2] Aber seither hat sich einiges verändert. Eine wesentliche Veränderung betrifft die gesellschaftlichen Rahmenbedingungen. Im Jahre 1985 bezifferten Fachleute die „Islampräsenz"[3] in einer Weise, die aus heutiger Sicht als zurückhaltend, wenn auch durchaus nicht unrichtig, anmuten mag. Es lebten, so hieß es, ca. 1,4 Millionen Muslime in Deutschland. Allerdings ging man schon damals mit vollem Recht davon aus, dass auch in der absehbaren Zukunft „für weit mehr als eine Million Menschen" hierzulande der Islam von grundlegender Bedeutung sein werde.[4] Die gesellschaftlichen Grundbedingungen der heutigen plurireligiösen Gesellschaft mögen damit erahnt worden sein. Mehr war es aber auch nicht. In der juristischen Behandlung des Islam in Deutschland rechnete damals niemand damit, dass hierzulande einmal vier bis fünf Millionen Muslime leben würden.[5]

---

1   Muckel 1995, S. 311.
2   Vgl. etwa die nach wie vor lesenswerten Überlegungen von Wolfgang Loschelder bei den Essener Gesprächen zum Thema Staat und Kirche im Jahre 1985 zum „Islam in der Bundesrepublik Deutschland" im Rahmen seines Vortrags „Der Islam und die religionsrechtliche Ordnung des Grundgesetzes", in dem er ausführlich „Muslimische Gemeinschaften und Körperschaftsstatus" behandelt: Loschelder 1986, S. 149 (162 ff.).
3   Albrecht 1986, S. 82 (86 f.).
4   Albrecht 1986, S. 87 m.w.N.
5   Vgl. nur die Angaben bei Hillgruber 2011, S. 225 (227) auf der Basis der Studie des Bundesamtes für Migration und Flüchtlinge: Muslimisches Leben in Deutschland, 2009: 3,8 bis 4,3 Millionen. Derzeit arbeitet das Bundesamt an einer aktualisierten Studie.

Es bestand – im Gegenteil – die Vorstellung, eine nennenswerte Zahl der als Arbeitsmigranten („Gastarbeiter") nach Deutschland gekommenen Menschen werde das Land in absehbarer Zeit wieder verlassen und in ihre Heimat, vor allem in die Türkei, zurückkehren.[6]

Eine weitere bedeutsame Veränderung der für die Behandlung des Themas maßgeblichen Parameter ist juristischer Art. Die rechtlichen Vorgaben, zumal die verfassungsrechtlichen, werden heute in wesentlichen Punkten anders verstanden als in den 80er und 90er Jahren des vergangenen Jahrhunderts.[7]

Eines aber ist geblieben: Muslimische Gemeinschaften wollen nach wie vor als Religionsgemeinschaften Körperschaften des öffentlichen Rechts sein. Das gilt zwar nicht für alle muslimischen Vereinigungen in Deutschland. Aber es ist immerhin der beständige Wunsch einiger von ihnen. Das zeigen entsprechende Anträge auf Verleihung der Körperschaftsrechte in mehreren Bundesländern schon in den 70er Jahren des vergangenen Jahrhunderts.[8] Die muslimischen Gemeinschaften scheiterten damals. Ihre Anträge wurden abgelehnt.[9] Doch der Wunsch blieb. Schon der Vertrag zwischen der Freien und Hansestadt Hamburg, dem DITIB-Landesverband Hamburg, SCHURA – Rat der Islamischen Gemeinschaften in Hamburg und dem Verband der Islamischen Kulturzentren vom 13.11.2012 zeigt das sehr deutlich. In der Protokollerklärung zu Art. 13 Abs. 3 des Vertrags heißt es, dass die islamischen Religionsgemeinschaften im Rahmen ihrer weiteren organisatorischen Entwicklung die Erlangung der Rechte von Körperschaften des öffentlichen Rechts nach Art. 140 GG i. V. m. Art. 137 Abs. 5 Satz 2 WRV anstreben.[10] Einer Zeitungsmeldung zufolge arbeitet der Zentralrat der Muslime in Deutschland daran, seine Struktur so zu verändern, dass eine Anerkennung als Körperschaft des öffentlichen Rechts möglich wäre.[11] Dass dieses Ziel in der Tat erreicht werden kann, erscheint heute – anders als noch in den 70er Jahren – nicht mehr fernliegend. Im Gegenteil: Inzwischen sind erste muslimische Gemeinschaften mit Anträgen auf Verleihung der Körperschaftsrechte erfolgreich, und zwar unabhängig von vertraglichen Ab-

---

6 Vgl. nur Starck 1986, S. 138.
7 Dazu unter 4.
8 Dazu v. Campenhausen 1980, S. 135 (142 f. m. w. N.).
9 v. Campenhausen 1980, S. 143 f.
10 S. Bürgerschaft der Freien und Hansestadt Hamburg, 20. Wahlperiode, Drs. 20/5830 v. 13.11.2012, S. 4 ff. (S. 9). Eine entsprechende Erklärung findet sich auch in Art. 14 des Vertrages der Freien Hansestadt Bremen mit der Schura – Islamische Religionsgemeinschaft Bremen e. V., dem DITIB-Landesverband der Islamischen Religionsgemeinschaften Niedersachsen und Bremen e. V. und dem VIKZ – Verband der Islamischen Kulturzentren e. V., s. Bremische Bürgerschaft, 18. Wahlperiode, Drs. 18/693 v. 11.12.2012, S. 1 ff. (S. 4).
11 SZ v. 20.4.2016, S. 6.

sichtserklärungen. So hat im Jahre 2013 das Land Hessen der Ahmadiyya Muslim Jamaat (AMJ) die Körperschaftsrechte verliehen.[12] Muslimische Gemeinschaften können also nicht nur theoretisch Körperschaften des öffentlichen Rechts werden. Dies gelingt ihnen auch in der Praxis. Die näheren Voraussetzungen hierfür und deren Hintergründe sollen im Folgenden aufgezeigt werden.

2 Rechtliche Vorteile für Religionsgemeinschaften nach einer Verleihung der Körperschaftsrechte

Körperschaft des öffentlichen Rechts zu sein, ist für Religionsgemeinschaften aus vielen Gründen vorteilhaft.[13] Aus dem Verfassungstext selbst ergibt sich, dass korporierte Religionsgemeinschaften das Recht haben, Steuern zu erheben (Art. 140 GG i. V. m. Art. 136 Abs. 6 WRV).[14] Da in Deutschland ansässige muslimische Verbände teilweise aus dem Ausland finanziell und auch personell unterstützt werden, ist von politischer Seite vorgeschlagen worden, ihnen die Körperschaftsrechte zu verleihen. Denn dann, so die weitere Überlegung, könne die Finanzierung aus dem Ausland verboten werden. Die muslimischen Organisationen verfügten nach der Verleihung der Körperschaftsrechte über die rechtliche Möglichkeit, Steuern zu erheben, und seien auf finanzielle Unterstützung aus dem Ausland nicht mehr angewiesen.[15] Die Idee eines Verbots der Finanzierung aus dem Ausland dürfte juristisch nicht haltbar sein. Der Vorgang zeigt aber, dass selbst konservativ denkende Politiker die Vorteile des Körperschaftsstatus für muslimische Gemeinschaften erkennen.[16]

---

12 S. Bekanntmachung der Urkunde über die Verleihung der Rechte einer Körperschaft des öffentlichen Rechts an Ahmadiyya Muslim Jamaat in der Bundesrepublik Deutschland e. V. im Staatsanzeiger für das Land Hessen v. 13.5.2013, Nr. 20/2013, S. 634. Dazu auch Gutknecht 2014, S. 6.
13 Vgl. dazu etwa Huxdorff 2013, S. 162 ff. m. w. N.; Gutknecht 2014, S. 4 f.; mit besonderem Blick auf muslimische Gemeinschaften: Hillgruber 2011, S. 225 (S. 243 ff.).
14 Zur Verfassungsmäßigkeit dieser Regelung unlängst OVG Rheinland-Pfalz, Beschl. v. 1.2.2016 – 5 A 10941/15, BeckRS 2016, 41525.
15 SZ v. 20.4.2016, S. 6: „Moschee-Steuer statt Geld aus dem Ausland", zu Forderungen, die von CSU-Politikern erhoben worden sind.
16 Andererseits wird in der politischen Diskussion neuerdings auch die Forderung erhoben, muslimische Organisationen vom Körperschaftsstatus auszuschließen, SZ v. 2.5.2016, S. 5: „Leitbilder und Feindbilder. Das erste Grundsatzprogramm der AfD: eine Übersicht". Diese Forderung dürfte sich aber aus verfassungsrechtlichen Gründen nicht durchsetzen lassen. Islamische Gemeinschaften genießen – selbstverständlich – die uneingeschränkte Gleichbehandlung in staatskirchenrechtlicher Hinsicht, sog. staatskirchenrechtliche

Über den Wortlaut der Verfassung hinaus sind mit dem Rechtsstatus der Körperschaft des öffentlichen Rechts weitere, für Religionsgemeinschaften vorteilhafte Befugnisse unmittelbar, also in der Verfassung begründete,[17] verbunden. So haben Religionsgemeinschaften, die Körperschaften des öffentlichen Rechts sind, die sog. Dienstherrenfähigkeit. Sie bezeichnet das „Recht, Beamtinnen und Beamte zu haben" (§ 2 BeamtStG), d. h. öffentlich-rechtliche Dienstverhältnisse zu begründen, die nicht dem Arbeits- und Sozialversicherungsrecht unterliegen.[18] Mit der Dienstherrenfähigkeit geht auch die Disziplinargewalt einher. Korporierte Religionsgemeinschaften haben mit ihr das Recht, ihren öffentlich-rechtlich beschäftigten Bediensteten gegenüber disziplinarische Maßnahmen zu ergreifen, z. B. Verwarnung, Gehaltskürzung, Versetzung.

Unmittelbar mit der Rechtsform der Körperschaft des öffentlichen Rechts ist ferner die Organisationsgewalt verbunden, d. h. die rechtliche Befugnis zur Bildung, Änderung und Aufhebung öffentlich-rechtlicher Untergliederungen der (korporierten) Religionsgemeinschaft. Sodann hat eine Religionsgemeinschaft mit Körperschaftsstatus das Recht, Teilen ihres Vermögens durch Widmung den Status öffentlicher Sachen im Sinne des staatlichen öffentlichen Sachenrechts zu verleihen wie auch durch Entwidmung wieder zu entziehen. Solche öffentliche Sachen, also auch z. B. dem Gottesdienst gewidmete Gebäude, sind mit einer öffentlich-rechtlichen Dienstbarkeit belegt mit der Folge, dass sie unabhängig davon, ob das Eigentum an der Sache auf einen Dritten übergeht, nur im Rahmen der widmungsgemäßen Zweckbestimmung genutzt werden dürfen und eine zweckwidrige Nutzung untersagt ist.

Nicht unmittelbar durch die Verfassung, sondern aufgrund einfachgesetzlicher Regelungen ist schließlich mit dem Körperschaftsstatus für Religionsgemeinschaften eine Vielzahl von Einzelbegünstigungen verbunden, die mit dem (sehr ungenauen) Begriff des „Privilegienbündels"[19] zusammengefasst werden. Zu ihnen gehören Vergünstigungen und Befreiungen im Steuerrecht sowie im Kosten- und Gebührenrecht, Rücksichtnahmepflichten bei der Bauleitplanung (§ 1 Abs. 6 Satz

---

Parität (vgl. dazu die überblicksartige Darstellung bei de Wall/Muckel 2014, § 13 Rn. 4 f. m. w. N.). Die Vorschrift über die Verleihung der Körperschaftsrechte in Art. 140 GG i. V. m. Art. 137 Abs. 5 Satz 2 WRV ist Ausdruck dieses verfassungsrechtlichen Prinzips, da sie eine Gleichstellung von bislang nicht korporierten Religionsgemeinschaften mit den sog. geborenen Körperschaften des Art. 140 GG i. V. m. Art. 137 Abs. 5 Satz 1 WRV bewirkt.

17 H.M., vgl. nur Heinig 2003, S. 291; Unruh 2015, Rn. 297; Stern 2011, Bd. IV/1, S. 1284 m. w. N. auch zur Gegenmeinung.
18 Vgl. Unruh 2015, Rn. 298.
19 Vgl. Huxdorff 2013, S. 191 m. w. N.

2 Nr. 6 BauGB) und im Bereich der Sozialhilfe (§ 5 SGB XII) sowie die pauschale Anerkennung der korporierten Religionsgemeinschaften als Träger der freien Jugendhilfe (§ 75 Abs. 3 SGB VIII). Religionsgemeinschaften, die Körperschaften des öffentlichen Rechts sind, können also z. B. im Rahmen der freien Jugendhilfe Kindertageseinrichtungen unterhalten, ohne ein besonderes Anerkennungsverfahren durchlaufen zu müssen.

3 Verschiedene Arten von Körperschaften

Das Grundgesetz kennt verschiedene Arten von Körperschaften des öffentlichen Rechts. Dem traditionellen öffentlich-rechtlichen Begriffsverständnis folgend sind Körperschaften mitgliedschaftlich organisierte Verbände des öffentlichen Rechts, die staatliche Aufgaben mit hoheitlichen Mitteln wahrnehmen.[20] Diese, vom Staat geschaffene[21] und von ihm beaufsichtigte Körperschaft ist Teil der sog. mittelbaren Staatsverwaltung. Das Grundgesetz setzt diese Form staatlicher Verwaltung etwa in Art. 86 f. GG voraus. Als Beispiele für diesen Typus können genannt werden die Träger der Sozialversicherung, etwa der gesetzlichen Krankenversicherung (§ 4 Abs. 1 SGB V[22]). Aber auch die Industrie- und Handwerkskammern sind Körperschaften des öffentlichen Rechts im herkömmlichen verwaltungsrechtlichen Sinne (§ 3 Abs. 1 IHKG[23]). Ihre Aufgabe besteht darin, das Gesamtinteresse der ihnen zugehörigen Gewerbetreibenden ihres Bezirks wahrzunehmen, für die Förderung der gewerblichen Wirtschaft zu wirken und dabei die wirtschaftlichen Interessen einzelner Gewerbezweige oder Betriebe abwägend und ausgleichend zu berücksichtigen (§ 1 Abs. 1 IHKG).

Diesen klassischen Typus der öffentlich-rechtlichen Körperschaft meint die Verfassung in Art. 140 GG i. V. m. Art. 137 Abs. 5 WRV nicht. Religionsgemeinschaften haben nach der Verfassung die Rechtsform einer Körperschaft des öffentlichen Rechts, obwohl sie vom Staat unterschiedene und getrennte (Art. 140 GG i. V. m. Art. 137 Abs. 1 WRV) Akteure des gesellschaftlichen Lebens, nicht des staatlichen

---

20 Vgl. dazu Schmidt 2015, Rn. 83 ff. m. w. N.
21 So können nach § 18 LOG NRW in Nordrhein-Westfalen Körperschaften des öffentlichen Rechts mit eigener Rechtspersönlichkeit nur durch Gesetz oder aufgrund eines Gesetzes errichtet werden.
22 Sozialgesetzbuch – Fünftes Buch (V) – Gesetzliche Krankenversicherung.
23 Gesetz zur vorläufigen Regelung des Rechts der Industrie- und Handelskammern v. 18.12.1956, BGBl. I S. 920, zuletzt geändert durch Gesetz v. 31.8.2015, BGBl. I S. 1474.

Gefüges sind. Der Begriff der Körperschaft des öffentlichen Rechts in Art. 140 GG i.V.m. Art. 137 Abs. 5 WRV ist ein Körperschaftsbegriff sui generis.[24] Nach dieser verfassungsrechtlichen Vorschrift bleiben Religionsgesellschaften – unter dem Grundgesetz wird meist, entsprechend dem Sprachgebrauch in Art. 7 Abs. 3 GG von „Religionsgemeinschaften" gesprochen – Körperschaften des öffentlichen Rechts, soweit sie solche bisher waren (Satz 1). Nach Satz 2 sind anderen Religionsgemeinschaften auf ihren Antrag gleiche Rechte zu gewähren, wenn sie durch ihre Verfassung und die Zahl ihrer Mitglieder die Gewähr der Dauer bieten. Satz 1 von Art. 137 Abs. 5 WRV führte dazu, dass schon bei Erlass der Weimarer Reichsverfassung im Jahre 1919 insbesondere die christlichen Kirchen Körperschaften des öffentlichen Rechts blieben. Mit dem von der Weimarer Verfassung vorausgesetzten Bedeutungsgehalt hatten sie diesen Rechtsstatus im Laufe des 19. Jahrhunderts erworben.[25] Die christlichen Kirchen und alle anderen von Art. 137 Abs. 5 Satz 1 WRV erfassten Religionsgemeinschaften werden unter dem Begriff der „geborenen" Körperschaften zusammengefasst, während die Religionsgemeinschaften, die gem. Art. 137 Abs. 5 Satz 2 WRV erst später auf ihren Antrag hin den Rechtsstatus der Körperschaft des öffentlichen Rechts erlangt haben, „gekorene" Körperschaften genannt werden. Für muslimische Gemeinschaften kommt in Deutschland allein der Weg der Verleihung der Körperschaftsrechte gem. Art. 140 GG i.V.m. Art. 137 Abs. 5 Satz 2 GG in Betracht. Dazu müssen allerdings die Voraussetzungen dieser Vorschrift erfüllt sein.

4 Voraussetzungen für die Verleihung der Körperschaftsrechte an Religionsgemeinschaften

Die verfassungsrechtlichen Voraussetzungen für die Verleihung der Körperschaftsrechte an Religionsgemeinschaften sind auf den ersten Blick leicht zu erfassen. Sie ergeben sich aus Art. 140 GG i.V.m. Art. 137 Abs. 5 Satz 2 WRV und einer einzelne Aspekte präzisierenden Rechtsprechung des Bundesverfassungsgerichts und des Bundesverwaltungsgerichts. Zusammengefasst können Sie auch der Regelung in § 1 des nordrhein-westfälischen Gesetzes zur Verleihung von Körperschaftsrechten an Religions- und Weltanschauungsgemeinschaften (Körperschaftsstatusgesetz) vom 16.9.2014[26] entnommen werden. Danach ist erforderlich

---

24 H.M., vgl. nur Gutknecht 2014, S. 2 m.w.N.; a. A. Huxdorff 2013, S. 76 ff.
25 Vgl. Huxdorff 2013, S. 38 ff., 46 ff. m.w.N.
26 GV. NRW S. 543 ff.

- ein Antrag
- der Religionsgemeinschaft,
- die durch ihre Verfassung und die Zahl ihrer Mitglieder die Gewähr der Dauer bietet und
- rechtstreu ist.

Auf den zweiten Blick zeigen sich juristische Schwierigkeiten. Der gebotene Antrag wirft vergleichsweise geringe Rechtsprobleme auf. Die übrigen Voraussetzungen waren und sind teilweise nach wie vor umstritten. Jedes einzelne Merkmal, einschließlich der Frage, ob über die verfassungsgesetzlich vorgesehenen Voraussetzungen hinaus ungeschriebene Verleihungsvoraussetzungen anzuerkennen seien und ggf. welche, wurde streitig diskutiert.[27] Schon zu Zeiten *Rudolf Smends* wurde der Begriff der Körperschaft des öffentlichen Rechts als „rätselhafter Ehrentitel"[28] wahrgenommen. Die Diskussion um die Voraussetzungen zur Verleihung eines derart unklaren Rechtsstatus soll aber hier nicht im Einzelnen aufgegriffen werden. Sie ist mittlerweile selbst Gegenstand literarischer Betrachtungen geworden und im jüngeren Schrifttum sorgfältig dokumentiert.[29] Inzwischen konnten zahlreiche Fragen jedenfalls in dem Sinne beantwortet werden, dass sich eine herrschende juristische Meinung zu ihnen herausgebildet hat. Dazu führten nicht zuletzt klärende Worte der höchstrichterlichen Rechtsprechung. Vor allem zwei Entscheidungen haben Klarstellungen formuliert, soweit es um die Voraussetzungen für die Verleihung der Körperschaftsrechte nach Art. 140 GG i. V. m. Art. 137 Abs. 5 Satz 2 WRV geht. Das waren das Urteil des Bundesverfassungsgerichts vom 19.12.2000 zum Körperschaftsstatus der Religionsgemeinschaft „Zeugen Jehovas"[30] und die Entscheidung des Bundesverwaltungsgerichts vom 28.11.2012 zum Antrag der Bahá'í-Gemeinde in Deutschland auf Verleihung der Körperschaftsrechte[31]. Die Rechtsprechung bietet mit diesen beiden Entscheidungen Klarstellungen zu zwei zentralen Problemfeldern der Verleihung der Körperschaftsrechte an Religionsgemeinschaften, wenn auch die chronologische Abfolge der beiden Judikate nicht der Reihenfolge entspricht, in der die Voraussetzungen für die Verleihung zu prüfen sind. Zu der im Wortlaut von Art. 140 GG i. V. m. Art. 137 Abs. 5 Satz 2 WRV ausdrücklich vorgesehenen Voraussetzung, dass die antragstellende Religionsgemeinschaft

---

27 Vgl. dazu Gutknecht 2014, S. 6 ff., der allerdings auch auf denkbare Probleme beim Antrag hinweist; Muckel 1999, S. 569 (578 ff. m. w. N.).
28 Smend 1951, S. 4 (9); vgl. dazu auch Uhle 2007, S. 1033 ff.
29 Insbesondere von Huxdorf 2013, S. 56 ff., 82 ff., 103 ff., jeweils m. umfangr. Nachw.
30 BVerfGE 102, 370 = KirchE 38, 502.
31 BVerwG NVwZ 2013, 945 m. Anm. Löhnig/Preisner 2013.

nach ihrer Verfassung und der Zahl ihrer Mitglieder die Gewähr der Dauer bieten muss, verhält sich die Entscheidung des Bundesverwaltungsgerichts aus dem Jahre 2012 (dazu unten 4.2). Die juristisch erst daran anschließende weitere Frage, ob über den Wortlaut der Verfassung hinaus die betreffende Religionsgemeinschaft auch weitere, sog. ungeschriebene Voraussetzungen erfüllen muss, damit ihr die Körperschaftsrechte verliehen werden können, behandelte das Bundesverfassungsgericht in der bereits zwölf Jahre zuvor ergangenen Entscheidung zu den „Zeugen Jehovas" (dazu unten 4.3).[32]

Eine dritte, für die Verleihung der Körperschaftsrechte insbesondere an muslimische Gemeinschaften bedeutsame Entscheidung erging im Jahre 2005. Sie entstammt zwar einem anderen Kontext, betrifft nämlich Anträge muslimischer Verbände auf Einrichtung von Religionsunterricht i. S. v. Art. 7 Abs. 3 GG, also nicht unmittelbar die Verleihung der Körperschaftsrechte. Diese beiden Problemkreise – Religionsunterricht und Körperschaftsstatus – weisen aber eine wesentliche Gemeinsamkeit auf:[33] Sowohl für Religionsunterricht als ordentliches Lehrfach gem. Art. 7 Abs. 3 GG als auch für die Verleihung der Körperschaftsrechte kommt es darauf an, dass eine Religionsgemeinschaft besteht – in der Diktion von Art. 140 GG i. V. m. Art. 137 Abs. 5 Satz 2 WRV: „Religionsgesellschaft"; dieser Begriff meint allerdings juristisch nichts anderes.[34] Gerade bei muslimischen Vereinigungen bestand in der Vergangenheit weitreichende Unklarheit darüber, ob sie Religionsgemeinschaften im Sinne des Grundgesetzes sein bzw. werden können.[35] Das Bundesverwaltungsgericht hat mit einer Entscheidung vom 23.2.2005[36] den Begriff der Religionsgemeinschaft mit Blick auf muslimische Dachverbände präzisiert. Die in dieser Entscheidung aufgestellten Grundsätze können auf Anträge muslimischer Gemeinschaften auf Verleihung der Körperschaftsrechte übertragen werden (zu dieser Entscheidung unten 4.1).

Noch nicht (höchstrichterlich) geklärt ist die Frage, ob die Verleihung des Körperschaftsstatus an Religionsgemeinschaften ausgeschlossen ist, die unter

---

32 BVerfGE 102, 370 = KirchE 38, 502.
33 Es überrascht daher nicht, dass in der Literatur – vereinzelt – gefordert wird, eine Religionsgemeinschaft i. S. v. Art. 7 Abs. 3 Satz 2 GG müsse Körperschaft des öffentlichen Rechts sein, so Korioth 1997, S. 1041 (S. 1047); Hillgruber 1999, S. 538 (S. 546). Ganz überwiegend wird aber – zu Recht – nicht verlangt, dass Religionsgemeinschaften i. S. v. Art. 7 Abs. 3 Satz 2 GG den Körperschaftsstatus aufweisen können, vgl. nur Classen 2015, Rn. 482; Boysen 2012, Art. 7 Rn. 83.
34 Vgl. BVerwG NJW 2005, 2101 (2102); Korioth 2003, Art. 140/Art. 137 WRV Rn. 13; Thiel 2014, Art. 7 Rn. 41, jeweils m. w. N.
35 Vgl. nur 4.1; Muckel 2004, S. 715 (S. 736 ff.).
36 BVerwGE 123, 49 = NJW 2005, 2101 = KirchE 47, 57.

dem Einfluss ausländischer staatlicher Stellen stehen. Konkret geht es dabei um die Türkisch-Islamische Union der Anstalt für Religion e. V. (DITIB), die – wie schon ihr Name zeigt – mit dem türkischen Präsidium für religiöse Angelegenheiten (Diyanet) verbunden ist. Ob dies die Verleihung der Körperschaftsrechte ausschließt, soll unter 4.4 beleuchtet werden.

4.1 Religionsgemeinschaft

Die erste, grundlegende Voraussetzung für die Verleihung der Körperschaftsrechte ist, dass der Antrag von einer Religionsgemeinschaft gestellt wird. Nur eine Religionsgemeinschaft – in der etwas älteren Diktion der Weimarer Reichsverfassung „Religionsgesellschaft"[37] – kann nach Art. 140 GG i. V. m. Art. 137 Abs. 5 Satz 2 WRV Körperschaft des öffentlichen Rechts werden. Mit Blick auf muslimische Personenvereinigungen wird in jüngerer Zeit sehr konkret diskutiert, ob Moscheegemeinden, Dachverbände und Spitzenverbände (also Verbände, die aus Dachverbänden bestehen[38]) Religionsgemeinschaften sein können. In der Tat kann für diese drei Arten muslimischer Gemeinschaften ernsthaft in Betracht kommen, dass sie die rechtlichen Voraussetzungen einer Religionsgemeinschaft im Sinne des Grundgesetzes erfüllen. In der Praxis geht es aber ganz überwiegend um muslimische Dachverbände, also Verbände, deren Mitglieder Moscheegemeinden und religiöse Vereine ähnlicher inhaltlicher Ausrichtung auf überlokaler Ebene sind.[39] Daher konzentrieren sich die folgenden Ausführungen auf Dachverbände.

4.1.1 Dachverbände als Religionsgemeinschaften

Mit Dachverbänden hat sich, wie bereits angedeutet, das Bundesverwaltungsgericht befasst und geprüft, ob sie Religionsgemeinschaften sein können.[40] Unabhängig von dieser gerichtlichen Entscheidung ist seit Langem geklärt, dass eine unorganisierte religiöse Gemeinschaft wie die islamische „Ummah", die Gesamtheit aller Muslime auf der Welt, nicht als Religionsgemeinschaft im Sinne des deutschen Rechts angesehen werden kann. Geboten ist vielmehr eine Personenvereinigung, die ein Mindestmaß an verbandsmäßiger Organisation aufweist.[41] Die insoweit einschlägige

---

37 Dazu bereits o. Fn. 34.
38 Vgl. Smets 2011, S. 143; Gutknecht 2014, S. 11 f., der nicht zu Unrecht an der rechtlichen Qualität von Spitzenverbänden als Religionsgemeinschaften zweifelt, ebd. S. 20 f.
39 Vgl. Smets 2011, S. 139 f. m. w. N., zur Definition des Dachverbandes auch S. 142.
40 BVerwGE 123, 49 = NJW 2005, 2101 = KirchE 47, 57.
41 Vgl. BVerwG NJW 2005, 2101 (2102); Hillgruber 2011, S. 225 (S. 231, auch S. 236).

Entscheidung des Bundesverwaltungsgerichts betraf zwar den Rechtsanspruch islamischer Verbände auf Einführung von Religionsunterricht als ordentliches Lehrfach im Sinne von Art. 7 Abs. 3 GG.[42] Der Begriff der Religionsgemeinschaft ist aber, wie erwähnt, in Art. 140 GG i. V. m. Art. 137 Abs. 5 Satz 2 WRV kein anderer als der des Art. 7 Abs. 3 Satz 2 GG.[43]

Der Zentralrat der Muslime in Deutschland und der Islamrat hatten beantragt, islamischen Religionsunterricht als ordentliches Lehrfach an den öffentlichen Schulen in Nordrhein-Westfalen einzuführen. Nachdem das Land Nordrhein-Westfalen die Anträge abgelehnt hatte, drehte sich der anschließende Verwaltungsrechtsstreit um die Frage, ob die beiden klagenden islamischen Verbände Religionsgemeinschaften im Sinne von Art. 7 Abs. 3 GG sind. Das hatte das Oberverwaltungsgericht für das Land Nordrhein-Westfalen mit der allzu pauschalen Begründung ausgeschlossen, *Dachverbände* – wie die beiden klagenden Organisationen – könnten nicht Religionsgemeinschaften sein.[44] Das Bundesverwaltungsgericht entschied in seiner Revisionsentscheidung vom 23.2.2005[45] – zu Recht – anders. Es vergewisserte sich – auf der Linie der auch in der Literatur ganz vorherrschenden Sichtweise – des Begriffs der Religionsgemeinschaft im Allgemeinen: „Unter Religionsgemeinschaft ist ein Verband zu verstehen, der die Angehörigen ein und desselben Glaubensbekenntnisses oder mehrerer verwandter Glaubensbekenntnisse zu allseitiger Erfüllung der durch das gemeinsame Bekenntnis gestellten Aufgaben zusammenfasst."[46] Damit grenzt das Bundesverwaltungsgericht den Begriff der Religionsgemeinschaft zunächst von dem des religiösen Vereins ab, der nicht der „allseitigen Erfüllung" von Aufgaben des religiösen Bekenntnisses dient, sondern auf einen Ausschnitt beschränkt ist, z. B. auf Jugendarbeit, Mission, karitatives Handeln etc. Unabhängig davon betont das Bundesverwaltungsgericht mit Recht, dass – entgegen der offenbar damals in Nordrhein-Westfalen maßgeblichen Auffassung – eine Religionsgemeinschaft nicht erst dann vorliegt, „wenn sie alle Angehörigen einer Religion, hier des Is-

---

42 BVerwG ebd.
43 Dazu bereits o. 4 vor 4.1 m. Fn. 33.Vgl. zudem Smets 2011, S. 140 m. w. N. Im Übrigen lässt die Rechtsordnung durchaus zu, dass der Begriff der Religionsgemeinschaft in unterschiedlichem rechtlichen Kontext verschiedene Bedeutung haben kann, vgl. bereits Muckel 2004, S. 715 (S. 722 ff. m. w. N.).
44 OVG NRW, NVwZ-RR 2004, 492.
45 BVerwG NJW 2005, 2101.
46 BVerwG NJW 2005, 2101 (2102 m. w. N.). Das BVerwG knüpft damit an das schon von Anschütz 1933, Art. 137 Anm. 2, S. 633, zu Weimarer Zeiten vertretene Begriffsverständnis an, das in der Tat noch heute ganz herrschend ist, vgl. etwa Hillgruber 2011, S. 225 (S. 231); Gutknecht 2014, S. 7.

lams, vereinigt"[47]. Es sei unschädlich, wenn eine andere Gemeinschaft Angehörige desselben Bekenntnisses vereinigt.[48] Und vor allem: „Entgegen der Auffassung des Oberverwaltungsgerichts kann auch eine Dachverbandsorganisation Religionsgemeinschaft i. S. von Art. 7 Abs. 3 Satz 2 GG sein."[49] Zwar beziehe sich eine religiöse Überzeugung notwendigerweise auf natürliche Personen. Es könne aber nicht gefordert werden, dass die Gläubigen der Gemeinschaft selbst oder ihrer obersten Organisationseinheit als Mitglieder im Rechtssinne angehören. Ausreichend sei vielmehr, dass die Gemeinschaft in ihrer Gesamtheit durch ein organisatorisches Band zusammengehalten werde, das vom Dachverband an der Spitze mit seinen Gremien bis hinunter zum einfachen Gemeindemitglied reiche. Dazu genüge es, wenn die lokale Gemeinde durch Beschluss der höheren Untergliederung beitrete und diese gegenüber dem Dachverband an der Spitze in gleicher Weise verfahre.[50] „Im Dachverbandsmodell ist der Gesamtorganismus die Religionsgemeinschaft."[51] Bei der gebotenen, auf die Gesamtorganisation abstellenden Betrachtungsweise bedürfe es keiner gelebten Gemeinschaft natürlicher Personen auf der Ebene des Dachverbandes. Das religiöse Leben entfalte sich auf der örtlichen Ebene. „Das Gemeinschaftsleben in der Gesamtorganisation wird dadurch verwirklicht, dass alle von ihr erfassten Menschen vom einfachen Gemeindemitglied bis zum Vorsitzenden des höchsten Dachverbands sich der gemeinsamen religiösen Sache verpflichtet fühlen und auf dieser Grundlage die ihnen gesetzten Aufgaben erfüllen."[52]

4.1.2 Wahrnehmung identitätsstiftender Aufgaben

Allerdings reiche als zu erfüllende Aufgabe nicht die bloße Vertretung gemeinsamer Interessen nach außen. Es sei vielmehr erforderlich, „dass für die Identität einer Religionsgemeinschaft wesentliche Aufgaben auch auf der Dachverbandsebene wahrgenommen werden."[53] Das Bundesverwaltungsgericht hat – aus verfassungsrechtlichen Gründen folgerichtig – nicht den Versuch unternommen, die Aufgaben, die für die Identität einer Religionsgemeinschaft wesentlich sind, allgemeingültig zu nennen. Zu Recht verweist es darauf, dass sie vom Selbstverständnis der jeweiligen Gemeinschaft abhängen (das wiederum durch die verfassungsrechtlichen Garantien

---

47 BVerwG NJW 2005, 2101 (2102 f.).
48 BVerwG NJW 2005, 2101 (2103)
49 BVerwG ebd.; a. A. auch noch nach der Entscheidung des BVerwG: Smets 2011, 144; dem BVerwG zustimmend: Gutknecht 2014, S. 18.
50 BVerwG ebd.
51 BVerwG ebd.
52 BVerwG ebd.
53 BVerwG NJW 2005, 2101 (2104). Vgl. dazu auch Smets 2011, S. 144.

in Art. 4 Abs. 1 und 2 GG sowie Art. 140 GG i. V. m. Art. 137 Abs. 3 WRV geschützt ist, aber zugleich den näheren Inhalt dieser Verbürgungen im Einzelfall prägt).[54] Gleichwohl nennt das Bundesverwaltungsgericht typische Formen von identitätsstiftenden Aufgaben. Sie äußern sich danach vor allem in „Kultushandlungen wie zum Beispiel Gottesdienst, Gebeten, dem Feiern von religiösen Festen, aber auch in der Verkündung des Glaubens und der Glaubenserziehung"[55]. Das Gericht gesteht allerdings sogleich zu, dass solche Aufgaben typischerweise weniger auf der überörtlichen als auf der örtlichen Ebene wahrgenommen werden. Auf der überörtlichen Ebene sei demgegenüber etwa „das Wirken eines geistlichen Oberhaupts, das die Gemeinschaft regiert und dessen Weisungen die Amtsträger und Gläubigen am Ort unterworfen" seien. Dabei könne auch unabhängig von der Existenz strenger hierarchischer Strukturen auf der überörtlichen Ebene Autorität, insbesondere Lehrautorität ausgeübt und von den Gläubigen in den örtlichen Gemeinden respektiert und befolgt werden.[56] Das allerdings kann nur ein Beispiel für die Wahrnehmung einer identitätsstiftenden Aufgabe auf der Ebene des Dachverbandes sein. In der Praxis muslimischer Dachverbände können auch Aktivitäten anzutreffen sein, die nach den Vorstellungen des Bundesverwaltungsgerichts eher das religiöse Leben an der Basis prägen, z. B. religiöse Feiern und Feste sowie Gottesdienste. Wenn derlei Aufgaben (auch) vom Dachverband wahrgenommen werden, spricht dies jenseits der Wahrnehmung überörtlicher Aufgaben dafür, dass die betreffenden Vereinigungen als Religionsgemeinschaften im Sinne des Grundgesetzes anzusehen sind. Zudem können überörtliche Aufgaben die religiöse Identität sämtlicher dem Dachverband angehörender Gemeinschaften prägen, z. B. zentrale, also auf der Ebene des Dachverbandes stattfindende Fortbildungen für Geistliche oder Seminare für junge Erwachsene, die sodann auf der örtlichen Ebene religiöse Jugendarbeit leisten. Auch kann es Einzelpersonen oder Gremien auf der Ebene des Dachverbandes geben, die nach den Statuten des Verbandes dazu bestimmt sind, religiöse Fragen allgemeiner Art zu beantworten, die sich in den örtlichen Gemeinschaften stellen und dann der religiösen Autorität des Dachverbandes vorgelegt werden.

4.1.3 Mitgliedschaftliche Strukturen

Das Bundesverwaltungsgericht hat ferner die Voraussetzungen präzisiert, die an die mitgliedschaftlichen Strukturen einer dachverbandlich organisierten Religionsgemeinschaft zu stellen sind. Für den rechtlichen Begriff der Religionsgemeinschaft

---

54 Vgl. dazu etwa BVerfGE 24, 236 (247 ff.); 108, 282 (299); Stern 2011, Bd. IV/2, S. 1247 ff. m. w. N.
55 BVerwG NJW 2005, 2101 (2104).
56 BVerwG ebd.

erscheint eine nachvollziehbare oder zumindest dokumentierte Mitgliedschaft zwar rechtslogisch nicht konstitutiv.[57] Doch handelt es sich bei einer Körperschaft des öffentlichen Rechts – ungeachtet der erheblichen Unterschiede, die zwischen dem religionsverfassungsrechtlichen Körperschaftsstatus des Art. 140 GG i.V.m. Art. 137 Abs. 5 WRV und dem allgemeinen verwaltungsrechtlichen Verständnis von Körperschaft bestehen – um eine mitgliedschaftlich strukturierte, öffentlich-rechtliche Personenvereinigung. Im allgemeinen rechtlichen Verständnis sind Körperschaften Personenvereinigungen;[58] Vereinen im Sinne des bürgerlichen Rechts wird demgemäß eine körperschaftliche Organisation zugeschrieben.[59] Davon geht auch die Verfassung aus, wenn sie in Art. 140 GG i.V.m. Art. 137 Abs. 5 Satz 2 WRV ausdrücklich auf die (Zahl der) Mitglieder abhebt. Es erscheint danach jedenfalls nicht sinnvoll, den Begriff der Religionsgemeinschaft in Art. 140 GG i.V.m. Art. 137 Abs. 5 Satz 2 WRV unabhängig von Anforderungen an die Mitgliedschaft zu umschreiben. Umgekehrt: Eine Gemeinschaft, die Körperschaft des öffentlichen Rechts gem. Art. 140 GG i.V.m. Art. 137 Abs. 5 Satz 2 WRV werden möchte, muss strukturierte mitgliedschaftliche Beziehungen der Gläubigen zu ihr aufweisen.

Das wirft jedoch für muslimische Gemeinschaften Probleme auf. Denn der Islam ist bekanntlich eine „Religion ohne Kirche"[60]. Ihm sind schon Religionsgemeinschaften als solche wesensfremd. Umso ferner liegt ihm die Vorstellung einer Mitgliedschaft oder gar Gliedschaft[61] in einer solchen Organisation. Gleichwohl kann nicht auf mitgliedschaftliche Strukturen verzichtet werden, die jedenfalls den Anforderungen entsprechen, denen die Religionsgemeinschaft in ihrem jeweiligen rechtlichen Kontext ausgesetzt ist. So muss bei einer Religionsgemeinschaft im Sinne von Art. 7 Abs. 3 Satz 2 GG, also für die Einführung von Religionsunterricht als ordentliches Lehrfach, die Mitgliedschaft zumindest so geregelt sein, dass für die zuständigen Schulbehörden erkennbar ist, welche (muslimischen) Kinder an dem neu eingeführten Religionsunterricht teilnehmen müssen – vorbehaltlich der Möglichkeit zur Abmeldung vom Religionsunterricht gem. Art. 7 Abs. 2 GG, § 5

---

57 Vgl. die entsprechende Problematik zum Begriff der Religionsgemeinschaft i.S.v. Art. 7 Abs. 3 GG: Muckel 2004, S. 715 (S. 732 f. m.w.N.).
58 Ellenberger 2016, Einf. v. § 21 BGB Rn. 4.
59 Ellenberger, ebd., Rn. 14.
60 Steinbach 1989, S. 109; ferner Albrecht 1986, S. 82 (S. 95: „Der Islam kennt … keine korporativen Organisationen."); vgl. aus jüngerer Zeit auch *Löhnig/Preisner* 2013, S. 945 (S. 946), die zu Recht betonen, „dass der Islam ‚kirchliche' Organisationen theologisch nicht benötigt"; Gutknecht 2014, S. 16 m.w.N.
61 Zu den entsprechenden Kategorien in den christlichen Kirchen de Wall/Muckel 2014, § 26 Rn. 1 ff.; Muckel, ebd., § 17 Rn. 4 ff., jeweils m.w.N.

RelKErzG.⁶² Denn der Religionsunterricht ist gem. Art. 7 Abs. 3 Satz 1 GG ordentliches Lehrfach und unterliegt als solches der Schulpflicht.⁶³ Im Zusammenhang mit der Verleihung der Körperschaftsrechte geht es darum, dass einer Religionsgemeinschaft hoheitliche Befugnisse übertragen werden. Ohne hinreichend klare Regelungen über die Mitgliedschaft in einer solchen Gemeinschaft besteht die Gefahr, dass sie als Körperschaft des öffentlichen Rechts Hoheitsrechte gegenüber Nichtmitgliedern ausübt.⁶⁴

Zahlreiche muslimische Vereinigungen sind als eingetragene Vereine i. S. d. §§ 21 ff. BGB organisiert. Solche Personenzusammenschlüsse haben von Rechts wegen (§§ 32 ff. BGB) Mitglieder. Gleichwohl reicht die Rechtsform des eingetragenen Vereins nicht aus, um die Anforderungen des verfassungsrechtlichen Begriffs der Religionsgemeinschaft zu erfüllen. Allein durch diese Organisationsform wird die klare Zuordnung der einzelnen Personen zur Vereinigung nicht hinreichend deutlich.⁶⁵ Denn der „e. V." verlangt Mitglieder, ohne dass das Vereinsrecht dazu nähere Vorgaben macht. Aufgrund dessen können eben auch juristische Personen oder sonstige Personenvereinigungen Mitglieder in rechtsfähigen Vereinen sein bzw. werden. Auch ist die Unbestimmtheit der zivilrechtlichen Vorgaben ursächlich dafür, dass – selbst wenn natürliche Personen Mitglieder des Vereins sind – von Gesetzes wegen nichts Näheres dazu verlangt wird, wer genau Mitglied sein muss. Gerade diese Gesichtspunkte führen aber bei muslimischen Verbänden zu Problemen. Denn eine Mitgliedschaft, wo alle Gläubigen, die im Wirkungskreis der Vereinigung den Islam ausüben und z. B. zum Freitagsgebet kommen, kennen muslimische Verbände an sich nicht. Und das Vereinsrecht BGB verlangt nicht, dass alle, die am Vereinsleben teilnehmen, Mitglieder sind.

Das Bundesverwaltungsgericht hat aber den muslimischen Verbänden, die sich um Religionsunterricht bemüht haben, Möglichkeiten aufgezeigt, das Erfordernis hinreichend klarer mitgliedschaftlicher Strukturen zu erfüllen, die auf die religiösen Eigenheiten muslimischer Organisationen Rücksicht nehmen. Für die Verleihung des Körperschaftsstatus sind diese Vorgaben aufgrund der rechtlichen Parallelität von Religionsgemeinschaften gem. Art. 7 Abs. 3 Satz 2 GG und solchen i. S. v. Art. 140 GG i. V. m. Art. 137 Abs. 5 Satz 2 WRV übertragbar.

---

62 Gesetz über religiöse Kindererziehung v. 15. Juli 1921 (RGBl. S. 939), zuletzt geändert durch FGG-Reformgesetz vom 17. Dezember 2008 (BGBl. I S. 2728); das Gesetz gilt gem. Art. 125 GG als Bundesrecht fort, vgl. Schmid 2012, Einl. Rn. 3.
63 Dazu bereits Muckel 2001, Juristenzeitung, S. 58 (S. 61).
64 Vgl. Hillgruber 2011, S. 225 (S. 236 m. w. N.).
65 A. A. insoweit Hillgruber 2011, S. 225 (S. 236); Gutknecht 2014, 7.

Das Bundesverwaltungsgericht verlangt nicht, dass die muslimischen Schulkinder selbst formell Mitglieder einer Moscheegemeinde sind, die wiederum einem Dachverband angehört (der dann die Religionsgemeinschaft darstellt). Zwar fordert das Bundesverwaltungsgericht „eine eindeutige Mitgliederstruktur"[66], weil Religionsunterricht i. S. v. Art. 7 Abs. 3 GG ein Pflichtfach ist. Doch müsse nicht jedes Schulkind selbst förmliches Mitglied des Moscheevereins sein. Es reiche aus, wenn dies bei den Eltern oder einem Elternteil der Fall sei. Die Pflicht zur Teilnahme am Unterricht entstehe, wenn die Eltern bestimmen, dass ihr Kind die (jeweilige) islamische Konfession teile.[67] Das Gericht begründet diese den islamischen Gemeinschaften durchaus entgegenkommende Anforderung mit dem Selbstverständnis muslimischer Vereinigungen. Sie könnten ein ihrem Selbstverständnis entsprechendes, von der förmlichen Vereinsmitgliedschaft unabhängiges Kriterium für die Zugehörigkeit zu ihnen vorsehen.[68] Für muslimische Gemeinschaften, die Körperschaften des öffentlichen Rechts werden möchten, muss in gleicher Weise zumindest bestimmbar sein, wer ihr mitgliedschaftlich zuzurechnen ist.

4.1.4 Organisatorische Strukturen

Weitergehende Anforderungen an die rechtliche Struktur der Organisation dürften nach der jüngeren Rechtsprechung nicht zu stellen sein.[69] Schon die Entscheidung des Bundesverwaltungsgerichts zu islamischen Dachverbänden als Religionsgemeinschaften von 2005 hat nur ein „Minimum an Organisation" verlangt.[70] Da Art. 140 GG i. V. m. Art. 137 Abs. 5 Satz 2 WRV für Religionsgemeinschaften, die Körperschaften des öffentlichen Rechts werden möchten, ausdrücklich die Gewähr der Dauer auch nach ihrer Verfassung verlangt, ließe sich zwar denken, dass im Hinblick auf den Organisationsgrad die Anforderungen höher sein können, möglicherweise nach der Verfassung höher sein müssen als bei Religionsgemeinschaften, die gem. Art. 7 Abs. 3 GG die Einrichtung von (islamischem) Religionsunterricht beantragt haben. Nur hierum ging es in der Entscheidung des Bundesverwaltungsgerichts von 2005. Doch hat das Bundesverwaltungsgericht explizit zu den Voraussetzungen für die Verleihung der Körperschaftsrechte gem. Art. 140 GG i. V. m. Art. 137 Abs. 5 Satz 2 WRV Stellung genommen. Es hat verlangt, dass die Religionsgemeinschaft „rechtlich hinreichend organisiert ist"[71]. Präzisierend greift

---

66 BVerwG NJW 2005, 2101 (2107).
67 BVerwG ebd.
68 BVerwG ebd.
69 A.A. Hillgruber 2011, S. 225 (S. 237 m. w. N.), der weitergehende Anforderungen stellt.
70 BVerwG NJW 2005, 2101 (2102).
71 BVerwG NVwZ 2013, 943 (945 Rn. 21).

das Bundesverwaltungsgericht sodann eine in der Literatur seit Langem erhobene Forderung auf: Die Religionsgemeinschaft müsse organisatorisch und institutionell in der Lage sein, die Rechte, die sich aus dem Körperschaftsstatus ergeben, auszuüben.[72] Doch erlaubt dieser Ansatz sehr unterschiedliche Schlussfolgerungen. Während in der Literatur der Organisationsgrad einer „religiösen Verwaltungsgemeinschaft" gefordert wird[73] mit einem klaren Ansprechpartner für den Staat, verbindlichen Vertretungsstrukturen und verlässlichen Strukturen für die interne Willensbildung,[74] beschränkt sich der 6. Senat des Bundesverwaltungsgerichts darauf, „insbesondere eine mitgliedschaftlich verfasste Organisation" zu verlangen.[75] Das setze voraus, dass „nach bestimmten, innergemeinschaftlichen Regeln festgelegt ist, wer Mitglied der Religionsgemeinschaft ist"[76]. Mehr als nachvollziehbare mitgliedschaftliche Regeln (dazu bereits oben 4.1.3) kann danach – jedenfalls in der Praxis – heute nicht mehr verlangt werden. Dabei dürfte das Bundesverwaltungsgericht davon ausgehen, dass eine Religionsgemeinschaft, die einen Antrag auf Einrichtung von Religionsunterricht gem. Art. 7 Abs. 3 GG stellt – nichts anderes dürfte für einen Antrag auf Verleihung der Körperschaftsrechte nach Art. 140 GG i. V. m. Art. 137 Abs. 5 Satz 2 WRV gelten – ohnehin über einen Ansprechpartner verfügt. In der Tat bestehen, wie erwähnt, in der Praxis meist vereinsrechtliche Strukturen gem. §§ 21 ff. BGB, die vertretungsberechtigte Organe implizieren (§ 26 BGB).

Demgegenüber dürfte die in der Literatur erhobene Forderung nicht durchsetzbar sein, die mitgliedschaftlichen Strukturen der Religionsgemeinschaft müssten so gestaltet sein, dass ein Austritt aus ihr möglich sei.[77] Dem liegt im Ansatz der zutreffende Hinweis auf die sog. negative religiöse Vereinigungsfreiheit zugrunde. Sie schützt (auf der Grundlage von Art. 140 GG i. V. m. Art. 137 Abs. 2 WRV) das Recht, einer Religionsgemeinschaft nicht angehören zu müssen bzw. austreten zu dürfen.[78] Doch wendet sich diese Rechtsposition allein an das staatliche Recht.

---

72 BVerwG ebd.; so in der Literatur z. B. auch Hillgruber 2011, S. 225 (S. 238 unter Hinweis auf Robbers).
73 So Hillgruber 2011, S. 225 (S. 238 unter Hinweis auf Tillmanns, Die Öffentliche Verwaltung 1999, 441, 445).
74 Hillgruber, ebd.
75 BVerwG NVwZ 2013, 943 (945 Rn. 21).
76 BVerwG ebd.
77 So wohl Hillgruber 2011, S. 225 (S. 241 f.).
78 Vgl. bereits Muckel 2011, Art. 140/Art. 137 WRV Rn. 17 – auch zum Folgenden. Speziell zu einer – verfassungsrechtlich nicht hinnehmbaren – Zwangsmitgliedschaft in einer korporierten Religionsgemeinschaft BVerfG NVwZ 2015, 517 (519 Rn. 41 m.w.N.); krit. Analyse dieser Entscheidung bei Kuntze 2016, 86 ff., der noch stärker auf die Freiwilligkeit der Mitgliedschaft in einer Religionsgemeinschaft abhebt als das BVerfG.

Religionsgemeinschaften sind nicht ihre Adressaten. Ebenso wie z. B. das römisch-katholische Kirchenrecht („semel catholicus semper catholicus") dürfen muslimische Rechtsvorstellungen davon ausgehen, dass es einen Austritt aus der Gemeinschaft nicht gibt. Es kann deshalb auch nicht von (islamischen) Religionsgemeinschaften verlangt werden, dass sie Regeln über den Austritt vorsehen. Erst wenn eine Religionsgemeinschaft ihre Mitglieder durch Nötigung, Drohung oder gar Gewalt daran hindern wollte auszutreten, ist das staatliche Recht berührt. In solchen Fällen entfaltet die (negative) Religionsfreiheit eine Schutzpflicht zugunsten der Austrittswilligen, die der Staat als Adressat der Grundrechte erfüllen muss. Ergo: Die rechtlichen Regeln der Religionsgemeinschaft müssen nicht das Recht, aus der Gemeinschaft auszutreten, enthalten. Sollte eine Religionsgemeinschaft aber austrittswillige Mitglieder aktiv am Austritt hindern, ist der Staat verpflichtet, zu ihrem Schutz einzuschreiten. Eine Voraussetzung für die Verleihung der Körperschaftsrechte lässt sich daraus nicht ableiten.

4.2 Gewähr der Dauer

Nach Art. 140 GG i. V. m. Art. 137 Abs. 5 Satz 2 WRV werden einer Religionsgemeinschaft auf ihren Antrag die Körperschaftsrechte verliehen, wenn sie nach ihrer Verfassung und der Zahl ihrer Mitglieder die Gewähr der Dauer bietet. Auch diese Voraussetzung lieferte jahrzehntelang Diskussionsstoff und Anlass für juristische Auseinandersetzungen.[79] Aber auch zu dieser (geschriebenen) Voraussetzung für die Verleihung der Körperschaftsrechte führte das Bundesverwaltungsgericht eine weitreichende Klärung herbei, und zwar in seiner Entscheidung zur Bahá'í-Gemeinde in Deutschland.[80]

Nach dem Wortlaut von Art. 140 GG i. V. m. Art. 137 Abs. 5 Satz 2 WRV muss die Religionsgemeinschaft in zweierlei Hinsicht die Gewähr der Dauer bieten: nach ihrer Verfassung und der Zahl ihrer Mitglieder. Der 6. Senat des Bundesverwaltungsgerichts judizierte allerdings, die Verfassung (verstanden als tatsächlicher Gesamtzustand der Religionsgemeinschaft) lasse sich nicht trennscharf von der Zahl der Mitglieder abgrenzen. Allein aus der Zahl der Mitglieder könne regelmäßig nicht unmittelbar auf den künftigen Fortbestand der Religionsgemeinschaft geschlossen werden. Erforderlich sei eine Prognose „im Lichte notwendiger weiterer

---

79 Vgl. dazu den zusammenfassenden Überblick bei Huxdorff 2013, S. 115 ff. m. umfangr. Nachw.
80 BVerwG NVwZ 2013, 943; zu der Entscheidung vgl. auch Gutknecht 2014, S. 10.

Bewertungsfaktoren"[81]. Insoweit sei insbesondere zu berücksichtigen, wie lange die Religionsgemeinschaft bereits bestehe, wie sich ihr Mitgliederbestand entwickelt habe, wie die Altersstruktur, aber auch die soziale Zusammensetzung sei. Auch könne eine Rolle spielen, ob die in Deutschland ansässige Religionsgemeinschaft in eine größere, gar weltweit verbreitete Gemeinschaft eingebunden sei.[82] Ausdrücklich weist das Bundesverwaltungsgericht die bis dahin gängige Praxis als verfehlt zurück, einen Richtwert, namentlich ein Tausendstel der Bevölkerung des betreffenden Bundeslandes,[83] zum Maßstab für die notwendige Zahl der Mitglieder zu machen.[84] Auch dürfe bei einer bundesweit tätigen Organisation nicht nur auf die Mitgliederzahl in dem Bundesland abgestellt werden, in dem der Antrag auf Verleihung der Körperschaftsrechte gestellt worden ist. Maßgeblich sei vielmehr der bundesweite Bezugsrahmen.[85]

Soweit Art. 140 GG i. V. m. Art. 137 Abs. 5 Satz 2 WRV auf die Verfassung der Religionsgemeinschaft abstelle, sei damit auch die rechtliche Verfasstheit gemeint. Die Religionsgemeinschaft müsse hinreichend organisiert sein. Erforderlich sei insbesondere eine mitgliedschaftlich verfasste Organisation. Das setze voraus, dass nach bestimmten innergemeinschaftlichen Regeln festgelegt sei, wer Mitglied der Religionsgemeinschaft sei.[86] Die rechtlichen Anforderungen an eine Religionsgemeinschaft (oben 4.1) wirken sich also auf die weitere Voraussetzung für die Verleihung der Körperschaftsrechte – die Gewähr der Dauer – aus. Gleichwohl kann nicht gesagt werden, dass die Anforderungen, die bereits an das Merkmal „Religionsgemeinschaft" zu stellen sind, hier – sub specie „Gewähr der Dauer" – erhöht werden. Eine muslimische Gemeinschaft, die die Voraussetzungen einer Religionsgemeinschaft erfüllt, wird auch ihrer rechtlich strukturierten Verfassung nach die Gewähr der Dauer bieten. Davon zu unterscheiden sind freilich Umstände, die nicht die rechtliche Verfasstheit der Religionsgemeinschaft betreffen, sondern rein tatsächlich auf eine Verfassung, also einen Gesamtzustand hindeuten, die die Gewähr der Dauer bietet. So können als weitere Indizien für die Einschätzung dauerhaften Bestandes der Religionsgemeinschaft herangezogen werden: eine ausreichende Finanzausstattung, eine Mindestbestandszeit und die Intensität des religiösen Lebens.[87]

---

81 BVerwG ebd. Rn. 11.
82 BVerwG ebd.
83 Vgl. dazu Weber 1989, S. 337 (S. 354 f.).
84 BVerwG NVwZ 2013, 943 (944 Rn. 12 f.); krit. auch Gutknecht 2014, S. 9.
85 BVerwG ebd. Rn. 19.
86 BVerwG NVwZ 2013, 943 (945 Rn. 21).
87 BVerwG ebd. Rn. 23; zust. Gutknecht 2014, S. 8.

Auch zu der Bahá'í-Entscheidung des Bundesverwaltungsgerichts von 2012 wurde darauf hingewiesen, dass sie für islamische Vereinigungen von praktischer Relevanz sein dürfte. Das Bundesverwaltungsgericht, so wurde schon kurz nach Erlass der Entscheidung – zutreffend – geltend gemacht, habe das Kriterium der Mitgliederzahl, anders als der Wortlaut des Art. 137 Abs. 5 Satz 2 WRV nahe lege, als besondere Eigenschaft der Verfasstheit und nicht als ein der Verfasstheit gleich geordnetes Kriterium angesehen und das Kriterium damit relativiert.[88] Ohnehin hat das Bundesverwaltungsgericht, wie in der Literatur ebenfalls zu Recht angemerkt worden ist, die tatbestandlichen Anforderungen von Art. 140 GG i. V. m. Art. 137 Abs. 5 Satz 2 WRV abgeschwächt. Das Bundesverwaltungsgericht hat nämlich – obiter dictum – judiziert, dass (zwar eine bestimmte Richtzahl wie das Promillekriterium nicht als feste Voraussetzung verstanden werden dürfe, dass aber umgekehrt) von einer bestimmten Richtzahl an ohne weitere Prüfung angenommen werden könne, dass die Religionsgemeinschaft nach der Zahl ihrer Mitglieder die Gewähr der Dauer biete, „weil schon die schiere Größe der Religionsgemeinschaft ihr Erlöschen nicht erwarten lässt"[89]. Das Bundesverwaltungsgericht stellt so die bis dahin ganz gängige Praxis, die einen stabilen Mitgliederbestand für einen Zeitraum von ca. 30 Jahren für erforderlich hielt,[90] in Frage, ohne eine Orientierung für die wegen der „schieren Größe" der Gemeinschaft erforderliche Mitgliederzahl zu geben.[91] Auch diese Überlegung betrifft vornehmlich muslimische Gemeinschaften, die nicht selten sehr mitgliederstark sind. Das obiter dictum des Bundesverwaltungsgerichts kommt ihnen zugute, ohne die in muslimischen Verbänden ebenfalls anzutreffende Mitgliederfluktuation zu berücksichtigen.[92]

Zu Recht sieht die Entscheidung des Bundesverwaltungsgerichts in Sachen Bahá'í auch eine ausreichende Finanzverfassung als einen Gesichtspunkt für die Beurteilung an, ob die Religionsgemeinschaft i. S. v. Art. 140 GG i. V. m. Art. 137 Abs. 5 Satz 2 WRV nach ihrer Verfassung die Gewähr der Dauer bietet.[93] Das Bundesverwaltungsgericht trifft keine näheren Aussagen zur notwendigen Finanzausstattung einer Religionsgemeinschaft, die die Körperschaftsrechte anstrebt. In der Literatur ist allerdings richtigerweise geltend gemacht worden, dass ein hoher

---

88 Löhnig/Preisner 2013, S. 945 (S. 946).
89 BVerwG NVwZ 2013, 943 (944 Rn. 13).
90 Vgl. dazu die Nachw. bei Huxdorff 2013, S. 120 f., die selbst allerdings a. A. ist (S. 121: „Eine bestimmte Mindestbestandsdauer – etwa zehn Jahre – ist dagegen nicht zu fordern.").
91 Löhnig/Preisner 2013, S. 945 (S. 946 m. w. N. zum Kriterium dreißigjähriger Bestandszeit).
92 Löhnig/Preisner, ebd. (die sich nicht zu Unrecht insgesamt kritisch gegenüber der Entscheidung des Bundesverwaltungsgerichts äußern).
93 BVerwG NVwZ 2013, 943 (945 Rn. 23).

Auslandsanteil des Finanzaufkommens problematisch erscheinen muss. Jedenfalls dann, wenn die Unterstützung aus dem Ausland einen Umfang angenommen hat, der sie in eine Abhängigkeit von der ausländischen Finanzquelle bringt, kann die Gewähr der Dauer fraglich erscheinen.[94] Denn dann ist die Gemeinschaft möglicherweise in ihrem Fortbestand gefährdet, wenn die ausländische Quelle versiegt. Die Religionsgemeinschaft sollte sich daher, will sie unzweifelhaft die Gewähr der Dauer bieten, überwiegend aus Mitgliedsbeiträgen oder regelmäßigen Spenden finanzieren. Die theoretische Möglichkeit, nach Verleihung der Körperschaftsrechte gem. Art. 140 GG i. V. m. Art. 137 Abs. 6 WRV Steuern erheben zu können, ändert daran nichts.[95] Denn diese Möglichkeit wird sie nicht nutzen, wenn nicht zuvor schon Mitgliedsbeiträge erhoben worden sind.

4.3 Ungeschriebene Verleihungsvoraussetzungen

Die – bereits erwähnte[96] – Entscheidung des Bundesverfassungsgerichts zum Antrag der „Zeugen Jehovas" auf Verleihung der Körperschaftsrechte hat dazu geführt, dass die, noch vor wenigen Jahrzehnten breite Diskussion um den verfassungsrechtlichen Sinn des Körperschaftsstatus, die vor allem um die umstrittenen ungeschriebenen Verleihungsvoraussetzungen geführt wurde, heute als erledigt gelten darf[97]. Das Bundesverfassungsgericht hat den Sinn des Körperschaftsstatus in einer Entscheidung aus dem Jahre 2000 – die Religionsgemeinschaft der „Zeugen Jehovas" betreffend – darin gesehen, den Religionsgemeinschaften „ein Mittel zur Entfaltung der Religionsfreiheit" zu sein.[98] Der Körperschaftsstatus soll danach die Eigenständigkeit und Unabhängigkeit der Religionsgemeinschaften unterstützen. Die Religionsgemeinschaften mit öffentlich-rechtlichem Status sind in gleichem Umfang grundrechtsfähig wie Religionsgemeinschaften mit privatrechtlicher Rechtsform. Sie stehen dem Staat als Teile der Gesellschaft gegenüber. Dass sie ihre Tätigkeit frei von staatlicher Bevormundung und Einflussnahme entfalten können, schafft die Voraussetzung und den Rahmen, in dem die Religionsgemeinschaften das Ihre zu den Grundlagen von Staat und Gesellschaft beitragen können. Die

---

94 Hillgruber 2011, S. 225 (S. 237).
95 So zu Recht Hillgruber, ebd.
96 O. unter 4.
97 Vgl. dazu bereits de Wall/Muckel 2014, § 14 Rn. 8. Zum bis dahin bestehenden Streit um ungeschriebene Verleihungsvoraussetzungen vgl. Huxdorff 2013, S. 132 ff. m. umfangr. Nachw.
98 BVerfGE 102, 370 (387) = KirchE 38, 502 (509). Dazu auch Gutknecht 2014, S. 2.

ohne nähere Absicherung nicht zwingende[99] Position des BVerfG ist inzwischen in der Literatur tragfähig begründet worden, indem der Körperschaftsstatus als eine Form des Grundrechtsschutzes durch Organisation gedeutet worden ist.[100] Durch diese Modalität des Grundrechtsschutzes werden die Religionsgemeinschaften organisationsrechtlich in den Stand gesetzt, rechtliche Fähigkeiten zu haben, die sie allein aufgrund der verfassungsrechtlichen Garantien religiöser Freiheit nach Art. 4 Abs. 1 und 2 GG, ihres Selbstbestimmungsrechts gem. Art. 140 GG i. V. m. Art. 137 Abs. 3 WRV und der Vereinigungsfreiheit gem. Art. 140 GG i. V. m. Art. 137 Abs. 2 WRV nicht hätten. Der Körperschaftsstatus ergänzt die grundrechtliche Religionsfreiheit, indem er die Religionsgemeinschaften mit öffentlich-rechtlichen Kompetenzen ausstattet, die es ihnen erlauben, sich eine mit ihrer religiösen Tradition vereinbare Binnenstruktur zu geben, oder weitergehende Befugnisse, die an die Rechtsform der Körperschaft des öffentlichen Rechts geknüpft sind, auszuüben.[101]

4.3.1 Rechtstreues Verhalten

Die Entscheidung des Bundesverfassungsgerichts in Sachen „Zeugen Jehovas" betraf vor allem die ungeschriebenen Verleihungsvoraussetzungen. Danach ist über den Wortlaut von Art. 140 GG i. V. m. Art. 137 Abs. 5 Satz 2 WRV hinaus zu fordern, dass die Religionsgemeinschaft „rechtstreu" ist.[102] Sie muss, so das Bundesverfassungsgericht, die Gewähr dafür bieten, dass sie das geltende Recht beachten, insbesondere die ihr übertragene Hoheitsgewalt nur in Einklang mit den verfassungsrechtlichen und den sonstigen gesetzlichen Bestimmungen ausüben wird.[103] Die Religionsgemeinschaft unterliege wie jede Vereinigung, wie jeder Bürger der Pflicht zur Beachtung der Gesetze.[104] Diese Forderung müsse der Staat bei der Verleihung der Körperschaftsrechte an die antragstellende Religionsgemeinschaft erheben, schon um sicherzustellen, dass durch das Handeln öffentlich-rechtlicher Gebilde Rechte Dritter nicht verletzt werden, selbst wenn deren Zuordnung zum öffentlichen Recht eine primär formelle sei.[105] Doch hat das Bundesverfassungsgericht erkannt, dass diese Forderung bei Religionsgemeinschaften nicht mit letzter

---

99 Zur Kritik vgl. Hillgruber 2007, S. 213 ff.; Muckel 2001, Stimmen der Zeit S. 463 ff.; Muckel 2001, JURA S. 456 (S. 458 ff.).
100 So namentlich Magen 2004, S. 272 f., pass., auch zum Folgenden; vgl. auch Heinig 2003, S. 294 f., pass.; Weber 2007, S. 229 (S. 235).
101 Vgl. bereits de Wall/Muckel 2014, § 14 Rn. 5.
102 BVerfGE 102, 370 (390). Näher dazu auch Gutknecht 2014, S. 12 ff.
103 BVerfG ebd.
104 BVerfGE 102, 370 (391).
105 BVerfG ebd.

Konsequenz durchzuhalten ist. Denn im Gegensatz zu staatlichen Stellen, die gem. Art. 20 Abs. 3 GG uneingeschränkt der Bindung an Recht und Gesetz unterliegen, können Religionsgemeinschaften sich auf die Freiheit der Religion gem. Art. 4 Abs. 1 und 2 GG und das Selbstbestimmungsrecht der Religionsgemeinschaften gem. Art. 140 GG i. V. m. Art. 137 Abs. 3 WRV berufen. Unter Hinweis auf diese Gewährleistungen sah sich das Bundesverfassungsgericht daher gezwungen, seine Forderung nach Rechtstreue zu relativieren: „Allerdings stellt nicht jeder Verstoß gegen Recht und Gesetz die Gewähr rechtstreuen Verhaltens in Frage."[106] Korporierte Religionsgemeinschaften, so das Bundesverfassungsgericht, haben das Recht, streitige Fragen durch die Gerichte klären zu lassen. Zudem sei vielen Religionen, auch „alt- und neukorporierten Religionsgemeinschaften"[107], ein Vorbehalt zugunsten des Gewissens und der aus dem Glauben begründeten Entscheidungen in dem Sinne eigen, dass im unausweichlichen Konfliktfall den Glaubensgeboten mehr zu gehorchen sei als den Geboten des Rechts. Da der Status einer Körperschaft des öffentlichen Rechts für Religionsgemeinschaften aus Art. 140 GG i. V. m. Art. 137 Abs. 5 WRV letztlich der Religionsfreiheit diene, stehen nach dieser Rechtsprechung des Bundesverfassungsgerichts Konflikte mit der staatlichen Rechtsordnung einer Verleihung der Körperschaftsrechte jedenfalls so lange nicht im Wege, wie die Religionsgemeinschaft im Grundsatz bereit ist, Recht und Gesetz zu achten und sich in die verfassungsmäßige Ordnung einzufügen.[108]

4.3.2 Keine Gefährdung fundamentaler Verfassungsprinzipien

Als Ausfluss der grundlegenden (ungeschriebenen) Voraussetzung, eine Religionsgemeinschaft, die die Körperschaftsrechte beantragt habe, müsse rechtstreu sein, scheint das Bundesverfassungsgericht seine weitere Forderung zu verstehen: „Eine Religionsgemeinschaft, die den Status einer Körperschaft des öffentlichen Rechts erwerben will, muss insbesondere die Gewähr dafür bieten, dass ihr künftiges Verhalten die in Art. 79 Abs. 3 GG umschriebenen fundamentalen Verfassungsprinzipien, die dem staatlichen Schutz anvertrauten Grundrechte Dritter sowie die Grundprinzipien des freiheitlichen Religions- und Staatskirchenrechts des Grundgesetzes nicht gefährdet."[109] Art. 79 Abs. 3 GG verweist auf die Garantie der Menschenwürde in Art. 1 Abs. 1 GG, aber auch auf die Staatsstrukturprinzipien von Rechtsstaat und Demokratie. „Eine systematische Beeinträchtigung oder Gefährdung dieser vom Grundgesetz auf Dauer gestellten Grundsätze darf der Staat

---

106 BVerfGE 102, 370 (391).
107 BVerfGE 102, 370 (392).
108 BVerfGE 102, 370 (391 f.).
109 BVerfGE 102, 370 (392).

nicht hinnehmen, auch nicht von Seiten einer als Körperschaft des öffentlichen Rechts verfassten Religionsgemeinschaft."[110] Schon diese grundlegenden, noch auf hoher rechtlicher Abstraktionsebene angesiedelten Forderungen des BVerfG wiesen über den zu entscheidenden Fall der „Zeugen Jehovas" hinaus. Wer an die Praxis der „Zeugen Jehovas" denkt, für sich selbst, aber auch für minderjährige Kinder lebensrettende Blutkonserven abzulehnen[111], mag die weitere Forderung des Bundesverfassungsgerichts noch auf diese Religionsgemeinschaft beziehen, dass nämlich die Verleihung der Körperschaftsrechte die Religionsgemeinschaft an die „Achtung der fundamentalen Rechte der Person, die Teil der verfassungsmäßigen Ordnung ist", bindet.[112] Neben der Menschenwürde müsse der Staat das menschliche Leben und die körperliche Unversehrtheit, im Besonderen aber auch das Kindeswohl (Art. 6 Abs. 2 GG) schützen.[113] Den „Zeugen Jehovas" wurden bekanntlich zahlreiche Verstöße gegen das Kindeswohl nachgesagt.[114]

Über den Fall der „Zeugen Jehovas" hinaus wies aber schon die ganz allgemeine Forderung des Bundesverfassungsgerichts, eine Religionsgemeinschaft, die die Körperschaftsrechte erwerben wolle, dürfe nicht durch ihr Verhalten die „Grundsätze des freiheitlichen Staatskirchenrechts" beeinträchtigen.[115] „Das Grundgesetz verbietet die Verleihung des Status einer Körperschaft des öffentlichen Rechts an eine Religionsgemeinschaft, die nicht die Gewähr dafür bietet, dass das Verbot einer Staatskirche sowie die Prinzipien von Neutralität und Parität unangetastet bleiben."[116] Zu dem damit umschriebenen „verfassungsrechtlichen Ordnungsrahmen"[117] für korporierte Religionsgemeinschaften zählt das Bundesverfassungsgericht ausdrücklich auch, dass sie nicht auf die „Verwirklichung einer theokratischen Ordnung" hinwirken.[118] Diese Anforderung betraf die „Zeugen Jehovas" nicht. Sie dürfte vornehmlich an die Adresse muslimischer Gemeinschaften gerichtet sein, deren Ambitionen auf den Körperschaftsstatus dem Gericht bekannt waren.

---

110 BVerfG ebd.
111 Dazu Link 1998, S. 1 (S. 32 f. m. w. N.).
112 BVerfGE 102, 370 (303).
113 BVerfG ebd.
114 Näher Link 1998, S. 1 (S. 47 ff. m. w. N.).
115 BVerfGE 102, 370 (394).
116 BVerfG ebd.; zur religiös-weltanschaulichen Neutralität des Staates und zur staatskirchenrechtlichen Parität darf auf die überblicksartige Darstellung bei de Wall/Muckel 2014, § 13 Rn. 4 f. m. w. N., verwiesen werden.
117 BVerfGE 102, 370 (395).
118 BVerfG ebd.

Die vom Bundesverfassungsgericht herausgearbeiteten ungeschriebenen Verleihungsvoraussetzungen lassen sich somit wie folgt zusammenfassen: Eine Religionsgemeinschaft, die Körperschaft des öffentlichen Rechts werden möchte, muss (grundsätzlich) rechtstreu sein. Sie muss zudem die Gewähr dafür bieten, dass ihr Verhalten die in Art. 79 Abs. 3 GG umschriebenen fundamentalen Verfassungsprinzipien, die Grundrechte Dritter sowie die Grundprinzipien des freiheitlichen Staatskirchenrechts des Grundgesetzes nicht gefährdet. Dazu zählt die Säkularität des Staates. Eine Religionsgemeinschaft, die die Körperschaftsrechte anstrebt, darf nicht bestrebt sein, den säkularen Staat durch eine theokratische Ordnung zu ersetzen.

4.4 Verbindung zu ausländischen Behörden als Ausschlussgrund?

Die Verleihung der Körperschaftsrechte an eine muslimische Gemeinschaft kann schließlich ausgeschlossen sein, wenn sie in einer substantiellen Abhängigkeit von einem fremden Staat steht. Diese Forderung ist in der Literatur formuliert und namentlich der türkisch-muslimischen Gemeinschaft DITIB entgegengehalten worden. Zu Begründung wird geltend gemacht, als Körperschaften des öffentlichen Rechts seien die betreffenden Gemeinschaften Träger staatlich verliehener, öffentlicher Kompetenzen und Rechte (wie des Steuererhebungsrechts). Sie könnten somit hoheitliche Befugnisse ausüben und seien grundrechtsgebunden. Solche hoheitlichen Befugnisse dürften aber nicht, auch nicht mittelbar auf fremde Staaten übertragen werden.[119] Die DITIB („Türkisch-Islamische Union der Anstalt für Religion") sei von der staatlichen türkischen Religionsbehörde, dem Diyanet, abhängig. Das schließe zwar nicht ihre Eigenschaft als Religionsgemeinschaft aus, wohl aber ihre Körperschaftsfähigkeit.[120] Die DITIB trete nicht nur für den in der Türkei praktizierten Staatsislam ein, sie sei ein Teil desselben und fungiere insoweit als „der verlängerte Arm des türkischen Staates in der Bundesrepublik Deutschland"[121]. Als religiöse Organisation eines fremden Staates sei sie nicht hoheitsfähig.

Entsprechende Bedenken sind mit Blick auf die rechtliche Kompetenz, die Grundsätze der Religionsgemeinschaft für den Religionsunterricht gem. Art. 7 Abs. 3 Satz 2 GG zu formulieren, vorgetragen worden.[122] Ein Religionsunterricht,

---

119 Hillgruber 2011, S. 225 (242).
120 Hillgruber, ebd.
121 Hillgruber, ebd.
122 Heinrich de Wall, Rechtsgutachten über die Eigenschaften von „DITIB Landesverband Hamburg e. V.", „SCHURA – Rat der Islamischen Gemeinschaften in Hamburg e. V." und

dessen Grundsätze nicht Ausdruck religiöser Selbstbestimmung, sondern staatlicher Fremdbestimmung seien, entspreche nicht dem im Grundgesetz vorgesehenen Religionsunterricht.[123]

Die Forderung nach Unabhängigkeit der die Körperschaftsrechte beantragenden Religionsgemeinschaft von einem ausländischen Staat ist im Grundsatz begründet. Das ergibt sich zwar nicht aus der in Art. 140 GG i. V. m. Art. 137 Abs. 1 GG festgelegten Trennung von Staat und Kirche (womit über den Wortlaut hinaus – selbstverständlich – jedwede Religionsgemeinschaft erfasst ist). Die Trennung von Staat und Kirche nach dem Grundgesetz betrifft das Verhältnis zwischen dem deutschen Staat und den Religionsgemeinschaften, nicht zwischen ausländischen Staaten und Religionsgemeinschaften. Aus dem deutschen Verfassungsrecht folgen keine Vorgaben für das Verhältnis ausländischer Staaten zu Religionsgemeinschaften als solchem. Wenn sie aber in Deutschland bestimmte Rechtspositionen geltend machen, wie etwa das Recht auf Verleihung der Körperschaftsrechte, müssen sie die daran geknüpften verfassungsrechtlichen Anforderungen erfüllen. Dabei kann – aus den dargelegten Gründen – in der Tat problematisch erscheinen, wenn eine ausländische staatliche Stelle weitreichende Weisungsrechte gegenüber einer in Deutschland agierenden Religionsgemeinschaft wahrnimmt.

Der DITIB können vor diesem Hintergrund in der Tat nicht ohne weiteres die Körperschaftsrechte verliehen werden. Allerdings ist auch in diesem Punkt – wie immer – eine nähere Prüfung erforderlich. So bedarf die Frage, ob die DITIB in all ihren Erscheinungsformen, also insbesondere auch mit all ihren Landesverbänden, wirklich als „verlängerter Arm des türkischen Staates" anzusehen ist, einer sorgfältigen Prüfung im Einzelfall. Pauschale Einschätzungen erscheinen nicht angebracht. Das kann hier freilich nur angedeutet werden. Immerhin ist die Stellung des Diyanet auch in der Türkei nicht unangefochten geblieben. Selbst die Beziehungen zwischen dem Präsidenten des Diyanet und dem türkischen Ministerpräsidenten sind immer wieder von Spannungen gekennzeichnet. Im Jahre 2010 trat sogar der damalige Präsident des Diyanet zurück, nachdem er sich – wie vermutet wird – für größere Unabhängigkeit des Diyanet vom Staat eingesetzt hatte.[124] Eine islamwissenschaftliche Untersuchung aus jüngerer Zeit ist zudem zu der Einschätzung gelangt, das Diyanet habe sich nicht als einzige Institution für die islamische Religion durchsetzen können, obwohl dies bei seiner Errichtung

---

„Verband der Islamischen Kulturzentren e. V." als Religionsgemeinschaften und weitere Aspekte ihrer Eignung als Kooperationspartner der Freien und Hansestadt Hamburg in religionsrechtlichen Angelegenheiten, in: Klinkhammer/de Wall 2012, S. 51 ff. m. w. N.
123 de Wall, ebd., S. 52.
124 Yasar 2012, S. 35.

so bezweckt war und von der Politik immer wieder betrieben werde. Die religiöse Landschaft sei selbst in der Türkei vielfältig geblieben.¹²⁵ Die Untersuchung zeigt auch, dass die DITIB Entwicklungen unterworfen ist. So werde sie schon heute als „zwischen zwei Stühlen" sitzend wahrgenommen, nämlich einerseits unter dem Einfluss des Diyanet, andererseits in einer wachsenden Zusammenarbeit mit dem deutschen Staat.¹²⁶

Im Übrigen zeigt die Entwicklung der letzten Jahre, dass zumindest einzelne DITIB-Landesverbände bereit und in der Lage sind, ihre Unabhängigkeit jedenfalls im Hinblick auf bestimmte Aufgaben zu verstärken. So hat z. B. der DITIB-Landesverband Niedersachsen und Bremen e. V. in seiner Satzung vom 26.1.2014 vorgesehen, dass der Religiöse Beirat, der an sich unter dem Einfluss des DITIB-Bundesverbandes und somit auch des Diyanet steht,¹²⁷ keinen Einfluss auf die Inhalte des Religionsunterrichts i. S. v. Art. 7 Abs. 3 GG hat.¹²⁸ Die Satzung des DITIB-Landesverbandes Rheinland-Pfalz sieht eine entsprechende Regelung vor.¹²⁹ Es bleibt zu prüfen, ob ein Landesverband der DITIB, der Körperschaft des öffentlichen Rechts werden möchte, in ähnlicher Weise Vorkehrungen dafür schaffen könnte, dass die Ausübung hoheitlicher Befugnisse nicht dem Einfluss des Diyanet ausgesetzt ist. Diese Prüfung kann hier nicht geleistet werden. Da aber DITIB-Landesverbände deutlich ihr Interesse an der Verleihung der Körperschaftsrechte artikuliert haben,¹³⁰ kann bei ihnen möglicherweise auch im Hinblick hierauf – wie in der jüngeren Vergan-

---

125 Yasar, ebd., S. 52 f., 56.
126 Yasar, ebd., S. 224.
127 Vgl. einerseits § 20 Abs. 1 der Satzung des Vereins „Islamische Religionsgemeinschaft DITIB Niedersachsen und Bremen e. V." v. 26.1.2014: „Die Mitglieder des Religiösen Beirates und ihre Anzahl werden vom Religionsrat der DITIB bestimmt. Bei Bedarf kann der Religionsrat der DITIB die Mitglieder wieder abberufen.", andererseits § 13 der Satzung der Türkisch-Islamischen Union der Anstalt für Religion (D.I.T.I.B.) Köln" v. 8.11.2009, in dessen Abs. 6 es heißt: „Können sich die Mitglieder des Religionsrates oder die Landes-Religionsbeiräte untereinander in einer Angelegenheit nicht einigen, finden die Beschlüsse des Religionsrates des Präsidiums für Religiöse Angelegenheiten, Diyanet, Anwendung."
128 § 21 Abs. 5 der Satzung des Vereins „Islamische Religionsgemeinschaft DITIB Niedersachsen und Bremen e. V." v. 26.1.2014: „Die in den Absätzen eins bis vier beschriebenen Aufgaben [scil.: des Religiösen Beirates] erstrecken sich nicht auf Inhalte und Details des Religionsunterrichts an staatlichen Schulen. Insoweit beruft der Vorstand der Gemeinschaft eine Kommission, der keine Amtsträger eines Staates angehören dürfen."
129 § 21 Abs. 5 der Satzung des Vereins „Islamische Religionsgemeinschaft DITIB Rheinland-Pfalz e. V." v. 1.12.2013.
130 Vgl. oben 1 mit Fn. 10.

genheit mit Blick auf die Einführung von Religionsunterricht i. S. v. Art. 7 Abs. 3 GG – eine gewisse Beweglichkeit erwartet werden.

4.5 Fazit: Die Voraussetzungen für die Verleihung der Körperschaftsrechte im Überblick

Mit Blick auf die dargestellten Leitentscheidungen des Bundesverfassungsgerichts und des Bundesverwaltungsgerichts lassen sich die verfassungsrechtlichen Voraussetzungen[131] für die Verleihung der Körperschaftsrechte nach Art. 140 GG i. V. m. Art. 137 Abs. 5 Satz 2 WRV wie folgt zusammenfassen:

Den Antrag muss eine *Religionsgemeinschaft* stellen. Das kann ein Dachverband sein, wenn er identitätsstiftende Aufgaben wahrnimmt und eine mitgliedschaftliche Struktur hat, die es gestattet zu bestimmen, wer der Religionsgemeinschaft angehört. Es ist nicht erforderlich, dass jeder Gläubige der Gemeinschaft im förmlichen (vereinsrechtlichen) Sinne beitritt.

Die die Körperschaftsrechte beantragende Religionsgemeinschaft muss nach ihrer Verfassung und nach der Zahl ihrer Mitglieder die *Gewähr der Dauer* bieten. Das erfordert nach der jüngeren Rechtsprechung des Bundesverwaltungsgerichts eine komplexe Prognose im Lichte verschiedener Bewertungsfaktoren. Ein quantitativer Richtwert (z. B. das frühere sog. Promille-Kriterium) wird nicht mehr zugrunde gelegt. Auf die zahlenmäßige Größe der Gemeinschaft kommt es nach dieser Rechtsprechung nicht an, wenn – bei Betrachtung mit bundesweitem Bezugsrahmen – der Fortbestand der Gemeinschaft gesichert erscheint. Dazu wird (im Hinblick auf die Verfassung der Religionsgemeinschaft) auf eine hinreichende, mitgliedschaftliche Organisation abgestellt. Auch eine gesicherte Finanzausstattung, eine Mindestbestandszeit und die Intensität des religiösen Lebens sind bedeutsame Indikatoren.

Sodann muss die Religionsgemeinschaft, die die Verleihung der Körperschaftsrechte beantragt, *ungeschriebene Voraussetzungen* erfüllen. Die Religionsgemeinschaft muss – im Grundsatz – rechtstreu sein. Dazu zählt auch, dass sie mit ihrem Verhalten die in Art. 79 Abs. 3 GG umschriebenen grundlegenden Verfassungsprinzipien, die dem staatlichen Schutz anvertrauten Grundrechte Dritter sowie die Grundprinzipien des freiheitlichen Religionsverfassungsrechts des Grundgesetzes nicht gefährdet. Dazu zählt die Säkularität des vom Grundgesetz geformten Staates. Eine Religionsgemeinschaft, die eine theokratische Ordnung anstrebt, kann daher nicht Körperschaft des öffentlichen Rechts werden.

---

131 Sie kommen auch im Körperschaftsstatusgesetz des Landes Nordrhein-Westfalen v. 16.9.2014, GV. NRW. S. 604, zum Ausdruck. Vgl. dazu Hartung 2015, 165 ff.

Schließlich darf die Religionsgemeinschaft nicht derart dem *Einfluss ausländischer Stellen* ausgesetzt sein, dass die Ausübung der der entstehenden Körperschaft des öffentlichen Rechts zustehenden hoheitlichen Befugnisse dem inhaltlichen Einfluss aus dem Ausland ausgesetzt erscheint.

5 Probleme für muslimische Gemeinschaften

5.1 Kritische und unbefangene Distanz

Islamische Gemeinschaften treffen in Deutschland auf vielfältige Probleme, wenn sie sich religiös betätigen oder organisieren wollen. Nicht nur die Teilnehmer von Pegida-Demonstrationen in Sachsen und die so genannte „Alternative für Deutschland" hegen Vorbehalte gegen Moscheebauten, Muezzinruf[132] und den Islam insgesamt. Islamkritik, ja Islamfeindlichkeit sind hierzulande weit verbreitet.[133] Dazu haben vielfältige Vorgänge und Vorstellungen geführt, die zum größeren Teil nicht rational erklärbar sind. Sie können durchaus nicht erst seit den Anschlägen vom 11. September 2001 in New York und Washington beobachtet werden. So wurde z. B. schon bei den „Essener Gesprächen zum Thema Staat und Kirche" im Jahre 1985 zum Oberthema „Der Islam in der Bundesrepublik Deutschland" auch ein „Negativbild des Islam" angesprochen und zu erklären versucht.[134] In der politischen Bewertung des Islam, insbesondere seiner orthodoxen Spielarten, war nicht immer eine klare Linie erkennbar. Aber auch die Rechtsprechung lavierte, wie sich besonders deutlich an der Bewertung des Kopftuchs muslimischer Lehrerinnen zeigte: Erklärte das Bundesverfassungsgericht noch 2003, die Bundesländer seien durch die Verfassung nicht gehindert, das Tragen religiöser Symbole in der öffentlichen Schule zu verbieten,[135] kam es im Januar 2015 zum gegenteiligen Ergebnis: Ein pauschales Kopftuchverbot an öffentlichen Schulen verletze die Religionsfreiheit.[136] Ein anderes Beispiel mag der juristische Umgang mit religiös motivierten Wünschen muslimischer Mädchen in der Schule bieten: Im Jahre 1993 hielt das Bundesverwaltungsgericht es noch für unzumutbar, von muslimischen Mädchen

---

132 Dazu schon vor Jahr und Tag: Muckel 1998, S. 1 ff.; erneut abgedruckt in: CIBEDO – Beiträge zum Gespräch zwischen Christen und Muslimen 1999, S. 131 ff.
133 Vgl. nur den Sammelband Thorsten Gerald Schneiders (Hrsg.) 2010.
134 Albrecht 1986, S. 82 (101).
135 BVerfGE 108, 282 = KirchE 44, 166.
136 BVerfGE 138, 296 = NVwZ 2015, 884.

zu verlangen, dass sie am koedukativ erteilten Sportunterricht teilnehmen.[137] Zwei Jahrzehnte später mochte es muslimische Mädchen nicht einmal mehr vom koedukativ erteilten Schwimmunterricht freistellen.[138] Allerdings mag man die Entwicklung der Rechtsprechung zu beiden Fallkonstellationen – zum Kopftuch und zum Sport- bzw. Schwimmunterricht – auch anders deuten: 2015 hat das Bundesverfassungsgericht – mit Recht – erkannt, dass vom Islam, wie er sich in einem Kleidungsstück wie dem Kopftuch äußern kann, keine hinreichende Gefahr für Rechtsgüter Dritter ausgeht. Die bloße abstrakte Gefahr, die der Gesetzgeber von 2003 bei der Schaffung gesetzlicher Kopftuchverbote zugrunde legen durfte, reichte dem Gericht 2015 nicht mehr. Erforderlich sei eine konkrete Gefahr im Einzelfall für den Schulfrieden oder die Neutralität des Staates in der öffentlichen Schule, damit ein Kopftuchverbot – als Eingriff in die Religionsfreiheit der muslimischen Lehrerin – gerechtfertigt sein könne.[139] Darin kommt eine realistischere und unbefangenere Sicht auf den (in Deutschland anzutreffenden) Islam zum Ausdruck als in der früheren Entscheidung von 2003. Sie äußerte sich in einer weiter reichenden Entfaltung der Religionsfreiheit auf Seiten der muslimischen Lehrerin als noch 2003. Umgekehrt führte der praxisnahe Blick auf den Islam in der Schule das Bundesverwaltungsgericht 2013 zu einer Einschränkung der Religionsfreiheit für muslimische Mädchen in der Schule: Wenn zahlreiche Mädchen in Haschema oder Burkini am Schwimmunterricht teilnehmen und auch keine durchgreifenden Hindernisse darin sehen, dass männliche Mitschüler anwesend sind, kann – so offenbar die Wahrnehmung der Rechtsprechung – die Teilnahme am Schwimmunterricht so schlimm nicht sein. Wer sich einer Konfliktentschärfung verweigere, müsse notfalls als Konsequenz hinnehmen, dass er sich nicht länger auf einen Vorrang seiner Rechtsposition berufen darf.[140]

Im *rechtlichen* Umgang mit dem Islam scheint alles in allem inzwischen eine unbefangene Grundhaltung vorzuherrschen. Sie ermöglicht es, die Probleme, die der Islam in rechtlicher Hinsicht hat und mit sich bringt, nüchtern aufzuarbeiten. Das betrifft auch die Verleihung der Körperschaftsrechte an muslimische Gemeinschaften. Dabei ergeben sich – mit Blick auf die oben entfalteten Voraussetzungen – die folgenden Schwierigkeiten.

---

137 BVerwGE 94, 82 (91).
138 BVerwG NVwZ 2014, 81.
139 BVerfGE 138, 296 (340 ff.) = NVwZ 2015, 884 (887 ff.).
140 BVerwG NVwZ 2014, 81 (83 Rn. 18).

5.2 Rechtliche Probleme

5.2.1 Religionsgemeinschaft

Muslimische Dachverbände[141] wie z. B. die Schura Rheinland-Pfalz – Landesverband der Muslime[142], die Schura Niedersachsen – Landesverband der Muslime in Niedersachsen[143], der Verband der Islamischen Kulturzentren Rheinland-Pfalz[144], aber auch DITIB-Landesverbände[145] sind Religionsgemeinschaften im Sinne von GG i. V. m. Art. 137 Abs. 5 Satz 2 WRV. Es sind im einzelnen unterschiedliche Anforderungen dieses Rechtsbegriffs zu beleuchten: So wird sich bei einer Schura stärker als bei einem DITIB-Landesverband die Frage stellen, ob die Unterverbände einen *hinreichenden religiösen Konsens* aufweisen. Immerhin gehören einer Schura mitunter sowohl sunnitische als auch schiitische Unterverbände, insbesondere Gemeinden, an. Das ist jedoch unschädlich. Schon *Gerhard Anschütz*, der die noch heute maßgebliche Definition der „Religionsgemeinschaft" prägte,[146] hat keine völlige Homogenität der religiösen Lehre verlangt. Ausreichend sei, dass sich die Angehörigen verwandter Glaubensbekenntnisse zu einem Verband zusammenschließen. Daher hat das Bundesverwaltungsgericht richtig entschieden, als es – mit Blick auf den Zentralrat der Muslime und den Islamrat für die Bundesrepublik Deutschland – entschied, dass die Verbindung sunnitischer und schiitischer Muslime in einer Religionsgemeinschaft möglich ist.[147]

Die Religionsgemeinschaft muss der „allseitigen Erfüllung" der durch das Bekenntnis gestellten Aufgaben dienen.[148] Das erfordert für Dachverbände, dass sie *nicht überwiegend aus bloß*en religiösen Vereinen bestehen, die religiöse Aufgaben nur partiell oder gar nicht erfüllen und stattdessen etwa Brauchtum oder Heimat-

---

141 Auch Moscheegemeinden können durchaus die Voraussetzungen einer Religionsgemeinschaft erfüllen. Sie werden aber nicht ohne weiteres nachweisen können, dass sie die Gewähr der Dauer bieten. Näher und zu Recht differenzierend Gutknecht 2014, S. 16 f.
142 Satzung der Schura Landesverband der Muslime in Rheinland-Pfalz e. V. vom 24.12.2012.
143 Satzung der SCHURA Niedersachsen. Landesverband der Muslime in Niedersachsen e. V. vom 16.10.2010.
144 Satzung des Landesverbandes der Islamischen Kulturzentren Rheinland-Pfalz e. V. in der Fassung vom 15.6.2014.
145 Genannt seien die Satzung des Vereins Islamische Religionsgemeinschaft DITIB Niedersachsen und Bremen e. V. vom 26.1.2014 und die Satzung des DITIB-Landesverbands Rheinland-Pfalz v. Okt. 2013.
146 O. Fn. 46.
147 BVerwGE 123, 49 (64 f.) = NJW 2005, 2101 (2105).
148 O. nach Fn. 46

verbundenheit pflegen. Demgemäß hat das Bundesverwaltungsgericht verlangt, dass Moscheevereine und ihre regionalen Zusammenschlüsse die Tätigkeit des Dachverbandes und damit seinen Gesamtcharakter prägen. Wenn dagegen andere, auf beruflicher, sozialer, kultureller, wissenschaftlicher oder sonstiger fachlicher Grundlage bestehende Mitgliedsverbände im Dachverband ein Übergewicht haben, geht der Charakter der Gesamtorganisation als Religionsgemeinschaft verloren.[149] Vereine wie ein „Islamisches Bildungswerk e. V.", ein „Muslimischer Sozialbund e. V." oder eine „Muslimische Studenten Organisation e. V." dürfen jedenfalls nicht die prägende Bedeutung in dem jeweiligen Dachverband haben. Zu beachten ist dabei aber, dass mitunter die angeschlossenen Vereine Namen führen, die sie sich vor Jahrzehnten gegeben haben und die demgemäß heute nicht immer das Tätigkeitsfeld korrekt widerspiegeln. Das ist z. B. bei dem Verband der Islamischen Kulturzentren (VIKZ), der selbst nach seinem eigenen Namen insoweit nicht eindeutig ist, offenbar der Fall. Entscheidend ist aber nicht die Bezeichnung. Maßgeblich ist die tatsächliche Tätigkeit der betreffenden Mitgliedsvereine. Wenn sie die Religion umfassend pflegen, kommt es hierauf an, nicht auf einen möglicherweise in eine andere Richtung weisenden Namen.

Zudem muss die Gemeinschaft *identitätsstiftende Aufgaben* wahrnehmen. Allerdings stellt sich diese Frage nur, wenn es darum geht, ob ein Dachverband Religionsgemeinschaft ist. Bei einem vergleichsweise heterogenen Verband, der aus muslimischen Gemeinschaften ganz verschiedener Provenienz besteht (wie dies z. B. bei einer Schura mitunter der Fall ist), mag dieses Erfordernis genauer Prüfung bedürfen. Wenn aber z. B. die religiöse Bildung von Kindern und Jugendlichen, die Einstellung von Imamen und deren Fort- und Weiterbildung und ähnliche Aktivitäten vom Dachverband zentral durchgeführt werden, die den religiösen Charakter des Verbandes prägen, ist auch dieses Erfordernis erfüllt.

Sodann muss die Gemeinschaft über *hinreichend klare mitgliedschaftliche Strukturen* verfügen. Wie dargelegt,[150] weisen muslimische Vereinigungen häufig aus Gründen, die mit ihrer religiösen Identität zu tun haben, keine eindeutigen mitgliedschaftlichen Zuordnungen der Gläubigen auf. Es überrascht daher nicht, wenn sich Vertreter muslimischer Verbände in der Praxis gegenüber der Forderung nach hinreichend klaren mitgliedschaftlichen Strukturen auf ihre grundrechtliche Religionsfreiheit aus Art. 4 Abs. 1 und 2 GG berufen. Das verfängt aber im Zusammenhang mit der Verleihung der Körperschaftsrechte nicht. Denn der Staat greift nicht in grundrechtlich relevanter Weise in die Religionsfreiheit des muslimischen Verbandes oder der zugehörigen Gläubigen ein. Es ist der Verband, der auf den

---

149 BVerwGE 123, 49 (68) = NJW 2005, 2101 (2106).
150 Oben 4.1.3.

Staat zugeht, und zwar mit seinem Antrag auf Verleihung der Körperschaftsrechte. Damit möchte der Verband in den Genuss einer von der Verfassung vorgesehenen staatlichen Förderung der Religionsgemeinschaften kommen. Darauf kann er – selbstverständlich – um seiner religiösen Vorstellungen willen verzichten. Wenn er aber die Verleihung der Körperschaftsrechte beantragt, muss er die Voraussetzungen dafür erfüllen, dass seinem Antrag stattgegeben werden kann. Die Frage mag sich im Zusammenhang mit dem Körperschaftsstatus nicht ganz so scharf stellen wie bei der Einführung von (islamischem) Religionsunterricht gem. Art. 7 Abs. 3 GG. Denn nicht alle hoheitlichen Befugnisse, die die Religionsgemeinschaft ggf. als Körperschaft des öffentlichen Rechts erhält, beziehen sich auf die Gläubigen (z. B. die Organisationsgewalt und das Recht, öffentliche Sachen durch Widmung zu schaffen). Da sich aber ein immerhin wesentlicher Teil der einer Körperschaft des öffentlichen Rechts zustehenden hoheitlichen Befugnisse auf die Gläubigen bezieht (vor allem das Steuererhebungsrecht gem. Art. 140 GG i. V. m. Art. 137 Abs. 6 WRV), muss auch bei einem Antrag auf Verleihung der Körperschaftsrechte eine darauf bezogene hinreichende Klarheit über die Mitglieder der betreffenden Gemeinschaft bestehen.

In der Praxis scheinen die muslimischen Dachverbände insoweit unterschiedlich weit gediehen zu sein. Während manche Verbände offenbar sehr genau wissen, welche Personen zu ihnen gehören,[151] stehen bei anderen die Bemühungen zur Erfassung der Gläubigen noch in den Anfängen. Aber auch solche Vereinigungen sind nicht a priori vom Körperschaftsstatus ausgeschlossen. So kann es sich um Vereinigungen handeln, bei denen zwar nicht die überwiegende Zahl der Gläubigen, die sich ihnen verbunden fühlen, mitgliedschaftlich erfasst ist, aber doch eine signifikante Zahl. Wenn z. B. ein Verband ca. 100.000 Muslime erreicht und ca. 20.000 in Registern mitgliedschaftlich erfasst sind, muss zugestanden werden, dass es sich in diesem Umfang – mit ca. 20.000 Personen – um eine hinreichend strukturierte Religionsgemeinschaft handelt.[152] Die Gefahr, dass gegenüber Personen, die nicht zu diesem, namentlich als Mitglieder erfassten Kreis zählen, hoheitliche Befugnisse ausgeübt werden, erscheint gering. Insbesondere wird es kaum möglich sein, das Steuererhebungsrecht aus Art. 140 GG i. V. m. Art. 137 Abs. 6 WRV gegenüber Gläubigen auszuüben, die in den Registern der Gemeinschaft nicht namentlich erfasst sind.

Die vor Jahrzehnten vielbeschworene Forderung an muslimische Verbände, sie müssten über einen *Ansprechpartner* verfügen, erscheint heute jedenfalls bei

---

151 Einen solchen Eindruck konnte ich z. B. bei einem Besuch des DITIB-Landesverbandes Rheinland-Pfalz im Jahr 2014 gewinnen. Zur AMJ: Gutknecht 2014, S. 25 f.
152 Zurückhaltend Gutknecht 2014, S. 23 f.

den Gemeinschaften, die um die Verleihung der Körperschaftsrechte nachsuchen, ganz unproblematisch.

5.2.2 Gewähr der Dauer

Religionsgemeinschaften, die Körperschaften des öffentlichen Rechts werden möchten, müssen, wie dargelegt,[153] nach ihrer Verfassung und der Zahl ihrer Mitglieder die Gewähr der Dauer bieten. Im Hinblick auf die Zahl ihrer Mitglieder haben muslimische Dachverbände – unter der Voraussetzung, dass hinreichende Zuordnungskriterien bestehen – oftmals keine Probleme, die Gewähr der Dauer nachzuweisen. Bei ihnen dürfte es sich um Verbände handeln, die nach der Vorstellung des 6. Senats des Bundesverwaltungsgerichts schon wegen ihrer „schieren Größe"[154] als beständig angesehen werden können. Im Übrigen könnte bei einzelnen muslimischen Dachverbänden, die sich erst vor weniger als zehn Jahren gebildet haben, fraglich sein, ob sie die Gewähr der Dauer bieten. Zwar kommt es nach der jüngeren Rechtsprechung des Bundesverwaltungsgerichts[155] nicht mehr auf eine bestimmte Bestandsdauer (etwa 30 Jahre) an, die die Gemeinschaft bereits aufzuweisen hat. Doch kann eine bisher zurückgelegte Bestandsdauer von wenigen Jahren gleichwohl problematisch erscheinen. Wenn aber die meisten Mitgliedsverbände des betreffenden Dachverbandes deutlich älter sind und ihr Zusammenschluss zu dem Dachverband gefestigt erscheint, dürfte trotz der geringen Bestandsdauer des Dachverbandes davon auszugehen sein, dass er die Gewähr der Dauer bietet (soweit die übrigen Kriterien – hinreichende Finanzausstattung, Altersstruktur der Mitglieder, soziale Zusammensetzung etc.[156] – erfüllt sind).

5.2.3 Ungeschriebene Verleihungsvoraussetzungen

Es bestehen keine Anhaltspunkte für rechtsuntreues Verhalten von Seiten muslimischer Dachverbände, die als potentielle Antragsteller gem. Art. 140 GG i. V. m. Art. 137 Abs. 5 Satz 2 WRV in Betracht kommen. Auch bekennen sich zahlreiche muslimische Dachverbände schon in ihrer Satzung ausdrücklich zur freiheitlich-demokratischen Grundordnung des Grundgesetzes.[157] Salafistisch oder gar dschihadistisch eingestellte Verbände werden ohnehin nicht die Verleihung der Körperschaftsrechte beantragen.

---

153 Oben 4.2.
154 Dazu o. 4.2 m. Fn. 89 u. 91.
155 Vgl. auch dazu bereits o. 4.2 m. Fn. 89 u. 91.
156 Oben 4.2.
157 Vgl. etwa § 4 Nr. 2 der Satzung der SCHURA Niedersachsen. Landesverband der Muslime in Niedersachsen e. V. vom 16.10.2010. Zum Ganzen auch Gutknecht 2014, S. 22.

5.2.4 Verbindung zu ausländischen Stellen

Die Verbindung zu ausländischen staatlichen Instanzen kann, soweit ersichtlich, problematisch sein bei DITIB-Landesverbänden, die die Körperschaftsrechte beantragen. Dazu kann auf die oben unter 4.4 entfalteten Überlegungen verwiesen werden.

6 Zweitverleihung der Körperschaftsrechte

Schließlich kann bei muslimischen Religionsgemeinschaften, denen in einem einzelnen Bundesland die Körperschaftsrechte verliehen worden sind,[158] die Frage relevant werden, unter welchen näheren Voraussetzungen ihnen auch in anderen Bundesländern die Körperschaftsrechte verliehen werden müssen. Die Antwort auf diese Frage ist lebhaft umstritten. Über lange Jahre herrschte in Rechtsprechung und Literatur die Ansicht vor, jedes Bundesland müsse unabhängig von der früheren Entscheidung eines anderen Bundeslandes die Voraussetzungen für die Verleihung der Körperschaftsrechte umfassend prüfen.[159] Vor allem im Zusammenhang mit Verleihungsverfahren der Religionsgemeinschaft „Zeugen Jehovas" bildete sich eine Gegenmeinung,[160] der zufolge die Verleihung der Körperschaftsrechte in weiteren Bundesländern allenfalls von deklaratorischer Bedeutung sei oder gar nicht mehr vorgenommen werden könne, weil die Erstverleihung sich auf die anderen Bundesländer erstrecke. Inzwischen hat der Streit das Bundesverfassungsgericht erreicht, das in einer Entscheidung aus dem Jahre 2015 zwar noch mehrheitlich der herrschenden Sichtweise folgte,[161] aber mit einer gewichtigen Minderheit von drei Richtern[162] deutlich machte, dass insoweit eine Änderung der Rechtsprechung zumindest nicht ausgeschlossen erscheint. Die komplexe Problematik soll daher hier nicht weiter verfolgt werden.[163]

---

158 Auf den Fall der Ahmadiyya Muslim Jamaat, der in Hessen die Körperschaftsrechte verliehen worden sind, wurde bereits o. unter 1 mit Fn. 12 hingewiesen.
159 Vgl. VG München, ZevKR 29 (1984), S. 628 (639); VG Mainz, ZevKR 57 (2012), S. 318 (319 Rn. 18); v. Campenhausen/de Wall 2006, S. 139; Gutknecht 2014, S. 3.
160 Zacharias 2007, 1257 (1261); Walter/v. Ungern-Sternberg/Lorentz 2012, S. 48 f.
161 BVerfG NVwZ 2015, 1434.
162 Sondervotum Voßkuhle/Hermanns/Müller 2015, S. 1442.
163 Verwiesen sei aber auf meine Überlegungen: Muckel 2015, S. 1426 ff.

7 Schluss

Es erscheint heute durchaus nicht mehr als ausgeschlossen, dass muslimischen Vereinigungen die Körperschaftsrechte verliehen werden.[164] Zumal muslimische Dachverbände werden im Stande sein, die verfassungsrechtlichen Voraussetzungen dafür aus Art. 140 GG i. V. m. Art. 137 Abs. 5 Satz 2 WRV zu erfüllen. Eine unbefangenere Sicht der maßgeblichen Rechtsanwender auf den Islam insgesamt, aber vor allem auf die Muslime und ihre Organisationen in Deutschland, hat den Weg hierzu ebenso bereitet wie verschiedene Entscheidungen oberster Bundesgerichte. Nicht außer Acht gelassen werden darf aber auch, dass Muslime in Deutschland in größerem Maße als früher erkannt haben, dass sie sich den hiesigen rechtlichen Vorgaben unterordnen müssen.[165] Auf dieser Basis können dann Spielräume genutzt werden, die die Rechtsordnung bietet. Die Entscheidung des Bundesverwaltungsgerichts zu muslimischen Dachverbänden als Religionsgemeinschaften[166] zeigt dies deutlich auf. Mit ihr ist die Rechtsprechung den Verbänden weit entgegengekommen. Ein weiteres Mal zeigt sich hier zugleich der kooperative Grundzug des deutschen Religionsverfassungsrechts. Er prägt das Verhältnis von Staat und Religion hierzulande und trägt maßgeblich dazu bei, dass trotz großer Heterogenität das religiöse Leben in Deutschland bislang weitgehend verschont geblieben ist von gewaltsamen Auseinandersetzungen. Der friedlich-schiedliche Ausgleich ist dem deutschen Staatskirchenrecht lieber als die harte Auseinandersetzung.

Literatur

Albrecht, Alfred (1986). Religionspolitische Aufgaben angesichts der Präsenz des Islam in der Bundesrepublik Deutschland. In: Marré/Stüting (Hrsg.), *Essener Gespräche zum Thema Staat und Kirche Bd. 20* (S. 82–115).
Anschütz, Gerhard (1919). *Die Verfassung des Deutschen Reiches vom 11. August 1919*. 14. Aufl.
Boysen, Sigrid (2012). In: v. Münch/Kunig (Hrsg.), *Grundgesetzkommentar*. Bd. I. 6. Aufl.
v. Campenhausen, Axel (1980). Neue Religionen im Abendland. Staatskirchenrechtliche Probleme der Muslime, der Jugendsekten und der sogenannten destruktiven religiösen Gruppen. In *Zeitschrift für evangelisches Kirchenrecht Bd. 25* (S. 135–172).

---

164 Vgl. Gutknecht 2014, S. 33.
165 Vgl. Gutknecht 2014, S. 32, der von einer „Bringschuld" der muslimischen Gemeinschaften im Hinblick auf ihre Selbstorganisation spricht.
166 BVerwGE 123, 49 = NJW 2005, 2101; dazu oben 4.1.1.

v. Campenhausen, Axel/de Wall, Heinrich (2006). *Staatskirchenrecht.* 4. Aufl.
Classen, Claus Dieter (2015). *Religionsrecht.* 2. Aufl.
Ellenberger, Jürgen (2016). In: Palandt, *Bürgerliches Gesetzbuch.* 75. Aufl.
Gutknecht, Sven (2014). Öffentlich-rechtlicher Körperschaftsstatus und der organisierte *Islam. Verleihungsvoraussetzungen.* Göttinger E-Papers zu Religion und Recht Nr. 8
Hartung, Klaus (2015). Gesetz zur Regelung der Verleihung von Körperschaftsrechten an Religions- und Weltanschauungsgemeinschaften (Körperschaftsstatusgesetz). In *Zeitschrift für evangelisches Kirchenrecht* Bd. 60 (S. 165–175)
Heinig, Hans Michael (2003). Öffentlich-rechtliche Religionsgesellschaften.
Hillgruber, Christian (2011). Islamische Gemeinschaften als Körperschaften des öffentlichen Rechts? – Voraussetzungen und (Rechts-)Folgen. In *Kirche und Recht* (S. 225–247).
Hillgruber, Christian (2007). Der öffentlich-rechtliche Körperschaftsstatus nach Art. 137 Abs. 5 WRV. In Heinig/Walter (Hrsg.), *Staatskirchenrecht oder Religionsverfassungsrecht* (S. 213–227).
Hillgruber, Christian (1999). Der deutsche Kulturstaat und der muslimische Kulturimport. Die Antwort des Grundgesetzes auf eine religiöse Herausforderung. In *Juristenzeitung* (S. 538–547).
Huxdorff, Nina (2013). *Rechtsfragen der Erst- und Zweitverleihung des öffentlich-rechtlichen Körperschaftsstatus an Religionsgemeinschaften.*
Klinkhammer, Gritt/de Wall, Heinrich (2012). *Staatsvertrag mit Muslimen in Hamburg: Die rechts- und religionswissenschaftlichen Gutachten.*
Korioth, Stefan (1997). Islamischer Religionsunterricht und Art. 7 III GG. Zu den Voraussetzungen religiöser Vielfalt in der öffentlichen Pflichtschule. In *Neue Zeitschrift für Verwaltungsrecht* (S. 1041–1049).
Korioth, Stefan (2003). In Maunz/Dürig, *Grundgesetz Kommentar* (Stand: Februar 2003).
Kuntze, Johannes (2016), Selbstverschuldet Mitglied in einer Religionsgemeinschaft? Anmerkungen zu BVerfG (1. Kammer, Zweiter Senat), Beschluss vom 17.12.2014, Az.: 2 BvR 278/11. In *Zeitschrift für evangelisches Kirchenrecht* (S. 86–96)
Link, Christoph (1998). Zeugen Jehovas und Körperschaftsstatus. In *Zeitschrift für evangelisches Kirchenrecht* Bd. 43 (S. 1–54).
Löhnig, Martin/Preisner, Mareike (2013). Anmerkung zu BVerwG, Urteil vom 28.11.2012 – 6 C 8.12. In *Neue Zeitschrift für Verwaltungsrecht* (S. 945–946).
Loschelder, Wolfgang (1986). Der Islam und die religionsrechtliche Ordnung des Grundgesetzes. In Marré/Stüting (Hrsg.), *Essener Gespräche zum Thema Staat und Kirche Bd. 20* (S. 149–173).
Magen, Stefan (2004). *Körperschaftsstatus und Religionsfreiheit.*
Muckel, Stefan (2015). Die Zweitverleihung der Körperschaftsrechte an Religionsgemeinschaften – immer noch umstritten. In *Neue Zeitschrift für Verwaltungsrecht* (S. 1426–1430).
Muckel, Stefan (2011). In Friauf/Höfling (Hrsg.), *Berliner Kommentar zum Grundgesetz.* Stand 34. Lieferung.
Muckel, Stefan (2004). Wann ist eine Gemeinschaft Religionsgemeinschaft? Überlegungen zum Begriff der Religionsgemeinschaft im Sinne von Art. 7 Abs. 3 GG unter besonderer Berücksichtigung muslimischer Dachverbände. In Rees (Hrsg.), *Recht in Kirche und Staat. Joseph Listl zum 75. Geburtstag* (S. 715–742).
Muckel, Stefan (2001). Körperschaftsrechte für die Zeugen Jehovas? In *JURA* (S. 456–465).
Muckel, Stefan (2001). Islamischer Religionsunterricht und Islamkunde an öffentlichen Schulen in Deutschland. In *Juristenzeitung* (S. 58–64).

Muckel, Stefan (2001). Auf dem Weg zu einem grundrechtlich geprägten Staatskirchenrecht? Anmerkungen zum Zeugen-Jehovas-Urteil des Bundesverfassungsgerichts. In *Stimmen der Zeit* (S. 463–479).

Muckel, Stefan (1999). Religionsgemeinschaften als Körperschaften des öffentlichen Rechts. In *Der Staat Bd. 38* (S. 569–593).

Muckel, Stefan (1998). Streit um den muslimischen Gebetsruf. Der Ruf des Muezzin im Spannungsfeld von Religionsfreiheit und einfachem Recht. In *Nordrhein-Westfälische Verwaltungsblätter* (S. 1–6).

Muckel, Stefan (1995). Muslimische Gemeinschaften als Körperschaften des öffentlichen Rechts. In *Die Öffentliche Verwaltung* (S. 311–317).

Schmid, Jürgen (2012). *Religiöse Kindererziehungs-Gesetz*. Nomos-Kommentar. 1. Auflage.

Schmidt, Rolf (2015). *Allgemeines Verwaltungsrecht*. 18. Aufl.

Schneiders, Thorsten Gerald (Hrsg.) (2010). *Islamfeindlichkeit. Wenn die Grenzen der Kritik verschwimmen*. 2. Aufl.

Smend, Rudolf (1951). Staat und Kirche nach dem Bonner Grundgesetz. In *Zeitschrift für evangelisches Kirchenrecht Bd. 1* (S. 4–14).

Smets, Christoph (2011). Islamische Religionsgesellschaften und öffentlicher Körperschaftsstatus – Rechtslage, Probleme, Perspektive. In *Bonner Rechtsjournal* (S. 139–148).

Starck, Christian (1986). Diskussionsbeitrag. In Marré/Stüting (Hrsg.), *Essener Gespräche zum Thema Staat und Kirche Bd. 20* (S. 138).

Steinbach, Udo (1989). Der Islam – Religion ohne Kirche. In Abromeit/Wewer (Hrsg.), *Die Kirchen und die Politik* (S. 109–122).

Stern, Klaus (2011). *Das Staatsrecht der Bundesrepublik Deutschland*, Bd. IV/1 sowie Bd. IV/2: Die einzelnen Grundrechte.

Thiel, Markus (2014). In Sachs (Hrsg.), *Kommentar zum Grundgesetz*. 7. Aufl.

Uhle, Arnd (2007). Ein „rätselhafter Ehrentitel"? In Depenheuer u. a. (Hrsg.), *Staat im Wort. Festschrift f. Isensee* (S. 1033–1058).

Unruh, Peter (2015). *Religionsverfassungsrecht*. 3. Aufl.

Voßkuhle, Andreas/Hermanns, Monika/Müller, Peter (2015). Abweichende Meinung des Richters Voßkuhle, der Richterin Hermanns und des Richters Müller zum Beschluss des Zweiten Senats vom 30.6.2015 – 2 BvR 1282/11. In *Neue Zeitschrift für Verwaltungsrecht* (S. 1442–1444).

de Wall, Heinrich/Muckel, Stefan (2014). *Kirchenrecht*. 4. Aufl.

Walter, Christian/v. Ungern-Sternberg, Antje/Lorentz, Stephan (2012). Die „Zweitverleihung" des Körperschaftsstatus an Religionsgemeinschaften.

Weber, Hermann (2007). Der öffentlich-rechtliche Körperschaftsstatus der Religionsgemeinschaften nach Art. 137 Abs. 5 WRV. In Heinig/Walter (Hrsg.), *Staatskirchenrecht oder Religionsverfassungsrecht?* (S. 229–247).

Weber, Hermann (1989). Die Verleihung der Körperschaftsrechte an Religionsgemeinschaften. In *Zeitschrift für evangelisches Kirchenrecht Bd. 34* (S. 337–382).

Yasar, Aysun (2012). *Die DITIB zwischen der Türkei und Deutschland. Untersuchungen zur Türkisch-Islamischen Union der Anstalt für Religion e. V.*

Zacharias, Diana (2007). Zur Zweitverleihung der Körperschaftsrechte an Religionsgemeinschaften. In *Neue Zeitschrift für Verwaltungsrecht* (S. 1257–1262).

Deutsche Religionspolitik im Kontext des Islam
Ursachen und Auswirkungen der Re-Formation von Religionspolitik als Integrationspolitik

Sven W. Speer

Innerhalb weniger Jahrzehnte ist die Zahl der Muslime in Deutschland auf vier Millionen und damit auf rund fünf Prozent der Bevölkerung angewachsen (Haug et al. 2009, S. 80). Sie bilden die größte religiöse Gruppe nach den Mitgliedern der römisch-katholischen Kirche und der evangelischen Landeskirchen – wenn auch mit deutlichem Abstand. Welche Auswirkung hat diese Präsenz des Islam in Deutschland auf die Religionspolitik?

Rauf Ceylan (2014, S. 131) sieht in den Muslimen die „neuen Katholiken". In den USA hat das Erstarken der Katholiken im 19. Jahrhundert zu einer strikteren Trennung von Staat und Religion geführt (Lacorne 2011, S. 76ff.). Dies könnte auch in Deutschland eine mögliche Entwicklung sein. Eine andere Hypothese lässt sich aus der Theorie Anthony Gills (2008, S. 54) ableiten: Wenn eine Gesellschaft religiös-pluralistisch und in ihr keine Tradition dominant ist, sei das Verhältnis von Staat und Religion weniger restriktiv. Vorstellbar ist auch, dass die Entwicklung nicht zu einer Gleichbehandlung aller Religionen und Weltanschauungen führt, sondern die Ungleichbehandlung anhält: Richard Traunmüller (2014, S. 171) stellt die These auf, dass eine einseitige Beschränkung der Muslime bei Beibehaltung der Privilegien der etablierten Religionsgemeinschaften und/oder „religionspolitische Zugeständnisse gegen ‚Sicherheitsgarantien'", die Folge sein können.

Welche dieser Hypothesen die Auswirkungen des Islam auf die deutsche Religionspolitik am besten beschreibt, werde ich in fünf Schritten ergründen. Zuerst gehe ich der Frage nach, ob die Präsenz des Islam die „Zeit der arkadischen Stille" (Zander 1998, S. 584) beendet hat und deutsche Religionspolitik von der ursprünglichen Idee her im Kern ‚Islampolitik' ist (Liedhegener 2014a, S. 185f.). Anschließend untersuche ich die religionspolitischen Entscheidungen von Regierungen und Parlamenten in den Jahren 1990 bis 2016 dahingehend, welche Religions- und Weltanschauungsgemeinschaften jeweils unterstützend und welche einschränkend von ihnen betroffen waren. Die zutage tretenden Asymmetrien werde ich im dritten Schritt mit der

Stärke der Religions- und Weltanschauungsgemeinschaften sowie ihrer politischen Gegner erklären. Die Kräfteverhältnisse führen dazu, dass Islampolitik vor allem als Integrationspolitik verstanden wird. Woran sich dies ablesen lässt und warum diese (auch im Hinblick auf das Ziel Integration) wenig zielführend, zeige ich im vierten Kapitel. Im abschließenden fünften Kapitel widme ich mich dem ebenso verzweifelten wie zweifelhaften Bemühen des deutschen Staates, eine einheitliche Vertretung aller Muslime in Deutschland zu schaffen.

1 Re-Formation von Religionspolitik als Politikfeld aufgrund des Islam?

Ist die neue Religionspolitik im Kern Islampolitik? Diese These stellt Antonius Liedhegener (2014a, S. 205f.) auf und verwirft sie für Deutschland und die Schweiz. Dieser Frage gehe ich ebenfalls nach, indem ich in diesem Kapitel die Entwicklung nachzeichne, ab wann und in welchem Zusammenhang Religionspolitik in Deutschland als Begriff auftaucht. Das konkrete religionspolitische Handeln untersuche ich dann im nächsten Kapitel.

Der Begriff ‚Religionspolitik' ist in der deutschen Forschung schon lange gebräuchlich, nicht aber in Bezug auf das Verhältnis von Staat und Religion in der Bundesrepublik.[1] In „der alten Bundesrepublik war bereits der Begriff ‚Religi-

---

1 ‚Religionspolitik' findet sich entweder im Titel oder im Untertitel zahlreicher wissenschaftlicher Arbeiten vor 2001. Für die Antike wird der Begriff der Religionspolitik wie selbstverständlich gebraucht (so Knecht 1896; Şesan 1911; Enßlin 1953; Stockmeier 1959; Schoenebeck 1962; Diesner 1967; Schachermeyr 1968; Frey 1989; Smarczyk 1990; Selinger 1994; Keil 1995; Colpe 1996; Alvarez Cineira 1999). Dies gilt insbesondere für die Unterdrückung der Christen im Imperium Romanum, aber auch für andere politische Gemeinwesen und nicht zuletzt auch für die Politik Konstantins des Großen, der die heute dominierende Strömung innerhalb des Christentums politisch massiv unterstützte. Für die Untersuchung des Mittelalters verschwindet der Begriff der Religionspolitik, an dessen Stelle die weltliche und die geistliche Gewalt mehr oder minder gleichberechtigt, auf jeden Fall aber konfliktträchtig, treten (mit Ausnahme von Mordek und Glatthaar 1993). Erst in der Frühen Neuzeit, mit Kaiser Karl V. als Wendepunkt wird wieder von Religionspolitik gesprochen, die den direkten Einfluss auf die religiös-konfessionelle Zugehörigkeit der Bevölkerung zum Ziel hat (Obál 1910; Schubert 1910; Ludolphy 1965; Stoesser 1965; Turtur und Bühler 1969; Rabe 1971; Ruhbach 1973; Beyreuther 1975; Köhler 1975; Bäumer 1983; Herrmann 1985; Schmidt 1986; Wallmann 1995; Lehmann 1999; Lottes 1999; Hasse 2000). Auch im Bereich von Kolonialverwaltung und imperialistischer Kulturmission (einschließlich zeitgenössischer Außenpolitik) spielt Religionspolitik als Begriff eine – wenn auch kleine – Rolle (Harding 1972; Witz

onspolitik' tabu, weil er vielen als Angriff der Politik auf die schiedlich-friedliche Verteilung der Aufgaben zwischen Staat und Kirche erschien", schreibt der Theologe Rolf Schieder (2007, S. 17).[2] Mittlerweile ist ‚Religionspolitik' hingegen ein etablierter Begriff. Wie selbstverständlich sprechen selbst christliche Medien von „religionspolitischen Sprechern" der Bundestagsfraktionen.[3] Wie ist es dazu gekommen?

Die Zeit, in der das Verhältnis von Staat und Religion weitgehend entpolitisiert war, war in Deutschland kürzer, als gemeinhin angenommen wird. In der Nachkriegszeit war das Verhältnis von Staat und Kirche in den Beratungen aller Länderverfassungen und des Grundgesetzes hoch umstritten (Ellwein 1956; Pfetsch 1990; Spotts 1976). In den 1950er und 60er Jahren tobte die Auseinandersetzung um Bekenntnisschulen und Gemeinschaftsschulen (Willems 2001b, S. 146ff.). Erst danach wuchs dem Bundesverfassungsgericht „eine erhebliche Rolle bei der Ausgestaltung des Religions(verfassungs-)rechtes" zu (Willems 2001b, S. 151). Verbunden auch mit dem Abschluss der „kirchenrechtliche[n] Grundlagendiskussion" und der Ausbildung einer „geschlossene[n] Gesellschaft" im Staatskirchenrecht, „deren Grundkonsens in der Zugehörigkeit zu einer der beiden großen Konfessionen sowie in der prinzipiellen Bejahung der in Jahrzehnten entwickelten staatskirchenrechtlichen Ordnung besteht" (Stolleis 1996, S. 436f.), waren in der Folge grundlegende Reformen der Religionspolitik lange Zeit politisch nicht möglich. Ulrich Willems (2004, S. 308) spricht zudem von einem „religionspolitische[n] Konsens der politischen Eliten", der gemeinsam mit „de[m] hohe[n] Grad der Verrechtlichung" dazu

---

1985; Li 1998). Einen weiteren Schwerpunkt bei der Verwendung des Begriffs bilden die autoritären und totalitären Regime seit dem ausgehenden 19. Jahrhundert: Russland und die Sowjetunion (Kischkowsky 1957; Stupperich 1957; Sundgren 1978; Bociurkiw 1986; Braun et al. 1985; Borcke 1986; Hotz 1986; Roth 1990; Koslowski und Michels 1999), das nationalsozialistische Deutschland (Buchhorn 1991; Siegele-Wenschkewitz 1974; Wojciechowski 1999) und die DDR (Kaiser 1999). Die pejorative Aufladung des Begriffs lässt sich daran ablesen, dass der Begriff Religionspolitik für das laizistische Frankreich (Krosigk 2000) und die, Staat und Kirche im Grundsatz trennende Weimarer Republik (Radbruch 1993); Thierfelder 1999), sehr wohl genutzt wurde. Für den islamischen Raum wird der Begriff über alle Epochen und politischen Gemeinwesen hinweg verwendet (Glassen 1981; Knüppel 1996; Böttcher 1998).

2   Die deutsche Politikwissenschaft hat sich ebenfalls lange und wenn überhaupt nur am Rande mit religionspolitischen Fragen beschäftigt (hierzu Abromeit und Wewer (1989); Willems (2001c))

3   Bspw.: http://www.pro-medienmagazin.de/politik/detailansicht/aktuell/griese-bleibt-beauftragte-fuer-kirchen-87628/. Zugegriffen: 20. April 2016.
https://www.herder-korrespondenz.de/heftarchiv/68-jahrgang-2014/heft-3-2014/bundestag-fraktionen-haben-ihre-kirchen--beziehungsweise-religionspolitischen-sprecher-benannt. Zugegriffen: 20. April 2016.

geführt habe, „dass religionspolitische Konflikte nicht länger politisch, sondern (verfassungs-)rechtlich ausgetragen wurden und werden".

Womöglich als Erster hat Göttrik Wewer den Begriff Religionspolitik 1989 für die Bundesrepublik benutzt – auffälligerweise in Anführungszeichen. Er schildet, dass der Staat und die beiden großen Kirchen darüber berieten, „ob die außergewöhnlichen Gestaltungsfreiräume und die ihnen selbst gewährten Privilegien tatsächlich auf die religiöse ‚Konkurrenz' übertragen werden dürften oder man sie wegen schädlicher Auswirkungen und politischer Risiken nicht eher durch eine entsprechende ‚Religionspolitik' bekämpfen müsse." (Wewer 1989, S. 49f.) Als Konkurrenz nennt er den „Islam in einer westlichen Gesellschaft mit christlichen Traditionen" sowie die „Gefährdung von Mitmenschen durch ‚Psychogruppen' und ‚destruktive Kulte'„ (Wewer 1989, S. 49). Helmut Zander *fordert* knapp zehn Jahre später ein aktiveres Eingreifen der Politik und überschreibt seinen Beitrag mit „Religionspolitik!". Als Gründe dafür nennt er die beiden bereits von Göttrik Wewer identifizierten Phänomene: „Sogenannte Sekten" und den „Islam". Für die ‚Sekten' relativiert er, man werde sie „nicht apokalyptisch überzeichnen" und „ob die ‚Sekten' wirklich boomen, muß sich erst noch zeigen" (Zander 1998, S. 587).

Trotz der ersten Ansätze zur Re-Formation von Religionspolitik als Konzept führte die damalige Bundesjustizministerin Brigitte Zypries (2000, S. 57) auf einer Tagung zu deren Titel aus: „Ich will ihnen nicht verhehlen, dass mich die Wortwahl des Themas überrascht hat. ‚Religionspolitik oder religionspolitisches Konzept' – das ist in unserem Land eine eher ungebräuchliche Formulierung. […] Religionspolitik – das klingt nach der dirigistischen Politik, die undemokratische Staaten gegenüber Religionsgemeinschaften verfolgen, indem sie sie für ihre Zwecke beobachten und instrumentalisieren." Zypries drückt damit eine Haltung der Politik aus, die sich auch in der Wissenschaft lange Zeit gehalten hat. Der Historiker Anselm Doering-Manteuffel (1999, S. 261) fasste sie in die Worte: „Als zeithistorische analytische Kategorie deckt ‚Religionspolitik' auf subtile Weise den Kontrast zwischen dem Handeln in der offenen Gesellschaft der parlamentarischen Demokratie und in der diktatorisch durchherrschten Gesellschaft eines Einparteiensystems mit totalitärem Anspruch auf".

Bereits drei Jahre später erhält der Begriff ‚Religionspolitik' jedoch zum ersten Mal Eingang in ein Wahlprogramm, das der FDP zur Bundestagswahl 2002, wie Anna Elisabet Liebl (2014, S. 20) beobachtet. Zu den konkreten neuen religionspolitischen Forderungen in den Wahlprogrammen gehört in der Regel die Einführung eines islamischen Religionsunterrichts. Bei der FDP erscheint diese Forderung bezeichnenderweise nicht im Abschnitt zur Religionspolitik, sondern in dem zur Integration: „Islamischer Religionsunterricht kann einen wesentlichen Beitrag zur Integration der ausländischen Muslime leisten." (FDP 2002, S. 65) CDU und CSU führen in ihrem Wahlprogramm dieses Jahres zwar nicht den Terminus ‚Religionspolitik' ein, aber fordern im Bereich „Integration fordern und fördern" ebenfalls die Einrichtung eines „deutschsprachigen islamische[n] Unterrichtsangebots" (CDU und CS. 2002, S. 63). 2005 greift die SPD den islamischen Religionsunterricht in ihrem Wahlprogramm auf (Liebl 2014, S. 84). Im Jahr 2005 schließlich wird der Begriff Religionspolitik Antonius Liedhegener (2014b, S. 128) zufolge erstmalig von einer staatlichen Stelle in einer Veröffentlichung genutzt. Sie trägt den Titel ‚Muslime in Baden-Württemberg'. Innerhalb weniger Jahre hat sich der Begriff ‚Religionspolitik' vom Tabu zur Beschreibung eines legitimen Politikfelds entwickelt.

Neben dem Islam wird das grundsätzliche Verhältnis von Staat und Religion häufiger politisch behandelt. Antonius Liedhegener (2014b, S. 127) beschreibt die Entwicklung wie folgt: „Neben das bestehende (verfassungs)rechtliche Arrangement tritt die Idee und der Anspruch, politisches und staatliches Handeln müsse den gesellschaftlichen Ort und rechtlichen Status von Religion bzw. Religionsgemeinschaften als eine eigene Gestaltungsaufgabe wahrnehmen und entsprechend handeln." Darauf deuten auch die Befunde von Anna Elisabet Liebl (2014, S. 257ff.) hin. Sie hat gezählt, wie häufig die Begriffe ‚Kirche' und ‚Religion' sowie verwandte Begriffe in den Grundsatzprogrammen der Parteien vorkommen. Für alle untersuchten Parteien gilt – nämlich CDU, CSU, SPD, FDP, Grüne, Linkspartei – dass die genannten Begriffe im jeweils aktuellen Grundsatzprogramm häufiger verwendet werden als jemals zuvor in der Nachkriegszeit. 1978 hatte das Ludwigshafener Programm der CDU fünf Fundstellen, das Grundsatzprogramm von 1994 hat hingegen 20 und das von 2007 sogar 23. Bei der CSU erhöht sich der Wert von zwei in 1968 und neun in 1993 auf 24 im Jahr 2007. Das Godesberger Programm der SPD kannte 1959 fünf Fundstellen, 1998 waren es 14, 2007 dann 15. Bei der FDP steigt er gar von keiner einzigen Nennung 1985 auf 18 im Jahr 2012. Die Grünen verwenden die Begriffe 1980 in ihrem Grundsatzprogramm nicht, 1993 nur dreimal in der Einleitung und 2002 schließlich 17-mal. 1990 hatte das Programm der PDS acht Fundstellen, das der Linkspartei 2011 hingegen 17.

Auch im aktuellen Koalitionsvertrag von CDU, CSU und SPD finden sich mehr Ausführungen zur Religionspolitik als in den Koalitionsverträgen zuvor. Antonius Liedhegener (2014b, S. 123ff.) zufolge enthalten die verwendeten Formulierungen zwar „nur Bekanntes und Praktiziertes", aber das „Novum liegt freilich in der Tatsache, dass es diesen Abschnitt überhaupt gibt". Er verweist darauf, „dass gerade mit den bestätigenden Aussagen zum Status der Kirchen implizit die Botschaft mitgeteilt wird, dass es prinzipiell in der Möglichkeit der Politik liegt, das Verhältnis von Staat und Religionsgemeinschaften zu gestalten – und das heißt, es gegebenenfalls neu und ganz anders als bislang zu bestimmen".

Womit lässt sich die begriffliche und programmatische Re-Formation von Religionspolitik erklären? Welche religiösen oder weltanschaulichen Gruppen kommen als Auslöser infrage? Die intensive politische Problematisierung neuer religiöser Bewegungen (,Jugendreligionen' usw.) findet bald nach ihrem Höhepunkt ein Ende. Der Endbericht der vom Bundestag eingesetzten Enquete-Kommission ,Sogenannte Sekten und Psychogruppen' kam im Jahr 1998 zu dem Schluss: „Zum gegenwärtigen Zeitpunkt stellen gesamtgesellschaftlich gesehen die neuen religiösen und ideologischen Gemeinschaften und Psychogruppen keine Gefahr dar für Staat und Gesellschaft oder für gesellschaftlich relevante Bereiche." (Deutscher Bundestag 1998, S. 149). Mit dieser Feststellung wurde die vermeintliche Sektengefahr deutlich qualifiziert und relativiert (Willms 2012, S. 322).

Die größte religionsdemographische Umwälzung spielt ebenfalls keine herausragende Rolle. Im Zuge der Wiedervereinigung und der zunehmenden Säkularisierung in Westdeutschland war der Anteil der Konfessionslosen in der Bevölkerung der Bundesrepublik innerhalb weniger Jahre von etwa 15,5 auf 31,0 Prozent angestiegen (fowid 2005, S. 4). Dieser rasche Anstieg hat indes für eine „– wohl nur temporäre – Irritation gesorgt", wie Michael Stolleis (1996, S. 436f.) für das deutsche Staatskirchenrecht resümiert. Auch Ulrich Willems (2001b, S. 157, 2004, S. 308) und Antonius Liedhegener (2014b, S. 125) sehen keine großen Neuerungen im Verhältnis von Staat und Religion nach der Wiedervereinigung.

In der Rückschau lässt sich erkennen, dass für die konzeptionelle Re-Formation von Religionspolitik als Politikfeld der Islam neben den sogenannten ,Sekten' eine bedeutendere Rolle gespielt hat als das zahlenmäßig weit größere Phänomen der Konfessionslosen. Helmut Zander (1998, S. 588) hat das bereits früh erkannt: „Unter der tagesaktuellen Integrationsproblematik liegen [...] Fragen der religiösen Tiefengrammatik des Islam." Gleichwohl wird mittlerweile auch das Verhältnis von Staat und Religion in seiner Gesamtheit intensiver politisch diskutiert als lange Jahre zuvor. Daher stellt sich die Frage, welche Religionen und Weltanschauungen konkret von den Auswirkungen von Religionspolitik, also der politischen Entscheidungen in Bezug auf Religion, fördernd oder einschränkend betroffen sind. Dieser Frage widmet sich das folgende Kapitel.

2 Höhere Neutralität des Staates aufgrund von Pluralisierung und Politisierung?

Das Verhältnis von Staat, Religion und Weltanschauung lässt sich Ulrich Willems (2005, S. 161) folgend als „viergestufte[.] Parität" zwischen „altkorporierten, den übrigen korporierten", den „nicht-korporierten Religionsgesellschaften" sowie denjenigen „religiösen und weltanschaulichen Überzeugungen, die keinen organisatorischen Ausdruck finden können oder wollen", charakterisieren. Dass eine derartige Ungleichbehandlung durch politische Regulierung von Religion abnehme, wenn etliche religiöse Gemeinschaften miteinander konkurrierten und keine von ihnen die Gesellschaft dominiere, hat Anthony Gill (2008, S. 54) als These formuliert. Ein freies Spiel der Kräfte führe dazu, dass sowohl Religionsgemeinschaften als auch Politiker kein Interesse daran hätten, Religionen unterschiedlich zu behandeln. Diese These ähnelt dem Gedanken James Madisons (oder Alexander Hamiltons) in den Federalist Papers[4] (vgl. Lacorne 2011, S. 20).

Eine religiös-weltanschauliche Pluralisierung ist in Deutschland seit Langem zu beobachten. 1925 ergab der Zensus, dass im Deutschen Reich 63,26 % der Bevölkerung Mitglied der evangelischen Landeskirchen waren und 32,26 % Mitglied der römisch-katholischen Kirche. Konfessionslose waren mit 1,83 % kaum vertreten. Unterhalb dieser landeskirchlichen Dominanz mit starker römisch-katholischer Minderheit gab es bereits damals eine Vielfalt von Religionsgemeinschaften, von denen aber keine den Anteil von 1 % in der Bevölkerung überschritt: Juden, Neuapostolische, Baptisten, Methodisten, Adventisten, Mennoniten, Reformierte Freikirchen, Altkatholiken, Orthodoxe, Freireligiöse u. a. (Henkel 2001, S. 29). 1950 waren 50,6 % der Bevölkerung Mitglied der evangelischen Landeskirchen und 45,8 % der römisch-katholischen Kirche (fowid 2009, S. 1). Die Dominanz dieser mitunter „Volkskirchen" genannten Gemeinschaften hielt bis zum Ende der 1980er Jahre an (Willems 2001a, S. 86).

Heute ist die Vielfalt weitaus breiter: Die evangelischen Landeskirchen umfassen genau wie die römisch-katholische Kirche knapp 30 % der Bevölkerung als Mitglieder und 34 % der Bevölkerung gehören keiner Konfession an. Muslime stellen je nach Zählung 2 bis 4 % der Bevölkerung, Orthodoxe 1,3 %, Freikirchen 0,9 %, Juden lediglich noch 0,1 % (fowid 2014a). Damit hat keine religiöse Tradition eine Mehrheit in der Bevölkerung, genauso wenig aber die Konfessionslosen. Allerdings ist in denjenigen religionspolitischen Fragen, die aufgrund ihrer Kultushoheit auf Ebene der Länder entschieden werden, die jeweilige regionale Bevölkerungszusammensetzung zu berücksichtigen. Absolute Mehrheiten für eine Religions- oder Weltanschauungsgemeinschaften gibt es aber auch dort nur noch in Schleswig-Holstein und Niedersachsen für die evangelischen Landeskirchen sowie in Bayern und dem Saarland für die römisch-katholische Kirche (fowid 2014b).

Trifft die Gill-Madison-These auf Deutschland zu, müsste sich eine Öffnung des Verhältnisses von Staat und Religion jenseits gerichtlicher Entscheidungen beobachten lassen. Aufschluss darüber gibt eine Analyse religionspolitischer Ent-

---

4 https://www.congress.gov/resources/display/content/The+Federalist+Papers, Federalist No. 51. Zugegriffen: 20. April 2016.

scheidungen seit 1990. Als Grundlage dafür verwende ich die Zusammenstellung von Antonius Liedhegener (2014a, S. 189ff.), wobei ich die Gerichtsentscheidungen außen vor lasse und weitere politische Entscheidungen hinzufüge (Tabelle 1). Einen Anspruch auf Vollständigkeit erhebt meine Darstellung nicht, da bei wenig umstrittenen und zugleich kleinen Religions- und Weltanschauungsgemeinschaften das religionspolitische Handeln oft weder in der Öffentlichkeit noch in der Politikwissenschaft auf Resonanz stößt.

Tab. 1 Religionspolitische Entscheidungen 1990 bis 2016

Jahr	Politische Entscheidung	Auswirkung auf jeweilige Religion
1992–1994	Ablehnung der Streichung des Gottesbezugs in der Präambel, Bundestag	unterstützend
1992–1993	Aufnahme des Gottesbezugs und zahlreicher religions- und kirchenförderlicher Artikel in ostdeutsche Landesverfassungen	unterstützend
1992/ 1996–2002	Einführung Lebensgestaltung – Ethik – Religionskunde in Brandenburg als Pflichtfach anstelle des Religionsunterrichts, nach Verfahren am Bundesverfassungsgericht (ohne Entscheidung) Wahlfreiheit[5]	einschränkend, später weitgehend relativiert
1993	Ablehnung der Verleihung des Körperschaftsstatus an Jehovas Zeugen, Senat Berlin	einschränkend, vom BVerfG aufgehoben
1993–1998	Ablehnung der Einführung islamischen Religionsunterrichts, Landesregierung Nordrhein-Westfalen; nach Gerichtsentscheidung Einigung auf politische Lösung[6]	einschränkend, vom BVerwG aufgehoben[7]
1993–2009	Abschluss von Staatskirchenverträgen und Konkordaten in zahlreichen ost- und westdeutschen Ländern mit katholischer Kirche, evangelischen Landeskirchen, jüdischen Religionsgemeinschaften, Landesregierungen und Landesparlamenten	unterstützend
1994	Einfügung des Gottesbezugs in die Präambel der Niedersächsischen Verfassung[8], Landtag Niedersachsen	unterstützend
1995	Gesetzliche Garantie des Kruzifixes in bayerischen Schulen nach Kruzifixentscheidung des Bundesverfassungsgerichts, Landtag Bayern	unterstützend, widerspricht BVerfG
1996	Einrichtung der Enquete-Kommission ‚Sogenannte Sekten und Psychogruppen', Deutscher Bundestag	einschränkend
1998	Einführung des orthodoxen Religionsunterrichts, Landtag Niedersachsen	unterstützend
2001	Aufhebung des Religionsprivilegs im Vereinsrecht zur Terrorabwehr, Bundestag	einschränkend

---

5 Thielking (2005, S. 229ff.).
6 Azzaoui (2011, S. 255f.).
7 http://www.bverwg.de/entscheidungen/entscheidung.php?ent=230205U6C2.04.0. Zugegriffen: 20. April 2016.
8 Ipsen (2011, S. 125).

2002–2006	„Kopftuchverbot", Landtage von Baden-Württemberg, Niedersachsen, Saarland, Hessen, Bayern, Berlin, Bremen, Nordrhein-Westfalen	einschränkend, vom BVerfG aufgehoben
2003	Abschluss eines Staatsvertrags mit dem Zentralrat der Juden in Deutschland, Bundesregierung, Bundestag	unterstützend
2003–2004	Eintreten für Gottesbezug in der EU-Verfassung, Bundesregierung	unterstützend
2006	Einberufung der Deutschen Islam Konferenz, Bundesregierung	umstritten
2007	Ablehnung der Einführung humanistischer Lebenskunde analog zum Religionsunterricht, Landesregierung Nordrhein-Westfalen	einschränkend, von OVG Münster bestätigt
2008	Ausdehnung der Kirchensteuer auf die Kapitalertragssteuer, Bundestag	unterstützend
2009–2011	Ablehnung der Verleihung des Körperschaftsstatus an Jehovas Zeugen trotz Entscheidung des BVerfG, Landtage von Baden-Württemberg, Bremen[9]	einschränkend, widerspricht BVerfG
2011	Einführung von islamischem Religionsunterricht, Landtag Nordrhein-Westfalen	umstritten, womöglich verfassungswidrig
2011	Etablierung der islamischen Theologie an Universitäten, Bundesregierung, Landesregierungen, Landtage Baden-Württemberg, Bayern, Hessen, Niedersachsen, Nordrhein-Westfalen	umstritten, Beiratsmodelle womöglich verfassungswidrig[10]
2012	Neuregelung zur Erlaubtheit von Beschneidungen, Deutscher Bundestag	unterstützend
2012–2013	Abschluss von sogenannten Staatsverträgen mit muslimischen Verbänden und alevitischem Verband in Hamburg und Bremen	unterstützend, aber nicht gleichberechtigt
2013–2016	Verleihung des Körperschaftsstatus an die Kirche Jesu Christi der Heiligen der Letzten Tage, Landesregierungen Rheinland-Pfalz, Sachsen, Nordrhein-Westfalen[11]	unterstützend
2013–2016	Verleihung des Körperschaftsstatus an die Ahmadiyya Muslim Jamaat als erster islamischen Religionsgemeinschaft, Landesregierungen Hessen, Hamburg[12]	unterstützend
2013	Einführung von islamischem Religionsunterricht nach Art. 7 Abs. 3 GG für Ahmadiyya und DİTİB, Landesregierung Hessen	unterstützend

---

9   http://www.jehovaszeugen.de/Zweitverleihung-Baden-Wuerttemberg.57.0.html. Zugegriffen: 20. April 2016. http://www.jehovaszeugen.de/Zweitverleihung-Bremen.58.0.html. Zugegriffen: 20. April 2016.
10 Heinig (2010).
11 http://religion-weltanschauung-recht.net/2016/01/06/nordrhein-westfalen-kirche-jesu-christi-der-heiligen-der-letzten-tage-koerperschaft-des-oeffentlichen-rechts/. Zugegriffen: 20. April 2016.
12 http://religion-weltanschauung-recht.net/2013/06/04/hessen-ahmadiyya-muslim-jamaat-wird-erste-muslimische-religionsgemeinschaft-mit-korperschaftsstatus-in-deutschland/. Zugegriffen: 20. April 2016. http://religion-weltanschauung-recht.net/2014/05/27/ahmadiyya-muslim-jamaat-auch-in-hamburg-korperschaftsstatus/. Zugegrif-fen: 20. April 2016.

Von den 26 angeführten Maßnahmen können 14 als unterstützend für die betroffene Religionsgemeinschaft bewertet werden, acht als einschränkend und drei sind in ihrer Wirkung umstritten. Das scheint auf den ersten Blick die These von Gill zu unterstützen, dass bei einem Wegfallen der Hegemonie die Religionsfreiheit zunimmt. Auf den zweiten Blick fällt jedoch auf, dass neun der 14 unterstützenden Maßnahmen die beiden großen Kirchen und jüdische Religionsgemeinschaften betreffen. Neben der auch den Juden zugutekommenden Neuregelung der Beschneidung entfallen weitere drei unterstützende Maßnahmen auf muslimische Organisationen, zwei davon allerdings allein in Hessen, eine andere betrifft zugleich auch die Aleviten. Die beiden übrigen unterstützenden Maßnahmen begünstigen die orthodoxe(n) Kirche(n) und die Kirche Jesu Christi der Heiligen der Letzten Tage (Mormonen). Bei den einschränkenden religionspolitischen Maßnahmen ergibt sich ein anderes Bild: Drei entfallen auf Muslime, zwei auf Jehovas Zeugen, eine auf den Humanistischen Verband, eine auf so genannte Sekten und eine weitere gegen die beiden großen Kirchen. Die Einschränkung der Kirchen wurde jedoch ebenso von Gerichten aufgehoben wie die Einschränkung von Jehovas Zeugen und zwei der Muslime. Für Muslime kommen weitere drei religionspolitische Maßnahmen hinzu, die aus Sicht der Religionsfreiheit zumindest als umstritten einzustufen sind.

Auffallend ist die ambivalente religionspolitische Bearbeitung des Islam. Die neue religionspolitische Dynamik, die Antonius Liedhegener (2014a, S. 182f.) ab den 2000er Jahren beobachtet, betrifft in erster Linie den Islam. Während einige politische Entscheidungen wie die Verleihung des Körperschaftsstatus an die Ahmadiyya oder die Einführung des grundgesetzkonformen Religionsunterrichts klar unterstützend sind, haben andere politische Entscheidungen wie insbesondere das ‚Kopftuchverbot' Freiheiten für Muslime eingeschränkt. Ferner sind Maßnahmen wie die Deutsche Islamkonferenz und die Ausgestaltung der Beiräte für Islamische Studien hoch umstritten. Alle anderen Gemeinschaften stehen bei den religionspolitischen Entscheidungen der letzten 25 Jahre klar, wenn auch nicht immer besonders stark, auf der Seite der Profiteure (insbesondere die beiden Großkirchen und die jüdischen Gemeinschaften) oder auf der Seite der Verlierer (Jehovas Zeugen, so genannte Sekten, der Humanistische Verband).

Wenn die religiös-weltanschauliche Pluralisierung in Deutschland zu einer Re-Politisierung von Religion geführt hat, so hat sich diese – auf staatlicher Ebene – nicht nachteilig für die beiden großen Kirchen und die jüdischen Gemeinden ausgewirkt. Dies bestätigt den Befund von Richard Traunmüller (2014, S. 177) auf europäischer Ebene, dass eine höhere Vielfalt nicht zu einer höheren Liberalität führt, sondern zu mehr Einschränkungen, wovon die etablierten Gemeinschaften jedoch nicht betroffen sind. Auch Antonius Liedhegener (2014a, S. 206) kommt zu dem Schluss, die beiden großen Kirchen bräuchten sich in Deutschland aktuell religionspolitisch wenig zu sorgen, da laizistische Positionen „in Parteien und politischer Öffentlichkeit nicht mehrheitsfähig sind". Das werde auch daran deutlich, dass die Vertreter laizistischer Positionen nach wie vor den Rechtsweg beschritten, wenn sie erfolgreich sein wollen.

Von wenigen Ausnahmen abgesehen, sind es die Minderheiten, die von Religionspolitik regulativ am stärksten betroffen und eingeschränkt sind, wie Antonius Liedhegener (2008, S. 101) bereits mit Bezug auf das ‚Kopftuchverbot' vermutet hat. Entsprechend verwundert es nicht, dass selbst Befürworter regionaler und lokaler Lösungen in der Religionspolitik wie Ulrich Willems (2004, S. 319) einräumen, dass bloße Mehrheitsentscheidungen Minderheiten unzulässig benachteiligen und daher „Religionspolitik nach verhandlungsdemokratischem Muster im Schatten gerichtlicher Dezision" vorzuziehen sei (Willems 2008, S. 80).

3 Neue religionspolitische Kräfteverhältnisse durch Pluralisierung?

Wie lässt sich erklären, dass die gesellschaftliche Pluralisierung kaum zu religionspolitischen Entscheidungen führt, die kleine, auch kontroverse Religions- und Weltanschauungsgemeinschaften in das deutsche Kooperationsmodell von Staat und Religion aufnimmt? Entscheidend sind offenbar nicht die Mitgliederzahl der jeweiligen Religions- oder Weltanschauungsgemeinschaft, sondern ihre jeweilige politische Stärke und die ihrer Gegner. Grundsätzlich herrscht in Deutschland, so formuliert Detlef Pollack (2014a, S. 35), ein „Plädoyer für die Ungleichbehandlung von Religionsgemeinschaften" vor. Seine Studien ergaben: 81 % der Westdeutschen und 75 % der Ostdeutschen stimmen zwar der Aussage zu, dass man allen Religionen mit Respekt begegnen müsse. Aber nur 49 % der Westdeutschen und 53 % der Ostdeutschen sprechen sich dafür aus, dass alle religiösen Gruppen die gleichen Rechte haben sollten.

Die römisch-katholische Kirche und die evangelischen Landeskirchen zählen „ohne Zweifel zu den einflussreichen und erfolgreichen Akteuren in Geschichte und Gegenwart bundesdeutscher Politik" (Willems 2001a, S. 77). Ebenfalls zu den etablierten Gemeinschaften zählt der Zentralrat der Juden in Deutschland, der einen gewissen politischen Einfluss geltend machen kann (Herzig 2005, S. 275ff.) – vermutlich nicht trotz, sondern wegen nach wie vor verbreiteter antisemitischer Einstellungen (Pollack und Müller 2013, S. 37) und Straftaten. Davon abgesehen hat keine weitere kleinere Religions- oder Weltanschauungsgemeinschaft bundesweit religionspolitisches Gewicht. Ein Grund dafür liegt bereits in den enormen Größenunterschieden. Der katholische Wohlfahrtsverband, die Caritas, ist mit 590.000 hauptberuflichen Mitarbeitern (Sekretariat der Deutschen Bischofskonferenz 2015, S. 28) bspw. größer als die allermeisten Religions- und Weltanschauungsgemeinschaften Mitglieder zählen. Zusammen mit der evangelischen Diakonie hat die Caritas darüber hinaus einen geschätzten Jahresumsatz von 44,5 Milliarden Euro (Frerk 2005, S. 310) und eine entsprechende wirtschaftliche Bedeutung, die keine andere Religion oder Weltanschauung in Deutschland auch nur annähernd erreicht.

Die beiden großen Kirchen verlieren zwar jedes Jahr um die 200.000 Mitglieder (Eicken und Schmitz-Veltin 2010). Die Konfessionslosen sind in ihrer Mehrheit in Deutschland aber keine Anhänger eines „neuen Atheismus" und somit nicht per se gegen die beiden großen Kirchen mobilisierbar (Gladkirch und Pickel 2013, S. 158ff.). Die Forderung nach einer strikten Trennung von Staat und Religion stößt in der Bevölkerung, trotz wachsender Abkehr von der Religion, „nur auf eine begrenzte Legitimität", da „die Mehrheit der Deutschen keinen wesentlichen Konfliktstoff an dieser Stelle" sieht, wie Gert Pickel (2014, S. 154) ausführt. Trotz der teilweise geschickten medialen Inszenierung sind die politischen Gegner der beiden großen Kirchen in Deutschland nach wie vor schwach.

Die übrigen Religions- und Weltanschauungsgemeinschaften sind zwar deutlich kleiner als die beiden großen Kirchen, aber zum Teil auch größer als vermutet. So leben in Deutschland mittlerweile 1,8 Millionen orthodoxe Christen, die aber weder in der Religionspolitik noch im öffentlichen Diskurs besonders auffallen (Pickel 2014, S. 146). Ähnliches gilt für zahlreiche weitere kleine Religionsgemeinschaften und religiöse Gruppen. Dafür kommen mehrere Gründe in Frage: die relativ geringe Mitgliederstärke vieler Gemeinschaften (REMID 2016) und die dementsprechend geringen Ressourcen für professionelles politisches Lobbying, die nach wie vor vorhandenen Klischees über ‚Sekten' (Willms 2012, S. 268ff.) sowie schlicht eine gewisse Weltabgewandtheit einzelner Religionsgemeinschaften (Knoblauch 1999, S. 56). Die Anerkennungserfolge der Bahá'í (Campenhausen und Wall 2006, S. 123), einer Anthroposophenfamilie (Czermak 1995, S. 3350), der Osho-Bewegung (Czermak 2008, S. 114), von Jehovas Zeugen[13] und anderen sind allesamt nicht auf politisches Lobbying zurückzuführen, sondern auf Gerichtsverfahren.

Ähnlich verhält es sich auch mit den säkularen Weltanschauungsgemeinschaften in Deutschland. Die Zahl der Konfessionslosen wächst zwar schneller als die der Muslime (Pickel 2014, S. 137), aber weltanschaulich organisiert ist nur ein Bruchteil der Nichtreligiösen. Selbst der größte Verband, der Humanistische Verband Deutschlands (HVD), hat nur etwa 21.000 Mitglieder und ist im Vergleich zu den großen

---

13 http://www.jehovaszeugen.de/Anerkennungsverfahren.65.0.html. Zugegriffen: 20. April 2016.

Kirchen winzig. Der vom HVD herausgegebene Band *Gläserne Wände. Bericht zur Benachteiligung nichtreligiöser Menschen in Deutschland* (Bauer und Platzek 2015) listet zahlreiche Punkte auf, in denen der Verband Reformbedarf sieht – aber eben bislang auch politisch nicht erfolgreich gewesen ist. Nichtsdestotrotz hat der HVD regional beachtliche religionspolitische Erfolge erzielen können, bspw. bei der Gewährung von Staatsleistungen in Höhe von 580.000 Euro pro Jahr durch das Land Berlin (Senatsverwaltung für Finanzen von Berlin 2016, S. 253) und das mit dem Religionsunterricht gleichberechtigte Angebot humanistischer Lebenskunde in Berlin und Brandenburg[14]. Die bedeutendsten Organisationen von Nichtreligiösen haben 2008 den Koordinierungsrat säkularer Organisationen als Dachverband gegründet, dem bspw. der Humanistische Verband Deutschlands (HVD), der Dachverband Freier Weltanschauungsgemeinschaften, der Internationale Bund der Konfessionslosen und Atheisten sowie die Giordano-Bruno-Stiftung angehören[15]. Untereinander sind sich die Verbände jedoch religionspolitisch keineswegs so einig, wie manche Politikwissenschaftler (Gladkirch und Pickel 2013, S. 140ff.) annehmen (hierzu Fincke 2002, 2004).

Die Zahl der Muslime in Deutschland wird stark überschätzt. Deutsche ohne Migrationshintergrund gehen im Durchschnitt von elf Millionen Muslimen aus, tatsächlich sind es nicht einmal die Hälfte, nämlich etwa vier Millionen. Selbst Türkeistämmige liegen mit einer Schätzung von neun Millionen deutlich daneben (Wittlif 2014, S. 2). Die Muslime in Deutschland sind zudem alles andere als eine homogene, einflussreiche Gruppe. Während es einen „Mehrheitskatholizismus" gibt, der sich „am politischen Prozess effektiv und zum Teil auch mit nachweislichen Erfolgen" beteiligt (Liedhegener 2006, S. 214), existiert auf muslimischer Seite kein Pendant (Paff und Gill 2006). Nur die Hälfte der Muslime in Deutschland hat die deutsche Staatsangehörigkeit und von ihnen sind viele zu jung, um wählen zu können (Laurence 2012, S. 256). Zudem tendieren Muslime in Deutschland – anders als Katholiken (Liedhegener 2006, S. 201) – zu mehrheitlich säkularen Parteien, nämlich SPD und Bündnis 90/Die Grünen (Laurence 2012, S. 261). Islamisch-religiöse Parteien sind nicht erfolgreich. Selbst in Nordrhein-Westfalen und in Städten wie Frankfurt und Berlin mit jeweils hohen muslimischen Bevölkerungsanteilen gelang der islamischen Partei *Bündnis für Innovation und Gerechtigkeit* kein Ergebnis über einem Prozent.[16] Die muslimischen Verbände und Vereine (Chbib

---

14 http://www.lebenskunde.de/. Zugegriffen: 20. April 2016.
15 http://hpd.de/node/5766. Zugegriffen: 20. April 2016.
16 http://alt.wahlergebnisse.nrw.de/landtagswahlen/2010/aktuell/dateien/a000lw1000. html. Zugegriffen: 20. April 2016.
http://www.statistik-hessen.de/K2011/TG412000.htm. Zugegriffen: 20. April 2016.

2011) sind in ihrer Vielfalt ebenfalls keine religionspolitischen Schwergewichte[17], was sowohl auf die muslimischen Organisationen selbst (Azzaoui 2011, S. 265ff.) als auch auf das religionspolitische Handeln des Staates zurückzuführen ist, wie später gezeigt wird.

Weit stärker sind in der deutschen Gesellschaft diejenigen, die Vorbehalte gegen den Islam oder Muslime haben oder schlicht islamophob sind. Detlef Pollack (2014b, S. 33) zufolge sehen 72 % der Westdeutschen und 74 % der Ostdeutschen in der Zunahme der Muslime in der Gesellschaft eine Bedrohung. Angst davor, dass unter den Muslimen viele Terroristen sind, haben zumindest manchmal 61 % der Westdeutschen und 68 % der Ostdeutschen. Für eine Beobachtung islamischer Gemeinschaften durch den Staat plädieren im Westen 71 % und im Osten 74 %. Islamistisch motivierte Terroranschläge scheinen eine wesentliche Rolle für die Vergrößerung der Vorbehalte zu haben, wie die European Values Study zeigt. Bei der Frage, wen die Befragten nicht gern als Nachbarn hätten, lag der Anteil derjenigen, die Muslime ablehnen, 1990 bei etwa 20 % in West- und in Ostdeutschland. 1999/2000 sank der Anteil auf 10 % im Westen und 15 % im Osten. 2008 und damit nach den Anschlägen von New York, London, Madrid u. a. hat sich die Ablehnung wieder deutlich erhöht: Im Westen liegt sie fast bei 20 %, im Osten sogar bei etwa 35 % (Yendell 2014, S. 66f.).

Bei einer derart misstrauischen Einstellung einer Mehrheit der Bevölkerung wundert es nicht, dass eine religionspolitische Unterstützung von Muslimen und islamischen Gemeinschaften kaum möglich ist und restriktive bzw. potentiell restriktive Politik das häufigste Politikergebnis ist (Nève 2013, S. 213ff.). Ein Teil dieses Misstrauens äußert sich im Rahmen der *Patriotischen Europäer gegen die Islamisierung des Abendlandes* (Pegida, hierzu Çakır 2016), auch wenn unklar scheint, welche Rolle die Ablehnung des Islam tatsächlich für Pegida spielt (Vorländer et al. 2016, S. 73ff.). Einen vermutlich höheren Einfluss wird die AfD haben, die die islamfeindlichen Positionen von Pegida und breiter Teile der Bevölkerung aufgreift (Häusler 2016, S. 242f.) und erfolgreich in die Parlamente getragen hat. Da die CDU, aber auch linke Parteien, Wähler an die AfD verlieren[18], ist vorstellbar, dass etablierte Parteien ihre Islampolitik neu ausrichten und restriktiver (ggf. als eh schon) werden, um Verluste bei Wahlen künftig abzufangen.

---

http://www.wahlen-berlin.de/historie/Wahlen/SB_B7-2-2-j05-11_BE.pdf. Zugegriffen: 20. April 2016.

17 Sie sind aber sehr wohl einflussreicher als viele nichtreligiöse Migrantenorganisationen Blätte (2011, S. 239).

18 http://www.welt.de/politik/deutschland/article153256475/CDU-verliert-Hunderttausende-Waehler-an-die-AfD.html. Zugegriffen: 20. April 2016.

Zusammenfassend lässt sich sagen, dass die religiös-weltanschauliche Pluralisierung in Deutschland neue Akteure hervorgebracht hat. Auf Seiten der Religions- und Weltanschauungsgemeinschaften erreicht dabei keine einen Einfluss, der den beiden großen Kirchen auch nur nahekäme. Das liegt auch daran, dass Verbände „für eine Regierung als Verhandlungspartner nur interessant [sind], wenn sie zu deren Zielerreichung beitragen oder diese konterkarieren können" (Czada 2003, S. 74). Die kleinen Gemeinschaften erfüllen fast ausnahmslos keine der beiden Kriterien, da sie entweder zu schwach sind oder für keine politischen Ziele eingesetzt werden können. Für sie mag daher gelten, dass sie „nicht als bevorzugte Kooperationspartner des Staates, sondern als Objekte vorbeugender polizeilicher Obsorge in Erscheinung" treten (Weber 2005, S. 334) – wenn überhaupt. Die wesentlichen neuen religionspolitischen Kräfte im Zuge der Pluralisierung sind Islamkritik und Islamophobie, denen die Muslime in Deutschland in ihrer Heterogenität kaum etwas entgegensetzen können.

4 Religionspolitik als Integrations- und Sicherheitspolitik

Die obigen Ausführungen haben gezeigt, dass die deutsche Religionspolitik nicht primär auf die Förderung des Islam abzielt und dass die islamkritischen und die islamfeindlichen Kräfte weitaus stärker sind als die Muslime und die muslimischen Organisationen in Deutschland. Die islampolitischen Maßnahmen scheinen daher weniger durch einen Anspruch auf Gleichberechtigung als vielmehr mit einer „Legitimation durch Risiko" begründet, um einen Begriff aufzugreifen, den Roland Czada (2001) in Bezug auf technische Risiken und ihre politische Bearbeitung geprägt hat. Ähnlich wie in den 1980er und 90er Jahren „die technischen Versagens- und Bedrohungsszenarien [...] Politik und Staat keineswegs geschwächt, sondern letztlich zu neuem Ansehen verholfen haben" (Czada 2001, S. 319), sind es nun die Ängste in der Bevölkerung, die religionspolitische Eingriffe ermöglichen, die vorher nicht denkbar waren. Ganz ähnlich wie nach der „neoliberalen Wende" und dem „Rückzug des Staates aus Gesellschaft und Wirtschaft" „die Gefahren der technischen Zivilisation den Staat zu neuen Aufgaben" gedrängt haben (Czada 2001, S. 328), lösen heute die starken religionspolitischen Eingriffe die Zeit ab, in denen eine Trennung von Staat und Religion politisch wie politikwissenschaftlich favorisiert oder angenommen worden ist (Willems 2003, S. 88).

Die neue religionspolitische Aktivität in Bezug auf den Islam ist nicht mit dem Erstarken muslimischer Akteure zu erklären, sondern mit dem Anstieg der Ängste vor dem Islam. Dieser Anstieg ist wesentlich verbunden mit der „Islamisierung der Integrationsdebatten" (Schubert und Meyer 2011, S. 16), durch die Fragen der Integration von Einwanderern zunehmend vor dem Hintergrund ihrer islamischen Religionszugehörigkeit gedeutet werden (Halm 2008, S. 27). Hinzu kommt der Sicherheitsaspekt, da der Islam als Gefahr für die innere Sicherheit gesehen wird („securitization', Fox und Akbaba 2013; Schubert und Meyer 2011, S. 17f.). Beides zeigt sich bereits bei der Einführung islamkundlichen Unterrichts, der fast immer mit der Integration von muslimischen Schülerinnen und Schülern sowie der Steigerung ihrer interreligiösen Toleranz begründet wird (Darwisch 2013, S. 83ff.). Auch bei der Einführung von islamischem Religionsunterricht wird häufig auf das Motiv der Integration abgehoben, was sich bspw. in der Landtagsdebatte in Nordrhein-Westfalen (Plenarprotokoll 15/36, S. 3540–3551) und in der Aussage des ehemaligen hessischen Integrationsministers Jörg-Uwe Hahn zeigt, der islamische Religionsunterricht leiste „auch einen wertvollen integrationspolitischen Beitrag"[19]. Während für den Religionsunterricht die Trias der „Konfessionalität" von Unterrichtsinhalten, Lehrkräften und Schülern hervorgehoben wird (Campenhausen und Wall 2006, S. 215), wird für den islamischen Religionsunterricht betont: „nach staatlichen Curricula, in deutscher Sprache und grundsätzlich durch staatliche Lehrkräfte". So formulierte es bspw. die ehemalige hessische Kultusministerin Nicola Beer[20].

Dies ist nicht die Stelle, um alle religionspolitischen Maßnahmen den Islam betreffend darzustellen – zumal Beschreibungen der Politiken mittlerweile im Überfluss existieren. Die Motivation seitens der Politik scheint jedes Mal recht ähnlich gelagert zu sein. Spannender ist die Frage, inwieweit die aktuelle Religionspolitik die integrations- und sicherheitspolitischen Ziele überhaupt erreichen kann. Die Einstellung von Muslimen haben u. a. Detlef Pollack und Olaf Müller (2013) erhoben. Sie kommen zu dem Ergebnis, dass Muslime zwar dogmatischer sind und Religion eine höhere Bedeutung zumessen (Pollack und Müller 2013, S. 17), dass sie aber dennoch die Demokratie als gute Regierungsform bezeichnen. Der Anteil der Muslime, die derart antworten, liegt bei 80 % und damit auf dem Wert der Konfessionslosen, während Katholiken mit 86 % und Evangelische mit 90 % darüber liegen. Im Osten Deutschlands liegt dieser Wert hingegen bei 76 %. Dass

---

19 https://verwaltung.hessen.de/irj/HKM_Internet?rid=HKM_15/HKM_Internet/nav/8e0/8e0703e0-cf26-2901-be59-2697ccf4e69f,2370f9f0-b28a-b31f-012f-312b417c0cf4,,,11111111-2222-3333-4444-100000005004&_ic_uCon_zentral=2370f9f0-b28a-b31f-012f-312b417c-0cf4&overview=true.htm&uid=8e0703e0-cf26-2901-be59-2697ccf4e69f. Zugegriffen: 20. April 2016.
20 Ebd.

nur Politiker, die an Gott glauben, für ein öffentliches Amt geeignet sind, geben 19 % der Muslime an, aber auch 14 % der Evangelischen, 11 % der Katholiken und sogar 5 % der Konfessionslosen. Einfluss führender Vertreter der Religionen auf die Politik wünschen sich 33 % der Muslime, 23 % der Evangelischen, 20 % der Katholiken und 17 % der Konfessionslosen (Pollack und Müller 2013, S. 24). Sonja Haug und Stephanie Müssig (2009, S. 275f.) zeigen zudem auf, dass nur ein Anteil von 1 % der Muslime in Deutschland im Alltag keinen Kontakt zu Deutschen unterhält und zugleich keinen Kontakt will. Norbert Gestring (2011, S. 184f.) bestätigt, was Klaus J. Bade (2006, S. 5) als „Paniksemantik" in Bezug auf Parallelgesellschaften und Ghettos bezeichnet. Selbst für die empirisch nachweisbaren konservativeren Geschlechtereinstellungen türkischer Einwanderer zeigt sich laut Claudia Diehl und Matthias Koenig (2011, S. 210), dass die „hohe Religiosität nur einer von vielen Faktoren ist – und zwar nicht einmal ein besonders relevanter". Die Einstellungen der Muslime sind folglich weit besser als ihr Ruf und dort wo Defizite existieren, sind andere Faktoren als die Religionszugehörigkeit entscheidend. Eine primär religionspolitische Bearbeitung erscheint daher problematisch.

Auch die aktuelle Bedrohung durch *homegrown terrorism* scheint nicht primär religionspolitisch eingeschränkt werden zu können. Das Bundeskriminalamt u. a. (2015, S. 15) haben die aus islamistischen Gründen aus Deutschland nach Syrien oder in den Irak Ausgereisten untersucht. Den Daten zufolge haben 17 % derjenigen, die ausgereist sind, keinen Migrationshintergrund. Ferner stellen Konvertiten einen Anteil von 17 % der Ausgereisten. Diese sich sicherlich stark überschneidenden Gruppen lassen sich nur schwer durch islamischen Religionsunterricht erreichen. Nur ein Drittel der Ausgereisten war zuvor in Moscheegemeinden aktiv, so dass auch eine Prävention über Moscheen und Verbände allein wenig ergiebig erscheint. 68 % hatten vor ihrer Ausreise jedoch Kontakt zu bekannten salafistischen Kreisen. Religionsunterricht und Jugendarbeit mit Muslimen kann zwar einen wertvollen Beitrag zur Radikalisierungsprävention leisten (Dziri 2011) und Bernd Simon u. a. (2013, S. 255) haben sogar gezeigt, dass eine religiöse Verankerung vor Radikalisierung schützt. Letztlich braucht es aber andere als religionspolitische Maßnahmen, um das Problem wirklich einzudämmen.

Die wohl entscheidenden Faktoren für die Radikalisierung und die Unterstützung von Terror bestehen in Diskriminierungserfahrungen, Ausgrenzung und Bedeutungsverlust, so Sarah Lyons-Padilla u. a. (2015). Eine zentrale Rolle bei der Radikalisierung und Rekrutierung spielt zudem das Internet, wie Michael King und Donald Taylor (2011, S. 618) betonen und was vom Bundeskriminalamt u. a. (2015, S. 49) bestätigt wird. Radikalisierung wird daher vermutlich besser durch Bildungs-, Wirtschafts- und Antidiskriminierungspolitik verhindert als bspw. durch die Einführung von islamischem Religionsunterricht. Besonders problematisch erscheinen religionspolitische Diskussionen mit antimuslimischer Rhetorik, wie Sarah Lyons-Padilla u. a. (2015, S. 9) betonen, da sie die Propaganda islamistischer Organisationen zu bestätigen scheinen.

Ganz gleich, ob die religionspolitische Motivation in der Eindämmung oder Integration des Islam liegt oder in der Prävention gegen islamistische Radikalisierung: Beides hat keine Grundlage in den Daten der empirischen Forschung. Ob und welche Effekte die religionspolitischen Maßnahmen jedoch tatsächlich haben, ist nur ansatzweise erforscht – und das, trotz der „Goldgräberstimmung" (Tezcan 2003, S. 237) in der Erforschung von Muslimen und des Islam in Deutschland. Zwar befasst sich eine rasant steigende Zahl politikwissenschaftlicher Publikationen mit dem Islam und seinem Platz in der deutschen Religionspolitik. Im Fokus stehen dabei aber die normativen, rechtlichen und prozessoralen Fragen, ob Muslime integriert werden müssen bzw. dürfen und wie dies gegebenenfalls organisatorisch erreicht werden kann (Bader 2007, S. 872; Schubert und Meyer 2011, S. 15ff.). Studien zur religionspolitischen Steuerung in Bezug auf Islam sind, insbesondere was Muslime als Minderheit anbelangt, ideographischer oder deskriptiver Natur (Tezcan 2003) und daher nicht geeignet, Gesetzmäßigkeiten herauszuarbeiten (Lijphart 1971, S. 691). Antonius Liedhegener (2014a, S. 187) behauptet gar, „dass es nahezu unmöglich ist, verallgemeinerbare Aussagen über den Zusammenhang von einzelnen politischen Entscheidungen und ihren Steuerungszielen […] zu treffen". Richard Traunmüller (2015, S. 675) beklagt daher zu Recht, die deutsche Religionspolitik konzentriere sich „auf (normative) Diskurse über Diskurse anstelle und auf Kosten von analytischer Beschäftigung mit der politischen Wirklichkeit".

Neuere politikwissenschaftliche Ansätze sind vielversprechend, künftig die Auswirkungen religionspolitischer Maßnahmen erklären und abschätzen zu können. Rachel McCleary (2011) gibt einen Überblick über die Beiträge des religionsökonomischen Ansatzes, der zur Theoriebildung vermutlich am geeignetsten ist (Traunmüller 2015, S. 677). Anthony Gill und Erik Lundsgaarde (2004) haben bspw. gezeigt, dass ein ausgeprägter Wohlfahrtsstaat die Religiosität von Gesellschaften verringert. Marc Helbling und Richard Traunmüller (2016, S. 413) haben für die Schweiz nachgewiesen, dass christliche Symbole im staatlichen Raum Vorbehalte gegenüber Muslimen verstärken. Die zugrundeliegenden Mechanismen sind dabei häufig weniger offensichtlich als angenommen. Selbst repressiven Regimen gelingt es bspw. nur zum Teil, die Einstellungen der Bevölkerung dauerhaft zu verändern, wie sich beim Kommunismus (Pfaff 2011) und beim Pan-Arabismus (Speer 2010) beobachten lässt. Ohne eine evidenzbasierte Auseinandersetzung mit den Auswirkungen des Verhältnisses von Staat und Religion gleichen religionspolitische Maßnahmen einer Odyssee auf hoher See – wohin der eingeschlagene Kurs steuert, bleibt dem Zufall überlassen. Die erstrebenswerte Versachlichung religionspolitischer Debatten erfordert dringend Aufklärung, der sich Wissenschaftler trotz aller Widrigkeiten nicht verschließen dürfen.

5 Staatliche Pluralisierung islamischer Repräsentation

Die hoch gesteckten (wenn auch realitätsfernen) Ziele der deutschen Religionspolitik gegenüber dem Islam erklären, warum staatlicherseits versucht wird, ihn in das „korporatistische" Modell (Czada 2010, S. 81f.; Laurence 2012, S. 249; Leggewie 2003, S. 175) von Staat und Religion einzubinden. Den Korporatismus charakterisieren „Verhandlungen zwischen der Regierung und hochzentralisierten, mit Repräsentationsmonopolen ausgestatteten Verbänden" anstelle eines „pluralistische[n] Kräftemessen[s] zwischen einer Vielzahl von Interessengruppen um Einfluss auf die staatliche Politik" (Czada 2002, S. 301f.). Da der deutsche Staat keinen ‚geborenen' Kooperationspartner auf islamischer Seite vorfindet (Chbib 2011, S. 87), aber einen Partner auf religiöser Seite braucht, haben staatliche Akteure in den vergangenen Jahrzehnten ganz unterschiedliche Ansätze zur Schaffung eines solchen erprobt. Diese gezielte Auswahl und Unterstützung von „Brückenköpfen" (Czada 2011, S. 161) – unter weitgehender Missachtung konkurrierender Vertretungen – kann in Anlehnung an Roland Czada (2003) als „selektiver Korporatismus" bezeichnet werden.

Als die ersten türkischen Gastarbeiter nach Deutschland kamen und die Zahl der Muslime in Deutschland sich dadurch vervielfältigte, waren diese keineswegs primär als Muslime organisiert, wie Andreas Blätte (2011, S. 232f.) ausführt, sondern oft gewerkschaftlich und politisch links. Erst ab den 1970er Jahren gründeten sie islamische Organisationen zur Vermittlung kultureller und religiöser Werte an ihre Kinder. Da noch die Devise galt, „Deutschland ist kein Einwanderungsland", wurden diese Aktivitäten zwar sicherheitspolitisch, aber weder integrationspolitisch noch lenkend begleitet. In dieser Zeit entstanden u. a. die Vorläuferorganisationen des Verbands der Islamischen Kulturzentren (VIKZ) und der Islamische Gemeinschaft Millî Görüş (IGMG).

Die Situation der Muslime war der deutschen Politik mehrere Jahre gleichgültig, doch dann wuchs der Wunsch nach Steuerung. Die Entwicklung beschreibt Jonathan Laurence (2012, S. 59), der für das Kooperationsmodell der Zeit den Begriff *Embassy Islam* geprägt hat. Der türkische *Embassy Islam* setzte ein mit dem Aufstieg islamistischer Parteien in der Türkei, die schließlich 1980 nach gewonnener Wahl vom Militär aus der Regierung geputscht wurden. Daraufhin führte die Regierung der Türkei 1982 mit einer Verfassungsänderung, staatlich kontrollierten und verpflichtenden islamischen Religionsunterricht ein, um islamistischem Gedankengut in der Gesellschaft entgegen zu treten (zuvor gab es keinen Religionsunterricht). Mehrere Landesregierungen, bspw. von Nordrhein-Westfalen[21] und Niedersachsen[22], verfügten in den 1980er Jahren per Erlass, dass türkische Imame nur noch dann zur Arbeitsaufnahme einreisen durften, wenn sie von der türkischen Religionsbehörde dazu autorisiert waren. Die Türkisch Islamische Union der Anstalt für Religion (DİTİB: *Diyanet İşleri Türk İslam Birliği*) gründete sich 1984 als Dachverband nach deutschem Recht und räumte der türkischen Religionsbehörde weitreichenden Einfluss zu (Beilschmidt 2016). Innerhalb von zwei Jahren schlossen sich 250 Organisationen in Deutschland DİTİB an (Laurence 2012, S. 60f.). Zahlreiche deutsche Länder beteiligten DİTİB am muttersprachlichen Ergänzungsunterricht, der auch religiöse Themen behandelte (Laurence 2012, S. 40).

Als den deutschen Regierungen schließlich klar wurde, dass die vermeintlichen Gastarbeiter keineswegs das Land verlassen würden, schien das „Outsourcing" der Religionspolitik an die türkische Regierung nicht länger opportun und dem nunmehrigen Ziel der Integration der Muslime entgegengesetzt (Laurence 2012, S. 133ff.). Die mit deutscher Unterstützung aufgebaute Infrastruktur der DİTİB war als ausländische Einflussnahme künftig ebenso unerwünscht wie die bereits zuvor unerwünschten Verbände, insbesondere die IGMG. Nun wurde auf Ebene der Länder etwas angestrebt, was einen historischen Vorläufer in der Emanzipation bzw. Domestizierung des Judentums im Grand Sanhédrin des napoleonischen Frankreich findet (Laurence 2012, S. 124f.): In zahlreichen Ländern wurden sogenannte Schura-Verbände angeregt, in denen Moscheegemeinden direkt Mitglied sind, also ggf. unter Umgehung ihrer eigenen Dachverbandsmitgliedschaft. Der erste entsprechende Verband wurde 1997[23] in Hessen gegründet. Es folgten Gründungen in Hamburg (1999[24]), Schleswig-Holstein (2000[25]), Niedersachsen (2002[26]) und Bremen (2006[27]). Zentrales Motiv der Gründung war „die politische Forderung nach *einem* Ansprechpartner" (Rosenow und Kortmann 2011, S. 66, Herv. i. O.).

---

21 RdErl. d. Innenministers v. 15.1.1982.
22 RdErl. d. MI v. 22.8.1984.
23 http://www.irh-info.de/index.php?kon=profil&kpf=profsd&zeige=selbstdarstellung. Zugegriffen: 20. April 2016.
24 http://www.schurahamburg.de/index.php/ueber-uns. Zugegriffen: 20. April 2016.
25 http://www.schura-sh.de/index.php/schura-schleswig-holstein. Zugegriffen: 20. April 2016.
26 http://www.schura-niedersachsen.de/schura/entstehung-der-schura/. Zugegriffen: 20. April 2016.
27 http://www.schurabremen.de/index.php/die-schura. Zugegriffen: 20. April 2016.

Die Schura-Verbände haben die Hoffnungen der Politik auf einen einheitlichen Ansprechpartner nicht erfüllt, da sich insbesondere DİTİB als mit Abstand größter Verband einer Eingliederung entzieht, wodurch auch die Gründung einer Schura auf Bundesebene scheiterte (Rosenow und Kortmann 2011, S. 67). Aktuell stehen an der Spitze aller Schura-Verbände Vertreter der IGMG, was bspw. der niedersächsischen Landesregierung problematisch erscheint (Schirrmeister 28.04.2016). Dennoch bestehen die Schura-Verbände mit einer ihnen eigenen Legitimität weiter, auch als Kooperationspartner der Politik.

Anschließend unternahm die Bundesregierung den Versuch, „vermeintlich *progressive* Muslime, die vom BMI auch als *säkular, laizistisch und verbandskritisch* bezeichnet werden, gegen vermeintlich konservative Muslime aus den Moscheen und Verbänden zu organisieren" (Azzaoui 2011, S. 262, Herv. i. O.). Sie berief die Deutsche Islamkonferenz (DIK) ein, die eine möglichst große Vielfalt des Islam in Deutschland einbeziehen sollte. In der Folge wurden nicht nur dezidiert religiöse islamische Verbände eingeladen, sondern auch sogenannte „Einzelpersönlichkeiten" und „Nicht-Organisierte" (Busch und Goltz 2011, S. 31). Auf islamischer Seite waren die religiösen Organisationen – anders als bspw. in Frankreich (Laurence 2012, S. 19) – zum Zeitpunkt der Einberufung sogar in der Minderheit: Sie entsandten lediglich vier Vertreter, die Aleviten einen, die „Nicht-Organisierten" hingegen zehn, darunter mit Necla Kelek eine profilierte Islamkritikerin.[28]

Bei der Deutschen Islamkonferenz handelt es sich um ein neues Format und keineswegs um eines, das die Politik auf andere Traditionen übertragen will. Das zeigt sich darin, dass die Forderung des Koordinierungsrates säkularer Organisationen nach einer „Konfessionsfreien-Konferenz" und des Forums Offene Religionspolitik nach einer „Deutschen Konferenz für Religion und Weltanschauung" keinen Widerhall in der Politik fanden und finden (Bauer und Platzek 2015, S. 15). Format und Wirken der Deutschen Islamkonferenz werden sehr unterschiedlich bewertet. Jonathan Laurence (2012) sieht in ihr ein Instrument zur Institutionalisierung, Domestizierung und Integration des Islam. Reinhard Busch und Gabriel Goltz (2011, S. 45) bezeichnen die DIK als „flexibles Übergangsformat", das „zu einer größeren Dynamik beigetragen" habe und sich dereinst zu einer „Vertretung der Muslime Deutschlands gegenüber dem Bund" entwickeln werde. Mounir Azzaoui (2011, S. 262) erkennt in ihr hingegen eine „Tendenz zum Staatsislam". Ähnliche Kritik äußert Markus Kerber (2010).

Die deutsche Islamkonferenz ersetzt keine Religionsgemeinschaft. Die vier islamischen Verbände DİTİB, Islamrat, VIKZ und ZMD beugten sich daher der

---

28 https://web.archive.org/web/20131101010550/http://www.bmi.bund.de/cae/servlet/contentblob/129484/publicationFile/13203/Teilnehmer.pdf. Zugegriffen: 20. April 2016.

politischen Forderung nach einem einheitlichen Ansprechpartner für die Politik und gründeten den Koordinationsrat der Muslime (KRM). Die Politik war jedoch auch damit nicht zufrieden und erhöhte die Hürden, indem sie forderte, ein einheitlicher Ansprechpartner müsse auch die nicht-organisierten Muslime repräsentieren. Der KRM würde hingegen nur eine Minderheit der Muslime in Deutschland vertreten, so der Vorwurf (Azzaoui 2011, S. 256f.). Tatsächlich repräsentiert der KRM mehr Muslime, als ihm zugebilligt wird. Raida Chbib (2011, S. 109) kommt zu dem Schluss, dass „der überwiegende Teil der religiösen Infrastruktur des Islam in Deutschland (85 Prozent)" von dessen Mitgliedsorganisationen vorgehalten wird. Für Nordrhein-Westfalen führt sie weiter aus, nutzen etwa 80 % der Muslime mit „religiösem Gemeinschaftsbezug" diese Infrastruktur und diese wiederum stellen 40 % aller Muslime dar.

Auf der Suche nach dem *einen* Brückenkopf, der Staat und Muslime im korporatistischen Sinne verbindet, hat der deutsche Staat mehr Brückenköpfe erzeugt, als den handelnden Akteuren heute lieb ist. Neben den aus der unregulierten Anfangszeit hervorgegangenen Verbänden wie VIKZ, IGMG und ZRM sowie den unabhängigen Moscheegemeinden weisen durch staatliche Intervention sowohl DİTİB als auch die Schura-Verbände und die Deutsche Islamkonferenz eine gewisse Repräsentanz und Legitimität auf. Je nach politischer Opportunität wählen staatliche Stellen inzwischen ihre Kooperationspartner aus oder übergehen die Repräsentanten. Die Länder Hamburg und Bremen haben jeweils einen gemeinsamen Vertrag mit DİTİB, Schura und VIKZ abgeschlossen[29]. Niedersachsen verhandelt mit DİTİB und Schura über einen Vertrag[30]. Hessen hat trotz der Einrichtung eines Schura-Verbands nicht in Kooperation mit diesem, sondern jeweils mit DİTİB und der Ahmadiyya einen islamischen Religionsunterricht auf den Weg gebracht – im Übrigen der einzige in Deutschland, der gemäß Art. 7 Grundgesetz durchgeführt wird[31]. Nordrhein-Westfalen bindet alle vier Verbände des KRM ein, indem diese Mitglieder in den Beirat für den islamischen Religionsunterricht entsenden – allerdings behält sich das Land Mitsprache bei der Benennung der Hälfte der Mitglieder des Beirats gesetzlich vor (§ 132 a des Schulgesetzes NRW). Bayern schließlich hat

---

29 http://www.hamburg.de/pressearchiv-fhh/3551764/2012-08-14-sk-vertrag/. Zugegriffen: 20. April 2016.
http://www.welt.de/print/die_welt/hamburg/article112791784/Staatsvertrag-mit-Muslimen-in-Bremen.html. Zugegriffen: 20. April 2016.
30 http://www.nwzonline.de/politik/niedersachsen/cdu-keine-mehrheit-fuer-islam-vertrag_a_6,1,2065690613.html. Zugegriffen: 20. April 2016.
31 https://kultusministerium.hessen.de/schule/weitere-themen/bekenntnisorientierter-islamischer-religionsunterricht. Zugegriffen: 20. April 2016.

einen „Islamischen Unterricht in staatlicher Verantwortung" mit dem Ziel „staatlich kontrollierte[r] Aufklärung" ohne Einbindung muslimischer Verbände eingeführt.[32]

Über nicht wenigen dieser Ansätze schwebt das Damoklesschwert der Verfassungswidrigkeit, was den handelnden Akteuren mitunter deutlich bewusst ist (Bündnis 90/Die Grünen Bundestagsfraktion 2012, S. 4f.). Auch die übrigen Kooperationen zwischen Staat und einzelnen Verbänden verhindern nicht, dass andere Verbände ähnliche Rechte einfordern – zumal das Grundgesetz die „Freiheit der Vereinigung zu Religionsgesellschaften" garantiert (Art. 140 i. V. m. Art. 137 WRV). Die Situation des Judentums in Deutschland, bei dem eine Einheitsvertretung auf Bundes- und mitunter auf Landesebene auf Dauer nicht zu halten war (Katlewski 2002, S. 123 ff.), sollte ein mahnendes Beispiel sein. Auch die Anerkennung der Ahmadiyya als Religionsgemeinschaft und Körperschaft des öffentlichen Rechts in Hessen verhindert einen Einheitsislam in Deutschland. Dies wird von der Politik noch unzureichend berücksichtigt (vgl. auch Azzaoui 2011, S. 273f.).

6 Zusammenfassung

Die heutigen politischen und wissenschaftlichen Diskussionen sind nur schwer vorstellbar, wäre der Kontext des Islam nicht gegeben. Die konzeptionelle Re-Formation von Religionspolitik vollzog sich vor dem Hintergrund als gefährlich empfundener ‚Sekten' und eben des Islam. Die zahlenmäßig weitaus schneller zunehmenden Konfessionslosen fallen hingegen kaum ins Gewicht. Zwar wurde nach kurzer Zeit auch das Verhältnis von Staat und Religion in Deutschland insgesamt grundsätzlich diskutiert, aber die religionspolitischen Entscheidungen der letzten 25 Jahre zeigen deutlich, dass die etablierten Gemeinschaften (römisch-katholische Kirche, evangelische Landeskirchen, mehrere jüdische Gemeinschaften) dadurch nicht in Mitleidenschaft gezogen werden. Islamische Gemeinschaften, der Humanistische Verband, Jehovas Zeugen und andere scheinen religionspolitisch von der Pluralisierung hingegen weit weniger profitieren zu können. Die einflussreichsten neuen religionspolitischen Kräfte sind keine Vertreter der Vielfalt, sondern Opponenten einer Religion: nämlich Islamkritik und Islamophobie. Die im Kern fehlgehende Fixierung auf den Islam als Problem und Gefahr führt zu einer Religionspolitik, die als Integrations- und Sicherheitspolitik nur scheitern kann – wenn sie nicht sogar schadet. Die tatsächlichen Auswirkungen religionspolitischer Maßnahmen

---

32 http://www.km.bayern.de/allgemein/meldung/3200/bayern-geht-beim-islamunterricht-seinen-eigenen-weg-weiter.html. Zugegriffen: 20. April 2016.

sind hingegen weitgehend unerforscht. Recht deutlich erscheint jedoch bereits das Ergebnis der gleichermaßen verzweifelten wie zweifelhaften Suche des Staates nach einem einheitlichen Repräsentanten der Muslime in Deutschland zu sein: Sie hat nicht zu mehr Einheitlichkeit, sondern zu einer Pluralisierung teillegitimierter Kooperationspartner geführt.

Literatur

Abromeit, Heidrun und Göttrik Wewer (Hrsg.). 1989. *Die Kirchen und die Politik. Beiträge zu einem ungeklärten Verhältnis*. Opladen: Westdeutscher Verlag.

Alvarez Cineira, David. 1999. *Die Religionspolitik des Kaisers Claudius und die paulinische Mission*. Freiburg im Breisgau: Herder.

Azzaoui, Mounir. 2011. Muslimische Gemeinschaften in Deutschland zwischen Religionspolitik und Religionsverfassungsrecht. Schieflagen und Perspektiven. In *Politik und Islam*, hrsg. Hendrik Meyer und Klaus Schubert, 247–276. Wiesbaden: VS Verlag für Sozialwissenschaften.

Bade, Klaus J. 2006. Integration und Politik – aus der Geschichte lernen? Aus Politik und Zeitgeschichte: 3–6.

Bader, Veit. 2007. The Governance of Islam in Europe. The Perils of Modelling. *Journal of Ethnic and Migration Studies* 33 (6): 871–886. doi: 10.1080/13691830701432723.

Bauer, Michael und Arik Platzek. 2015. *Gläserne Wände. Bericht zur Benachteiligung nichtreligiöser Menschen in Deutschland*. Berlin: Humanistischer Verband Deutschlands.

Bäumer, Remigius. 1983. Die Religionspolitik Karls V. im Urteil der Lutherkommentare des Johannes Cochlaeus. In *Politik und Konfession. Festschrift für Konrad Repken zum 60. Geburtstag*, hrsg. Dieter Albrecht, 31–47. Berlin: Duncker & Humblot.

Beilschmidt, Theresa. 2016. Transnationale Bindungen im Wandel. DİTİB zwischen Herkunftsstaatsorientierung, Kooperationserwartungen und lokaler Vernetzung in Deutschland. In Staat und Islam. Interdisziplinäre Perspektiven, hrsg. Uwe Hunger und Schröder Nils Johann, 223–243. Wiesbaden: Springer VS.

Beyreuther, Erich. 1975. Halle und die Herrnhuter in den Rezensionen der Göttingischen Zeitungen von gelehrten Sachen auf dem Hintergrund niedersächsischer Religionspolitik zwischen 1739 und 1760. *Gesellschaft für Niedersächsische Kirchengeschichte* 73: 109–134.

Blätte, Andreas. 2011. Islamische Verbände in verbandsökonomischer Perspektive. Begrenzte staatliche Formung durch endogene Ressourcenbildung. In *Politik und Islam*, hrsg. Hendrik Meyer und Klaus Schubert, 219–246. Wiesbaden: VS Verlag für Sozialwissenschaften.

Bociurkiw, Bohdan R. 1986. *Historische Perspektive der sowjetischen Religionspolitik in der Ukraine*. Bern: Ukrainisches Komitee 1000 Jahre Christentum in der Ukraine.

Borcke, Astrid von. 1986. *Sowjetische Religionspolitik und die Rolle der Staatssicherheit. Ein Paradigma kommunistischer Gesellschaftspolitik*. Köln: Bundesinstitut für Ostwissenschaftliche und Internationale Studien.

Böttcher, Annabelle. 1998. *Syrische Religionspolitik unter Asad*. Freiburg/Breisgau: ABI.

Braun, Hans Jürg, Erich Bryner, und Norbert Meienberger. 1985. *Religionskritik und Religionspolitik bei Marx, Lenin, Mao*. Zürich: Theologischer Verlag Zürich.

Buchheim, Hans. 1991. Religion und Politik. Einige systematische Überlegungen. In *Religion und Politik in einer säkularisierten Welt*, hrsg. Erhard Forndran, 65–75. Baden-Baden: Nomos.

Bundeskriminalamt, Bundesamt für Verfassungsschutz, und Hessisches Informations- und Kompetenzzentrum gegen Extremismus. 2015. *Analyse der Radikalisierungshintergründe und -verläufe der Personen, die aus islamistischer Motivation aus Deutschland in Richtung Syrien oder Irak ausgereist sind. Fortschreibung 2015*.

Bündnis 90/Die Grünen Bundestagsfraktion. 2012. *Grüne Roadmap zur Gleichstellung und rechtlichen Integration des Islam in Deutschland. Fraktionsbeschluss vom 26.6.2012*.

Busch, Reinhard und Gabriel Goltz. 2011. Die Deutsche Islam Konferenz – Ein Übergangsformat für die Kommunikation zwischen Staat und Muslimen in Deutschland. In *Politik und Islam*, hrsg. Hendrik Meyer und Klaus Schubert, 29–46. Wiesbaden: VS Verlag für Sozialwissenschaften.

Çakır, Naime. 2016. PEGIDA: Islamfeindlichkeit aus der Mitte der Gesellschaft. In *Die Alternative für Deutschland. Programmatik, Entwicklung und politische Verortung*, hrsg. Alexander Häusler, 149–162. Wiesbaden: Springer VS.

Campenhausen, Axel von und Heinrich de Wall. 2006. *Staatskirchenrecht. Eine systematische Darstellung des Religionsverfassungsrechts in Deutschland und Europa; ein Studienbuch*. München: Beck.

CDU und CSU. 2002. Leistung und Sicherheit – Zeit für Taten. Regierungsprogramm 2002/2006 von CDU und CSU. http://www.hss.de/fileadmin/migration/downloads/BTW_2002-09-22_01.pdf. Zugegriffen: 28. März 2016.

Ceylan, Rauf. 2014. *Cultural Time Lag. Moscheekatechese und islamischer Religionsunterricht Im Kontext von Säkularisierung*. Wiesbaden: Springer VS.

Chbib, Raida. 2011. Einheitliche Repräsentation und muslimische Binnenvielfalt. Eine datengestützte Analyse der Institutionalisierung des Islam in Deutschland. In *Politik und Islam*, hrsg. Hendrik Meyer und Klaus Schubert, 87–112. Wiesbaden: VS Verlag für Sozialwissenschaften.

Colpe, Carsten. 1996. „Civilitas Graeca" und „Eupistia Hellenike". Kennworte zur Religionspolitik des Kaisers Julian. In *Stimuli. Exegese und ihre Hermeneutik in Antike und Christentum. Festschrift für Ernst Dassmann*, hrsg. Georg Schöllgen, 308–328. Münster, Westfalen: Aschendorff.

Czada, Roland. 2001. Legitimation durch Risiko – Gefahrenvorsorge und Katastrophenschutz als Staatsaufgaben. In *Politik und Technik. Analysen zum Verhältnis von technologischem, politischem und staatlichem Wandel am Anfang des 21. Jahrhunderts*, hrsg. Georg Simonis, Renate Martinsen, und Thomas Saretzki, 319–345. Wiesbaden: Westdeutscher Verlag.

Czada, Roland. 2002. Demokratietypen, institutionelle Dynamik und Interessenvermittlung: Das Konzept der Verhandlungsdemokratie. In *Vergleichende Regierungslehre. Eine Einführung*, hrsg. Hans-Joachim Lauth, 292–318. Wiesbaden: Westdeutscher Verlag.

Czada, Roland. 2003. Der „selektive Korporatismus" als institutionelles Arrangement. In *Formen und Felder politischer Intervention. Zur Relevanz von Staat und Steuerung. Festschrift für Josef Esser*, hrsg. Sonja Buckel, Regina-Maria Dackweiler, und Ronald Noppe, 69–87. Münster: Westfälisches Dampfboot.

Czada, Roland. 2010. Politische und gesellschaftliche Rahmenbedingungen einer staatlichen Imamausbildung. In *Imamausbildung in Deutschland. Islamische Theologie im Europäischen Kontext*, hrsg. Bülent Ucar, 81–86. Göttingen: V & R Unipress.

Czada, Roland. 2011. Staatliche Integrationspolitik und gesellschaftlicher Pluralismus. In *Pluralismus – Strategien – Entscheidungen*, hrsg. Nils C. Bandelow und Simon Hegelich, 151–167. Wiesbaden: VS Verlag für Sozialwissenschaften.

Czermak, Gerhard. 1995. Der Kruzifix-Beschluß des Bundesverfassungsgerichts, seine Ursachen und seine Bedeutung. *Neue Juristische Wochenschrift* (51): 3348–3353.

Czermak, Gerhard. 2008. *Religions- und Weltanschauungsrecht. Eine Einführung. In Kooperation mit Prof. Dr. Dr. Hilgendorf*. Berlin: Springer.

Darwisch, Kinan. 2013. *Islamischer Religionsunterricht in Deutschland. Darstellung und Analyse der islamischen Unterrichtsprojekte*. Marburg: Tectum.

Deutscher Bundestag. 1998. *BT-Drs. 13/10950. Endbericht der Enquete-Kommission „Sogenannte Sekten und Psychogruppen"*. Berlin.

Diehl, Claudia und Matthias Koenig. 2011. Religiosität und Geschlechtergleichheit – Ein Vergleich türkischer Immigranten mit der deutschen Mehrheitsbevölkerung. In *Politik und Islam*, hrsg. Hendrik Meyer und Klaus Schubert, 191–215. Wiesbaden: VS Verlag für Sozialwissenschaften.

Diesner, Hans Joachim. 1967. *Die Auswirkungen der Religionspolitik Thrasamunds und Hilderichs auf Ostgoten und Byzantiner*. Berlin: Akademie Verlag.

Doering-Manteuffel, Anselm. 1999. Religionspolitik im Kalten Krieg. Die Bedeutung des Militärseelsorge-Vertrags von 1957 in der antagonistischen Gesellschaftsstruktur der Bundesrepublik und der DDR. In *Religionspolitik in Deutschland. Von der Frühen Neuzeit bis zur Gegenwart. Martin Greschat zum 65. Geburtstag*, hrsg. Anselm Doering-Manteuffel und Kurt Nowak, 261–272. Stuttgart: Kohlhammer.

Dziri, Bacem. 2011. Chancen muslimischer Jugendarbeit gegen Radikalisierung. In *Imame und Frauen in Moscheen im Integrationsprozess. Gemeindepädagogische Perspektiven*, hrsg. Michael Borchard, Rauf Ceylan, Martina Blasberg-Kuhnke, Bülent Ucar, Arnulf von Scheliha, und Andreas Pott, 171–190. Göttingen: V & R Unipress.

Eicken, Joachim und Ansgar Schmitz-Veltin. 2010. Die Entwicklung der Kirchenmitglieder in Deutschland. Statistische Anmerkungen zu Umfang und Ursachen des Mitgliederrückgangs in den beiden christlichen Volkskirchen. *Wirtschaft und Statistik* (6): 576–589.

Ellwein, Thomas. 1956. *Klerikalismus in der deutschen Politik*. München: Isar Verlag.

Enßlin, Wilhelm. 1953. *Die Religionspolitik des Kaisers Theodosius des Großen*. München: Verlag der Bayerischen Akademie der Wissenschaften.

FDP. 2002. Bürgerprogramm 2002. Programm der FDP zur Bundestagswahl 2002. https://www.fdp.de/files/653/Buergerprogramm2002i.pdf. Zugegriffen: 28. März 2016.

Fincke, Andreas. 2002. *Freidenker – Freigeister – Freireligiöse. Kirchenkritische Organisationen in Deutschland seit 1989*. Berlin: Evangelische Zentralstelle für Weltanschauungsfragen.

Fincke, Andreas (Hrsg.). 2004. *Woran glaubt, wer nicht glaubt? Lebens- und Weltbilder von Freidenkern, Konfessionslosen und Atheisten in Selbstaussagen*. Berlin.

fowid. 2005. Religionszugehörigkeit Bundesländer, 1950–2003. http://fowid.de/fileadmin/datenarchiv/Religionszugehoerigkeit_Bundeslaender%2C%201950-2003.pdf. Zugegriffen: 6. August 2008.

fowid. 2009. Religionszugehörigkeit, Deutschland, Bevölkerung. http://fowid.de/fileadmin/datenarchiv/Religionszugehoerigkeit_Bevoelkerung__1950-2008.pdf. Zugegriffen: 3. November 2009.

fowid. 2014a. Religionszugehörigkeit Bevölkerung Deutschland. http://fowid.de/fileadmin/datenarchiv/Religionszugehoerigkeit/Religionszugehoerigkeit_Bevoelkerung_Deutschland_2014.pdf. Zugegriffen: 5. April 2016.

fowid. 2014b. Religionszugehörigkeit Bundesländer. http://fowid.de/fileadmin/datenarchiv/Religionszugehoerigkeit/Reli_zugehoerigkeit_Bundeslaender_02_04_11.pdf.

Fox, Jonathan und Yasemin Akbaba. 2013. Securitization of Islam and religious discrimination. Religious minorities in Western democracies, 1990–2008. *Comparative European Politics* 13 (2): 175–197. doi: 10.1057/cep.2013.8.

Frerk, Carsten. 2005. *Caritas und Diakonie in Deutschland*. Mit einem Vorwort von Johannes Neumann. Aschaffenburg: Alibri.

Frey, Martin. 1989. *Untersuchungen zur Religion und zur Religionspolitik des Kaisers Elagabal*. Stuttgart: Steiner.

Gestring, Norbert. 2011. Parallelgesellschaft, Ghettoisierung und Segregation – Muslime in deutschen Städten. In *Politik und Islam*, hrsg. Hendrik Meyer und Klaus Schubert, 168–190. Wiesbaden: VS Verlag für Sozialwissenschaften.

Gill, Anthony. 2008. *The Political Origins of Religious Liberty*. Cambridge: Cambridge University Press.

Gill, Anthony und Erik Lundsgaarde. 2004. State Welfare Spending and Religiosity. A Cross-National Analysis. *Rationality and Society* 16 (4): 399–436.

Gladkirch, Anja und Gert Pickel. 2013. Politischer Atheismus – Der „neue" Atheismus als politisches Projekt oder Abbild empirischer Realität? In *Religion und Politik im vereinigten Deutschland. Was bleibt von der Rückkehr des Religiösen?*, hrsg. Gert Pickel und Oliver Hidalgo, 137–163. Wiesbaden: Springer VS.

Glassen, Erika. 1981. *Der mittlere Weg. Studien zur Religionspolitik und Religiosität der späteren Abbasiden-Zeit*. Wiesbaden: Steiner.

Halm, Dirk. 2008. *Der Islam als Diskursfeld. Bilder des Islams in Deutschland*. Wiesbaden: VS Verlag für Sozialwissenschaften.

Harding, Leonhard. 1972. *Französische Religionspolitik in Westafrika. „Soudan Français" 1895–1920*. Berlin.

Hasse, Hans-Peter. 2000. *Zensur theologischer Bücher in Kursachsen im konfessionellen Zeitalter. Studien zur kursächsischen Literatur- und Religionspolitik in den Jahren 1569 bis 1575*. Leipzig: Evangelische Verlagsanstalt.

Haug, Sonja, Stephanie Müssig, und Anja Stichs. 2009. *Muslimisches Leben in Deutschland*. Nürnberg: Bundesamt für Migration und Flüchtlinge.

Häusler, Alexander. 2016. Ausblick. In *Die Alternative für Deutschland. Programmatik, Entwicklung und politische Verortung*, hrsg. Alexander Häusler, 239–245. Wiesbaden: Springer VS.

Heinig, Hans Michael. 2010. Was sind die rechtlichen Vorgaben für eine Imamausbildung? In *Imamausbildung in Deutschland. Islamische Theologie im Europäischen Kontext*, hrsg. Bülent Ucar, 49–58. Göttingen: V & R Unipress.

Helbling, Marc und Richard Traunmüller. 2016. How State Support of Religion Shapes Attitudes Toward Muslim Immigrants. New Evidence From a Sub-National Comparison. *Comparative Political Studies* 49 (3): 391–424.

Henkel, Reinhard. 2001. *Atlas der Kirchen und der anderen Religionsgemeinschaften in Deutschland. Eine Religionsgeographie*. Stuttgart: Kohlhammer.

Herrmann, Hans-Walter. 1985. Die Religionspolitik König Ludwig XIV. in den eroberten linksrheinischen Reichsgebieten. *Blätter für pfälzische Kirchengeschichte* 52: 17–44.

Herzig, Arno. 2005. *Jüdische Geschichte in Deutschland. Von den Anfängen bis zur Gegenwart.* Bonn: Bundeszentrale für Politische Bildung.
Hotz, Robert. 1986. Religionspolitik. In *Sozialistische Systeme. Politik, Wirtschaft, Gesellschaft*, hrsg. Klaus Ziemer. München: Piper.
Ipsen, Jörn. 2011. 60 Jahre Niedersächsische Verfassung. Anmerkungen zu einem wenig beachteten Jubiläum. *Niedersächsische Verwaltungsblätter* 18 (5): 121–125.
Kaiser, Jochen-Christoph. 1999. Zwischen Ideologie und Pragmatik. Zu den historischen Voraussetzungen der Religionspolitik von KPD und SED. In *Religionspolitik in Deutschland. Von der Frühen Neuzeit bis zur Gegenwart.* Martin Greschat zum 65. Geburtstag, hrsg. Anselm Doering-Manteuffel und Kurt Nowak, 241–260. Stuttgart: Kohlhammer.
Katlewski, Heinz-Peter. 2002. *Judentum im Aufbruch. Von der neuen Vielfalt jüdischen Lebens in Deutschland, Österreich und der Schweiz.* Berlin: Jüdische Verlagsanstalt.
Keil, Volkmar. 1995. *Quellensammlung zur Religionspolitik Konstantins des Grossen.* Darmstadt: Wissenschaftliche Buchgesellschaft.
Kerber, Markus. 2010. Furthering Muslim Self-Organisation. The Task of the German Islam Conference. In *Muslim Organisations and the State. European Perspectives*, hrsg. Axel Kreienbrink und Mark Bodenstein, 69–72. Nürnberg: Bundesamt für Migration und Flüchtlinge.
King, Michael und Donald M. Taylor. 2011. The Radicalization of Homegrown Jihadists. A Review of Theoretical Models and Social Psychological Evidence. *Terrorism and Political Violence* 23 (4): 602–622. doi: 10.1080/09546553.2011.587064.
Kischkowsky, Alexander. 1957. *Die sowjetische Religionspolitik und die Russische orthodoxe Kirche.* München: Institut zur Erforschung der UdSSR.
Knecht, August. 1896. *Die Religions-Politik Kaiser Justinians I. Eine kirchengeschichtliche Studie.* Würzburg: Göbel.
Knoblauch, Hubert. 1999. *Religionssoziologie.* Berlin: De Gruyter.
Knüppel, Michael. 1996. *Die Türkisch-Orthodoxe Kirche. Ein Beitrag zur türkischen Religionspolitik.* Göttingen: Pontus.
Köhler, Hans-Joachim. 1975. *Obrigkeitliche Konfessionsänderung in Kondominaten. Eine Fallstudie über ihre Bedingungen und Methoden am Beispiel der Baden-Badischen Religionspolitik unter der Regierung Markgraf Wilhelms (1622–1677).* Münster: Aschendorff.
Koslowski, Peter und Elisabeth Michels. 1999. *Religionspolitik zwischen Cäsaropapismus und Atheismus. Staat und Kirche in Rußland von 1825 bis zum Ende der Sowjetunion.* München: Fink.
Krosigk, Constanze von. 2000. *Der Islam in Frankreich. Laizistische Religionspolitik von 1974 bis 1999.* Hamburg: Kovac.
Lacorne, Denis. 2011. *Religion in America. A political history.* New York: Columbia University Press.
Laurence, Jonathan. 2012. *The Emancipation of Europe's Muslims. The State's Role in Minority Integration.* Princeton: Princeton University Press.
Leggewie, Claus. 2003. Kirche oder Sekte? Muslime in Deutschland und in den USA. In *Politik und Religion*, hrsg. Michael Minkenberg und Ulrich Willems, 164–183. Wiesbaden: Westdeutscher Verlag.
Lehmann, Hartmut. 1999. Endzeitszenarien als Alternativen zur absolutistischen Religions- und Kirchenpolitik. In *Religionspolitik in Deutschland. Von der Frühen Neuzeit bis zur Gegenwart.* Martin Greschat zum 65. Geburtstag, hrsg. Anselm Doering-Manteuffel und Kurt Nowak, 67–74. Stuttgart: Kohlhammer.

Li, Narangoa. 1998. *Japanische Religionspolitik in der Mongolei 1932–1945. Reformbestrebungen und Dialog zwischen japanischem und mongolischem Buddhismus*. Wiesbaden: Harrassowitz.

Liebl, Anna Elisabet. 2014. *Parteien und Religionspolitik im Kooperationsmodell der Bundesrepublik Deutschland*. München: Utz.

Liedhegener, Antonius. 2006. Politischer Katholizismus in der Bundesrepublik Deutschland heute: ein relevanter Faktor? In *Katholiken in den USA und Deutschland. Kirche, Gesellschaft und Politik*, hrsg. Wilhelm Damberg und Antonius Liedhegener. Münster: Aschendorff.

Liedhegener, Antonius. 2008. Religionsfreiheit und die neue Religionspolitik. Mehrheitsentscheide und ihre Grenzen in der bundesdeutschen Demokratie. *Zeitschrift für Politik* 55 (1): 84–107.

Liedhegener, Antonius. 2014a. Das Feld der „Religionspolitik" – ein explorativer Vergleich der Bundesrepublik Deutschland und der Schweiz seit 1990. *Zeitschrift für Politik*: 182–208. doi: 10.5771/0044-3360-2014-2-182.

Liedhegener, Antonius. 2014b. „Religionspolitik" in Deutschland im europäischen Kontext. *Zeitschrift für Politik* 61 (2): 123–135. doi: 10.5771/0044-3360-2014-2-123.

Lijphart, Arend. 1971. Comparative Politics and Comparative Method. *The American Political Science Review* 65 (3): 682–693.

Lottes, Günther. 1999. Religionspolitik im Zeichen herrschaftlicher Stärke. Die Wetzlarer Simultaneen in der konfessionsrechtlichen Landschaft des Alten Reiches. In *Religionspolitik in Deutschland. Von der Frühen Neuzeit bis zur Gegenwart*. Martin Greschat zum 65. Geburtstag, hrsg. Anselm Doering-Manteuffel und Kurt Nowak, 51–66. Stuttgart: Kohlhammer.

Ludolphy, Ingetraut. 1965. *Die Voraussetzungen der Religionspolitik Karls V*. Berlin.

Lyons-Padilla, Sarah, Michele J. Gelfand, Hedieh Mirahmadi, Mehreen Farooq, und Marieke van Egmond. 2015. Belonging Nowhere: Marginalization & Radicalization Risk among Muslim Immigrants. *Behavioral Science & Policy* 1 (2): 1–12.

McCleary, Rachel M. 2011. The Economics of Religion as a Field of Inquiry. In *The Oxford Handbook of the Economics of Religion*, hrsg. Rachel M. McCleary, 3–36. New York: Oxford University Press.

Mordek, Hubert und Michael Glatthaar. 1993. Von Wahrsagerinnen und Zauberern. Ein Beitrag zur Religionspolitik Karls des Großen. *Archiv für Kulturgeschichte* 75: 33–64.

Nève, Dorothée de. 2013. Islamophobie in Deutschland und Europa. In *Religion und Politik im vereinigten Deutschland. Was bleibt von der Rückkehr des Religiösen?*, hrsg. Gert Pickel und Oliver Hidalgo, 195–220. Wiesbaden: Springer VS.

Obál, Béla. 1910. *Die Religionspolitik in Ungarn nach dem Westfälischen Frieden während der Regierung Leopold I*. Halle/Saale: Anton.

Paff, Steven und Anthony Gill. 2006. Will a Million Muslims March? Muslim Interest Organizations and Political Integration in Europe. *Comparative Political Studies* 39 (7): 803–828.

Pfaff, Steven. 2011. Religion Under Communism. State Regulation, Atheist Competition, and the Dynamics of Supply and Demand. In *The Oxford Handbook of the Economics of Religion*, hrsg. Rachel M. McCleary, 235–255. New York: Oxford University Press.

Pfetsch, Frank R. 1990. *Ursprünge der Zweiten Republik. Prozesse der Verfassungsgebung in den Westzonen und in der Bundesrepublik*. Opladen: Westdeutscher Verlag.

Pickel, Gert. 2014. Religiöser Wandel als Herausforderung an die deutsche politische Kultur. Religiöse Pluralisierung und Säkularisierung als Auslöser einer (neuen) Religionspolitik? *Zeitschrift für Politik*: 136–159. doi: 10.5771/0044-3360-2014-2-136.

Pollack, Detlef. 2014a. Grenzen der Toleranz: Deutschlands Plädoyer für die Ungleichbehandlung von Religionsgemeinschaften. In *Grenzen der Toleranz. Wahrnehmung und Akzeptanz religiöser Vielfalt in Europa*, hrsg. Detlef Pollack, Olaf Müller, Gergely Rosta, Nils Friedrichs, und Alexander Yendell, 35–46. Wiesbaden: Springer VS.

Pollack, Detlef. 2014b. Wahrnehmung und Akzeptanz religiöser Vielfalt in ausgewählten Ländern Europas. Erste Beobachtungen. In *Grenzen der Toleranz. Wahrnehmung und Akzeptanz religiöser Vielfalt in Europa*, hrsg. Detlef Pollack, Olaf Müller, Gergely Rosta, Nils Friedrichs, und Alexander Yendell, 14–34. Wiesbaden: Springer VS.

Pollack, Detlef und Olaf Müller. 2013. *Religionsmonitor. Religiosität und Zusammenhalt in Deutschland*. Gütersloh: Bertelsmann Stiftung.

Rabe, Horst. 1971. *Reichsbund und Interim. Die Verfassungs- und Religionspolitik Karls V. und der Reichstag von Augsburg 1547-1548*. Köln: Böhlau.

Radbruch, Gustav. 1993. *Justiz, Bildungs- und Religionspolitik*. Heidelberg: Müller.

REMID. 2016. Religionen & Weltanschauungsgemeinschaften in Deutschland: Mitgliederzahlen. http://remid.de/info_zahlen/. Zugegriffen: 1. April 2016.

Rosenow, Kerstin und Matthias Kortmann. 2011. Die muslimischen Dachverbände und der politische Islamdiskurs in Deutschland im 21. Jahrhundert: Selbstverständnis und Strategien. In *Politik und Islam*, hrsg. Hendrik Meyer und Klaus Schubert, 47–86. Wiesbaden: VS Verlag für Sozialwissenschaften.

Roth, Paul. 1990. *5 Jahre Religions- und Kirchenpolitik unter Gorbatschow*. München, Luzern, Wien, Brixen: Kirche in Not/Ostpriesterhilfe.

Ruhbach, Gerhard. 1973. Die Religionspolitik Friedrich Wilhelms III. von Preußen. In *Bleibendes im Wandel der Kirchengeschichte*, hrsg. Bernd Moeller und Gerhard Ruhbach, 307–330. Tübingen: Mohr Siebeck.

Schachermeyr, Fritz. 1968. *Religionspolitik und Religiosität bei Perikles. Voruntersuchungen zu einer Monographie über Perikles und seine Zeit*. Wien: Böhlau.

Schieder, Rolf. 2007. Die Zivilisierung der Religionen als Ziel staatlicher Religionspolitik? *Aus Politik und Zeitgeschichte* (6): 17–24.

Schirrmeister, Benno. 2016. Muslime verstören durch Demokratie. Staatsvertragskrise. *Die Tageszeitung*.

Schmidt, Heinrich Richard. 1986. *Reichsstädte, Reich und Reformation. Korporative Religionspolitik 1521-1529/30*. Stuttgart: Steiner.

Schoenebeck, Hans von. 1962. *Beiträge zur Religionspolitik des Maxentius und Constantin*. Aalen: Scientia.

Schubert, Hans von. 1910. *Bekenntnisbildung und Religionspolitik 152930 (1524-1534). Untersuchungen und Texte*. Gotha: Perthes.

Schubert, Klaus und Hendrik Meyer. 2011. Politik und Islam in Deutschland. Aktuelle Fragen und Stand der Forschung. In *Politik und Islam*, hrsg. Hendrik Meyer und Klaus Schubert, 11–26. Wiesbaden: VS Verlag für Sozialwissenschaften.

Sekretariat der Deutschen Bischofskonferenz. 2015. *Zahlen und Fakten 2014/15. Katholische Kirche in Deutschland*. Bonn.

Selinger, Reinhard. 1994. *Die Religionspolitik des Kaisers Decius. Anatomie einer Christenverfolgung*. Frankfurt/Main: Peter Lang.

Senatsverwaltung für Finanzen von Berlin. 2016. *Haushaltsplan von Berlin für die Haushaltsjahre 2016/2017. Band 3 – Einzelplan 03 (Regierende/r Bürgermeister/in)*. Berlin.

Şesan, Valerian. 1911. *Die Religionspolitik der christlich-römischen Kaiser*. Nachdruck 1973. Leipzig: Zentralantiquariat d. Dt. Demokrat. Republik.

Siegele-Wenschkewitz, Leonore. 1974. *Nationalsozialismus und Kirche. Religionspolitik von Partei und Staat bis 1935*. Düsseldorf: Droste.

Simon, Bernd, Frank Reichert, und Olga Grabow. 2013. When Dual Identity Becomes a Liability. Identity and Political Radicalism Among Migrants. *Psychological Science* 24 (3): 251–257. doi: 10.1177/0956797612450889.

Smarczyk, Bernhard. 1990. *Untersuchungen zur Religionspolitik und politischen Propaganda Athens im Delisch-Attischen Seebund*. München: Utz.

Speer, Sven W. 2010. Der Pan-Arabismus – eine gescheiterte Staatenübergreifende Idee? In *Kollektive Identitäten im Nahen und Mittleren Osten. Studien zum Verhältnis von Staat und Religion*, hrsg. Rüdiger Robert, Daniela Schlicht, und Shazia Saleem, 75–93. Münster: Waxmann.

Spotts, Frederic. 1976. *Kirchen und Politik in Deutschland*. Stuttgart: Deutsche Verlags-Anstalt.

Stockmeier, Peter. 1959. *Leo I. des Großen Beurteilung der kaiserlichen Religionspolitik*. München: Hueber.

Stoesser, Heinrich. 1965. *Der Gachnanger Handel 1610. Ein Beitrag zur Religionspolitik der Eidgenossenschaft*. Freiburg/Schweiz.

Stolleis, Michael. 1996. Eine neue Bilanz des Staatskirchenrechts. *Zeitschrift für evangelisches Kirchenrecht* 41: 435–442.

Stupperich, Robert. 1957. Die Religionspolitik Alexanders III. im Lichte der zeitgenössischen Publizistik. *Russland-Studien*: 97–108.

Sundgren, Nils. 1978. *Gottes Volk in der Sowjetunion. Ein Überblick über sechs Jahrzehnte sowjetischer Religionspolitik*. Witten: Bundes-Verlag.

Tezcan, Levent. 2003. Das Islamische in den Studien zu Muslimen in Deutschland. *Zeitschrift für Soziologie* 32 (3): 237–261.

Thielking, Kai Oliver. 2005. *Die Kirche als politischer Akteur. Kirchlicher Einfluss auf die Schul- und Bildungspolitik in Deutschland*. Baden-Baden: Nomos.

Thierfelder, Jörg. 1999. Religionspolitik in der Weimarer Republik. In *Religionspolitik in Deutschland. Von der Frühen Neuzeit bis zur Gegenwart. Martin Greschat zum 65. Geburtstag*, hrsg. Anselm Doering-Manteuffel und Kurt Nowak. Stuttgart: Kohlhammer.

Traunmüller, Richard. 2014. Nationale Pfadabhängigkeit oder internationale Konvergenz? Eine quantitativ-vergleichende Analyse religionspolitischer Entwicklungen in 31 europäischen Demokratien 1990-2011. *Zeitschrift für Politik* 61 (2): 160–181.

Traunmüller, Richard. 2015. Preaching to the Converted? Probleme politikwissenschaftlicher Theoriebildung im Zusammenhang von Religion und Politik. *Politische Vierteljahresschrift* (4): 672–681.

Turtur, Ludwig und Anna Lore Bühler. 1969. *Geschichte des protestantischen Dekanates und Pfarramtes München 1799–1852. Ein Beitrag zur bayerischen Religionspolitik des 19. Jahrhunderts*. München: Selbstverlag des Vereins für bayerische Kirchengeschichte.

Vorländer, Hans, Maik Herold, und Steven Schäller. 2016. *PEGIDA. Entwicklung, Zusammensetzung und Deutung einer Empörungsbewegung*. Wiesbaden: Springer Fachmedien Wiesbaden GmbH.

Wallmann, Johannes. 1995. Abraham Calov – theologischer Widerpart der Religionspolitik des großen Kurfürsten. In *700 Jahre Wittenberg. Stadt, Universität, Reformation*, hrsg. Stefan Oehmig, 303–312. Weimar: Böhlau.

Weber, Hermann. 2005. Das deutsche „Kooperationsmodell" von Staat und Amtskirchen in seinen Auswirkungen auf religiöse Pluralität und gelebte Religionsfreiheit. In *Politische Religion und Religionspolitik. Zwischen Totalitarismus und Bürgerfreiheit*, hrsg. Gerhard Besier und Hermann Lübbe, 325–342. Göttingen: Vandenhoeck & Ruprecht.

Wewer, Göttrik. 1989. Die großen Kirchen und das politische System der Bundesrepublik Deutschland. In *Die Kirchen und die Politik. Beiträge zu einem ungeklärten Verhältnis*, hrsg. Heidrun Abromeit und Göttrik Wewer, 49–87. Opladen: Westdeutscher Verlag.

Willems, Ulrich. 2001a. Bedingungen, Elemente und Effekte des politischen Handelns der Kirchen in der Bundesrepublik Deutschland. In *Verbände und Demokratie in Deutschland*, hrsg. Annette Zimmer und Bernhard Weßels, 77–105. Opladen: Leske + Budrich.

Willems, Ulrich. 2001b. Religionspolitik in der Bundesrepublik Deutschland 1945-1999. Die politische Regulierung der öffentlichen Stellung von Religion und Religionsgemeinschaften. In *Demokratie und Politik in der Bundesrepublik Deutschland 1949-1999*, hrsg. Ulrich Willems, 137–162. Opladen: Leske + Budrich.

Willems, Ulrich. 2001c. Säkularisierung des Politischen oder politikwissenschaftlicher Säkularismus? Zum disziplinären Perzeptionsmuster des Verhältnisses von Religion und Politik in gegenwärtigen Gesellschaften. In *Säkularisierung und Resakralisierung in westlichen Gesellschaften. Ideengeschichtliche und theoretische Perspektiven*, hrsg. Mathias Hildebrandt, Manfred Brocker, und Hartmut Behr, 215–240. Wiesbaden: Westdeutscher Verlag.

Willems, Ulrich. 2003. Religion als Privatsache? Eine kritische Auseinandersetzung mit dem liberalen Prinzip einer strikten Trennung von Politik und Religion. In *Politik und Religion*, hrsg. Michael Minkenberg und Ulrich Willems, 88–112. Wiesbaden: Westdeutscher Verlag.

Willems, Ulrich. 2004. Weltanschaulich neutraler Staat, christlich-abendländische Kultur und Laizismus. Zu Struktur und Konsequenzen aktueller religionspolitischer Konflikte in der Bundesrepublik. In *Religion und Politik. Zu Theorie und Praxis des theologisch-politischen Komplexes*, hrsg. Manfred Walther, 303–328. Baden-Baden: Nomos.

Willems, Ulrich. 2005. Status, Privileg und (vermeintlicher) Vorteil. Überlegungen zu den Auswirkungen asymmetrischer religionspolitischer Arrangements auf die politische Rolle von Religionsgemeinschaften und die Durchsetzung religiöser Interessen. In *Die verrechtlichte Religion. Der Öffentlichkeitsstatus von Religionsgemeinschaften*, hrsg. Hans G. Kippenberg und Gunnar Folke Schuppert, 157–185. Tübingen: Mohr Siebeck.

Willems, Ulrich. 2008. Reformbedarf und Reformfähigkeit der Religionspolitik in Deutschland. *Zeitschrift für Politik* 55 (1): 64–83.

Willms, Gerald. 2012. *Die wunderbare Welt der Sekten. Von Paulus bis Scientology*. Göttingen: Vandenhoeck & Ruprecht.

Wittlif, Alex. 2014. *Wie viele Muslime leben in Deutschland? Einschätzungsmuster von Personen mit und ohne Migrationshintergrund*. Berlin: Sachverständigenrat deutscher Stiftungen für Integration und Migration.

Witz, Cornelia. 1985. *Religionspolitik in Britisch-Indien 1793-1813. Christliches Sendungsbewußtsein und Achtung hinduistischer Tradition im Widerstreit*. Stuttgart: Steiner.

Wojciechowski, Mieczyslaw. 1999. Nationalsozialistische Religionspolitik und der Kirchenkampf in Deutschland in den Jahren 1933-1939 im Urteil der polnischen Kirchenpresse.

In *Religionspolitik in Deutschland. Von der Frühen Neuzeit bis zur Gegenwart*. Martin Greschat zum 65. Geburtstag, hrsg. Anselm Doering-Manteuffel und Kurt Nowak, 215–221. Stuttgart: Kohlhammer.

Yendell, Alexander. 2014. Warum die Bevölkerung Ostdeutschlands gegenüber Muslimen ablehnender eingestellt ist als die Bevölkerung Westdeutschlands. In *Grenzen der Toleranz. Wahrnehmung und Akzeptanz religiöser Vielfalt in Europa*, hrsg. Detlef Pollack, Olaf Müller, Gergely Rosta, Nils Friedrichs, und Alexander Yendell, 59–78. Wiesbaden: Springer VS.

Zander, Helmut. 1998. Religionspolitik! *Merkur* 52 (7): 582–597.

Zypries, Brigitte. 2000. Zum religionspolitischen Konzept der Bundesregierung. In *Religionspolitik in der Bundesrepublik Deutschland. Konzepte der im Bundestag vertretenen politischen Parteien, der Bundesregierung, der evangelischen und katholischen Kirche*, hrsg. Leonore Siegele-Wenschkewitz, Friedrich Weber, und Karin Weintz, 57–71. Frankfurt/Main: Haag + Herchen.

III
Akademische und schulische Integration des Islam – Stand und Perspektiven

Die Etablierung der Islamischen Theologie
Institutionalisierung einer neuen Disziplin und die Entstehung einer muslimischen scientific community

Peter Antes und Rauf Ceylan

1 Einleitung: Die Entstehung einer deutsch-theologischen Elite und neue Chancen im Diskursfeld Islam

Der Islam in Deutschland erlebt in den letzten fünfzehn Jahren eine sehr ambivalente Entwicklung. Einerseits nimmt die Islamfeindlichkeit – wie in den meisten westlichen Gesellschaften mit einer muslimischen Minorität – zu, andererseits intensiviert sich die strukturelle Integration und Partizipation der Muslime sowie ihrer Organisationen. Zu den größten Meilensteinen in der strukturellen Integration zählen zweifelsfrei die Gründungen der Institute für Islamische Theologie, die entsprechend den Empfehlungen des Wissenschaftsrats in 2010 an den Standorten Tübingen, Münster/Osnabrück, Frankfurt/Gießen und Erlangen/Nürnberg gegründet wurden. Mit diesen Einrichtungen wird nicht nur der Integration und Anerkennung des Islam genüge getan, sondern zugleich entsteht eine muslimische scientific community.

Für die deutschen Muslime ist diese Akkumulation von theologischer Kompetenz eine wichtige Phase in ihrer Geschichte hierzulande. Erstens wird mit dieser muslimischen Intelligenz die sachliche Artikulation und adäquatere Repräsentation im Diskursfeld „Islam" ermöglicht. Bis dato haben in der Regel sogenannte „Islam-Experten" und muslimische Verbandsvertreter ohne theologische Qualifikationen sich zu religiösen Fragen geäußert. Zweitens fördert diese Wissenschaftsgemeinschaft eine „Intellektualisierung" des Islam, die hierzulande nach wie vor als „Arbeitsmigrations-Produkt" wahrgenommen wird. Es ist mittel- und langfristig zu erwarten, dass diese intellektuelle Repräsentanz sich auch auf das Bild des Islam allgemein auswirken wird. Drittens tragen die neuen Institute innerhalb der akademischen Strukturen zur Anerkennung und zur interdisziplinären Kooperation mit Disziplinen wie jüdischer und christlicher Theologien bei. Viertens können von dieser theologisch-muslimischen Gemeinschaft wichtige Impulse für alle westlichen Gesellschaften mit einer muslimischen Minorität ausgehen. Denn gegenwärtig nimmt Deutschland mit seinen vier großen Zentren für Islamische Theologie eine Vorreiterrolle in den westlichen Gesellschaften ein. Schließlich ist fünftens zu erwarten, dass mittel- bis langfristig gesehen, diese theologische Wissenschaftscommunity auch Impulse in die islamisch-geprägten Länder nehmen wird, indem sie mit den dortigen Wissenschaftsnetzwerken stärker kooperiert. Aufgrund des „Klimas der geistigen Denkfreiheit" hierzulande könnten fruchtbare theologische Diskurse initiiert werden, so dass der bisherige einseitige „Import" theologischer Gedanken aus den islamisch-geprägten Ländern sich hin zu einer Interaktion auf Augenhöhe wandeln könnte.

2 Zwischen Abhängigkeit und Emanzipation – der theologische Einfluss aus dem Ausland

Die theologischen Impulse und Einflüsse auf die muslimische Community in Deutschland wurden seit Beginn der Arbeitsmigration in den 1960er Jahren nur einseitig von islamisch-geprägten Herkunftsländern aus unternommen. Seit die muslimischen Pioniermigranten in Deutschland angekommen sind, haben infolge der engen Herkunftsorientierung dieser Personengruppe, ausländische Organisationen und islamisch geprägte Staaten durch unterschiedlichste Informations- und Kommunikationskanäle, über monetäre Leistungen sowie direkte religiöse Dienstleistungen Einfluss auf das religiöse Feld des Islam genommen (vgl. Schiffauer, S. 190ff.). Während in der ersten Phase der Migration die Muslime noch relativ autonom die ersten religiösen Strukturelemente legten, sollte ab den 1970er Jahren der ausländische Einfluss zunehmen. So kam es dann auch, dass religiöse Organisationen aus dem Ausland zunehmend in die Gemeindegründungen intervenierten und zu Segmentationsprozessen innerhalb der muslimischen Community führten (vgl. ebd.). Diese Spaltungen infolge der ausländischen Einflüsse können in vielen deutschen Stadtteilen der 1970er Jahre beobachtet werden, wie das an Duisburg-Hochfeld exemplifiziert werden kann, infolgedessen sich die dortige türkisch-muslimische Einheitsgemeinde auflöste:

> „Der Segmentationsprozess, der nach einer kurzen Phase der Orientierung an den Integrations- und Lebensproblemen im Aufnahmeland einsetzte, wurde in der Untersuchung am Beispiel des Moscheelebens dargestellt. Der Einfluss der religiös-politischen Gruppierungen aus dem Herkunftskontext der türkischstämmigen Migranten hat der Einheitsgemeinde im Stadtteil ein Ende bereitet. Anstatt sich bereits in dieser Phase

> der Aufnahmegesellschaft zu öffnen, orientierten sich die Migranten stärker an der Herkunftsgesellschaft. In der kurzen Phase der Einheitsgemeinde ist diese Orientierung noch nicht zu erkennen, da die erste Moschee primär eine Schutzfunktion übernahm. Mit der Zurückstellung der Rückkehrwünsche der Migranten ab der Phase der Familienzusammenführung ist zwar ein weiterer Schritt zur Niederlassung getan worden, doch die Rückkehrillusionen einerseits und die restriktive Ausländerpolitik auf der nationalen Ebene andererseits verhinderten eine stärkere Fokussierung auf das Aufnahmeland. In der ersten religiösen Einrichtung begannen die Politisierung und damit die Spaltung der Einheitsgemeinde nach politisch-religiösen Aspekten unmittelbar nach der Familienzusammenführung (Ceylan 2006, S. 250f.)."

Wie dem Zitat zu entnehmen ist, ist die deutsche Integrationspolitik mitverantwortlich für diese starke Herkunftsorientierung, weil den muslimischen Migranten keine längerfristige Perspektive in Deutschland gewährt wurde. Weder wurde in der deutschen Mehrheitsgesellschaft die Niederlassung der „Gastarbeiter" als Option gesehen, noch hat die Politik die zunehmende Einwanderungsrealität akzeptiert. Vielmehr ist die Leugnung dieser Realität bis Ende der 1990er Jahre feststellbar (vgl. Hans 2010, S. 30f.). Vor dem Hintergrund der fehlenden Niederlassungsperspektive wurden zwar die Grundlagen für religiöse Gemeinden gelegt, doch diese waren ideell und strukturell eng mit den Organisationen im Ausland verwickelt. Am offensichtlichsten ist diese Verwicklung der DITIB – der Türkisch-Islamischen Union für Religionsanstalten e. V. – mit der türkischen Religionsbehörde DIYANET. Mit der Aussendung von Imamen nach dem Rotationsverfahren in die deutschen DITIB-Gemeinden wird ihr Einfluss gewährleistet (vgl. Yasar 2012, S. 117ff.).

Aufgrund der fehlenden deutschen Integrationskonzepte hat daher auch die Entwicklung der muslimischen Community hierzulande jahrzehntelang im Spannungsverhältnis Herkunftsland und der allmählichen Integration in die deutschen religionspolitischen Strukturen stattgefunden. Daher konnte sich auch ein Diaspora-Islam erst in den 1990er Jahre entwickeln, das heißt also, dass nahezu drei Jahrzehnte seit den Anwerbeverträgen mit dem ersten islamisch-geprägten Land der Türkei in 1961, sich die muslimische Community auf die Entwicklung eines „deutschen Islam" konzentrieren konnte. Insgesamt ist im europäischen Kontext mit dem längeren Aufenthalt im Aufnahmeland ein „Diaspora-Bewusstsein" entstanden, das nach Chantal Saint-Blancat die europäischen Muslime „zu sozialen Akteuren der Innovation macht, deren Experimentierfeld der Umgang mit Pluralismus der Identitäten, die kulturelle Autonomie und der Eintritt in die Historizität darstellt" (2003, S. 176f.).

Diese verlorenen Jahrzehnte in der Integrationspolitik haben trotz des neuen „Diaspora-Bewusstseins" in Deutschland allerdings nicht nur dazu geführt, dass nicht nur kein deutschsprachiges Repertoire an islamischer Literatur, Imamen, Akademien usw. sich entwickeln konnte, sondern die hiesigen Muslime – insbesondere die junge Generation – sich bei religiösen Fragen an Gelehrten aus dem Ausland orientierten. Mit der Ausgestaltung des Internets ab den 1990er Jahren hat die visuelle Welt in der Theologie nochmals eine besondere Dimension erreicht. Problematisch an diesem „Fatwa-Import" ist die Tatsache, dass deutschlandunkundige Theologen über das Internet jungen Menschen religiöse Ratschläge erteilen, obwohl sie über deren Lebensverhältnisse keinerlei Informationen haben, wie das Beispiel vieler populärer Gelehrten wie Yusuf al-Qaradawi zeigt (vgl. Krämer 2006, 181ff.)

3 Die Empfehlungen des Wissenschaftsrats als Initiator für die Etablierung einer muslimischen Scientific Community

Der Umstand, dass in Deutschland keine deutschsprachigen bzw. nicht gut qualifizierte theologischen Referenzen für die muslimische Community existieren, hat bereits in der Öffentlichkeit zu Kontroversen geführt. Von nicht-muslimischer Seite wurde Kritik vor allem aus politischen bzw. integrationspolitischen Gründen ausgeübt. Der Einfluss von Staaten wie der Türkei über Imame wurde dabei besonders hervorgehoben. Parallel haben staatliche Institutionen den Dialog mit den Verbänden wie der DITIB – trotz der Vorbehalte – in den 1990er Jahren intensiviert und so einen Prozess des „Wandels durch Annäherung" initiiert (vgl. Gorzweski 2015, S. 317ff.).

Von muslimischer Seite wurde nicht nur die starke Herkunftsorientierung der islamischen Verbände und Gemeinden moniert, sondern auch die Qualifikation der Imame. Diese seien nicht ausreichend auf die religiösen und sozialen Herausforderungen der hiesigen muslimischen Community vorbereitet. Daher entsprächen sie den Bedürfnissen der Gläubigen, insbesondere der jungen Muslime nicht (vgl. Ceylan 2009). Für die dritte Säule in der religiösen Erziehung – den schulischen Religionsunterricht – wurden bereits Ende der 1990er und zu Beginn der 2000er Jahre, mit der sukzessiven Einführung von Schulversuchen zum Islamischen Religionsunterricht, Maßnahmen entwickelt. Neben den Moscheegemeinden sollten an Schulen ebenso religiöse Autoritäten in der Rolle der Religionslehrer entstehen, um muslimischen Schülerinnen und Schülern einen deutschsprachigen Islamunterricht anzubieten. Der Unterricht solle zudem die Mündigkeit der Lernenden in religiösen Fragen und die Dialogfähigkeit steigern (Kiefer/Mohr 2009).

Für die zweite Säule in der religiösen Erziehung und Bildung – den Gemeinden – wurden praktisch jahrzehntelang keinerlei Maßnahmen angeboten. Zwar liegt die Verantwortung für die Ausbildung und Einstellung von Imamen bei den Religionsgemeinschaften, doch infolge von geringen finanziellen Ressourcen waren die Verbände auf die Bezahlung der Imame aus dem Ausland angewiesen bzw. die Gemeinde bezahlte nur kleine Summen an diese Personen. Auf diese Herausforderungen wurden zunächst Deutsche Stiftungen aufmerksam und finanzierten aus dem eigenen Budget Weiterbildungsmaßnahmen. Begonnen hat das Goethe-Institut in der Türkei mit den ersten Sprach- und Kulturkursen, die seit 2002 jährlich angeboten werden. Ab 2006 startet eine weitere Deutsche Institution – die Konrad-Adenauer-Stiftung – mit einwöchigen Integrationskursen für Imame als Vorbereitung für ihren Dienst in Deutschland. Auch in der Forschung wurde die Frage der „Auslands-Imame" und ihre Rolle für die Moscheekatechese entdeckt, allerdings blieb dies auf wenige empirische Studien begrenzt (Ceylan 2014, S. 180ff.).

Die Intensivierung der Maßnahmen und die stärkere Aufmerksamkeit für Imame ist nur ein Indiz dafür, dass man in Deutschland die Fehler aus der Vergangenheit erkannt und für die hiesigen Muslime neue religiöse Angebote schaffen wollte. Wie oben gesagt, spielte auch der internationale politische Faktor eine Rolle, um mittel- und langfristig den Einfluss aus dem Ausland einzudämmen. So kam es auch, dass in der seit 2006 implementierten Deutschen Islam Konferenz das Thema „Imame" auf der Agenda stand und die Politik gemeinsam mit den muslimischen Verbänden die Möglichkeiten der Ausbildung in Deutschland erörterte. Als Produkt dieser Gespräche können die Formulierungen des Wissenschaftsrats in 2010 bewertet werden, der als höchstes wissenschaftspolitisches Beratergremium folgende historische Empfehlung abgab:

> „Der Wissenschaftsrat empfiehlt deshalb, die Entwicklung der Islamischen Studien vorrangig im staatlichen Hochschulsystem voranzutreiben. Zum einen plädiert er aus grundsätzlichen Überlegungen für eine Verankerung der theologisch orientierten Islamischen Studien im staatlichen Hochschulsystem (vgl. B.I.2). Zum anderen hält der Wissenschaftsrat es für erforderlich, dass die Islamischen Studien als ein sich in Deutschland neu entwickelndes Fach intensiv mit den anderen Theologien, den islamwissenschaftlichen Fächern sowie den Geistes-, Kultur- und Sozialwissenschaften an den Universitäten kooperieren. Allein diese Kooperationen können gewährleisten, dass die an deutschen Universitäten herrschenden wissenschaftlichen Standards von Anfang an in den neu entstehenden deutschsprachigen Islamischen Studien berücksichtigt werden. Die Universitäten übernehmen die Aufgabe der Qualitätssicherung für die Studiengänge und -abschlüsse. [...] Das Ausbildungsangebot in Islamischen Studien bzw. Islamischer Religionslehre zielt darauf, (1) zukünftige Religionspädagogen und -pädagoginnen auf den Religionsunterricht vorzubereiten, den Bedarf an (2) islamischen Religionsgelehrten im Kontext der Moscheegemeinden zu decken, (3) qualifizierte Kräfte in der Sozialarbeit sowie (4) islamische Theologen und Theologinnen in der universitären Lehre und Forschung (vgl. B.IV.5) auszubilden (Wissenschaftsrat 2010, S. 77 u. 82)."

Im Zuge dieser Empfehlung sind an den Standorten Tübingen, Frankfurt, Münster/ Osnabrück und Erlangen/Nürnberg, Institute bzw. Zentren für Islamische Studien bzw. Theologie gegründet worden. Diese Zentren sollen seit dem Wintersemester 2012/13 die im Zitat erwähnten Ziele – Ausbildung von Religionslehrern/innen, Imame und Predigerinnen, muslimische Sozialarbeiter/innen und wissenschaftlichen Nachwuchs für die Lehre und Forschung der Islamischen Theologie – in den nächsten Jahren umsetzen. Zudem empfiehlt der Wissenschaftsrat diese Ziele gemeinsam mit Muslimen bzw. muslimischen Gemeinden umzusetzen, die in Form von theologischen Beiräten involviert werden sollen. Daher berühren diese Empfehlungen des Wissenschaftsrats das Bildungssystem, den zukünftigen Arbeitsmarkt, die Religionspolitik und schließlich die Wissenschaftscommunity, weil mit der Qualifizierung von Nachwuchswissenschaftlern theologische Kompetenz für Forschung und Lehre akkumuliert werden sollen (vgl. Wissenschaftsrat 2010, S. 79).

Für das deutsche Bildungssystem bedeutet das, dass in den nächsten Jahren hunderte Religionslehrer/innen für die nahezu eine Million muslimischer Schüler/innen benötigt werden. Mit der Einführung des Islamischen Religionsunterrichts (IRU) und der Einstellung von Lehrkräften für den Religionsunterricht – die an Schulen auch andere Fächer unterrichtet werden – wird das langverfolgte Ziel der interkulturellen und interreligiösen Ausrichtung der Schulen als „Querschnittsaufgabe" realisiert. Dieser Schritt bringt positive Konsequenzen mit sich, und zwar für die Schüler/innen selbst, für deren Eltern, für die Schule, für den interreligiösen Dialog sowie für die Religionspädagogik selbst. Für die Schüler/innen bedeutet der Islamische Religionsunterricht, dass sie ihre Religion an der Schule als ordentliches Fach in deutscher Sprache erhalten können und nicht mehr wie bisher – wenn auf dem Stundenplan der evangelische oder katholische Religionsunterricht anstand – in einem alternativen Unterricht sitzen müssen. Für das Gefühl der Akzeptanz ist daher der IRU von entscheidender Bedeutung. Zugleich erhalten die Schüler/innen die Möglichkeit eine „andere" religiöse Autorität als den Imam in den Gemeinden kennenzulernen und die Katechese aus den Moscheen mit schuldidaktischen Konzepten zu reflektieren. Vor allem für die Schüler/innen ohne Moscheesozialisation sind die genannten Aspekte wichtig. Die muslimischen Eltern erhalten ferner durch die Religionslehrer/innen einen weiteren Zugang zur Schule, die bisher für viele Migranten eher ein fremder Ort geblieben ist. Zudem fungieren die religiösen Lehrkräfte bei interreligiösen Konflikten zwischen Schule und Eltern als Mediatoren. Des Weiteren können die Religionslehrer/innen innerhalb der Schule interkulturelle Kommunikationsprozesse in die Wege leiten. Diese interkulturelle Brückenfunktion können sie auch zwischen den Gemeinden und der Schule übernehmen. Damit könnten die Säulen in der religiösen Erziehung und Bildung: Familie, Gemeinde und Schulen viel enger miteinander kooperieren (vgl. Ceylan 2014, S. 441ff.).

Mit der Ausbildung von Theologen/innen für den Arbeitsmarkt – die später als Imame und Predigerinnen in den Gemeinden tätig sein sollen – gestalten sich die Arbeitsmöglichkeiten etwas schwieriger, weil das Berufsspektrum begrenzt ist. Die Imame der Moscheegemeinden werden entweder wie bei der DITIB direkt von der türkischen Religionsbehörde bezahlt oder wie bei den anderen Gemeinden von den Mitgliedern selbst. Bei Letzteren hängt also der Lohn von den Gemeindegrößen und ihren finanziellen Möglichkeiten ab. Zudem wird sicherlich die geistige Affinität zur Organisationslinie der in Deutschland ausgebildeten Imame bei ihrer Einstellung eine Rolle spielen und somit der Arbeitsmarkt auch starke Selektionskriterien aufweisen. Dagegen wird das Berufsspektrum durch die postulierte Qualifikation von Sozialarbeitern massiv erweitert. Insbesondere durch die aktuelle Diskussion in der Deutschen Islam Konferenz zur Einführung einer muslimischen Wohlfahrtspflege, eröffnet sich eine große Dimension an beruflichen Perspektiven (vgl. Ceylan/Kiefer 2016).

Religionspolitisch relevant ist die Einbeziehung der muslimischen Verbände in die theologischen Beiräte, die eine kirchenanaloge Funktion im Kontext von Berufungen von Professoren und der Mitsprache bei den Lehrplänen haben. Diese Involvierung der Verbände ist nur die Konsequenz einer jahrelang erprobten Zusammenarbeit staatlicher Stellen mit den Gemeinden, um gemeinsam Lösungen für die Anerkennung als Religionsgemeinschaft zu finden. Zwar handelt es sich bei den theologischen Beiräten an den neuen Zentren bzw. Instituten um provisorische Konstrukte, doch stellen sie trotz der bestehenden Herausforderungen einen wichtigen Schritt in der strukturellen Integration der muslimischen Verbände dar (vgl. Yüksel 2013, S. 47ff).

4 Die Entstehung einer muslimischen scientific community – Stand und Perspektiven

Eine weitere Dimension der Institutionalisierung der neuen Disziplin ist die Entstehung einer muslimischen scientific community, deren erfolgreiche Etablierung wesentlich von der Gestaltung der neuen Disziplin Islamische Theologie abhängt. Die erste Projektphase – vom Wintersemester 2012/13 bis einschließlich Sommersemester 2016 – wurde zwar weitgehend positiv evaluiert und eine zweite Förderphase soll ab dem Wintersemester 2016/17 starten, doch hat die Islamische Theologie ihren Projektstatus noch nicht gänzlich abgelegt. Neben der unbefristeten Etatisierung des Bundesprojektes nach Ablauf der Förderungen durch die jeweiligen Bundesländer, werden weitere zahlreiche Faktoren zu ihrer dauerhaften Etablierung beitragen.

Wie oben angeführt, werden die „Intellektualisierung" des Islam-Diskurses sowie die politische und wissenschaftliche Artikulation muslimischer Interessen in der Öffentlichkeit, positive Konsequenzen mit sich bringen. Der Prozess der Entwicklung einer Wissenschaftsgemeinde hängt wesentlich davon ab, wie erfolgreich die neue Disziplin Islamische Theologie sich etablierten wird, da für den Erfolg ein komplexes Geflecht an Strukturen verantwortlich ist, die auf unterschiedlichen Ebenen anzusiedeln sind. In diesem Kontext konkretisiert Rudolf Stichweh den Disziplinbegriff und zeigt die Kriterien für ihre „Identifizierung und Charakterisierung" auf, anhand derer man den gegenwärtigen Stand der neuen Disziplin Islamische Theologie[1] analysieren kann:

> „Zur Identifizierung und Charakterisierung einer ‚Disziplin' verweisen wir typischerweise 1) auf einen hinreichend homogenen Kommunikationszusammenhang von Forschern – eine ‚scientific community'; 2) auf einen Korpus wissenschaftlichen Wissens, der in Lehrbüchern repräsentiert ist; d. h. sich durch Kodifikation, konsensierte Akzeptation und prinzipielle Lehrbarkeit auszeichnet; 3) eine Mehrzahl je gegenwärtig problematischer Fragestellungen; 4) einen ‚set' von Forschungsmethoden und paradigmatischen Problemlösungen; 5) eine disziplinenspezifische Karrierestruktur und institutionalisierte Sozialisationsprozesse, die der Selektion und ‚Indoktrination' des Nachwuchses dienen (Stichweh 2013 , S. 17)."

Das erste Kriterium nach Stichweh ist also das Bestehen eines „homogenen Kommunikationszusammenhanges", den er auch als Wissenschaftsgemeinde bezeichnet und der im Grunde mit den weiteren vier aufgezählten Bedingungen in der Definition eng zusammenhängt. Bewertet man die bisherigen wissenschaftlichen Diskurse zwischen den Zentren bzw. Instituten für Islamische Theologie kann man als Zwischenfazit nur festhalten, dass ein „homogener Kommunikationszusammenhang" im Entstehen ist. Denn bereits zu Beginn gab es Kontroversen über zentrale Begrifflichkeiten, die nach wie vor anhalten. So zum Beispiel über den christlichen Begriff „Theologie" – diese Kritik wurde vor allem von Teilen der islamischen Verbände in den Diskurs mit herangetragen – ob man denn diesen für die neue Disziplin übernehmen könne. Ebenso ist ein Streitpunkt über das Selbstverständnis

---

1 Im Weiteren sollen bei der Bewertung und Darstellung der Entwicklungen der neuen Institute auf die Darstellungen der folgenden Internetauftritte zurückgegriffen werden: https://www.uni-tuebingen.de/fakultaeten/zentrum-fuer-islamische-theologie/zentrum.html , http://www.islamische-theologie.uni-osnabrueck.de/startseite.html?no_cache=1 , http://www.uni-muenster.de/ZIT/, http://www.uni-frankfurt.de/42913326, http://www.dirs.phil.uni-erlangen.de/. Auf diesen Seiten können über den Stand der Prüfungsordnungen, Promotions- und Habilitationsprojekte des wissenschaftlichen Personals, über die Studienangebote und Forschungsprofile sowie über die Geschichte des Standortes sowie zu theologischen Profilen, aktuelle Informationen erhalten werden.

der Disziplin Islamische Theologie zu identifizieren. Konkret: Wie ergebnisoffen kann und soll auf welchen theologischen „Axiomen" geforscht werden? Zum Teil erkennt man in den Selbstdarstellungen der Standorte, dass die Grenzen zwischen einer „agnostisch" orientierten Religionswissenschaft und der bekenntnisgebundenen Theologie sich verwischen und ein Konfliktpotenzial in sich bergen. In diese Debatten werden daher auch die Islam- und Religionswissenschaft involviert, weil eine Kompetenzüberschreitung auch die Reaktion dieser Disziplin hervorrufen wird. Bereits unmittelbar nach den Empfehlungen des Wissenschaftsrats wurde das Konfliktpotenzial, durch das von zahlreichen Wissenschaftlern unterzeichnete Bamberger Positionspapier des Islamwissenschaftlers Stefan Franke, vor Augen geführt (Franke 2010). Positiv dagegen sind die theologischen Profilierungen der einzelnen Standorte, die von einer Osnabrücker „Theologie der Mitte" bis hin zur Münsteraner „Theologie der Barmherzigkeit" reichen. Diese offenbaren gegenwärtig allerdings nur die eingeschlagenen Profilierungswege, die noch theologisch-theoretisch tiefergehende Studien erfordern. Mit dem in 2015 gegründeten Fachverband „Deutsche Gesellschaft für Islamisch-Theologische Studien (DEGITS)", dem alle Standorte als Mitglieder angehören, ist jedoch mittelfristig davon auszugehen, dass das Kriterium eines „homogenen Kommunikationszusammenhanges" entstehen wird (vgl. ZIT 2015). So ist in der Selbstdarstellung zu lesen:

> „Als erster akademischer Fachverband für islamische Theologie in Deutschland wurde am 20. Juni 2015 in Münster am Zentrum für Islamische Theologie die Deutsche Gesellschaft für Islamisch-Theologische Studien (DEGITS) gegründet. Ziel ist es, mit gemeinsamer Stimme versachlichend zu gesellschaftlichen Leitbilddiskursen beizutragen. Sitz der Gesellschaft ist Frankfurt am Main. Die DEGITS widmet sich der Formulierung Islamischer Theologie in Deutschland mit Bezug zu den vielfältigen islamischen Lehrtraditionen, Kulturen und Lebenspraxen des Islams, zu Gegenwartsfragen und in internationaler Vernetzung. Damit leistet sie einen wichtigen Beitrag zur Verzahnung von Wissenschaft und Zivilgesellschaft hinsichtlich islam-bezogener Themen (ebd.)."

Diese Plattform bietet also zukünftig die entsprechenden Informations- und Kommunikationskanäle für die interne Vernetzung in Forschung und Lehre an, um den bisher „wildwüchsigen" Diskurs auf eine systematische Grundlage durch Publikationen von Wörterbüchern, Lexika usw. zu stellen.

Die zweite Bedingung, der Korpus an Lehrbüchern, ist eine weitere Herausforderung für die junge Wissenschaftscommunity, da deutschsprachige islamisch-theologische Lehrbücher sehr rar sind. Zwar sind mittlerweile in englischer Sprache viele Lehrbücher zu finden, doch nach wie vor ist der überwältigende Anteil der Werke der 1400jährigen islamischen Wissenschaftstradition in arabischer, türkischer oder persischer Sprache vorzufinden. Zwar handelt es sich bei diesen Sprachen um

Fachsprachen, doch müssen auch deutschsprachige Lehrbücher übersetzt bzw. neue Lehrbücher auf der Grundlage der islamischen Wissenschaftstradition konzipiert werden. Doch für die theologische Disziplin in Deutschland reichen allein „eins zu eins Übersetzungen" nicht aus, weil die Islamische Theologie nicht in einem „luftleeren Raum" entsteht. Durch Grundlagenforschungen müssen die gesellschaftlichen Rahmenbedingungen hierzulande sowie der Diskurs mit der jüdischen und christlichen Theologie reflektiert und entsprechend die Lehrbücher auf eine zeitgemäße Ebene gehoben werden. Die gegenwärtigen Publikationen spiegeln lediglich die oben erwähnten allgemeinen Profilierungslinien der einzelnen Standorte wider, ohne tiefergehende Auseinandersetzung mit der traditionellen und gegenwärtigen islamischen, aber auch europäischen Wissenschaftstradition zu leisten. Ebenso muss eine „konsensierte Akzeptation und prinzipielle Lehrbarkeit" noch ausreifen. Allerdings treten bei dieser Frage die Religionsgemeinschaften in das Diskursfeld mit ein und können wie etwa bei Materialien für Schulen usw. mitsprechen. Die Konflikte um das Schulbuch Saphir lassen mögliche Kontroversen antizipieren, allerdings wird sich der Einfluss der Verbände im akademischen Publikationen in Grenzen halten (bpb 2009). Mit der Akkumulation von theologischer Kompetenz der Verbände, die durch die Einstellung der Absolventen/innen der neuen Disziplin ermöglicht werden kann, können zukünftig diese Diskurse nicht nur zwischen den einzelnen Wissenschaftlern bzw. Standorten realisiert werden, sondern auch die Theologen/innen der Verbände könnten in einen sachlichen und entpolitisierten Austausch involviert werden.

Das dritte Kriterium „eine Mehrzahl je gegenwärtig problematischer Fragestellungen" ist dagegen als erfüllt anzusehen, da sich für die neue Disziplin Islamische Theologie im europäischen Kontext nicht nur aufgrund der wissenschaftlichen Aufarbeitung der eigenen Wissenschaftstradition ein breites Forschungsfeld ergibt, sondern auch für seine zeitgemäße Kontextualisierung. Darüber hinaus ist die Islamische Theologie in Deutschland aufgrund der tagespolitischen Entwicklungen (Ängste in der Mehrheitsgesellschaft, Radikalisierungsprozesse bei jungen Menschen usw.) sowie den internationalen Entwicklungen in islamisch geprägten Ländern (IS in Syrien, Afghanistan, Iran usw.) permanent zur wissenschaftlichen Selbstreflexion gezwungen. Daher kann sich die Islamische Theologie hierzulande nicht auf historischen oder philologischen Themen ausruhen, sondern wird immer einen Gegenwartsbezug haben müssen, den sie dann schließlich mit dem „,set' von Forschungsmethoden und paradigmatischen Problemlösungen" als viertem von Stichweh aufgezähltem Kriterium bearbeiten kann. Die Forschungsmethoden der Theologie wie etwa bei der Exegese oder in der islamischen Jurisprudenz müssen sich allerdings aufgrund der gegenwartsbezogenen Fragen interdisziplinär öffnen. Vor allem kann hier der Austausch mit der Religionswissenschaft, insbesondere Religionssoziologie, sowie der Islamwissenschaft – und diese Kooperationsmöglichkeiten besteht an vielen Universitäten in islamisch geprägten Ländern nicht – fruchtbar sein.

Schließlich kann hinsichtlich des letzten Kriteriums – der „disziplinenspezifischen Karrierestruktur und institutionalisierter Sozialisationsprozesse, die der Selektion und ‚Indoktrination' des Nachwuchses dienen" – angeführt werden, dass dieses wie oben dargestellt, noch im Entstehungsprozess ist. Die Karrierestruktur wird sich wie oben bereits angeführt parallel mit dem Ausbau des Berufsspektrums etablieren und auch die institutionalisierten Sozialisationsprozesse sowie die Selektionsmechanismen mit sich bringen.

5 Ausblick

Deutschland hat sich seit Beginn der 2000er Jahre von einer restriktiven Integrationspolitik verabschiedet und im Sinne einer nachholenden Integration zahlreiche Integrationsmaßnahmen initiiert. Allen voran wurden im Kontext der islamischen Religion wichtige Schritte in Richtung Anerkennung und Eingliederung unternommen. In diesem Zusammenhang ist als eines der größten Maßnahmen die Gründung von Zentren bzw. Instituten für Islamische Theologie zu nennen. Damit nimmt der Standort Deutschland im internationalen Vergleich zu westlichen Gesellschaften mit einer muslimischen Minorität eine Vorreiterrolle ein. Wie in der vorliegenden Abhandlung gezeigt werden konnte, führt die Installierung der theologischen Einrichtungen zugleich zur Entstehung einer scientific community bei. Während bis dato im deutschen Diskursfeld zum Islam eher muslimische Verbandsfunktionäre und sogenannte muslimische Persönlichkeiten des öffentlichen Lebens als zentrale Meinungsbildner fungierten, ist mit den muslimischen Theologen ein weiterer Akteur hinzugetreten. Mit dieser wissenschaftlichen Kompetenz ist davon auszugehen, dass die Islamdebatten hierzulande auf eine intellektuelle und sachliche Grundlage gestellt werden. Dass der Bedarf an einer Islamischen Theologie besteht, zeigt nicht nur die Weiterförderung aller bisher unterstützten Zentren bzw. Institute in der zweiten Förderphase ab dem Wintersemester 2016/17 für weitere vier Jahre, sondern auch das geplante Islamische Institut in Berlin zeugt davon. Allerdings darf nicht nach Logik der Politik erwartet werden, dass die deutsch-islamische Wissenschaftscommunity sich innerhalb weniger Jahren konsolidieren wird. Denn die Wissenschaft hat ihr eigenes Tempo, sodass die von Rudolf Stichweh aufgeführten Kriterien sich im Laufe der Jahre ausbilden und verfestigen werden. Die bisherigen positiven Leistungen der theologischen Standorte lassen jedoch prognostizieren, dass dies gelingen wird.

Literatur

Bundeszentrale für politische Bildung (bpb). 2009. Welcher Islam? Die Diskussion um den islamischen Religionsunterricht geht weiter, in: URL: http://www.bpb.de/gesellschaft/migration/jugendkultur-islam-und-demokratie/65136/diskussion-um-islamischen-religionsunterricht?p=1 (letzter Abruf: 07.04.2016).

Ceylan, Rauf. 2006. Ethnische Kolonien. Entstehung, Funktion und Wandel am Beispiel türkischer Moscheen und Cafés, Wiesbaden: VS Verlag.

Ceylan, Rauf. 2009. Prediger des Islam. Imame – Wer sie sind und was sie wirklich wollen, Freiburg im Breisgau: Herder.

Ceylan, Rauf. 2014. Cultural Time Lag. Moscheekatechese und islamischer Religionsunterricht im Kontext von Säkularisierung, Springer VS: Wiesbaden.

Ceylan, Rauf/Kiefer, Michael. 2016. Muslimische Wohlfahrtspflege in Deutschland. Eine historische und systematische Einführung. Wiesbaden: Springer VS.

Franke, Patrick. 2010. Über die zukünftige Verortung des Islams an den deutschen Universitäten. Ein islamwissenschaftliches Positionspapier zu den Empfehlungen des Wissenschaftsrates vom 29. Januar 2010, URL: https://www.uni-bamberg.de/fileadmin/uni/fakultaeten/split_professuren/islamkunde/dateien/Islam-Positionspapier.pdf, (letzter Abruf: 13.03.2016).

Gorzewski, Andreas. 2015. Die Türkisch-Islamische Union im Wandel, Berlin: Springer VS.

Hans, Silke. 2010. Assimilation oder Segregation? Anpassungsprozesse von Einwanderern in Deutschland, Wiesbaden: VS Verlag.

Krämer, Gudrun. 2006. Drawing Boundaries: Yusuf al-Qaradawi on Apostasy, in: Krämer, Gudrun/Schmidtke, Sabine (ebd.), Speaking for Islam. Religious Authorities in Muslim Societies, Leiden/Boston: Brill, S. 181-217.

Mohr, Irka-Christin/Kiefer Michael (Hrsg.). 2009. Islamunterricht – Islamischer Religionsunterricht – Islamkunde. Viele Titel – ein Fach?, Bielefeld: Transcript Verlag.

Saint-Blancat, Chantal. 2003. Die europäischen Muslime: Akteure sozialer Innovationen, in: Escudier, Alexandre, Der Islam in Europa. Der Umgang mit dem Islam in Frankreich und Deutschland, Göttingen: Wallstein Verlag, S. 176-192.

Schiffauer, Werner. 1997. Fremde in der Stadt. Frankfurt am Main: Suhrkamp Verlag.

Stichweh, Rudolf. 2013. Differenzierung der Wissenschaft, in: Stichweh, Rudolf (Hrsg.), Wissenschaft. Universität. Professionen. Soziologische Analysen. Bielefeld: Transcript Verlag.

Yasar, Aysun. 2012. Die DITIB zwischen der Türkei und Deutschland. Untersuchungen zur Türkisch-Islamischen Union der Anstalt für Religion e. V. Würzburg: Ergon-Verlag.

Yüksel, Taner. 2013. Herausforderungen für die Etablierung Islamischer Theologie, in: Homolka, Walter/Pöttering, Hans-Gert (Hrsg.), Theologie(n) an der Universität. Akademische Herausforderungen im säkularen Umfeld, Berlin: De Gruyter.

Wissenschaftsrat. 2010. Empfehlungen zur Weiterentwicklung von Theologien und religionsbezogenen Wissenschaften deutschen Hochschulen, Köln: Wissenschaftsrat.

ZIT (Zentrum für Islamische Theologie Münster). 2015. „DEUTSCHE GESELLSCHAFT FÜR ISLAMISCH-THEOLOGISCHE STUDIEN (DEGITS) GEGRÜNDET Verzahnung von Wissenschaft und Gesellschaft im Fokus, URL: https://www.wwu.de/ZIT/Aktuelles/2015/20150630.html (letzter Abruf: 07.04.2016).

Islam – Made in Germany

Arnfrid Schenk

1 Islamische Theologie an deutschen Hochschulen

Deutschland 2010: Vier Millionen Muslime leben zwischen Flensburg und München, Saarbrücken und Berlin, rund 800 000 Schüler muslimischen Glaubens gehen in die Schulen. Der Satz des damaligen Bundespräsidenten Christian Wulff, „Der Islam gehört zu Deutschland" war in diesem Jahr keineswegs eine Provokation, als die er von vielen verstanden wurde, sondern lediglich eine Tatsachenbeschreibung. Der Islam gehörte längst zur Republik, dennoch war er in vielen Bereichen nicht vertreten: Muslimische Schüler konnten noch keinen regulären Religionsunterricht in deutscher Sprache besuchen und auch an den Universitäten suchte man eine Islamische Theologie vergebens.

Im Januar 2010 hat deshalb der Wissenschaftsrat, wichtigstes Beratungsgremium der Bildungspolitik, vorgeschlagen, an deutschen Universitäten Schwerpunkte für bekenntnisorientierte islamische Studien zu schaffen. Die Institutionalisierung dieser Studien an den Hochschulen habe eine gesamtstaatliche Bedeutung, sagte der damalige Vorsitzende des Gremiums, Peter Strohschneider. Dem Wissenschaftsrat schwebten zwei oder drei Zentren an staatlichen Universitäten vor, mit jeweils vier bis fünf Professuren. Sie sollten Theologen ausbilden, Imame für die Moscheegemeinden, Lehrer für den islamischen Religionsunterricht.

Die damalige Bundesbildungsministerin Annette Schavan wurde zur treibenden Kraft des Projekts, sie stellte Fördergelder des Bundes in Aussicht. Die Empfehlungen des Wissenschaftsrats wurden schnell umgesetzt. Viele Universitäten aus verschiedenen Bundesländern gingen ins Rennen, den Zuschlag bekamen Osnabrück und Münster, die genauso wie Frankfurt am Main schon viel Vorarbeit in diese Richtung geleistet hatten, sowie Tübingen und Erlangen-Nürnberg. Aus den ursprünglich zwei angedachten Zentren sind fünf geworden. Den offiziellen Start machte im Herbst 2011 Tübingen in Baden-Württemberg, der politischen Heimat

Annette Schavans. Das Bildungsministerium des Bundes förderte sie über fünf Jahre hinweg mit insgesamt 20 Millionen Euro.

Die Erwartungen, die an die Islamstudien gestellt wurden waren hoch: Theologie setze sich im akademischen Diskurs einer methodisch fundierten Kritik aus, hieß es in den Empfehlungen. Annette Schavan erhoffte sich eine Theologie, die es schafft, Religion in die Gegenwart zu übersetzen, den Islam zeitsensibel zu interpretieren. Das neue Fach solle ein „Meilenstein für die Integration sein".

Bülent Ucar, der das Zentrum in Osnabrück aufbaute, formulierte es etwas nüchterner: „Wenn es eine christliche Theologie an den Universitäten gibt, muss es auch eine islamische geben. Sie wird dazu beitragen, dass sich die Muslime stärker in Deutschland beheimatet fühlen. Ohne Partizipation keine Integration und ohne Integration keine Identifikation mit Deutschland."

Das neue Fach weckte auch Sorgen auf Seiten konservativer Muslime: der deutsche Staat wolle ihnen vorschreiben, was sie zu glauben hätten. Dass ein Euro-Islam entstehen solle, konturlos und nicht mehr authentisch, ein Staatsislam.

Im Dezember 2015 wurde nun eine Zwischenbilanz gezogen und das Fach evaluiert. Namhafte Islamwissenschaftler aus dem In- und Ausland sowie christliche Theologen, ausgewählt vom Bildungsministerium, prüften die Arbeit der Standorte. Die Professoren mussten zeigen, was in den vergangenen Jahren geleistet wurde und ihre Konzepte für die kommenden Jahre präsentieren. Die Ergebnisse entsprachen wohl den Erwartungen des Ministeriums.

Bundesbildungsministerin Johanna Wanka sagte: Der muslimische Glaube habe mit den Zentren eine Heimat in der wissenschaftlich-theologischen Diskussion gefunden, es sei beeindruckend, wie schnell sie sich in Forschung und Lehre etabliert hätten.

Rund 1800 Studenten, Männer wie Frauen, sind an den Hochschulen in die Bachelor- und Masterstudiengänge eingeschrieben. Die meisten davon in Münster, Osnabrück und Frankfurt. Der Bund will für weitere fünf Jahre Fördergelder fließen lassen. Finanziert werden damit Forschungsprofessuren und die Einrichtung von wissenschaftlichen Nachwuchsgruppen. Auch in Paderborn und Freiburg wird in der Zwischenzeit Religionspädagogik und Theologie gelehrt. In Berlin wird von 2018 an die Humboldt-Universität Islamische Theologie anbieten.

Alle Zentren decken das Spektrum der Theologie ab, bieten zusätzlich aber unterschiedliche Schwerpunkte an; die einen legen etwa mehr Wert auf die Koranexegese, die anderen mehr auf Islamisches Recht oder Religionspädagogik. In Münster sind zum Beispiel Islamische Normenlehre und Ihre Methodologie einer der Forschungsschwerpunkte, oder die „Theologie der Barmherzigkeit". Das Zentrum Frankfurt/Gießen hat einen Schwerpunkt für Islamische Religionspädagogik, Osnabrück setzt außerdem auf muslimische Sozialarbeit.

Allen Zentren gemeinsam ist: sie wollen eine historisch-kritische Lesart des Korans ermöglichen und eine Brücke zur Lebenswirklichkeit der Muslime in Deutschland schlagen.

Ganz so glatt wie die Verlautbarungen des Ministeriums vermuten lassen, war der Aufbau der Islamstudien natürlich nicht. Es gab (und gibt) einige Hürden zu nehmen.

Etwa die der Besetzung der Stellen. Woher sollte in so kurzer Zeit das wissenschaftlich qualifizierte Personal kommen? Die Professoren sollten nicht nur gute Theologen sein, sondern auch auf Deutsch lehren können. Nur wenige kamen dafür in Frage, um diese setzte ein regelrechtes Wettrennen ein. An manchen Standorten behalf man sich mit befristeten Stellen und Professoren aus dem Ausland. Nicht alle Stellen konnten optimal besetzt werden. Dieses Problem wird sich in wenigen Jahren von selbst lösen, wenn die ersten Nachwuchswissenschaftler habilitiert sind.

Eine weitere Hürde war und ist die Zusammenarbeit mit den muslimischen Verbänden. Über Beiräte sind sie an die Islamstudien an den Hochschulen eingebunden. Eine juristische Hilfskonstruktion, die der Wissenschaftsrat vorgeschlagen hatte. Da der Islam keine Kirchenstrukturen kennt, sollen sie ähnlich wie die Kirchen an christlich-theologischen Fakultäten ein Mitspracherecht bei Personalentscheidungen und auch Lehrinhalten haben.

Diese Verbände haben ein sehr konservatives Islamverständnis, ihre theologische Expertise ist überschaubar und sie haben sich lange mehr am Herkunftsland orientiert als an Deutschland. Wie würden die Verbandsfunktionäre auf die Freiheit von Forschung und Lehre an staatlichen Universitäten reagieren?

„Was die Verbände als Theologie bezeichnen, ist die Verwaltung von Religionsgelehrsamkeit", sagt etwa Harry Harun Behr, Professor für islamische Religionspädagogik an der Goethe-Universität in Frankfurt. „Nicht das, was wir an den Universitäten als Theologie verstehen, den Versuch, religiöses Denken weiter zu entwickeln". Behr warnte früh vor einer Bevormundung von Hochschulen seitens der Verbände.

Schaut man sich den „Fall Khorchide" an, zeigt sich, warum. Mouhanad Khorchide, Professor für Islamische Religionspädagogik, leitet seit 2011 das Zentrum für Islamische Theologie in Münster. Im Herbst 2013 stellten die Verbandsfunktionäre seine wissenschaftliche Qualifikation als Theologe in Frage und warfen ihm vor, nicht bekenntnisgebunden zu arbeiten, sich außerhalb des Islams zu bewegen und ließen ein entsprechendes Gutachten erstellen. Auslöser waren zwei populärwissenschaftliche Bücher. Khorchide will den Koran von innen heraus erneuern, Vernunft und Mündigkeit der Gläubigen sind dabei zentrale Gedanken, der Professor knüpft damit an frühere muslimische Reformdenker an und ist weit davon entfernt Irrlehren zu verbreiten.

Die Verbände fürchteten die Deutungshoheit des Islams in Deutschland zu verlieren, an einen in ihren Augen zu liberalen Muslim. Die Universitätsleitung blieb standhaft und hielt zu ihrem Professor. Seitdem herrscht Burgfrieden. Konflikte werden zumindest nicht mehr öffentlich ausgetragen. Viele Studenten kommen wegen Khorchide und seiner Theologie der Barmherzigkeit nach Münster, manche suchen sich vielleicht genau deshalb einen anderen Standort. Im Herbst 2015 jedenfalls gab es über 1600 Neubewerbungen.

Im April 2015 konstituierte sich endlich der Beirat – fünf Jahre nach Gründung des Zentrums. Die Besetzung hatte sich so lange hinausgezögert, weil die Verfassungstreue von einigen der von den Verbänden vorgeschlagenen Vertreter in Zweifel gezogen wurde. Der Islamrat, einer der Dachverbände, hatte ein Mitglied von Milli Görüs für das Gremium empfohlen. Die konstituierende Sitzung verlief wohl friedlich, wie sich die weitere Kooperation entwickelt, wird sich zeigen. Als erster Prüfstein galt die Berufung des Theologen Milad Karimi, die im Sommer erfolgte – sie verlief glatt.

In Frankfurt, Osnabrück oder auch Tübingen verlief die Zusammenarbeit mit den Verbänden reibungsloser.

Auch wenn die Verbände nur gut ein Drittel der Muslime in Deutschland vertreten – ohne sie geht es nicht, nicht nur aus verfassungsrechtlichen Gründen. Schließlich gehören bis zu 90 Prozent der Moscheegemeinden einem der Verbände an. Und in diesen Gemeinden sollen die Imame, die an den Hochschulen ausgebildet werden, ja auch einmal arbeiten.

So sagt etwa Bülent Ucar, sie wollten in Osnabrück keinen „Islam light lehren", genauso wenig wie einen anachronistischen Islam. „Wir versuchen, die Tradition an die heutigen Lebensumstände anzugleichen. Aber einen Wandel des Islamverständnisses können wir nur herbeiführen, wenn wir von den Muslimen in den Gemeinden angenommen werden".

Die Akzeptanzfrage gilt auch für Religionslehrer. Um die Notwendigkeit der Ausbildung von Religionslehrern an staatlichen Universitäten zu verdeutlichen, muss man noch einmal einen Blick zurück auf die lange Entstehungsgeschichte des Islamischen Religionsunterrichts werfen.

Das Grundgesetz sieht einen bekenntnisorientierten Islamunterricht in deutscher Sprache vor. In Artikel 7, Absatz 3 heißt es: Der Religionsunterricht ist in den öffentlichen Schulen ordentliches Lehrfach. Er wird „in Übereinstimmung mit den Grundsätzen der Religionsgemeinschaften erteilt".

Voraussetzung dabei ist allerdings, dass es sich um eine anerkannte Religionsgemeinschaft handelt, organisiert nach dem Vorbild der Kirchen. Das ist das Problem, bekanntermaßen gibt es den einen Islam nicht, er kennt keine kirchenähnlichen Strukturen, keine zentrale Vertretung der Gläubigen, keinen Papst, keine

Bischofskonferenz. Wer spricht also für wen, wer ist der Ansprechpartner für den Staat? Nur 37 Prozent der Muslime fühlen sich nach einer Studie von Deutscher Islamkonferenz und Bundesinnenministerium von den Dachverbänden „teilweise vertreten". Über die Hälfte gab an, sich „nicht vertreten" zu fühlen.

Über drei Jahrzehnte dauerte das Ringen um die Einführung des Islamunterrichts. Es fehle am politischen Willen, klagten die muslimischen Verbände, es braucht einen zentralen Ansprechpartner, forderte die Politik.

Vor zehn Jahren erst wagten sich einige Bundesländer an Modellversuche, darunter Niedersachsen, Nordrhein-Westfalen und Bayern. 2012 führten dann NRW und kurz darauf Niedersachsen den bekenntnisorientierten Islamunterricht ein. Eine juristische Hilfskonstruktion, ähnlich wie bei den Islamstudien, machte den regulären Unterricht möglich: Vertreter der muslimischen Verbände sollten sich für eine Übergangszeit zu einem Beirat zusammenschließen und die mit dem Religionsunterricht verbundenen Aufgaben übernehmen. Dieser Beirat soll quasi als Ersatz dienen für die Religionsgemeinschaft.

Während dieser langen Entwicklungsphase blieb die religiöse Unterweisung der Schüler den Moscheevereinen überlassen und ihren Imamen. Und deren Unterricht ist zweifelhaft. Der Lehrstoff darf nicht hinterfragt werden, die Imame gelten als Verkünder der absoluten Wahrheit des Katechismus, schreibt Abdel-Hakim Ourghi in der Frankfurter Allgemeinen Zeitung. Ourghi leitet den Fachbereich Islamische Theologie und Religionspädagogik an der der PH Freiburg. Von den Kindern werde erwartet, dass sie diese Wahrheiten akzeptierten, widerspruchslos. Zwischen Glauben und Wissen werde nicht unterschieden, Nachfragen seien unerwünscht.

Rauf Ceylan, Professor für Religionswissenschaften in Osnabrück, hat 2010 als einer der ersten in seinem Buch „Die Prediger des Islam" die Imame in Deutschlands Moscheen beschrieben. Sein Ergebnis: 90 Prozent von ihnen sprechen kein Deutsch, viele von ihnen kennen die Lebenswelt in Deutschland nicht, können sie gar nicht kennen, denn viele sind sogenannte „Import-Imame". Für vier bis fünf Jahre vom türkischen Staat nach Deutschland entsendet. Ihre Predigten beziehen sich auf die Situation in islamischen Ländern, nicht auf das Leben in Deutschland. Ein Großteil der Imame sei als „traditionell-konservativ" einzustufen. Obrigkeitshörigkeit ist ihnen wichtig, traditionelle Geschlechterrollen, religiöse Kontinuität.

Im April 2016 ist erneut eine Diskussion über die Imame in Deutschland ausgebrochen. Ausgelöst durch den Grünen-Politiker Cem Özdemir. Er hatte in einem Interview mit der Welt am Sonntag die Ditib, die Türkisch-Islamische Union der Anstalt für Religion, als „verlängerten Arm des türkischen Staates bezeichnet". Die türkische Regierung mache die Ditib zu einer politischen Vorfeldorganisation der AKP in Deutschland. Der Dachverband betreibt hierzulande rund 900 Moscheen und hat derzeit 970 Imame aus der Türkei entsandt.

Parteiübergreifend forderten daraufhin einige Politiker, was schon längst betrieben wird – die Ausbildung von Imamen an deutschen Hochschulen.

Der Vorsitzende des hessischen Ditib-Verbandes Salih Özkan, wehrte sich in der Frankfurter Allgemeinen Zeitung gegen den Vorwurf, die Türkei würde über die Ditib Einfluss auf den Religionsunterricht an deutschen Schulen ausüben. Auch das Kultusministerium bewertete die Zusammenarbeit mit Ditib als verlässlich. Von einem Durchgriff des türkischen Präsidenten könne keine Rede sein. Aber nach Erdogans Repressionen nach dem Putschversuch sind deutsche Politiker auf eine größere Distanz zu Ditib gegangen.

Unabhängig von dieser Diskussion ist eine Frage, die schon zu Beginn der Islamstudien in Deutschland offen war, ist bis heute nicht geklärt: Wer soll die an den Universitäten ausgebildeten Imame einmal bezahlen? Der Staat kann es nicht leisten, da er weltanschaulich neutral ist. Die muslimischen Gemeinden? Woher sollen sie das Geld nehmen, so etwas wie eine Kirchensteuer gibt es nicht. Ein Vorschlag der kursiert ist deshalb, Imame gleichzeitig als Lehrer für den Religionsunterricht zu beschäftigen, mit je einer halben Stelle, so könnten Land und die Gemeinden die Kosten gemeinsam tragen.

Das Fach ist fünf Jahre nach seiner Einrichtung noch in einer Findungsphase, verständlicherweise. Einige Fragen sind noch offen. Was ist, was kann, was darf islamische Theologie in Deutschland? Wie werden sich die muslimischen Verbände in Deutschland weiterentwickeln? Werden sie die Unabhängigkeit der Wissenschaft akzeptieren? Wie wird sich das Zusammenspiel mit den etablierten Orten der Theologie wie in der Türkei oder in Ägypten entwickeln? Wer wird wen beeinflussen? Sicher ist: in Deutschland ist eine größere Freiheit des Denkens möglich, als in den meisten Herkunftsländern. Diese Freiheit gilt es zu nutzen.

Das trifft auch auf die muslimischen Studenten zu. Viele scheinen noch nicht bereit für die Möglichkeiten, die eine Islamische Theologie an einer staatlichen Hochschule bietet. So sagt etwa Harry Harun Behr: „Viele von ihnen streben nach Glaubensvertiefung, nicht nach wissenschaftlichem Arbeiten". Wenn er in seinen Seminaren Studenten auffordert, einen Essay zu schreiben, bekommt er zu oft zu hören, in der islamischen Tradition sei es doch verboten, sich über den Koran eine eigene Meinung zu bilden. Dabei solle der Unterricht doch einmal nicht Glauben vermitteln, sondern zum Umgang mit Glaubensfragen befähigen.

Auch Mouhanad Khorchide kennt die Herausforderung, den Studenten klar zu machen, was Theologie an einer säkularen Universität bedeutet. Vielen falle es noch schwer, zwischen Glauben und Wissenschaft zu trennen. Sie wollten ihren Glauben bestätigt sehen, die Universität sei aber der Ort, um über den Glauben zu reflektieren. Khorchide sagt, dass es noch ein bis zwei Studentengenerationen dauern werde, bis das bei allen Studierenden angekommen sei.

Im Sommer 2015 gründeten die Wissenschaftler den Fachverband DEGITS, Deutsche Gesellschaft für Islamisch-Theologische Studien. DEGITS will die Fachkultur der Islamstudien aufbauen und pflegen, die muslimischen Akademiker aus diesem Bereich berufsständisch vertreten und vor allem, so laut Eigenbeschreibung, „mit gemeinsamer Stimme zu gesellschaftlichen Leitbilddiskursen beitragen".

Ein Vorzeigeprojekt ist das Graduierten-Kolleg, das die Universitäten gemeinsam mit der Mercator-Stiftung ins Leben gerufen haben. Mit 3,6 Millionen Euro unterstützt die Stiftung das Kolleg bis zum Jahr 2016. Dessen Ziel ist es unter anderem, dem Mangel an in Deutschland ausgebildeten Nachwuchswissenschaftlern in der islamischen Theologie entgegenzuwirken. An dem Kolleg beteiligen sich unter anderem die Universitäten Erlangen-Nürnberg, Frankfurt, Osnabrück, Münster, Tübingen und Paderborn. Zu den inhaltlichen Schwerpunkten gehören etwa Islamisches Recht, Islamische Philosophie und Religionspädagogik, Koranexegese, Geschichte und Gegenwartskultur des Islams. Alle 16 Promotionsstellen sind besetzt. Die erste Dissertation wurde im Februar an der Universität Frankfurt abgeschlossen. Die Arbeit untersuchte, wie in islamischen Rechtsschulen Verhaltensnormen für Gläubige ermittelt werden. Laut Gutachter entwickle die Arbeit „auf Basis der Tradition des Islams die muslimische Formenlehre in Deutschland grundlegend weiter." Das Kolleg soll einmal zu einer angemessenen Repräsentation von Muslimen in Wissenschaft, Schule und Öffentlichkeit beitragen.

Islam made in Germany.

Stand und Entwicklung des Islamischen Religionsunterrichtes und Religionspädagogik in Deutschland

Ismail H. Yavuzcan

1 Einleitung

Die Gründungsväter und -mütter des Grundgesetzes hatten den Religionsunterricht noch unter den Schutz der Verfassung gestellt, weil sie von einem positiven Beitrag von Religion für Gesellschaft und Individuum ausgingen. Sie wollten auch ein Zeichen setzen gegen die Unterdrückung von religiösen Minderheiten in der NS-Zeit und damit die Leistung der Religionsgemeinschaften anerkennen. Der Religionsunterricht sollte für die junge Republik zur Wertebildung beitragen. Religion und damit auch Religionsunterricht ist aber nicht mehr Selbstverständlichkeit. Religion scheint für viele Menschen nicht mehr Teil ihrer Sinn- und Weltdeutung zu sein. Eine These, die von vielen Soziologen geteilt wird: Religion verliere, so Pickel, in den sich modernisierenden Gesellschaften an sozialer Bedeutung (Pickel, 2011:137). „Der Grund hierfür wird in einem Spannungsverhältnis von Moderne und Religion ausgemacht. Insbesondere die Lösung des Menschen von der Religion und die Ausrichtung seines Lebenswandels nach den Maximen der menschlichen Vernunft (Rationalisierung) spielt hierbei eine bedeutende Rolle. Treffe das Individuum seine Entscheidungen nach rationalen Prinzipien, so sei es auf keine höheren Mächte und von diesen begründeten Normen mehr angewiesen" (Pickel 2011:137). Auch der Religionsunterricht ist hiervon betroffen. Denn er muss immer wieder reflektiert und immer wieder neu begründet werden. Insbesondere für die Angehörigen der Mehrheitsgesellschaft lässt sich die „These vom ungebrochenen Weiterwirken des Religiösen im Privaten ... nicht aufrechterhalten" (Religionsmonitor, 2008:177). Die Frage, die sich damit stellt ist, wie kann sich der Religionsunterricht entsprechend den gesellschaftlichen Veränderungen und Anforderungen aktuell positionieren und Antworten finden? Etwas anachronistisch wirkt die Einwanderung und Integration der Muslime in Deutschland. Sie fordern ihr gutes Recht auf Religionsunterricht, obwohl zum einen Religion grundsätzlich, aber vor allem der Islam unter Kritik steht. Dies stellt Muslime, aber auch die Mehrheitsgesellschaft vor die Aufgabe zum einen ein Verfassungsgebot zu erfüllen und damit Strukturen und Ressourcen auch für Muslime zu öffnen, zum anderen aber auch die Aufgabe für die Muslime sich den Gegebenheiten anzupassen und ihre eigenen Vorstellungen zu konkretisieren. Ziel ist es in diesem Beitrag die historische Entwicklung des islamischen Religionsunterrichtes (IRU) und der Religionspädagogik nachzuzeichnen und daraus die Legitimationsfrage für den (islamischen) Religionsunterricht für die Schülerinnen und Schüler muslimischen Glaubens zu beantworten.

2 Religionsunterricht in der Schule

Der Islam und die Muslime sind zu einem festen Bestandteil der deutschen Gesellschaft geworden. Diese empirisch belegbare Ansicht, wird aber nicht von allen in Deutschland geteilt. Dies haben u. a. die Diskussionen um die AfD und ihrer These, dass der Islam nicht zu Deutschland gehöre, gezeigt. Eins können auch Rechtspopulisten nicht relativieren: das in Deutschland rd. 4 Millionen Muslime leben und einige hunderttausend von ihnen auf hiesige Schulen gehen (MLD, 2008). Mit der aktuellen Zuwanderung von Flüchtlingen steigt diese Zahl auf über 5 Millionen Menschen mit muslimischen Wurzeln. Waren z. B. in NRW vor 15 Jahren rund 200.000 oder 9 Prozent der Schüler muslimisch, ist diese Zahl zehn Jahre später um rund 60.000 angestiegen (11,3 Prozent). Heute ist bereits gut jeder Achte Schüler muslimisch (274.000).

Ein anderes Faktum ist zweifelsohne, dass die Mehrheit der muslimischen Schüler und Schülerinnen keinen bzw. nur wenige überhaupt einen Religionsunterricht besuchen – wenn doch, in der Regel keinen islamischen Religionsunterricht, sondern einen Ethikunterricht oder christlichen Religionsunterricht. Damit nehmen nur 11,4 % an einem Islamischen Religionsunterricht (IRU) teil (Tab. 1).

Diesem Defizit könnte entgegnet werden, dass die Kinder und Jugendlichen im außerschulischen Bereich religiöse Unterweisung erhalten. Doch auch hier ist das Bild ernüchternd: 65,2 % der muslimischen Schüler und Schülerinnen haben gar keinen Religionsunterricht bzw. sie nehmen auch nicht am Religionsunterricht in muslmischen Gemenden teil (bei den christlichen Schülerinnen und Schülern sind es 68,7 %) (s. Tab.1). Etwa 650.000 Schülerinnen und Schüler im schulpflichtigen Alter von 6 bis unter 18 Jahren würden an einem islamischen oder alevitischen Religionsunterricht im Rahmen des regulären Unterrichts an öffentlichen Schulen in Deutschland teilnehmen, wenn es ein solches Angebot gäbe. Etwa 580.000 Schüler würden den islamischen Religionsunterricht besuchen und etwa 70.000

Tab. 1 Schulische und außerschulische Religionsunterweisung der muslimischen und christlichen Schüler

	Muslime	Christen
	Religions-/Ethikunterricht in der Schule	
Katholischer Religionsunterricht	5,2	29,5
Evangelischer Religionsunterricht	2,7	41,7
Islamischer Religionsunterricht	11,4	–
Sonstiger Religionsunterricht	1,7	1,2
Ethikunterricht/LER	25,6	9,6
Keine Teilnahme	53,5	18,0
Insgesamt	100,0	100,0
	Außerschulische Religionsunterweisung	
derzeit	19,8	9,2
früher	14,9	22,1
keine	65,2	68,7
insgesamt	100,0	100,0

Quelle: MLD 2008 Datensatz aller Haushaltsmitglieder, Schüler im Alter von 6 bis 22 Jahren, gewichtet

Schüler den alevitischen Religionsunterricht, so die Deutsche Islam Konferenz (DIK).[1] Die Ermittlung dieser Zahlen erfolgte auf Basis der Daten der Studie „Muslimisches Leben in Deutschland" (MLD), einer bundesweit repräsentativen Studie des Bundesamtes für Migration und Flüchtlinge, die im Jahr 2008 im Auftrag der DIK durchgeführt wurde.

3 Religion und Jugend

Wenn man die Modernisierung als ein Konzept betrachtet, welches die Religion überflüssig macht, könnte man behaupten, dass im Verlauf des Modernisierungsprozesses Religion bzw. religiöse Weltdeutungen ihren Einfluss verlieren. In der Frühphase der Soziologie ging man sogar davon aus, dass die Religion gänzlich ihren Einfluss verliert und durch die Wissenschaft ersetzt wird (Pickel 2011:138f.).

---

1 http://www.deutsche-islam-konferenz.de/DIK/DE/DIK/5ReligionsunterrichtSchule/Schuelerpotenzial/schuelerpotenzial-node.html

Neuere Studien unter Jugendlichen scheinen diesen Eindruck zu bestätigen: die Shell-Studie 2010 hat gezeigt, dass z. B. in Ost-Deutschland Jugendliche kaum einen religiösen Bezug haben (s. u.).

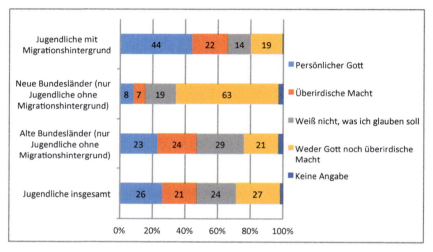

Abb. 1 Woran glauben Jugendliche? Drei religiöse Kulturen
Jugendliche im Alter von 12 bis 25 Jahren (in %)
Quelle: 16. Shell Jugendstudie, Stand: 2010

Von den ostdeutschen Jugendlichen glauben 63 % weder an einen Gott, noch an eine überirdische Macht. In Westdeutschland sind es 47 % der Jugendlichen die an einen persönlichen Gott bzw. an eine überirdische Macht glauben. Das Bild bei den Jugendlichen mit Migrationshintergrund (wir können hierbei annehmen, dass es vor allem muslimische Jugendliche sind) sieht ganz anders aus: Es ist deutlich zu erkennen, dass Jugendliche mit Migrationshintergrund (vor allem) muslimische Jugendliche sich stärker religiös definieren: 66 % glauben an einen persönlichen Gott bzw. an eine überirdische Macht.[2] Man kann aber auch sagen – abgesehen

---

2 Dieser Umstand konnte (unabhängig vom Alter) anderweitig auch nachgewiesen werden: „Unter Muslimen lautet die häufigste Selbsteinschätzung, „eher gläubig" (50 Prozent) zu sein, gefolgt von der Einschätzung „sehr stark gläubig" (36 Prozent) zu sein (mit Ausnahme der Muslime aus Südosteuropa). Danach wird angegeben, „eher nicht

von Ost-Deutschland – Religion bzw. religiöse Fragen nehmen einen bestimmten Stellenwert im Leben der Jugendlichen ein (Abb. 1).

Eine aktuelle Studie konnte nachweisen, dass türkisch-muslimische Kinder und Jugendliche traditionelle Schemata der Weltdeutung weitesgehend übernehmen, aber sich ihre Wahrnehmung durch Migrationserfahrungen und Bildung pluralisiert: neben dem traditionellen Typ, gibt es den ideologischen, den laizistischen und den individuellen Typ (Aygün, 2013:100). Dies stellt auch für die hiesige islamische Theologie und Religionspädagogik eine Herausforderung dar: „Die islamische Theologie muss sich zeitgemäß erneuern und neue Interpretationen und neue Ansätze für die islamischen Gläubigen anbieten, weil die Bedingungen des Lebens sich in der modernen Gesellschaft forltlaufend wandeln. (....) So tendieren Religionspädagogen und Verantwortliche für die Vermittlung von Religion dazu, konventionelle Interpretationen der Religion zu propagieren und vernachlässigen eine kritische Reflexion ihrer Lebensdienlichkeit im aktuellen Anwendungskontext" (Aygün, 2013:193).

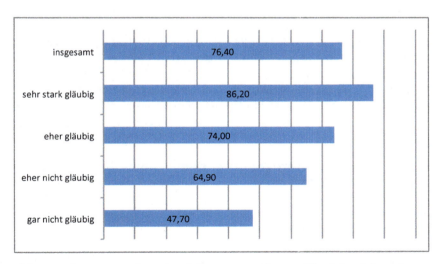

Abb. 2 Befürwortung islamischen Religionsunterrichtes an öffentlichen Schuen der muslimischen Befragten nach Religiösität (in Prozent)

Quelle: MLD 2008: Datensatz der Befragten im Alter ab 16 Jahren, nur ausländische Befragte, gewichtet

gläubig" (10 Prozent) zu sein. Die wenigsten Muslime würden sich selbst als „gar nicht gläubig" (4 Prozent) einschätzen." (MLD, 2008:139).

Die persönliche Religiosität der Kinder und Jugendlichen korrespondiert offensichtlich mit dem Wunsch der Eltern nach Einführung eines Islamischen Religionsunterrichtes. Die empirische Studie „Muslimisches Leben in Deutschland" (MLD), in Auftrag gegeben vom Bundesinnenministerium, bestätigte, dass die muslimischen Eltern Religionsunterricht für ihre Kinder befürworten (s. Abb. 2). Auch wenn weniger religiöse Eltern dazu tendieren, weniger stark einen Religionsunterricht zu befürworten, wollen auch Eltern, die angeben „gar nicht religiös" zu sein (47,7 %) einen Religionsunterricht. Im Durchschnitt befürworten damit 76,4 % einen Islamischen Religionsunterricht. Auch die muslimischen Verbände (DITIB, IGMG, VIKZ, ZMD), die sich in der Interessenvertretung „Koordinationsrat der Muslime" organisiert haben, verlangen mit Nachdruck die Einführung eines Religionsunterrichtes für muslimische Schüler. Doch: Rechtfertigungsgrund für den IRU kann nicht nur der Wunsch der Verbände sein: „Wichtig sind in einer individualisierten Gesellschaft vor allem Argumentationen, die die Bedeutung der Religon für die eigene Lebensführung ausweisen. Der Bedetungsverlust der traditionellen Religionsformen (Kirche und Theologie) darf also nicht zu einer vorschnellen Verarbschiedung der Religion überhaupt führen", so Kunstmann (2004:42). Ausgangspunkt der Begründung ist hierbeit das Individuum selbst: „Für die Menschen wäre der Verlust der Religion eine Einbuße an Lebensqualität – an Orientierung, an Selbsdeutung und Weltverstehen, an Gewissheit, an Verwurzelung (Beheimatung) in einem sie Übersteigenden, darum an Sinnerfahrung. Dies unterstützt vor allem das anthropologische und das bildungstheoretische Argument, gilt mittelbar aber auch für das kulturtheoretische und das gesellschaftliche" (ebd.).

4 Religionsunterricht unter dem Schutz des Grundgesetzes

Religionsunterricht ist das einzige Fach welches vom Grundgesetz gefordert und explizit geschützt wird (s. u.).

> Verfassungsrechtliches Gebot, Art. 7:
> (1) Das gesamte Schulwesen steht unter der Aufsicht des Staates.
> (2) Die Erziehungsberechtigten haben das Recht, über die Teilnahme des Kindes am Religionsunterricht zu bestimmen.
> (3) Der Religionsunterricht ist in den öffentlichen Schulen mit Ausnahme der bekenntnisfreien Schulen ordentliches Lehrfach. Unbeschadet des staatlichen Aufsichtsrechtes wird der Religionsunterricht in Übereinstimmung mit den Grundsätzen der Religionsgemeinschaften erteilt. (…)

Zu Fragen wäre hier: Warum der Staat den Religionsunterricht garantiert? „Religionsunterricht erteilt hiernach, wer nicht nur erklärt, was geglaubt wird, sondern was geglaubt werden soll. Oft wird davon gesprochen, dass der Religionsunterricht ein Unterricht ist, der in konfessioneller Positivität und Gebundenheit zu erteilen ist. Dem Religionsunterricht geht es danach wesensmäßig um Glaubensvermittlung, das heißt die Vermittlung von Glaubenswahrheiten, die zumindest versucht wird. Ein Unterricht, der Religionsunterricht im verfassungsrechtlichen Sinne sein will, kann auf ein Minimum an glaubensvermittelnden Inhalten nicht verzichten. (…) Es geht um religiöse Identitätsfindung" (Anger, 2010:44f). Böckenförde, ein ehemaliger Richter am Bundesverfassungsgericht, hatte schon in den 70er Jahren das besondere Verhältnis zwischen Staat und Religionsgemeinschaften (dem später als Böckenförde-Diktum betitelten Ansatz) folgendermaßen formuliert:

„Der freiheitliche, säkularisierte Staat lebt von Voraussetzungen, die er selbst nicht garantieren kann. Das ist das große Wagnis, das er, um der Freiheit willen, eingegangen ist. Als freiheitlicher Staat kann er einerseits nur bestehen, wenn sich die Freiheit, die er seinen Bürgern gewährt, von innen her, aus der moralischen Substanz des einzelnen und der Homogenität der Gesellschaft, reguliert. Andererseits kann er diese inneren Regulierungskräfte nicht von sich aus, das heißt mit den Mitteln des Rechtszwanges und autoritativen Gebots zu garantieren suchen, ohne seine Freiheitlichkeit aufzugeben und – auf säkularisierter Ebene – in jenen Totalitätsanspruch zurückzufallen, aus dem er in den konfessionellen Bürgerkriegen herausgeführt hat."[3] Dies sollte heißen, dass der Staat sich zum einen selbst beschränkt, zum anderen aber von „Voraussetzungen" lebt, die er nicht, aber die Religionsgemeinschaften doch leisten können. Die Religionsgemeinschaften und damit der Religionsunterricht leisten folglich ihren Beitrag zur Wertevermittlung.[4]

Mit dem Religionsunterricht verfolgt der Staat zwei wichtige Ziele: zum einen den eigenen Bildungsauftrag. „Er erkennt religiöse Erziehung als für das Gemeinwesen wichtig an. Der Staat ist zwar religiös und weltanschaulich neutral, aber nicht wertneutral. Werteerziehung kann in der Schule auf verschiedene Weise stattfinden. (…) Das zweite Ziel, welches der Staat mit dem Religionsunterricht verfolgt, ist das der positiven Religionspflege" (Anger, 2010: 46).

Wie aus Artikel 7, Abs. 3 zu erkennen ist, ist der Religionsunterricht ordentliches Lehrfach und kann nur in Übereinstimmung mit den Grundsätzen der Religionsgemeinschaften umgesetzt werden. Der Staat hat den RU sicherzustellen, aber er darf damit nicht den Inhalt festlegen. Diese Aufgabe kommt den Religionsgemeinschaften

---

3   Böckenförde, Ernst-Wolfgang: Staat, Gesellschaft, Freiheit. 1976, S. 60, zitiert n: http://de.wikipedia.org/wiki/B%C3%B6ckenf%C3%B6rde-Diktum
4   Eine Kritik der Wertethese s. u. a. Schiffauer, 2003.

zu. Der Staat überwacht diesen, z. B. stellt er sicher, dass der RU wissenschaftlichen Kriterien genügt und deren Inhalte nicht gegen die Verfassung spricht.

Auf islamischer Seite haben wir bis dato keine anerkannte Religionsgemeinschaft (mit Ausnahme in Hessen, wo die Ahmadiya und die DITIB anerkannt wurden und Staatsverträge in Hamburg bzw. Bremen), sondern islamische Dachverbände, die viele Gemeinsamkeiten haben, z. B. türkisch, sunnitisch, sich aber politisch und in ihrer Interpretation des Islam unterscheiden.

Aufgrund einer Klage stellte das Bundesverwaltungsgericht 2005 Kriterien auf, die festlegen, welche Kriterien und Voraussetzungen die Vereine/Verbände erfüllen müssen, wenn Sie als Religionsgemeinschaft anerkannt werden müssen. Diese wären u. a. Gewähr auf Dauer, natürliche Personen als Mitglieder, verlässliche Ansprechpartner, nicht nur Erfüllung partieller religiöser Bedürfnisse, sondern breitflächige Interessensvertretung usw. (Angler, 2010).

Dieses Urteil brachte einige Klarheit darüber, nach welchen Kriterien eine Vereinigung das Recht einer Körperschaft erhalten kann. Aber: in der muslimischen Öffentlichkeit wird immer wieder der Verdacht geäußert, dass die Frage der Religionsgemeinschaften nur ein vorgeschobener Grund sei und dem deutschen Staat bzw. ihren Vertretern der Wille fehlt, dass Gebot der Verfassung umzusetzen.

5 Aktuell: Vielzahl und Vielfalt der Schulversuche in den Ländern zur Einführung des IRU in Deutschland

Zum einen ist die Entwicklung ernüchternd: Trotz 50jähriger muslimischer Präsenz in Deutschland gibt es keinen flächendeckenden Islamischen Religionsunterricht. Erste Gespräche wurden schon in den 70er Jahren begonnen, aber eher mit der Absicht rückkehrwillige Eltern und ihre Kinder auf die Eingliederung in der Heimat vorzubereiten. Bald musste aber erkannt werden, dass die muslimische Präsenz eine Dauererscheinung ist. Der Blick auf die Geschichte zur Einführung des IRU scheint dem Unbehagen der muslimischen Community rechtzugeben, aber auch Grund für Optimismus zu bieten. Denn ab den 90er Jahren und vor allem zu Beginn des neuen Jahrtausends begannen zaghafte Versuche in den verschiedenen Bundesländern, den Anspruch nach Religionsunterricht für muslimische Schüler und Schülerinnen, die mittlerweile in der dritten Generation hier leben, zu entsprechen.

Nordrhein-Westfalen (NRW)

Nordrhein-Westfalen ist das Bundesland mit den meisten Erfahrungen im Bereich des Islamischen Religionsunterrichtes. Seit den 80er Jahren gibt es dort Bestrebungen einen religionskundlichen Unterricht anzubieten. 1999 wurde im bevölkerungsreichsten Bundesland „Islamische Unterweisung" als Projektunterricht eingeführt, 2005 wurde daraus das Fach „Islamkunde". Dieses Projekt wurde aber auf Initiative der Landesregierung, ohne Zustimmung der islamischen Verbände umgesetzt. Die neue Landesregierung und die Schulministerin Sylvia Löhrmann setzten sich mit Nachdruck für den IRU ein, denn die grüne Schulministerin in Düsseldorf, sieht in der Einführung des IRU ein „Signal für die Integration der Muslime in Deutschland". Hierfür wurde am 22. Dezember 2011 ein „Gesetz zur Einführung von islamischem Religionsunterricht als ordentliches Lehrfach" vom Landtag mit einer großen Mehrheit verabschiedet. Es sieht vor, dass die islamischen Organisationen vier Mitglieder in den Beirat entsenden und dass vier weitere Mitglieder vom Schulministerium im Einvernehmen mit den islamischen Verbänden bestimmt werden. Alle Beiratsmitglieder sind Expertinnen und Experten für die Bereiche islamische Theologie und Religionsdidaktik. Der Beirat ist an der Erstellung der Unterrichtsvorgaben, der Auswahl der Lehrpläne und Lehrbücher und an der Bevollmächtigung von Lehrerinnen und Lehrern beteiligt. Die Verfahrensweisen im Beirat orientieren sich an den Verfahren zur Beteiligung der Kirchen beim evangelischen und katholischen Religionsunterricht.[5]

Im Jahr 2001 folgte an der Uni Münster das „Centrum für religiöse Studien". Aufgabe dieses Zentrums soll es sein, einen „wissenschaftlichen Beitrag zum gegenseitigen Verständnis zwischen den Religionen zu leisten". Der deutsche Konvertit Sven Kalisch wurde 2004 auf den Lehrstuhl für „Religion des Islam" berufen. Aber durch seine strittigen theologischen Ansichten und seinem späteren Abfall vom Islam wurde Kalisch jedoch aus seinem Amt entfernt. Mouhanad Khorchide, Soziologe und Religionspädagoge aus Wien, übernahm 2010 die Professur für Islamische Religionspädagogik (IRP). Auch um Khorchide ist mittlerweile eine Diskussion entfacht,[6] dem die islamischen Verbände vorwerfen, nicht Islamische Theologie, sondern Orientalistik zu betreiben.[7] Jahrelang bremste die Diskussion um die Causa Khorchide die Entwicklung des Zentrums, bis 2016 sich der Beirat konstruieren konnte.

Im Schuljahr 2012/2013 führte Nordrhein-Westfalen den Islamischen Religionsunterricht (IRU) konform mit dem Grundgesetz als erstes Bundesland ein. Im Schuljahr 2013/2014 sollen bereits 4500 Schüler (von rd. 274.000) an 36 Grund-

---

5   http://islam.de/19850
6   http://islam.de/23086, Kommentar von Aiman Mazyek, dem Vorsizeden des Zentralrates der Muslime
7   Khorchides eigene Antwort auf Vorwürfe aus Hamburg: http://www.uni-muenster.de/ZIT/Personen/Professoren/personen_khorchide_mouhanad.html#klarstellung

schulen unterrichtet werden und somit 25 weiterführende Schulen Islamischen Religionsunterricht anbieten. Vorab wurde – bis ein neuer Lehrplan entwickelt wurde – nach dem Lehrplan der vorangegangenen Islamkunde unterrichtet. Die 50 Lehrkräfte unterrichten dann nach neuen Lehrplänen.[8] Zukünftig werden die Lehrkräfte an der Uni Münster im ersten Lehramtsstudiengang für Islamischen Religionsunterricht ausgebildet und eigesetzt.

Niedersachsen

An der Universität Osnabrück in Niedersachsen wurde Bülent Ucar 2007 auf den Lehrstuhl für „Islamische Religionspädagogik" berufen. Ein weiterer Lehrstuhl „Religionswissenschaft mit dem Schwerpunkt IRP" ist später mit Rauf Ceylan besetzt worden. Es folgten weitere Professuren für Fiqh (Islamisches Recht und Glaubenspraxis) und Tafsir (Koranexegese). Mittlerweile sind weitere Professuren hinzugekommen. Neben Religionslehrern werden Theologen ausgebildet. Zeitweise erfolgte auch die Weiterbildung für Imame und Seelsorger. Im Wintersemester 2011 wurden die Einrichtungen an der Universität Osnabrück und der Universität Münster zu einem gemeinsamen „Zentrum für Islamische Theologie" zusammengeschlossen. An der Uni Osnabrück wurde gleichzeitig aber ein Institut für islamische Theologie gegründet. Seit 2003 ist der Schulversuch „Islamischer Religionsunterricht in deutscher Sprache" als bekenntnisorientierter Religionsunterricht angelegt. Im Schuljahr 2007/2008 wurde dieser auf 26 Grundschulen ausgeweitet. Mit Beginn des Schuljahres 2013/2014 gibt es an den Grundschulen in Niedersachsen Islamischen Religionsunterricht und zum kommenden Jahr ist seine Ausweitung auf die Klassen 5 bis 10 geplant.[9] Zu diesem Zweck ist auch ein Beirat aus Vertretern der SCHURA und DITIB gegründet worden: „Dieser hat die Aufgabe, an den öffentlichen Schulen in Niedersachsen den islamischen Religionsunterricht zu ermöglichen und zu unterstützen."[10] Aktuell laufen Verhandlungen mit der Landesregierung über ein Staatsvertrag mit den muslimischen Verbänden.

Bayern

An der Friedrich-Alexander-Universität Erlangen-Nürnberg wurde der „Lehrstuhl für Islamische Religionslehre" eingerichtet. Der Lehrstuhl, der bis Anfang 2015 von Harry Harun Behr geleitet wurde, hat sich seit 2002 vornehmlich der Lehrerausbildung gewidmet. Zugewiesen ist er dem IZIR (Interdisziplinäres

---

8 http://islam.de/22780
9 http://www.deutsche-islam-konferenz.de/DIK/DE/DIK/StandpunkteErgebnisse/UnterrichtSchule/ReligionBildung/Schulversuche/schulversuche-node.html
10 http://beirat-iru-n.de/

Zentrum für Islamische Religionslehre).[11] An der Uni Erlangen-Nürnberg wird zusätzlich Islamische Religionslehre als Erweiterungsstudiengang angeboten. Seit dem Schuljahr 2003/2004 gibt es das Erlanger Modell (IRE). Der Lehrplan wurde gemeinsam mit der lokal gegründeten Islamischen Religionsgemeinschaft Erlangen (IRE), dem zuständigen Staatsministerium und von Wissenschaftlern der Universität Erlangen-Nürnberg ausgearbeitet.[12] Der Modellversuch wurde 2014 um fünf Jahre verlängert, bleibt aber Provisorium. Derzeit nehmen demnach rund 11.500 Schüler das Angebot an. Gut 60.000 Muslime besuchen dem Ministerium zufolge im Freistaat allgemeinbildende Schulen. Statt der bisher rund 260 Schulen sollen in Zukunft rund 400 im Freistaat das Fach anbieten. Mittlerweile arbeiten weitere Professoren am Central für islamische Studien an der FAU. Studenten können hier ein BA Studium in islamischer Theologie und ein BA Studium für „Medien und Islam" belegen. Sprecher des Zentrums ist Prof. Dr. Reza Hajatpour.

Baden-Württemberg

In Baden-Württemberg wurde das bundesweit erste „Zentrum für Islamische Theologie" an der Universität Tübingen gegründet. Neben Islamischer Theologie auf Bachelor können die Studenten seit dem Wintersemester 2013/2014 ein Lehramtsstudiengang „Islamische Religionslehre" (Gymnasium) belegen. Ein Master of Education gibt es seit 2016. Dem Zentrum ist ein Beirat zugewiesen, in dem drei islamische Verbände vertreten sind.[13] Das Zentrum ist fakultätsunabhängig und untersteht direkt dem Rektorat. Zusätzlich gibt es in Baden-Württemberg die Sonderfälle der Pädagogischen Hochschulen: diese bieten ein Erweiterungsfach in Islamischer Religionslehre bzw. Religionspädagogik für Grund-, Haupt- und Realschule an. Der Wunsch der Landesregierung und der muslimischen Verbände ist es, den IRU an allgemeinbildenden Schulen als ordentliches Fach einzuführen. Dazu gibt es seit 2006 Modellversuche an ausgewählten Grundschulen. Zu Beginn des Schuljahres 2006/07 wurde ein Schulversuch für bekenntnisorientierten islamischen Religionsunterricht an zwölf Grundschulen initiiert und mittlerweile auf über 20 Schulen ausgedehnt.[14] Derzeit nehmen rund 2.000 Schüler am Pilotprojekt teil. Es geht um 24 Grundschulen, eine Realschule und 6 Hauptschulen. Die Landesregie-

---

11 http://www.izir.de/
12 http://www.deutsche-islam-konferenz.de/DIK/DE/DIK/StandpunkteErgebnisse/UnterrichtSchule/ReligionBildung/Schulversuche/schulversuche-node.html
13 http://www.uni-tuebingen.de/fakultaeten/zentrum-fuer-islamische-theologie/zentrum.html
14 http://www.deutsche-islam-konferenz.de/DIK/DE/DIK/StandpunkteErgebnisse/UnterrichtSchule/ReligionBildung/Schulversuche/schulversuche-inhalt.html

rung hat beschlossen, dass Modellprojekt bis zum Schuljahr 2017/18 zu verlängern. Damit aus dem Modellversuch Regelunterricht werden kann, sind immer noch bestimmte Voraussetzungen zu erfüllen, vor allem muss es einen Ansprechpartner in Form einer anerkannten Religionsgemeinschaft geben.

Hessen

Im Bundesland Hessen begann die Entwicklung 2003 mit einer Stiftungsprofessur für „Islamische Religion" an der Universität Frankfurt/Main. Die Stiftungsprofessur wurde anfangs von der türkischen Religionsbehörde (Diyanet) übernommen. Zugewiesen war sie erst der Evangelischen Theologie, aber seit 2009 nun dem „Institut für Studien der Kultur und der Religion des Islam". Das Studienangebot umfasst „Islamische Studien", ein sechs Semester andauerndes Bachelorstudium, welches als theologisches Vollstudium anerkannt wird und den Masterstudiengang „Religionswissenschaft – Islamische Religion".[15]

Durch die hessische Landesregierung wurde der Landesverband der DITIB (neben der Ahmadiyya Muslim Jamaat) als Religionsgemeinschaft anerkannt und bietet den ersten IRU im Sinne des Grundgesetzes. Im Folgenden wurde in Hessen zum Schuljahr 2013/2014 in der Grundschule Islamischer Religionsunterricht eingeführt. Dieser wird in der ersten Klasse beginnen und dann sukzessive auf die folgenden Klassen ausgedehnt. Lehrstühle für IRP wurden an den Universitäten Gießen und Frankfurt ausgeschrieben und besetzt.[16]

Sonderfälle

In Hamburg haben besondere Umstände zu der außergewöhnlichen Etablierung eines Hamburger Religionsunterrichts für alle, in evangelischer Verantwortung, geführt. Offiziell ein bekenntnisgebundener Religionsunterricht nach Artikel 7 GG, möchte er sich jedoch an alle Schüler jedweder Glaubensvorstellung richten. Der Hamburger Unterricht unterscheidet sich von allen Formen des Religionsunterrichtes dadurch, dass er auch inhaltlich einen interreligiösen Ansatz verfolgt. Bislang lehren evangelische Theologen über den Islam, aber durch den Staatsvertrag, den das Land mit den Verbänden abgeschlossen hat, sollen alle Lehrkräfte, egal welcher Religion sie angehören, über alle Religionen lehren können.

Aufgrund der sogenannten Bremer Klausel (Art. 141 GG) hat die grundgesetzliche Regelung zur Absprache mit der jeweiligen Religionsgemeinschaft in Bremen und Berlin keine Gültigkeit. Daher wird auch kein konfessioneller Religionsunterricht

---

15 http://www2.uni-frankfurt.de/42913690/profil
16 https://kultusministerium.hessen.de/schule/bekenntnisorientierter-islamischer-religionsunterricht

im Sinne des Art. 7 Abs. 3 GG erteilt. In den Bundesländern Bremen und Berlin findet, aufgrund der Bremer Klausel des Grundgesetzes, kein bekenntnisorientierter Religionsunterricht statt. Bremen hat sich dazu entschieden einen Islamkundlichen Unterricht zu etablieren, für den alleine der Stadtstaat verantwortlich ist, ohne Beteiligung einer Religionsgemeinschaft. Aktuell wird dort über die Einführung eines Islamischen Religionsunterrichts diskutiert.[17]

In Berlin ist die Situation genau umgekehrt. Hier findet bekenntnisorientierter IRU in alleiniger Verantwortung der Islamischen Föderation Berlin (IFB) statt. „Der Unterricht wird nicht wie in anderen Bundesländern vom Land beziehungsweise vom Stadtstaat im Sinne des Art. 7 Abs. 1 GG beaufsichtigt. Die Kultusbehörde überwacht lediglich die Rahmenlehrpläne, stellt Räumlichkeiten zur Verfügung und subventioniert die Lehrergehälter. Derzeit wird der IRU der IFB an etwa 30 Berliner Grundschulen unter Beteiligung von etwa 2.000 Schülerinnen und Schülern durchgeführt."[18]

Zusammengefasst kann gesagt werden, dass der IRU nicht nur ein verfassungsrechtliches (s. o.), sondern auch ein religionspädagogisches Gebot ist:

- Fördert und stärkt die interkulturelle und interreligiöse Kompetenz und die Persönlichkeit.
- Fördert die Sprachfähigkeit: Muslimische Schüler und Schülerinnen lernen zum ersten Mal in der Schule auf Deutsch über ihre Religion zu sprechen und mit nicht-muslimischen Schülern religiös zu kommunizieren.
- Signalfunktion an die muslimische Community: Wertschätzung/Anerkennung als Teil der Mehrheitsgesellschaft.
- Zeichen gegen Segregation: Abschottungs-, und Extremismustendenzen kann schon früh vorgebeugt werden, wenn die interreligiöse Kompetenz gestärkt wird.
- Beitrag zur Wertebildung der Gesellschaft insgesamt. Muslime wollen und können ein Beitrag zur Wertebildung in dieser Gesellschaft leisten, wenn es Ihnen ermöglicht wird, sich zu artikulieren und einzubringen.
- Beitrag zur Friedenserziehung. Der Religionsunterricht (unabhängig von Konfession und Religion) kann das friedliche und dialogische Zusammenleben der Schülerinnen und Schüler und damit der Gesamtgesellschaft fördern, weil es auch die ethische Wahrnehmungs- und Handlungskompetenz fördert.

---

17 Htto://deutsche-islam-konferenz.de
18 http://www.deutsche-islam-konferenz.de/DIK/DE/DIK/StandpunkteErgebnisse/UnterrichtSchule/ReligionBildung/Schulversuche/schulversuche-node.html

6 Fazit und Ausblick

Ein Religionsunterricht der Raum bietet, um Glauben selbstverantwortet zu artikulieren, ist auch ein Beitrag, um den Herausforderungen von Pluralität gerecht zu werden und damit Handlungsorientierung im Kontext von Krisen zu bieten. Der IRU wird in seiner konzeptionellen und inhaltlichen Orientierung stark von der allgemeinen Integrationsdebatte überschattet oder im Kontext von Extremismusbekämpfung thematisiert. Dies belastet den Unterricht, denn Religionsunterricht – christlich, muslimisch, jüdisch – ist kein Integrationsunterricht (Ucar 2008, 25).

Empirische Untersuchungen zeigen, dass sich Eltern einen stärkeren Einbezug der Verbände wünschen: Folglich kann ohne die Eltern und expressis verbis ohne den Einbezug der Verbände, der Islamische Religionsunterricht nicht gelingen. Aber auch die Eltern selbst wollen stärker einbezogen werden und sollten entsprechend sehr früh angesprochen und aufgeklärt werden (Yavuzcan 2016). Der IRU sollte aber nicht als Konkurrenz zu den Moscheen dargestellt bzw. sollte nicht als solcher wahrgenommen werden (Ceylan 2008, 148). Denn hierdurch würde er an Legitimation in der muslimischen Community verlieren.

Muslimische Kinder und Jugendliche, aber auch ihre Eltern tun sich schwer, wenn sie über den Islam Rede und Antwort auf Deutsch geben möchten. Schüler/-innen müssen befähigt werden, sich auf Deutsch artikulieren und positionieren zu können. Durch interreligiöses Lernen, das wiederum als Ausdruck und Anerkennung der kulturellen bzw. religiösen Pluralität in der Gesellschaft gewertet werden kann, können die Religionsunterrichte (christlich, muslimisch, jüdisch, alevitisch) wiederum ihren Beitrag zum gegenseitigen Verständnis und Respekt in einer immer pluraleren Gesellschaft beitragen.

Die muslimischen Akteure (Eltern, Schüler, Verbände, Religionspädagogen) tragen verschiedene Ansprüche an den IRU heran, sie decken sich teilweise, stehen aber auch teilweise in Widerspruch zueinander. Überlagert werden sie durch unterschiedliche, zum Teil widersprüchliche, Erwartungen von außen (Medien, Politik, Kirchen usw.). Ob die Unterschiede durch „eine Revision der gegenwärtigen Unterrichtsmethoden" beseitigt werden können (Khalfaoui 2010, 121), ist wohl nur partiell möglich. Diese Revision hat ihre Berechtigung dort, wo der Unterricht sich Ansätzen des Verstehens im Gegensatz zum dogmatischen Akzeptieren verpflichtet (ebd.). Aber die Erwartungen der verschiedenen Akteure lassen sich nur über eine grundlegende Debatte über Bildungsziele im Allgemeinen und über Religionsunterricht im Besonderen klären.

Deswegen ist es umso dringlicher, sich nochmals vor Augen zu führen, welche erzieherischen Aufgaben dem IRU eigentliche zukommen sollten: IRU soll die religiöse Identitätsbildung und Entwicklung unterstützen, die Schüler/-innen konflikt- und sprachfähig machen, helfen, verschiedene Glaubensüberzeugungen und -haltungen aufeinander zu beziehen und zu respektieren, religiöse Rituale bzw. Einstellungen verständlich machen und muss sich am allgemeinen Bildungsauftrag der Schule laut Landesverfassung und Schulgesetz orientieren (Ucar 2008, 28). Dabei ist ein gewisser Konflikt zwischen Tradition und staatlichen Vorgaben zu erwarten, der sich m. E. abschwächen lässt, indem man den Religionsunterricht nicht für gesellschaftspolitische Zwecke (Vorbeugung von Extremismus, Terrorismus usw.), auch wenn sie nachvollziehbar sind, instrumentalisiert. Diese Ziele können und werden auch im Rahmen von gesellschaftlich relevanten Fächern wie Gemeinschaftskunde bzw. Politik genügend aufgegriffen. Daneben kann der IRU auch nicht die Ansprüche eines Koranunterrichts erfüllen, auch hier müssen die Ansprüche den tatsächlichen Rahmenbedingungen in der Schule angepasst werden. In der Moschee nehmen die Imame eine zentrale Rolle ein (Ceylan 2008, 110), die weitestgehend nach traditionellen Lehrmethoden, wie z. B. Memorieren unterrichten, mit dem Ziel, gute Muslime zu erziehen. In der Schule liegt der Schwerpunkt auf der Erziehung zum mündigen Gläubigen. Der Lehrperson in der Schule wiederum kommt nicht die Aufgabe zu in den Glauben einzuweisen, sondern die Schüler/-innen auf diesem Weg zu begleiten und Anreize zu geben. Die „rational-wissenschaftliche Reflexion der Glaubensinhalte" und „theologisch begründbare" Theorie und Praxis eines IRU stellt die besondere zukünftige Herausforderung für muslimische Pädagogen dar (ebd.).

Im Kontext der Migration und Einfindung entwickeln Menschen sehr unterschiedliche individuelle bzw. „individuierte" Zugänge zu ihrer Religion (Schiffauer 2004, 365). Religiöse Bildung kann nur dann in die Tiefe führen, wenn sie den Lernenden ermöglicht, ihre Sehnsucht nach dem Anderen, der Gemeinschaft und nach dem ganz anderen zu artikulieren, zu reflektieren und in performativer Bildungssituation die vom Anderen konstruierten Sinndeutungen (weltlich, wie religiös) zu erleben. Der Religionsunterricht kann helfen diese individuellen Wünsche und Fragen im pluralen Kontext produktiv zu verarbeiten und eine Ich-Identität zu entwickeln, die sich positiv in die Gesellschaft einbringt.

Literatur

Albert, Matthias, Klaus Hurrelmann und Gudrun Quenzel (2010): 16. Shell Jugendstudie. Jugend 2010.
Anger, Thorsten. (2010) Zur rechtlichen Legitimation des Islamischen Religionsunterrichts. In: Bülent Ucar/ Danja Bergmann (Hg.): Islamischer Religionsunterricht in Deutschland, S. 43–51.

Aygün, Adem (2013): Religiöse Sozialisation und Entwicklung bei islamischen Jugendlichen in Deutschland und in der Türkei. Empirische Analysen und religionspädagogische Herausforderungen.

Behr, Harr Harun (1998): Islamische Bildungslehre.

Bernhardt, Reinhold und Perry Schmidt-Leukel (2005) (Hrsg.): Kriterien interreligiöser Urteilsbildung.

Biesinger/Kießling/Jakobi/Schmidt (2011): Interreligiöse Kompetenz in der beruflichen Bildung,

Doedens, Folkert (2009): Kompetenzplanung als Kern der Unterrichtsvorbereitung, in: Feindt, Andreas, Volker Elsenbast, Peter Schreiner, Albrecht Schöll (Hrsg.): Kompetenzorientierung im Religionsunterricht.

Dressler, Bernhard (2009): Religionsunterricht – mehr als Kompetenzorientierung!?, in: Feindt, Andreas, Volker Elsenbast, Peter Schreiner, Albrecht Schöll (Hrsg.): Kompetenzorientierung im Religionsunterricht, S. 23–37.

Obst, Gabriele (2010): Kompetenzorientiertes Lehren und Lernen im Religionsunterricht, (3. Auflage)

Feindt, Andreas, Volker Elsenbast, Peter Schreiner, Albrecht Schöll (2009) (Hrsg.): Kompetenzorientierung im Religionsunterricht, S. 149–163.

Haug, Sonja, Anja Stichs, Stephanie Müssig und Katy Otto (2009): Muslimisches Leben in Deutschland (MLD) im Auftrag der Deutschen Islam Konferenz.

Hofmann, Michael (2011): „Handicap Islam? Die Sarrazin-Debatte als Herausforderung des deutsch-türkischen Diskurses", in: Seyda Özdil, Michael Hofmann und Yasemin Dayioglu-Yücel (Hrsg.): Türkisch-deutscher Kulturkontakt und Kulturtransfer. Kontroversen und Lernprozesse. Türkisch-deutsche Studien. Jahrbuch 2010.

Religionsmonitor 2008 (2007), Bertelsmann-Stiftung.

Sajak, Clauß Peter (2012) (Hrsg.): Religionsunterricht kompetenzorientiert. Beiträge aus fachdidaktischer Forschung.

Schiffauer, Werner (2003): Die Debatten um den Islamischen Religionsunterricht. Zur Rolle von Religion in der deutschen politischen Kultur, in: Harmut Lehmann (Hrsg.): Multireligiosität im vereinten Europa.

Tautz, Monika (2007): Interreligiöses Lernen im Religionsunterricht. Menschen und Ethos im Islam und Christentum, Stuttgart: Kohlhammer.

Ucar, Bülent: Was kann und sollte Islamische Religionspädagogik in der staatlichen Schule leisten? In: CIBEDO-Beiträge zum Gespräch zwischen Christen und Muslimen 4/2008, S. 24–30.

Weinert, F. E. (2001): Leistungsmessungen in Schulen – eine umstrittene Selbstverständlichkeit, in: Ders. (Hrsg.): Leistungsmessungen in Schulen, S. 17–31.

„Feminisierung des Islam"?
Theologinnen als neue religiöse Autoritäten

Melahat Kisi

Im vorliegenden Aufsatz „Feminisierung im Islam"? – *Theologinnen als neue religiöse Autoritäten* wird der Frage nachgegangen, welche Möglichkeiten und Hindernisse angehende muslimische Theologinnen als religiöse Autoritäten haben. Hierzu wird in einem ersten Schritt anhand der Feminisierungsthese die gesamtgesellschaftliche ungleiche Situation von Frauen in den Bereichen Bildung und Arbeitsmarkt betrachtet. Dabei wird die Feminisierungsthese aufgrund ihrer Ontologisierung der Geschlechter und somit der Stabilisierung der ungleichen Geschlechterverhältnisse problematisiert. In einem zweiten Schritt wird das Konzept religiöse Autorität näher bestimmt und angesichts des breiten Spektrums an alten und neuen Formen der religiösen Autorität gefordert, die Chancen und Hindernisse in diesem „Möglichkeitsraum" zu analysieren. Fazit des Aufsatzes ist, dass die gleichberechtigte Tätigkeit von Frauen als religiöse Autoritäten von strukturellen und soziokulturellen Faktoren abhängig ist und der genaueren Analysen der hinderlichen sowie förderlichen Faktoren bedarf.

Einleitung

Seit 2012 wurde im Rahmen der akademischen Institutionalisierung der islamischen Theologie sukzessive an verschiedenen Standorten in Deutschland der Studiengang „Islamische Theologie" eingerichtet.[1] Aufgrund einer hohen Anzahl von Studentinnen zog im Jahre 2014 der Institutsleiter des Instituts für Islamische

---

1 Bundesministerium für Bildung und Forschung. 2016. Islamische Theologie in Deutschland verankern. https://www.bmbf.de/de/islamische-theologie-in-deutschland-verankern-2356.html. Zugegriffen: 20. Juni 2016.

Theologie in Osnabrück Prof. Dr. Bülent Uçar nach vier Semestern die Bilanz, „dass die Zukunft der islamischen Theologie in Deutschland von Frauen geprägt ist."[2] Diese Einschätzung lässt sich zum einen in die Annahme einreihen, dass ein Zusammenhang zwischen dem Bildungsanstieg der Frauen sowie der Transformation des Konzeptes und der Strukturen der religiösen Autorität besteht (Jouili und Amir-Moazami 2006, S. 618). Schließlich ist zu beobachten, dass seit dem 20. Jh. die Anzahl von Frauen, die als Predigerinnen, Lehrerinnen und Interpretinnen religiöser Texte aktiv sind und als solche in der Öffentlichkeit auftreten, in verschiedenen muslimischen Mehrheits- und Minderheitengesellschaften erneut gestiegen ist (Kalmbach 2012, S. 1). Dies spiegelt sich auch im Interesse an der Frage nach weiblichen religiösen Autoritäten in muslimischen Gesellschaften und Milieus in der Moderne in verschiedenen Untersuchungen wider[3] (Hammer und Spielhaus 2013, S. 287). Zum anderen lässt sich die Beobachtung einer möglichen weiblich geprägten islamischen Theologie in einen gesellschaftlichen Diskurs einordnen, in dem durch die Zunahme bzw. hohe Anzahl von Frauen in verschiedenen Lebensbereichen von einer Feminisierung gesprochen wird, mit der bestimmte Vorstellungen assoziiert werden.

Vor diesem Hintergrund soll in dem vorliegenden Aufsatz die Frage nach der Feminisierung des Islams in zwei Schritten analysiert werden. Zunächst soll die Feminisierungsthese exemplarisch in groben Zügen dargestellt werden, um den Begriff der Feminisierung näher bestimmen zu können. Im Anschluss daran soll das Konzept religiöse Autorität umrissen werden und im Hinblick auf Frauen als religiöse Autoritäten hinterfragt werden. Zum Schluss soll, ausgehend von den Analysen, die Frage nach einer Feminisierung des Islams diskutiert werden.

Die geschlechtertheoretische Grundlage des Aufsatzes ist ein sozialkonstruktivistischer Ansatz der gesellschaftlichen Zweigeschlechtlichkeit, welches in Anlehnung an Carol Hagemann-White als soziokulturelles Ordnungssystem der Gesellschaft verstanden wird.[4] Hierbei wird Geschlecht

---

2 Hannoversche Allgemeine. 2014. Guter Start für islamische Theologie. http://www.haz.de/Nachrichten/Der-Norden/Uebersicht/Guter-Start-fuer-Studiengang-islamische-Theologie-in-Osnabrueck. Zugegriffen: 12. April 2016.

3 Juliane Hammer und Riem Spielhaus weisen im Hinblick auf dieses Forschungsinteresse auf folgende Publikationen: Hammer, J., American Muslim Women, Religious Authority, and Activism: More Than a Prayer; M. Bano and H. Kalmbach (eds.), Women, Leadership, and Mosques. Changes in Contemporary Islamic Authority.

4 Die Zweigeschlechtlichkeit wird nicht als ein natürlich gegebenes System verstanden, sondern als eine „soziale Konstruktion […], ein generatives Muster der Herstellung sozialer Ordnung." (Gildemeister/Wetterer 1992: 23, zit. n. Riegraf 2010, S. 60).

„als durch und durch kulturell und historisch wandelbares Klassifikationssystem betrachtet, als eine sozial und gesellschaftlich folgenreiche Unterscheidung. Gesellschaftsmitglieder haben demnach ihr Geschlecht nicht durch die Geburt lebenslang und selbstverständlich erworben, sondern sie stellen Geschlechtlichkeit über voraussetzungsvolle Handlungen beständig her. Die Vorstellung von der Natur der Zweigeschlechtlichkeit strukturiert demnach die Alltagssituationen von Gesellschaftsmitgliedern in einem ganz grundlegenden Sinne und die Geschlechtsunterscheidungen werden über symbolische und institutionelle Arrangements abgesichert." (Riegraf 2010, S. 59f.).

1 Feminisierungsthese

Mit dem Begriff „Feminisierung" werden gegenwärtig unterschiedliche gesellschaftliche Sachverhalte beschrieben (Forster 2007, S. 62). Hierbei kann zwischen einem quantitativen und qualitativen Feminisierungsprozess unterschieden werden. Die quantitative Feminisierung schildert eine „überdurchschnittlich starke quantitative Zunahme weiblicher" Akteure in einem Milieu, wohingegen die qualitative Feminisierung die beobachtbaren oder angenommenen Entwicklungen und Veränderungen infolge der quantitativen Feminisierung meint (Fröhlich 2015, S. 670f.).

Im Folgenden sollen zentrale Aspekte der Feminisierungsdebatte in zwei gesellschaftlichen Lebensbereichen vorgestellt und veranschaulicht werden, um anschließend vor diesem Hintergrund die Feminisierungsthese im Hinblick auf die zunehmende Anzahl von Frauen in der islamischen Theologie in Deutschland zu diskutieren.

2.1 Feminisierung der Bildung

Seit der in der Nachkriegszeit einsetzenden Bildungsexpansion[5] Ende der 1950er Jahre ist es zu einer durchschnittlichen Höherqualifizierung der Bevölkerung gekommen, sodass u. a. sowohl die Realschul- und Gymnasialquote als auch die Studierenden- und Hochschulabsolventenzahlen kontinuierlich angestiegen sind (Fuchs und Sixt 2007, S. 1ff.). Neben der Erweiterung der Bildungsbeteiligung, Verlängerung der Ausbildungszeiten und höheren beruflichen Qualifikationen, war das Ziel der politischen Reformbemühungen auch, die Kompensation von sozialen Bildungsbenach-

---

5 Für eine historische und aktuelle Analyse der Bildungsexpansion siehe Hadjar und Becker 2006.

teiligungen, die in der bekannten Kunstfigur des katholischen Arbeitermädchens vom Lande zusammengefasst wurden, sodass die Konfessionszugehörigkeit, die soziale Herkunft, das Geschlecht sowie das Stadt-Land-Gefälle als Variablen der Bildungsbenachteiligung identifiziert wurden (Fuchs und Sixt 2007, S. 2f.). Während die soziale Herkunft weiterhin den Bildungserfolg stark beeinflusst, hat sich die Schlechterstellung von Mädchen und Frauen im Bildungssystem deutlich verbessert. So kann allgemein konstatiert werden, dass Mädchen in Deutschland höhere schulische Qualifikationen erhalten als Jungen und diese somit in der Schulbildung überholt haben. Demzufolge werden Mädchen in Deutschland früher eingeschult, werden seltener von einem Schulbesuch zurückgestellt und wiederholen seltener eine Klasse. Diese Indikatoren sind insofern wichtig, da sie statistisch den Übertritt in ein Gymnasium begünstigen. Des Weiteren besuchen sie häufiger ein Gymnasium als Jungen, welche häufiger in Haupt- und Förderschulen vertreten sind. Infolgedessen lag die Gymnasialbeteiligung der Mädchen im Jahr 2004 bei 54 Prozent, während die Jungen zu 56 Prozent an den Hauptschulen die Mehrheit darstellten. Zudem gibt es weniger Schulabbrecherinnen als Jungen. Auch in den Schulleistungsstudien schneiden Mädchen insgesamt besser ab und zeigen eine hohe schulische Leistungsbereitschaft (Cornelißen 2005, S. 24ff.; Horstkemper 2002, S. 411; Aktionsrat Bildung 2009, S. 95ff.; Quenzel und Hurrelmann 2010, S. 63ff.). Vor dem Hintergrund der skizzierten erfolgreichen Bildungsbeteiligung von Mädchen werden sie als Gewinnerinnen der Bildungsexpansion betrachtet (Horstkemper 2002, S. 411), während die Jungen als neue Verlierer des Bildungssystems im Sinne einer „boy's crisis"[6]

---

6 Martin Neugebauer spricht entgegen der verbreiteten Annahme einer Bildungskrise der Jungen nicht von einer Krise, da es keine problematische Zuspitzung hinsichtlich der Bildungschancen der Jungen gibt. Dies begründet er mit einer Missinterpretation der Daten. So können zum einen die jeweils herangezogenen Bildungsindikatoren zu unterschiedlichen Ergebnissen führen. Betrachtet man die Bildungsbeteiligung auf den unterschiedlichen Schulstufen oder die Bildungszertifikate, ist ein Abfall der Rate der Jungen im Vergleich der Mädchen zu beobachten. Zieht man jedoch andere Bildungsindikatoren wie Kompetenzen und Schulnoten heran, sei kein eindeutiger Wandel bzw. keine Verschlechterung der Jungen im Vergleich zu den Mädchen festzustellen, da sich die Situation der Jungen in historischer Perspektive nicht verändert habe. Infolgedessen sei es zum anderen wichtig, mit welcher Bezugsgruppe die Situation der Jungen verglichen werden. Vergleicht man die Abiturquote der Jungen mit denen der Mädchen ist zu beobachten, dass Mädchen erfolgreicher sind. Vergleicht man jedoch die Abiturquote der Jungen mit denen der Jungen vor 20 bis 30 Jahren, ist festzustellen, dass Jungen heute absolut betrachtet mehr ein Abitur machen. So sei ein Rückfall der Jungen nur im Vergleich mit Mädchen zu beobachten. Dies hänge jedoch weniger damit zusammen, dass Jungen schlechter geworden seien oder seltener das Abitur machten. Vielmehr sei dies darauf zurückzuführen, dass Mädchen mehr von der Bildungsexpansion profitiert hätten. Infolgedessen konstatiert er: „Entsprechend ist die Debatte um die Bildungskrise

diskutiert werden[7] (Vgl. z. B. Fegter 2012; Stürzer 2003, S. 112ff.). Als mögliche Ursache für den geringeren Schulerfolg der Jungen und den höheren Schulerfolg der Mädchen wird im erziehungswissenschaftlichen und gesellschaftlichen Diskurs u. a. die sogenannte Feminisierung der Schulen genannt. Diese These[8] beruht zum einen auf der Tatsache, dass zunehmend Lehrerinnen an Schulen unterrichten. So ist die Anzahl der weiblichen Lehrkräfte seit den letzten 40 Jahren deutlich angestiegen, sodass im Schuljahr 2003/2004 67 Prozent der vollzeit- und teilzeitbeschäftigten Lehrkräfte weiblich waren, die vor allem im Primarstufen- und Hauptschulbereich tätig sind (Cornelißen 2005, S. 46f.; Horstkemper 2002, S. 411; Aktionsrat Bildung 2009, S. 62; Helbig 2010, S. 96). Zum anderen basiert die These der Feminisierung der Schule bzw. der Lehrkräfte auf der Annahme, dass durch die Zunahme der Lehrerinnen eine Feminisierung der Schulkultur stattfinde, die primär die Lernbedürfnisse der Mädchen unterstütze. Dieser Annahme liegen nach Marcel Helbig drei Argumentationslinien zugrunde. Die erste Argumentationslinie geht vom Fehlen männlicher Vorbilder, Leitbilder und Identifikationsfiguren aus, die zu Verunsicherungen der geschlechtlichen Orientierungen der Jungen führe. Die

---

eigentlich eine Missinterpretation, weil man zu sehr auf die Jungen fokussiert. Man sieht nicht, dass der eigentliche Trend der ist, dass die Mädchen in den letzten Jahrzehnten besonders beeindruckende Bildungserfolge erzielen konnten, und besonders erfolgreich waren. Also, die Bildungserfolge der Mädchen werden missinterpretiert als Bildungsmisserfolge der Jungen" (Neugebauer 2014, S. 41f.).

[7] Seit den PISA-Vergleichsstudien ist auch in Deutschland in der Öffentlichkeit vermehrt ein „Boy turn" im erziehungswissenschaftlichen Diskurs zu vermerken (Fegter 2012, S. 11).

[8] Die Feminisierungsdebatte in Deutschland ist im Vergleich zu anderen Ländern relativ neu und wurde das erste Mal in den 60er Jahren durch den zunehmenden Anstieg der weiblichen Lehrkräfte in den Grundschulen ausgelöst. In den USA wurde die Feminisierungsthese bereits um 1850 sowie in den darauffolgenden Dekaden phasenweise diskutiert (Roisch 2003, S. 21). Um 1850 war der Lehrberuf primär ein „Frauenberuf", sodass in den folgenden Jahrzehnten mehr Männer in den Lehrberuf integriert werden sollten, um durch männliche Rollenmodelle eine Feminisierung der Jungen zu verhindern. Die Kritik an der Dominanz der Frauen in Grundschulen wurde z. B. in den 1960er und 1970er Jahren durch die Bezeichnung „frilly content", d. h. „rüschenbesetztes Curriculum" zum Ausdruck gebracht. Hierdurch sah man u. a. eine „gesunde und normale Männlichkeit" durch die Dominanz der „Weiblichkeit" gefährdet. Er ordnet die Forderung nach mehr männlichen Lehrern in einen breiten sozialen Wandel ein, die auf die Veränderungen der Geschlechterrollen reagieren, die z. B. durch die zweite Welle des Feminismus, die Schwulen- und Lesbenbewegungen sowie die sexuelle Revolution ausgelöst wurden. So konstatiert Helbig: „Der Ruf nach Männern im Lehrerberuf ist das historische Erbe hegemonialer Männlichkeit, obligatorischer Heterosexualität und Homophobie, die sich fortsetzt in der Sorge vor einer Feminisierung von Jungen" (Helbig 2010, S. 97f.).

zweite Argumentationslinie hingegen geht von gleichgeschlechtlichen Präferenzen der Lehrkräfte im Hinblick auf die Wahrnehmung und Bewertung der Schülerschaft aus. Die dritte Argumentationslinie besagt, dass die gesamte Schulkultur feminisiert und weiblich ausgerichtet ist, sodass z. B. Unterrichtsstile eher die Lernstile und Lernbereitschaft der Mädchen ansprechen und somit Jungen benachteiligen[9] (Helbig 2010, S. 96ff.; Neugebauer 2014, S. 44f.).

Trotz des skizzierten Bildungsvorsprungs von Mädchen gestaltet sich die Arbeitsmarktintegration jedoch weniger erfolgreich, sodass Mädchen im Allgemeinen nicht von dem Bildungserfolg auf dem Arbeitsmarkt profitieren. Vielmehr kompensieren die Jungen die Nachteile und sind im Vergleich besser in den Arbeitsmarkt integriert (Neugebauer 2014, S. 43). Aus diesem Grund soll im Folgenden die Feminisierungsthese im Hinblick auf den Arbeitsmarkt in ihren Grundzügen dargestellt werden.

1.2 Feminisierung der Arbeit

Ein klassischer Themenbereich in der Geschlechterforschung ist die Erforschung der Geschlechtersegregation auf dem Arbeitsmarkt (Aulenbacher 2010, S. 141), die in allen westlichen Industriegesellschaften ausgeprägt ist (Busch 2013, S. 27). Trotz der zugenommenen Erwerbstätigkeit von Frauen in den letzten 30 Jahren im EU-Vergleich[10] (Klein 2013, S. 152) beschreibt Juliane Achatz in Bezug auf den deutschen Arbeitsmarkt die berufliche Geschlechtersegregation als „ein markantes und stabiles Charakteristikum"[11] (Achatz 2008, S. 263). Der sogenannte gender gap kann allgemein auf zwei Ebenen analysiert werden. Auf der horizontalen Ebene wird von Männer- und Frauenbranchen gesprochen und zwischen Frauen- sowie

---

9 Helbig macht darauf aufmerksam, dass es weder international noch national eindeutige empirische Belege für die Annahme einer feminisierten Schulkultur gibt, die Jungen in ihrer Schullaufbahn negativ beeinflusst und es aufgrund der Komplexität der Thematik interdisziplinärer Forschungen bedarf (Helbig 2010, S. 96ff.).

10 Die angestiegene Erwerbsquote der Frauen wird u. a. als Modernisierung der Industriegesellschaften betrachtet, da der Arbeitsmarkt in der Nachkriegszeit primär durch das Modell der männlichen Versorgerehe in Vollzeitform strukturiert war. Die veränderte Teilhabe von Frauen am Arbeitsmarkt wird durch den „Bedarf durch das Wirtschaftswachstum, eine Bildungsexpansion bei Frauen und die Ausweitung des Dienstleistungssektors infolge des Strukturwandels der Industriegesellschaften, der vor allem Frauenarbeitsplätze bereitstellte" erklärt (Klein 2013, S. 152).

11 Aus diesem Grund beschreibt Birgit Riegraf die Geschlechterarrangements auf dem Arbeitsmarkt durch „Wandel, Beharrung und Verfestigung, (Re-)Traditionalisierung" (Riegraf 2015, S. 20).

Männerberufen[12] in der Industrie, im Dienstleistungsbereich, in der öffentlichen sowie privaten Wirtschaft unterschieden[13], während auf der vertikalen Ebene beobachtet wird, dass hohe Positionen in betrieblichen Hierarchien typischerweise von Männern besetzt werden und niedrigere von Frauen belegt sind[14] (Wetterer 2002, S. 17). Die Unterscheidung von Männer- und Frauenberufen geht zudem mit einer ungleichen Entlohnung einher[15], sodass zu beobachten ist, dass die sogenannten Frauenberufe zumeist niedriger entlohnt werden als Männerberufe.[16] Dieser Umstand ist auch darauf zurückzuführen, dass es sich überwiegend um Berufe ohne gute Aufstiegsmöglichkeiten handelt wie z. B. Assistenzberufe, Pflegeberufe, Friseurin, Verkäuferin im Einzelhandel, Sekretärin (Klein 2013, S. 168). Die ungleiche geschlechtsspezifische Entlohnung existiert zum einen auch in gemischtgeschlechtlichen Arbeitskontexten. Denn „Frauen und Männer werden in unterschiedliche Positionen eingestellt, und ihre internen Karriereoptionen unterscheiden sich. Frauen werden in niedrigere Leistungsgruppen verwiesen, und zudem führen geschlechtsspezifische Vorurteile dazu, dass Frauen kaum in Leitungsfunktionen aufsteigen können." (Klein 2013, S. 168). Somit ist ein hoher Lohnunterschied zwischen den Geschlechtern sowohl innerhalb von Berufen als auch in Betrieben in Westdeutschland ohne Berücksichtigung der Humankapitalfaktoren zu beobachten. Zum anderen ist eine ungleiche Entlohnung auch

---

12 Uta Klein macht darauf aufmerksam, dass die Berufswahlorientierung „ein Produkt von Prozessen der Verweiblichung bzw. Vermännlichung ist, an denen so genannte „gatekeeper – Eltern, Berufsberatung, Lehrer und Lehrerinnen – zentral beteiligt sind." (Klein 2013, S. 167).

13 Die berufliche Geschlechtersegregation hat sich seit Mitte der 1970er Jahre in Deutschland kaum verändert. „1976 hätten 66 % der abhängig Beschäftigten ihren Beruf wechseln müssen, um in allen Berufen ein ausgeglichenes Geschlechterverhältnis herzustellen, 2010 waren es immer noch 58 %" (Hausmann et al. 2015, S. 218f.).

14 Diese Hierarchiestruktur spiegelt sich EU-weit wider. So sind Frauen in Führungsetagen unterrepräsentiert wie z. B. die Vorstandsmitglieder in europäischen Spitzenunternehmen, die nur zu zehn Prozent weiblich sind. Betrachtet man die Situation von Frauen in unteren Managementebenen, lässt sich feststellen, dass sie vor allem Funktionen innehaben, die kaum Aufstiegsmöglichkeiten aufweisen wie z. B. Personalwesen, interne Verwaltung (Klein 2013, 169).

15 Für die Lohnungleichheit zwischen Frauen und Männern gibt es verschiedene theoretische Erklärungsansätze mit unterschiedlicher empirischer Evidenz. (Vgl. Hausmann et al. 2015, S. 221ff.).

16 Hausmann et al. machen darauf aufmerksam, dass sich trotz der kontinuierlichen Reduzierung der Lohndifferenz zwischen Männern und Frauen seit den 1950er Jahren, von ca. 42,5 % 1957 auf 22 % 2013, die Lohnlücke seit Beginn der 2000er Jahre bei über 20 % stabil geblieben ist (Hausmann et al. 2015, S. 219).

vorhanden, wenn man die gleiche Qualifikation und Berufserfahrung in Vollzeittätigkeiten einbezieht, die sich in einem Unterschied von zwölf Prozentpunkten zeigt. Diese Benachteiligung ist unter anderem auf Vorannahmen und eine selektive Wahrnehmung zurückzuführen, die nicht überprüft werden, sodass z. B. von einer Familienorientierung von Frauen und einem geringeren Interesse an Karrieren ausgegangen wird (Klein 2013, S. 169).

Diese skizzierte geschlechtliche Arbeitsmarktsegregation wird unter anderem durch den sozialkonstruktivistischen Ansatz *doing gender while doing the job* untersucht, indem die Zuordnungs-, Konstruktions- und Hierarchisierungspraxis analysiert werden. Diesem Ansatz zufolge sind zum einen Tätigkeiten und Positionen zweigeschlechtlich aufgeladen und zum anderen wird Geschlecht im Arbeitshandeln und -alltag hergestellt, indem durch geschlechtliche Konnotationen von Arbeitsinhalten und Arbeitsvermögen, Geschlechter sozial konstruiert und stabilisiert werden, wobei die Zuordnungs- und Konstruktionsprozesse beliebig sind, da sie mit kulturellen und sozialen Rahmenbedingungen zusammenhängen. Des Weiteren ist neben der Zuordnungs- und Konstruktionspraxis eine Hierarchisierung der Geschlechterdifferenzierungen zu beobachten, sodass Arbeitsfelder, Arbeitstätigkeiten oder Beschäftigungsverhältnisse abgewertet werden und es im Zuge dessen zu einem Verlust von gesellschaftlichen Machtpositionen kommt (Riegraf 2015, S. 20).

Riegraf zufolge ist die Zuordnungs-, Konstruktions- und Hierarchisierungspraxis durch eine Ab- bzw. Entwertung der weiblichen Arbeit[17] geprägt, wobei diese Ab- bzw. Entwertungsprozesse durch den Begriff „Feminisierung" beschrieben werden. Riegraf beschreibt Abwertung durch eine Abwertung im gesellschaftlichen Ansehen, die sich in der Entlohnung, der Dauer, der Attraktivität der Beschäftigungsverhältnisse oder in einem Absinken der Aufstiegschancen zeigt. Demgegenüber stellt sie den Maskulinisierungsprozess, der zumeist mit einer gesellschaftlichen Aufwertung des Berufs einhergeht und somit eine höhere alltägliche Wertschätzung erfährt

---

17 Der Annahme einer Ab- bzw. Entwertung weiblicher Arbeit liegt die „These der Entwertung" weiblicher Tätigkeiten zugrunde. „Deren zentrale Grundannahme ist, dass Frauen dadurch, dass ihnen gesellschaftlich die Zuständigkeit für Haus- und Familienarbeit zugeschrieben wird, in der Sphäre der Erwerbsarbeit als weniger kompetent und leistungsfähig gelten als Männer. Dadurch werden Frauen auch geringer entlohnt und diese „Entwertung" überträgt sich auf weiblich konnotierte Arbeitsinhalte und Berufe. Zunächst waren davon haushaltsnahe Tätigkeiten wie Putzen, Kochen oder Nähen und familienarbeitsnahe Tätigkeiten wie Pflegen, Fürsorge oder Erziehen betroffen. Historisch entstanden daneben weitere Bereiche im Arbeitsmarkt, die ebenfalls überwiegend von Frauen ausgeübt wurden und in der Folge den gleichen Entwertungsprozessen unterlagen, wie z. B. Schreib- und Bürotätigkeiten" (Hausmann et al. 2015, S. 221).

(Riegraf 2015, S. 20). Dieser Ab- und Aufwertungsmechanismus wird bei einem „Geschlechtswechsel" von Berufen deutlich, sodass eine „Verweiblichung" von Berufen mit einem Statusverlust einhergeht und eine „Vermännlichung" mit einem Statusgewinn korreliert. Infolgedessen folgt Uta Klein „Je prestigeträchtiger die Spezialisierung, desto geringer der Frauenanteil." (Klein 2013, S. 150f.).

1.2.1 Feminisierung der Schule

Analysiert man die bereits erwähnte Feminisierung der Schule im Hinblick auf die Hierarchisierungspraxis, ist festzustellen, dass der hohe Frauenanteil an den Lehrkräften besonders im Primarstufen- und Hauptschulbereich beobachtbar ist[18] und der Anteil geringer wird, je höher die Schulform ist, da das Verhältnis zwischen männlichen und weiblichen Lehrkräften an Gymnasien ausgeglichener ist und an Abendgymnasien sogar männliche Lehrkräfte überwiegen (Cornelißen 2005, S. 46).

In Bezug auf verschiedene inner- und außerschulische Funktionen[19] gibt es wenige empirische Untersuchungen (Roisch 2003, S. 33; Cornelißen 2005, S. 47). Betrachtet man exemplarisch die vorhandenen Daten aus den Jahren 1974 und 1993/1994 hinsichtlich der Besetzungen der Führungsposition der Schulleitungen[20] ist festzustellen, dass im gesamten Bundesgebiet überwiegend Männer das Amt der Schulleitungen bekleideten, wobei dies sowohl mit der Schulform als auch den Bundesländern im Zusammenhang steht. So waren Männer prozentual häufiger in Westdeutschland als Schulleiter tätig, während in Ostdeutschland das Geschlechterverhältnis ausgeglichener war bzw. Frauen häufiger Schulleitungspositionen innehatten (Roisch 2003, S. 36ff.; Stürzer 2003, S. 47f.). Als Ursachen für den geringeren Anteil weiblicher Schulleiter werden verschiedene Gründe genannt wie z. B. die schwierige Vereinbarkeit von Familie und dem Amt der Schulleitung,

---

18 Demzufolge bestehen 89 Prozent der Lehrkräfte an Primarschulen in Deutschland aus Frauen, sodass nur jede zehnte Lehrperson männlich ist (Aktionsrat Bildung 2009, S. 92).

19 Zu den innerschulischen Funktionen werden die „Schulleitung, Fachleiter und Fachleiterinnen, Mentoren und Mentorinnen, Verantwortliche für Lehr- und Lernmittel, Geräte und Sammlungen, das Amt der Vertrauenslehrerkraft und der Drogenbeauftragten" gezählt, während die außerschulischen Funktionen „Tätigkeiten in der Lehreraus- und -fortbildung, die Mitarbeit an Schulbüchern oder anderen Lehr- und Lernmitteln, die Erfüllung von Aufgaben in pädagogischen Gremien" beinhalten (Roisch 2003, S. 33).

20 Henrike Roisch macht darauf aufmerksam, dass nach der Einführung der Koedukation die Anzahl der weiblichen Schulleiter sank und in den 70er sowie 80er Jahren ihren Tiefpunkt erreichte, sodass weibliche Lehrkräfte trotz der zunehmenden Frauen im Lehrerberuf eine Führungsposition wie die der Schulleitung nicht besetzen konnten (Roisch 2003, S. 37).

persönliche Unsicherheiten, mangelnde Zeit für Weiterbildungen sowie die Präferenzen seitens der Entscheidungsträger, Männer einzustellen (Roisch 2003, S. 42f.). In der Forschung wird aus den bestehenden Daten konkludiert, dass Frauen eher in weniger attraktiven, prestigeträchtigen und schlechter bezahlten Bereichen innerhalb des Berufsfeldes tätig sind[21] (Horstkemper 2002: 411). Helbig beschreibt diese Geschlechtersegregation folgendermaßen:

> „Je jünger die Kinder, je geringer das Prestige der Institution und je niedriger die Bezahlung, desto mehr Frauen arbeiten als Lehrkraft. Hingegen nimmt der Anteil der Männer zu, je älter die Kinder, je größer das Prestige und je besser die Bezahlung ist, je stärker die sozialen und emotionalen Komponenten der pädagogischen Tätigkeit zurücktreten, je wichtiger die Wissensvermittlung wird und je länger die Ausbildung der Lehrer dauert" (Helbig 2010: S. 96).

Betrachtet man die Präferenzen sowie Studien- bzw. Berufswahlmotive von Frauen und Männern, kann nach Neugebauer erklärt werden, warum weniger Männer den Lehrerberuf ausführen wollen. Demzufolge würden Frauen im Schnitt ein höheres Interesse an sozialen oder pädagogischen Tätigkeiten aufzeigen und die Vereinbarung von Familie und Arbeit präferieren, sodass der Lehrerberuf diese Interessen eher erfüllt. Männer hingegen hätten im Schnitt andere Präferenzen wie z. B. wissenschaftliche und technische Interessen sowie extrinsische Aspekte wie ein hohes Einkommen und ein hoher Status. Diese Ziele seien in anderen Berufen als dem Lehrerberuf eher zu erreichen. Um die Anzahl der männlichen Lehrkräfte besonders in nichtgymnasialen Lehrerberufen steigern zu können, schlägt Neugebauer in Anlehnung an die extrinsischen Motivationen und Interessen vor, dass vorrangig das Einkommen erhöht werden müsste, um die Attraktivität zu steigern. Dies wiederum könne eine höhere Bewerberzahl verursachen, die zu einem Auswahlverfahren der Lehramtsstudierenden führen könne. Durch einen stärkeren Auswahlmechanismus könnte das Ansehen bzw. die soziale Anerkennung des Lehrerberufs gesteigert werden, welches schlussendlich den Lehrerberuf für Männer attraktiver machen würde (Neugebauer 2014, S. 46f.).

Vor dem Hintergrund der skizzierten Hierarchisierungspraxis und der Analyse der Studien- bzw. Berufspräferenzen von Männern und Frauen bestätigt sich die Entwertungsthese im Hinblick auf eine gesellschaftliche Entwertung der weiblich dominierten Grund- und Hauptschulbereiche durch eine niedrigere Entlohnung und Attraktivität der Beschäftigungsverhältnisse.

---

21 Da die Daten vornehmlich aus den 90er Jahren stammen, ist eine aktuelle Erhebung der Daten erforderlich, um das aktuelle Geschlechterverhältnis erfassen zu können.

Im folgenden Abschnitt soll nun das Konzept „Religiöse Autorität" bestimmt werden und die Frage nach religiösen Autoritäten von Frauen hinterfragt werden.

2 Religiöse Autorität im Islam

Die Frage nach der religiösen Autorität ist für Muslime und Musliminnen seit dem Tod des Propheten Muhammad[22] essentiell (Vgl. Jackson 2013, S. 50ff.; Krämer und Schmidtke 2006, S. 1). Schließlich geht es bei der Frage um die religiöse Autorität um Befugnisse, Ermächtigungen und Berechtigungen hinsichtlich Entscheidungen und Bestimmungen der (religiösen) Lebensführung (Krämer und Schmidtke 2006, S. 1, Kalmbach 2012, S. 3). Die Definition des Konzeptes „religiöse Autorität" erweist sich jedoch als schwierig,[23] da es im Gegensatz zu zentralistisch organisierten Religionen keine hierarchischen Strukturen der Kleriker gibt. Vielmehr gibt es vielzählige Möglichkeiten und Wege, als religiöse Autoritäten zu fungieren (Kalmbach 2012, S. 3f.; Peter und Arigita 2006a, S. 537).

Infolgedessen gab es weder in der Geschichte noch in der Gegenwart eine eindeutige Form, einen zentralen Ort sowie nur einen Geltungsbereich der religiösen Autorität, weshalb sowohl Individuen, Gruppen von Personen als auch Institutionen als Autorität gelten und in Anspruch nehmen können, die Orthodoxie sowie Orthopraxie zu beeinflussen bzw. zu bestimmen (Krämer und Schmidtke 2006, S. 1f.).[24] Dies spiegelt sich auch in der Bandbreite der Positionen und Institutionen,

---

22 Für einen historischen Abriss der Entwicklung des Autoritätskonzepts in der islamischen Geschichte siehe z. B. Jackson, Roy (2013). Authority. In Gerhard Bowering et.al. (Hrsg.), *The Princeton Encyclopedia of Islamic Political Thought*. (S. 50-56). Princeton/Oxford: Princeton University Press.

23 Hammer und Riem Spielhaus machen sowohl auf die Wichtigkeit als auch die Schwierigkeit der Begriffsbestimmung aufgrund des jahrhundertelangen Gelehrtendiskurses aufmerksam. „The focus on religious authority as a lens for analyzing religious communities, movements and traditions is certainly not limited to the study of Islam, but it is a prominent theme in the field, and one that has generated a significant literature. This literature is so significant in volume that any list of examples cannot even begin to represent the extensive scholarly conversation on the topic."(Hammer und Spielhaus 2013, S. 287).

24 Frank Peter und Elena Arigita problematisieren die Annahme und den Ansatz, dass Autorität in erster Linie in Form von Personen oder Institutionen verstanden und untersucht werden, die bevollmächtigt sind, religiöse Bestimmungen durchzusetzen. Aus diesem Grund schlagen sie vor, das Augenmerk auf die Prozesse der Autorisierungen im Islam zu lenken (authorization of Islam), da infolgedessen eine Vielfalt von Faktoren

die als religiöse Autoritäten in der muslimischen Geschichte galten wider, wie z. B. Kalifen, Gelehrte ('ulamā'), Rechtsgelehrte, die Rechtsgutachten (fatwā) erstellen (muftī), Richter (qāḍī), Sufi-Meister (šayḫ) sowie Prediger und Vorbeter (ḫaṭīb und 'imām) (Kalmbach 2012, S. 4). Ab dem 20 Jh. werden religiöse Autoritäten schwerer fassbar, da die Anzahl der selbsternannten religiösen Autoritäten zunimmt. Diese Entwicklung wird vor allem auf die expandierende Massenbildung, Massenmedien, Kommunikationstechnologien und veränderte Sozialstrukturen zurückgeführt, die zum einen als eine Fragmentierung der muslimischen Autorität betrachtet und zum anderen als eine Vervielfältigung des religiösen Wissens, der Akteure und normativen Standards beschrieben wird, sodass normative Aussagen ohne eindeutigen Status der Sprechenden möglich werden (Kalmbacher 2012, S. 4; Krämer und Schmidtke 2006, S. 12f.). Mit der Pluralisierung der Strukturen der religiösen Autorität korreliert auch der Prozess der Fragmentierung des Gemeinschaftslebens, sodass sich außerhalb der Moscheen u. a. verschiedene alters- und genderspezifische Gruppen herausbilden.[25] Infolgedessen seien nach Frank Peter (2006c) parallel zu ihnen und oft in Konkurrenz, andere Akteure, Formen und Foren des Ausdrucks entstanden. Hierzu zählen z. B. rechtliche Gutachten durch Laien und die Wirkung von muslimischen Intellektuellen, IslamistInnen und SozialwissenschaftlerInnen. Somit wird ein actor-centred-approach fokussiert, der religiöse Autorität mit Leitung bzw. Führung gleichsetzt (Frank 2006c, S. 110; Peter 2006b, S. 305; Kalmbach 2012, S. 5). Trotz der beschriebenen Diversität, kann (religiöse) Autorität in Anlehnung an Max Weber im Allgemeinen als Fähigkeit beschrieben werden, andere zu überzeugen, den eigenen Regeln Folge zu leisten ohne Gewalt und Zwang anzuwenden. Als zentrale Merkmale religiöser Autorität werden Legitimität, Wissen und Demonstration von Wissen hervorgehoben. Die Legitimität zeichnet sich dadurch aus, dass Muslime die Autorität als solche anerkennen müssen und dadurch Legitimität zuweisen (Kalmbach 2012, S. 6f.; Krämer

---

sichtbar werden, anhand derer die Praxis der Autoritäten in Form von Personen und Institutionen nachvollziehbarer werden. „[…] the research focus should be broadened on processes of authorization which might imply a variety of factors and lead to very diverging outcomes in terms of authorities and religious institutions of authority. Such a processual framing perhaps more adequately reflects the often recognized weakness of authorities as well as the simple fact that it is not only Muslims who contribute to deciding what can be legitimated as Islamic. It requests us to specify who as well as what is doing the authorizing, but emphasizes the open-endedness of authorization processes, thus making it more likely to avoid the reification of authority." (Peter und Arigita 2006a, S. 537f.).

25 Frank beschreibt die Situation der muslimischen Gemeinden in Frankreich und führt diese Entwicklung auf intragenerationale Spannungen und dominante Positionen der ersten Generation in vielen Moscheen zurück (Peter 2006c, S. 304).

und Schmidtke 2006, S. 1f.). Neben der Legitimität müssen muslimische Autoritäten ein spezifisches Fachwissen vorweisen können, wobei auch der Bildungsweg, die Bildungsinstitutionen und die LehrerInnen wesentlich sind. Schließlich muss dieses Fachwissen in verschiedenen Kontexten angewandt und demonstriert wird[26] (Kalmbach 2012, S. 8ff.).

Betrachtet man die umrissene religiöse Autorität unter dem Gesichtspunkt des Geschlechts kann festgestellt werden, dass Frauen sowohl historisch als auch gegenwärtig als Predigerinnen, Lehrerinnen und weibliche Gelehrte tätig waren bzw. sind und somit als Autoritäten mit unterschiedlichen Einflussbereichen fungieren. So haben verschiedene historische Studien die Tätigkeit von Frauen als Gelehrte[27] aufgezeigt und herausgestellt, dass diese als religiöse Autoritäten in der Tradierung und Anwendung des religiösen Wissens aktiv waren und von Männern für ihre Studien aufgesucht wurden (Vgl. z. B. Sayeed 2013; Heath 2004; Nadwi 2007; Decker 2011; Bewley 2004; Lutfi 1981; Geissinger 2013; etc.). Auch gegenwärtige Analysen zeigen, dass vor allem seit den letzten 30–40 Jahren Frauen in muslimischen Mehrheitsgesellschaften vermehrt als Predigerinnen, Lehrerinnen und Interpretinnen der religiösen Texte öffentlich aktiv sind (Vgl. z. B. Bano und Kalmbach 2012; Badry 2000; Kalmbach 2008; Omar 2013; Ahmed 2013; El Haitimi 2012). Diese Aktivitäten von Frauen als religiöse Autoritäten im 20. und 21. Jh. wird u. a. auf die oben beschriebene Veränderung der religiösen Autoritätsstrukturen in den zentralen religiösen Orten wie Moscheen und islamische Schulen (madrasa) sowie die Pluralisierung und Fragmentierung der Wissensformen und Zugänge zurückgeführt (Kalmbach 2012, S. 1; Jouili und Amir-Moazami 2006, S. 617). Ferner ist zu beobachten, dass in vielen muslimischen Gemeinschaften die religiöse Autorität von Frauen zumeist der Autorität von Männern untergeordnet ist und je nach Kontext von ihr abhängt (Kalmbach 2012, S. 24).

---

26 Die Signifikanz dieser Kennzeichen für die Bestimmung einer Autorität zeigt sich in muslimischen Positionierungen zur Rechtmäßigkeit der religiösen Autorität einer Person. Prominente Beispiele hierfür sind u. a. die Infragestellung der religiösen Autorität von Prof. Sven Kalisch und Prof. Mouhanad Khorchide. Vgl. z. B. Şahinöz, Cemil. 2014. Ein zweiter Fall Kalisch? Déjà-vu am Zentrum für Islamische Theologie in Münster. http://www.migazin.de/2014/01/17/ein-fall-kalisch-deja-vu-zentrum-islamische-theologie-muenster/ Zugegriffen: 06.07.2016.

27 Neben der Gelehrtentätigkeit werden Frauen in biografischen Enzyklopädien als Gefährtinnen des Propheten Muhammad und somit als Tradentinnen vorgestellt sowie als Mystikerinnen und Stifterinnen (Kalmbach 2012, S. 15f.).

3 Feminisierung des Islam?

Vor dem Hintergrund der skizzierten Feminisierungsdebatten in den Bereichen Arbeit und Bildung sowie dem Konzept religiöser Autorität soll im Folgenden der Frage nachgegangen werden, ob von einer Feminisierung des Islam durch eine steigende Anzahl von Frauen in der islamischen Theologie in Deutschland gesprochen werden kann.

3.1 Ontologisierung des Geschlechts

Die dargestellte Feminisierungsthese hat deutlich gemacht, dass dieser Diskurs sowohl in der Bildungs- als auch Arbeitssphäre eine Zuordnungs-, Konstruktions- und Hierarchisierungspraxis beinhaltet, die die zweigeschlechtliche gesellschaftliche Ordnung stabilisiert, indem sie zum einen bestimmte angenommene geschlechtliche Attribute den Kategorien Weiblichkeit und Männlichkeit zuordnet und diese festigt. Dadurch werden gleichzeitig bestimmte Vorstellungen von Geschlechtern konstruiert, sodass es durch diese Zuordnungs- und Konstruktionsprozesse zu einer Ontologisierung der Geschlechterverhältnisse kommt (Forster 2007, S. 61ff.). Dies hat zur Folge, dass – wie in der Arbeitssphäre dargestellt – asymmetrische Machtverhältnisse zwischen Frauen und Männern durch Hierarchisierungsprozesse hergestellt werden. Infolgedessen ist der Begriff Feminisierung als analytische Kategorie hilfreich, um die vorgestellten Zuordnungs-, Konstruktions- und Hierarchisierungsprozesse in den Arbeits- und Lebensverhältnissen untersuchen zu können. Allerdings ist er als politische und pädagogische Kategorie problematisch, da durch den Feminisierungsverdacht die zweigeschlechtliche Gesellschaftsordnung mit den jeweiligen Konstruktions-, Zuordnungs- und Hierarchisierungsmechanismen stabilisiert wird (Forster 2007, S. 62f.). Zum anderen wurde deutlich, dass ein Bildungserfolg nicht zwingend eine gelungene Arbeitsmarktintegration von Frauen garantiert, da diese von verschiedenen Faktoren abhängt wie z. B. Vereinbarkeit von Familie und Beruf, Einbindung in informelle Netzwerke, Vorannahmen von gate-keepern, Karriereoptionen, Entlohnungen, Attraktivität usw. Dies spiegelt sich auch in klassischen islamischen Institutionen wie z. B. der Al-Azhar-Universität wider, in der es trotz hoher Anzahl von Studentinnen und einer eigenen Sektion, keine Zunahme von Frauen in Machtpositionen gibt (Kalmbach 2012, S. 17). Berücksichtigt man die noch unsicheren Arbeitsmöglichkeiten von muslimischen Theologen und

Theologinnen und die bestehende Geschlechtersegregation in der Wissenschaft,[28] bedarf es neben der universitären Institutionalisierung Strukturen und Netzwerke, die Frauen eine erfolgreiche Arbeitsmarktintegration mit Karrieremöglichkeiten und Machtpositionen ermöglichen. Hierzu müssen die beschriebenen Mechanismen, die zu ungleichen Karriereoptionen und somit zu einer Geschlechtersegregation führen, in der islamischen Theologie beobachtet werden.

Infolgedessen ist die Frage nach einer Feminisierung des Islams, die durch eine hohe Anzahl von Frauen in der islamischen Theologie ausgelöst wird, problematisch, da sie von einer zweigeschlechtlichen sozialen Ordnung ausgehend, Geschlechterkonstruktionen stabilisiert und strukturelle sowie symbolische Benachteiligungen übersieht. Aus diesem Grund sollte nicht von einer Feminisierung des Islams gesprochen werden. Vielmehr sollte angesichts der Institutionalisierung der islamischen Theologie die Frage nach den Möglichkeiten und Hindernissen für Frauen als religiöse Autoritäten gestellt werden, wobei Faktoren wie Entlohnung, Dauer, Attraktivität der Beschäftigungsverhältnisse, Aufstiegschancen, strukturelle Rahmenbedingungen, Essentialisierungen, Entwertungstendenzen usw. untersucht werden sollten.

3.2 Fragmentierung und Pluralisierung als Möglichkeitsraum

Die beschriebene Fragmentierung der muslimischen Autoritätsstrukturen und des Gemeinschaftslebens sowie die Pluralisierung der Zugänge zum religiösen Wissen und der Akteure bildet einen „Möglichkeitsraum" (Boes et al. 2011: 29) für die Tätigkeiten von Frauen als religiöse Autoritäten. Aus diesem Grund ist es wichtig, die Bandbreite an möglichen Formen und Orten der religiösen Autorität von Frauen zu erfassen. So sollten zum einen sowohl klassische Formen und Orte religiöser Autorität wie z. B. Moscheen[29], Gelehrsamkeit, Fatwakommissionen und

---

28 Die Analyse von Geschlechterverhältnissen in der Wissenschaft ist ein Bereich in der soziologischen Geschlechterforschung, die eine horizontale und vertikale Geschlechtersegregation aufzeigt (Vgl. z. B. Paulitz 2012).

29 So zeigen z. B. Moscheen, die in Ländern mit staatlichen Religionsbehörden integriert sind, wie die Türkei und Marokko, dass die Anzahl von Frauen in ihren Tätigkeiten angestiegen ist (Kalmbach 2012, S. 18). Des Weiteren bilden Frauenmoscheen in China und in den USA spezielle Kontexte für Frauen, die berücksichtigt werden sollten (ebd.; http://womensmosque.com/. Zugegriffen: 06.05.2016). Ein weiteres Beispiel zeigt die Dokumentation *The Light in Her Eyes*, in der die theologische Ausbildung und Förderung der Bildung von Frauen durch Hudā al-ḥabaš, die eine Koranschule für Mädchen

Bildungsinstitutionen, als auch neue, wie z. B. Frauenvereine, Bildungsinstitutionen von Frauen[30], Netzwerke, Medien[31] (Blogs, YouTube, social media, Fernsehen, …) berücksichtigt werden. Zum anderen sollte das Konzept *female leadership* für die Erforschung von religiöser Autorität von Frauen berücksichtigt werden, um neue Rollen von religiöser Autorität von Frauen erfassen zu können. Des Weiteren sollte dieser Möglichkeitsraum bezüglich der strukturellen und soziokulturellen Rahmenbedingungen untersucht werden, um hinderliche und fördernde Faktoren und Mechanismen sowie die Reichweite bestimmen zu können.

4 Fazit

In dem vorliegenden Aufsatz sollte die Frage nach der Feminisierung des Islam diskutiert werden, indem, ausgehend von Studentinnen der islamischen Theologie in Deutschland, die Möglichkeiten der religiösen Autorität von Frauen analysiert wurde. Hierzu wurde zunächst herausgestellt, dass der Begriff Feminisierung ausschließlich als analytische Kategorie verwendet werden sollte, um ungleiche Karrieremöglichkeiten von Frauen und Männern untersuchen zu können. Um eine Ontologisierung und Essentialisierung der Geschlechter zu vermeiden, sollte dieser Begriff weder als theologische noch als politische Kategorie eingesetzt werden. Des Weiteren wurde in Anlehnung an die Bestimmung von religiöser Autorität dargelegt, dass Frauen in der islamischen Geschichte besonders als Gelehrte, als religiöse Autoritäten anerkannt waren und agiert haben. Die Möglichkeiten von Frauen als religiöse Autoritäten im 20. und 21. Jahrhundert haben sich verändert, weshalb diese in ihrer Vielfalt in Bezug auf ihre Formen, Orte und Reichweite näher untersucht werden sollten, um diese genauer beschreiben zu können und Hindernisse sowie Chancen herausstellen zu können.

---

und Frauen gegründet hat und leitet, vorgestellt wird (Kalmbach 2012, S. 21; The Light in her Eyes. 2012. http://thelightinhereyesmovie.com/ Zugegriffen: 05.05.2016).

30 In Bezug auf die islamischen Bildungsinstitutionen sollten sowohl gemischtgeschlechtliche theologische Institutionen wie z. B. die Al-Azhar-Universität berücksicht werden als auch solche, die von Frauen für Frauen betrieben werden wie z. B. das theologische Fernstudium *rabata*, welches von der Theologin Tamara Gray in den USA gegründet wurde und ausschließlich von Frauen für Frauen betrieben wird. Siehe http://rabata.org/home/anse-tamara-grey/ Zugegriffen: 05.05.2016.

31 So kann z. B. auf Dr. Suʿād Ṣāliḥ hingewiesen werden, die eine prominente ägyptische Gelehrte ist, die an der Al-Azahr-Universität unterrichtet und in ihrer Fernsehsendung Rechtsgutachten diskutiert (Kalmbach 2012, S. 21).

Ob angehende muslimische Theologinnen gleichberechtigt als religiöse Autoritäten in Deutschland agieren können, hängt vor allem von strukturellen und soziokulturellen Bedingungen ab, die gesamtgesellschaftlich eine Benachteiligung von Frauen auf dem Arbeitsmarkt begünstigen und somit Machtpositionen und Ressourcen weniger zugänglich machen. Des Weiteren muss analysiert werden, ob in den alten und neuen Formen der religiösen Autorität von Frauen in muslimischen Gemeinschaften eine gleichberechtigte Ausübung dieser Autoritäten möglich ist.

Literatur

Achatz, J. (2008). Geschlechtersegregation im Arbeitsmarkt. In M. Abraham, T. Hinz (Hrsg.). *Arbeitsmarktsoziologie. Probleme, Theorien, empirische Befunde.* (S. 263–301). Wiesbaden: Verlag für Sozialwissenschaften.

Ahmed, S. (2013). Al-Huda and Women's religious authority in urban Pakistan. *The Muslim World 103*, 363–374.

Aulenbacher, B. (2010). Arbeit und Geschlecht – Perspektiven der Geschlechterforschung. In B. Aulenbacher, M. Meuser, B. Riegraf (Hrsg.). *Soziologische Geschlechterforschung. Eine Einführung* (S. 141–155). Wiesbaden: Verlag für Sozialwissenschaften.

Badry, R. (2000). Zum Profil weiblicher 'Ulamā' in Iran: Neue Rollenmodelle für „islamische Feministinnen"? *Die Welt des Islams 40* (1), 7–40.

Bano, M., Kalmbach, H. (Hrsg.). (2012). *Women, leadership and mosques. Changes in contemporary Islamic authority.* Leiden/Boston: Brill.

Bewley, A. (2004). *Muslim Women. A biographical dictionary.* London: Taha Publishers Ltd.

Boes, A., Bultemeier, A., Kämpf, T., Langes, B., Lühr, T., Marrs, K., Trinczek, R. (2014). Ein historischer Möglichkeitsraum für die Karrierechancen von Frauen. Zur Einführung. In A. Boes et al. (Hrsg.). *Karrierechancen von Frauen erfolgreich gestalten* (S. 13–34). Wiesbaden: Springer Fachmedien.

Bundesministerium für Bildung und Forschung. 2016. Islamische Theologie in Deutschland verankern. https://www.bmbf.de/de/islamische-theologie-in-deutschland-verankern-2356.html. Zugegriffen: 20. Juni 2016.

Busch, A. (2013). *Die berufliche Geschlechtersegregation in Deutschland. Ursachen, Reproduktion, Folgen.* Wiesbaden: Springer Fachmedien.

Cornelißen, W. (Hrsg.). (2005). *Gender-Datenreport. 1. Datenreport zur Gleichstellung von Frauen und Männern in der Bundesrepublik Deutschland*, München: Bundesministerium für Familie, Senioren, Frauen.

Decker, D. (2013). *Frauen als Trägerinnen religiösen Wissens. Konzeptionen von Frauenbildern in frühislamischen Überlieferungen bis zum 9. Jahrhundert.* Stuttgart: Kohlhammer.

El Haitami, M. (2012). Restructing Female Religious Authority: State-Sponsored Women religious guides (Murshidat) and Scholars (Alimat). *Contemporary Morocco. Mediterranean Studies 20* (2), 227–240.

Fegter, S. (2012). *Die Krise der Jungen in Bildung und Erziehung. Diskursive Konstruktion von Geschlecht und Männlichkeit*. Wiesbaden: Verlag für Sozialwissenschaften. doi: 10.1007/978-3-531-19132-4

Forster, E. (2007). Feminisierung und Geschlechterdifferenz. In E. Borst, R. Casale, (Hrsg.), Ökonomien der Geschlechter (S. 61–75). Opladen, Farmington Hills: Budrich.

Fröhlich, R. (2015). Die Feminisierung der PR – Grundlagen und empirische Befunde. In R. Fröhlich et al. (Hrsg.), *Handbuch der Public Relations* (S. 669–687). Wiesbaden: Springer Fachmedien Wiesbaden.

Fuchs, M., Sixt, M. (2007). Zur Nachhaltigkeit von Bildungsaufstiegen. Soziale Vererbung von Bildungserfolgen über mehrere Generationen. *Kölner Zeitschrift für Soziologie und Sozialpsychologie*. doi: 10.1007/s11577-007-0001-6

Geissinger, A. (2013). "Umm al-Dardā' sat in *tashahhud like a man*": Towards the historical contextualization of a potrayal of female religious authority. *The Muslim World 103*, 305–319.

Hadjar, A., Becker, R. (Hrsg.). (2006). *Die Bildungsexpansion. Erwartete und unerwartete Folgen*. Wiesbaden: Verlag für Sozialwissenschaften.

Hammer, J. (2012). *American Muslim Women, Religious Authority, and Activism: More Than a Prayer*. Austin: University of Texas Press.

Hammer, J., Spielhaus, R. (2013). Muslim Women and the Challenge of Authority: An Introduction. *The Muslim World 103*, 287–294.

Hannoversche Allgemeine. 2014. Guter Start für islamische Theologie. http://www.haz.de/Nachrichten/Der-Norden/Uebersicht/Guter-Start-fuer-Studiengang-islamische-Theologie-in-Osnabrueck. Zugegriffen: 12. April 2016.

Hausmann, A.-Ch., Kleinert, C., Leuze, K. (2015). „Entwertung von Frauenberufen oder Entwertung von Frauen im Beruf?" Eine Längsschnittanalyse zum Zusammenhang von beruflicher Geschlechtersegregation und Lohnentwicklung in Westdeutschland. *Kölner Zeitschrift für Soziologie und Sozialpsychologie*. doi: 10.1007/s11577-015-0304-y

Heath, J. (2004). *The Scimitar and the veil. Extraordinary Women of Islam*. New Jersey: Hidden Spring.

Helbig, M. (2010). Sind Lehrerinnen für den geringeren Schulerfolg von Jungen verantwortlich? *Kölner Zeitschrift für Soziologie und Sozialpsychologie*. doi: 10.1007/s11577-010-0095-0

Horstkemper, M. (2002). Bildungsforschung aus der Sicht pädagogischer Frauen- und Geschlechterforschung. In R. Tippelt (Hrsg.), *Handbuch Bildungsforschung* (S. 409–423). Wiesbaden: Springer Fachmedien.

Jackson, R. (2013). Authority. In G. Bowering et.al. (Hrsg.), *The Princeton Encyclopedia of Islamic Political Thought*. (S. 50–56). Princeton/Oxford: Princeton University Press.

Jouili, J. S., Amir-Moazami, S. (2006). Knowledge, Empowerment and Religious Authority among pious muslim women in France and Germany. *The Muslim World 96*, 617–642.

Kalmbach, H. (2008). Social and religious Change in Damascus: One Case of female Islamic religious authority. *British Journal of Middle Eastern Studies 35* (1), 37–57.

Kalmbach, H. (2012). Introduction: Islamic authority and the study of female religious leaders. In M. Bano, H. Kalmbach (Hrsg.). *Women, Leadership, and Mosques. Changes in contemporary islamic authority* (S. 1–27). Leiden/Boston: Brill.

Klein, U. (2013). *Geschlechterverhältnisse, Geschlechterpolitik und Gleichstellungspolitik in der Europäischen Union. Akteure, Themen, Ergebnisse*. Wiesbaden: Verlag für Sozialwissenschaften.

Krämer, G., Schmidtke, S. (2006). Introduction: Religious Authority and religious authorities in muslim societies. A critical overview. In dies. (Hrsg.). *Speaking for Islam. Religious Authorities in Muslim Societies.* (S. 1–14). Leiden/Boston: Brill.

Lutfi, H. (1981). Al-Sakhawi's *Kitāb al-Nisā'* as a source for the social and economic history of muslim Women during the fifteenth century a.d. *The Muslim World 71* (2), 104–124.

Nadwi, M. A. (2007). *al-Muhaddithat. The women scholars in Islam.* Oxford/London: Interface Publications.

Neugebauer, M. (2014). Sind Lehrerinnen für die „Bildungskrise" der Jungen verantwortlich? In Spinath, B. (Hrsg.). *Empirische Bildungsforschung* (S. 40–48). Berlin/Heidelberg: Springer-Verlag.

Omar, S. (2013). Al-Qubaysiyyāt: Negotiating female religious authority in Damascus. *The Muslim World 103*, 347–362.

Paulitz, T. (2013). Geschlechter der Wissenschaft. In S. Maasen, M. Kaiser, M. Reinhart, B. Sutter (Hrsg.). *Handbuch Wissenschaftssoziologie* (S. 163–175). Wiesbaden: Springer Fachmedien. doi: 10.1007/978-3-531-18918-5_13

Peter, F., Arigita, E. (2006a). Introduction: Authorizing Islam in Europe. *The Muslim World 96*, 537–542.

Peter, F. (2006b). Islamic sermons, religious authority and the individualization of Islam in France. In M. Franzmann, Ch. Gärtner, N. Köck (Hrsg.) *Religiosität in der säkularisierten Welt. Theoretische und empirische Beiträge zur Säkularisierungsdebatte in der Religionssoziologie* (S. 303–319). Wiesbaden: Verlag für Sozialwissenschaften. doi: 10.1007/978-3-531-90213-5

Peter, F. (2006c). Individualization and Religious Authority in Western European Islam. *Islam and Christian – Muslim Relations 17* (1), 105–118.

Quenzel, G., Hurrelmann, K. (2010). Geschlecht und Schulerfolg: Ein soziales Stratifikationsmuster kehrt sich um. *Kölner Zeitschrift für Soziologie und Sozialpsychologie 62*, 61–91. doi:10.1007/s11577-010-0091-4

Rabata. http://rabata.org/home/anse-tamara-grey/ Zugegriffen: 05.05.2016.

Riegraf, B. (2010): Konstruktion von Gesellschaft. In B. Aulenbacher, M. Meuser, B. Riegraf (Hrsg.), *Soziologische Geschlechterforschung. Eine Einführung* (S. 59–77). Wiesbaden: Springer Fachmedien.

Riegraf, B. (2015): Konstruktionen der Geschlechterdifferenz in Bewegung: Wandel, Beharrung und (Re-)Traditionalisierung? In C. Micus-Loss, M. Plößer (Hrsg.). *Des eigenen Glückes Schmied_in!?* (S. 11–26). Wiesbaden: Springer Fachmedien.

Roisch, H. (2003). Die horizontale und vertikale Geschlechterverteilung in der Schule. In M. Stürzer, H. Roisch, A. Hunze, W. Cornelißen (Hrsg.). *Geschlechterverhältnisse in der Schule* (S. 21–52). Opladen: Leske und Budrich.

Şahinöz, Cemil. 2014. Ein zweiter Fall Kalisch? Déjà-vu am Zentrum für Islamische Theologie in Münster. http://www.migazin.de/2014/01/17/ein-fall-kalisch-deja-vu-zentrum-islamische-theologie-muenster/ Zugegriffen: 06.07.2016.

Sayeed, A. (2013). *Women and the transmission of religious knowledge in Islam.* Cambridge: University Press.

Stürzer, M. (2003). Geschlechtsspezifische Schulleistungen. In M. Stürzer, H. Roisch, A. Hunze, W. Cornelißen (Hrsg.), *Geschlechterverhältnisse in der Schule* (S. 83–121). Opladen: Leske und Budrich.

Stürzer, M., Roisch, H., Hunze, A., Cornelißen, W. (Hrsg.). (2003). *Geschlechterverhältnisse in der Schule.* Opladen: Leske und Budrich.

The Light in her Eyes. 2012. http://thelightinhereyesmovie.com/ Zugegriffen: 05.05.2016.
The women's mosque of America. 2016. http://womensmosque.com/. Zugegriffen: 06.05.2016.
vbw – Vereinigung der Bayerischen Wirtschaft e. V. (Hrsg.). (2009). Geschlechterdifferenzen im Bildungssystem. *Jahresgutachten 2009*. Wiesbaden: Verlag für Sozialwissenschaften.
Wetterer, A. (2002). *Arbeitsteilung und Geschlechterkonstruktion. „Gender at Work" in theoretischer und historischer Perspektive*. Konstanz: UVK Verlagsgesellschaft.

IV
Muslimische Identitäten und Religiosität

Islamische Erziehung in Familien mit Zuwanderungsgeschichte

Haci-Halil Uslucan

Der folgende Beitrag thematisiert im Wesentlichen folgende drei Aspekte:

1. Zunächst wird auf die Rolle der Familie als ein elementarer Ort religiöser Sozialisation und Erziehung eingegangen.
2. Daran anschließend werden einige ausgewählte Inhalte islamisch-religiöser Erziehung vorgestellt.
3. Zuletzt werden einige Implikationen, die eine betont religiöse Erziehung für die kindliche Entwicklung haben, kritisch diskutiert und die Frage gestellt, ob und welche Rolle gegenwärtig eine islamische Erziehung für die gesellschaftliche Integration haben kann.

1   Familie als Ort religiöser Erziehung

Warum ist die Beschäftigung mit religiöser Erziehung auch gegenwärtig nach wie vor aktuell und relevant? Welche Bedeutung kommt der (islamischen) Religion insbesondere im Migrationskontext und bei einer Zuwanderung in eher säkulare Gesellschaften zu? Ist nicht eher ein Bedeutungsverlust zu erwarten?

In den letzten Jahren sind hierzu einige bedeutende empirische Studien durchgeführt worden, wie bspw. die Teilstudie im Rahmen des Bertelsmann-Religionsmonitors, die herausarbeiten, dass eine insgesamt starke religiöse Orientierung der Muslime im Vergleich zur deutschen Durchschnittsbevölkerung (aber auch im internationalen Vergleich) vorzufinden ist (vgl. Halm et al., 2012). In die ähnliche Richtung weisen auch die Befunde der deutschen TIES-Teilstudie für die türkeistämmigen Befragten der zweiten Migrantengeneration, wonach für deren

Selbstverständnis und die Identitätskonstruktion die religiöse bzw. muslimische Zugehörigkeit bedeutsamer ist als die nationale Herkunft (vgl. Sürig & Wilmes, 2011). Ferner zeigt eine etwas ältere Studie, die sich der allgemeinen Religiosität Türkeistämmiger in Deutschland widmet, eine über Generationen hinweg vorzufindende Stabilität religiöser Orientierungen, und zwar weitestgehend unabhängig von sozialen Schichtmerkmalen. Auch hier erscheint der Befund relevant, dass der Anteil der „hochreligiösen" bei der ersten wie bei der zweiten Generation deutlich höher ist als bei den ethnischen Deutschen (vgl. Diehl & Koenig, 2009).

Generell lässt sich für Deutschland festhalten: Wir erleben in den letzten 30 Jahren eine enorme kulturelle und religiöse Diversität in der Bevölkerung, vor der sich auch der pädagogische Kontext nicht verschließen kann. So haben gegenwärtig mindestens ein Drittel aller Kinder einen Migrationshintergrund, mit steigender Tendenz. Und diese Kinder und ihre Familien werden auch künftig in Deutschland bleiben.

Die oben kurz skizzierten Gründe (intensivere und steigende Religiosität) legen nahe, bei der Betrachtung der religiösen Diversität den Schwerpunkt auf muslimische Familien und Kinder zu legen: Denn nach dem Christentum ist der Islam mit etwa 3,8 bis 4,3 Millionen Anhängern und einem Bevölkerungsanteil von etwa 5 % die zweitgrößte Religion in Deutschland: So zeigt bspw. eine Studie von Schweitzer (2012), dass sowohl in nicht-konfessionellen als auch in konfessionellen Trägern rund 13 % der Kinder muslimischen Glaubens sind, also jedes achte Kind; in Ballungsgebieten steigt dieser Anteil auf eine Rate von 18 bis 27 %. Vermutlich werden diese Anteile mit der Ankunft von rund einer Million Flüchtlingen, von denen der größte Teil aus muslimischen Ländern stammt, noch einmal steigen. Im Vergleich zu den christlichen Kindern berichteten in der oben genannten Studie (Schweitzer, 2012) die muslimischen Kinder von einer deutlich stärker gelebten Religiosität in ihren Familien. Dies impliziert eigentlich die Notwendigkeit von mehr muslimischen Erzieherinnen in den Kitas; gleichzeitig gibt es jedoch nach wie vor Schwierigkeiten bei einer Anstellung in konfessionell (christlich) orientierten Einrichtungen.

Gerade in der Diaspora erlangt der Islam gegenüber migrationsbedingt erlittenen Kränkungen eine Überhöhung und wird stärker identitätsrelevant als in der Herkunftskultur. Dadurch wird die Religiosität bewusster erlebt. In diesem Kontext hat Religion eine bedeutsame Ordnungsfunktion. Das heißt also: Die Orientierung am Islam hilft mit Blick auf den Erziehungskontext, die in der Moderne – übrigens auch für deutsche Eltern – immer schwerer gewordene Frage nach angemessenen Erziehungsinhalten zu vermeiden bzw. zu umgehen oder sie individuell beantworten zu müssen. Positiv formuliert, gibt der Islam klare Regeln und eine Orientierung vor, reduziert dadurch Komplexität; erzeugt aber mehr Komplexität an den Reibungsflächen mit areligiösen, antireligiösen und christlichen Erziehungsidealen in der Kita und der Schule. Religiosität in Migrationssituationen hat darüber hinaus jedoch auch eine politische und sozialpsychologische Funktion: Sie ist Orientierungsrahmen und Ausdruck des Selbstbewusstseins einer Gruppe; vermittelt Zugehörigkeitsgefühle, überwindet Anomie und stellt eine Kompensation erfahrener Zurückweisung dar. Intensive Religiosität kann insofern auch als eine Art kultureller Selbstvergewisserung und Selbstbehauptung begriffen werden. Denn während eine religiöse Sozialisation in den islamischen Ländern häufig vom sozialen Kontext unterstützt und oft unreflektiert als Alltagsgewissheit übernommen wird, entfällt in der Migrationssituation dieser bestätigende Kontext. Schiffauer (1991) spricht in diesem Kontext von einer „Islamisierung des Selbst", die mit einer Individualisierung einhergehe, weil nunmehr die Suche nach „religiöser Wahrheit" im Vordergrund stehe und die Zugehörigkeit zum Islam eher spiritualisiert werde. Gründe der Religiosität können in der Migrationssituation andere sein als in den Herkunftsländern, weil sie vielfach zugleich auch eine scharfe Differenz zur sozialen Mitwelt markieren. Hierfür hat bereits in den 70er Jahren des letzten Jahrhunderts Herbert Gans (1994) den Ausdruck der „symbolic religiosity" geprägt, den er zwar intensiv bei Juden in den USA erforscht hat, der aber auch mit Schattierungen auf die Muslime in Europa anwendbar ist; und zwar der Teilhabe an einer religiösen Symbolik, religiösen Gefühlen, religiösen Identifikationen, ohne aber einer regelmäßigen Teilnahme bzw. Mitgliedschaft in einer religiösen Organisation, so etwa sich als Muslim fühlen, sich in öffentlichen Kontexten mit den Muslimen identifizieren (oder als solcher identifiziert zu werden), auch wenn man nicht regelmäßig in die Moschee geht oder das tägliche Gebet verrichtet.

Betrachten wir den Zusammenhang von Familie und religiöser Erziehung, so ist zunächst festzuhalten, dass nicht nur in islamischen Familien, sondern weltweit Familie den genuinen Ort der (religiösen) Erziehung bildet; und dies sowohl, was die zeitliche Vorrangigkeit als auch was die affektive Nachhaltigkeit dieser erzieherischen Einflüsse betrifft. Aus der Perspektive des Kindes ist seine Familie der Ort, in dem die intensivsten elementaren Gefühle wie Sicherheit, Geborgenheit, Liebe, Respekt, Hilfsbereitschaft erworben werden. Weltweit sind Eltern in der Regel die ersten Lehrer und Bildner des noch unfertigen Menschen. Religiöse Werte werden insbesondere über die Familie transmittiert. Dabei gehen von den Müttern die deutlich stärkeren Impulse für die künftige religiöse Sozialisation aus (Martin, White & Perlman, 2003). Zusammenfassend lässt sich festhalten, dass Familie der zentrale Ort ist, in dem in der Kindheit „religiöses Kapital" akkumuliert wird; die religiöse Sozialisation in der Familie „kanalisiert" die künftige Einbettung in andere religiöse Sozialisationsinstitutionen wie Peers, Kirche/Moschee etc. (vgl. Martin, White & Perlman, 2003).

Exemplarisch sei hier die Studie von Boos-Nünning & Karakasoglu (2005) mit jungen Migrantinnen aufgeführt, bei der 54 % der Befragten den Wunsch äußerte, die eigenen Kinder später gemäß den eigenen religiösen Grundsätzen zu erziehen; insbesondere junge Frauen mit türkischem und griechischem Hintergrund waren am stärksten an der religiösen Erziehung ihrer Kinder interessiert. Nur etwa ein Viertel hingegen lehnte eine religiöse Erziehung für die eigenen Kinder ab.

Geht man historisch nur eine Generation zurück, so zeigen die Ergebnisse einer repräsentativen deutschen Umfrage zu den Einstellungen zu Religion, Familie, Kirche – 1505 Erwachsene und Jugendliche ab dem Alter von 16 Jahren wurden im Jahre 1977 befragt –, dass diese kaum Unterschiede zu gegenwärtig als „typisch islamisch" bezeichneten Haltungen aufweisen (Martin, 1981): Die Frage nach der Wichtigkeit kirchlicher Trauung beantworteten dabei 52 % der befragten mit „Ja", 44 % mit „Nein", wobei Frauen eher als Männer und Ältere eher als Jüngere und Katholiken eher als Protestanten die Relevanz kirchlicher Trauungen einräumten.

Bei der Frage, ob sie für eine religiöse Erziehung seien, antworteten 69 % mit „Ja" und nur 25 % mit „Nein", wobei auch hier eher Ältere und eher Katholiken eine religiöse Erziehung favorisierten. Je qualifizierter die Schulbildung war, umso weniger war die Bereitschaft zu einer religiösen Erziehung; dagegen war diese am stärksten bei den „Nur-Hausfrauen" ausgeprägt. Die Filterfrage, die eingesetzt wurde, wenn sich die Befragten für eine religiöse Erziehung aussprachen, ergab, dass etwa 41 % sich eine bereits im Kleinkindalter beginnende religiöse Erziehung wünschten, etwa 33 % sprachen sich für einen Beginn im Vorschulalter und etwa 24 % dagegen für einen Beginn im Schulalter aus.

Auf den engen Zusammenhang zwischen geringer Bildung und hoher Religiosität einerseits, sowie hoher Religiosität und einem stärker konservativen Weltbild andererseits, verweisen auch Boos-Nünning und Karakasoglu (2005) in ihrer Studie über junge Migrantinnen in Deutschland.

Diese Befunde relativieren – als historische Erinnerung – ein wenig die intellektuellen Diskurse um Zuwanderung und die Integration von Migranten – und hier insbesondere türkischer bzw. muslimischer Migranten, die eine weit reichende Debatte um „Parallelgesellschaften" mit ihren unterschiedlichen Wertestandards entfacht haben.

Was die Werteorientierung von muslimischen Migranten betrifft, so zeigen zunächst kulturpsychologische Studien zur Werteforschung (Smith & Schwartz, 1997), dass mit Blick auf die religiösen Orientierungen von Menschen in den meisten Fällen Religiosität positiv mit traditionellen Werten und negativ mit Hedonismus und Stimulation korreliert. D. h., im Hinblick auf islamische Familien in Deutschland ist, diesen Befunden folgend zu erwarten, dass eine stärker traditionsgeleitete

Wertebindung gelebt wird sowie – durch die eigene stärkere Bindung an die Tradition – eine intensivere Wertetransmission in den Familien erfolgt. Zuverlässige Hinweise in diese Richtung geben einige jüngere Befunde aus Österreich und Deutschland, die unterstreichen, dass trotz Angleichungsprozessen im sozio-ökonomischen Bereich, so etwa der Aufwärtsmobilität der jüngeren Generation, dennoch hohe Wertetransmission bzw. ein Festhalten an den Werten der Herkunftskultur der Eltern bei den Kindern vorzufinden ist. Im Kontext von Religion wird auch der frühe Befund von Gans (1994) repliziert, etwa, dass bestimmte religionsspezifische Dogmen in der Migrationssituation ziemlich stabil sind, gleichwohl bei der individuellen Lebensführung und individuellen Freiheiten eine Abnahme der Verbindlichkeit religiöser Normen zu verzeichnen ist (Vgl. Weiss et al. 2014). Deutlich wird hierbei die Notwendigkeit der Differenzierung klassischer Modernisierungs- und Wertewandeltheorien mit Blick auf Migrationssituationen.

Werteauffassungen variieren jedoch nicht nur nach kulturellem Kontext, sondern auch in biografischen und lebensgeschichtlichen Zusammenhängen. Kulturvergleichende Untersuchungen belegen eindrücklich, dass in der Regel jüngere Menschen eher Werte favorisieren, die die Wichtigkeit von Offenheit, Stimulation und Hedonismus betonen, während ältere Menschen eher die Wichtigkeit von Traditionen, Konformität und Sicherheit betonen. Insofern ist eine Spannung in den Werteauffassungen der Generationen ein kulturübergreifend immanentes Phänomen, die jedoch bei (muslimischen) Migrantenfamilien verschärft wird, weil Eltern in ihrem islamischen Selbstverständnis stärker eine kollektivistische Wertebindung zeigen, Kinder jedoch im Prozess der Akkulturation deutlich intensiver mit individualistischen Werten konfrontiert werden, wodurch sie den Assimilations- und Akkulturationsdruck deutlich stärker spüren.

Vor allem besteht für Eltern die Schwierigkeit, gerade vor dem Hintergrund ihrer geringen Bildungsvoraussetzungen, auf (religiöse) Fragen Antworten geben zu müssen, die so in den Herkunftsländern des Islam nicht gestellt werden und die eher spezifisch für ein Zusammenleben multireligiöser bzw. multiethnischer Kontexte (ist der christliche Gott der gleiche wie Allah? Ist „Joseph" in der Bibel derselbe wie der „Yusuf" im Koran?) sind.

Erziehung hat die Aufgabe, den Menschen auf die Gesellschaft vorzubereiten bzw. sich an jener zu bewähren, die die tatsächliche Lebenswelt des Einzelnen bildet; d. h. die (religiösen) Erziehungsziele muslimischer Eltern sind nicht per se dysfunktional, sondern sind auf den gelebten Kontext hin zu überprüfen. Wie weit können diese heute die Kinder handlungsfähig machen und ihre gesellschaftliche Teilhabe und Zielverwirklichung fördern?

Gleichwohl Inhalte und Formen der traditionell-religiösen Erziehung mit den Anforderungen der Moderne in einem offensichtlichen Widerspruch stehen, bspw.

dadurch die Kompetenz zur Kritikfähigkeit gehemmt wird, kann dessen Funktionalität bzw. Sinn für den Einzelnen nicht bestritten werden: Sie entlastet den Einzelnen bzw. die Eltern vom permanentem Entscheidungsdruck des modernen Lebens, stabilisiert dadurch das Verhalten und trägt zur Handlungsfähigkeit bei. Der Rückgriff auf eigene (religiöse) Traditionen bietet eine Entlastungschance, entbindet den Einzelnen, Verantwortung für die eigene Entscheidung zu nehmen. Dieser Rückgriff ist umso eher wahrscheinlich, wenn Menschen das gesellschaftliche Leben als diffus und undurchsichtig erleben.

2   Inhalte islamischer religiöser Erziehung

Was sind die zentralen Inhalte einer islamisch-religiösen Erziehung? Was sind die primären Quellen? Zwar bildet der Koran in allen Fragen des Lebens die zentrale Richtschnur für den gläubigen Moslem; im Hinblick auf Erziehung sind jedoch koranische Inhalte, die pädagogisch-erzieherische Relevanz haben, recht spärlich und höchst deutungsbedürftig. Aus einer immanenten Lektüre des Koran sowie aus der Perspektive eines gläubigen Muslim leitet bspw. Behr (1998) folgende erzieherische Leitziele im Islam ab:

- Den Glauben an die Offenbarung,
- Die Gewissheit des Jenseits bzw. eines jenseitigen Lebens,
- Einhaltung des Gebets,
- Teilen des Besitzes mit anderen,
- Rechtschaffenes Handeln im Alltag,
- Einhalten der göttlichen Offenbarung,
- Standhaftigkeit im Leben (Vgl. Behr, 1998, S. 21).

Deutlich wird jedoch, dass diese Maximen domänen- und lebensspannenübergreifend, aber ziemlich vage und wenig spezifisch sind. Konkretisiert auf religiöse Erziehung schreibt Behr im Weiteren:

> „Die Vermittlung der islamischen Religion ihrer Form und ihrem Inhalt nach ist das Anliegen der islamischen Erziehung. Sie erschöpft sich dabei nicht in der Information. Die Abfolge „erst Islam, dann Glaube" kann nicht als naturgegeben oder zwingend notwendig abgeleitet werden. Es scheint aber ausgeschlossen, ein ethisch-moralisches Fundament ohne formale Religion zu legen. Entscheidend für die Findung und Stabilisierung des Glaubens ist die allumfassende und auch formal

richtige islamische Lebensweise, in der Bekenntnis, Glaube und Handeln integriert sind". (Behr, 1998, S. 200).

Exemplarisch werden hier einige Suren benannt, ohne dabei einen Anspruch auf theologische Deutung und Vollständigkeit zu reklamieren:

> Sure: 17: 22–26: Hierbei steht neben der Aufforderung, die Eltern zu ehren, ihnen dankbar zu sein, zu gehorchen, insbesondere der Gehorsam gegenüber Gott als zentrale pädagogische Maxime.

> Sure: 25: 63: Hier wird Bescheidenheit als eine Form tugendhafter Lebensführung empfohlen; der Muslim soll eher die Selbstmäßigung und keine Prahlerei als Lebensform wählen; die Charakterschulung und Verhaltenskontrolle wird als ein zentrales Anliegen islamischer Erziehung betont.

> Sure 31: 13–39: Dankbar zu sein gegenüber Gott und den Eltern sind zentrale pädagogische Botschaften. „Sei mir und Deinen Eltern dankbar! Bei mir wird es schließlich (alles) enden" (Sure 31, 14).

Gehorsam ist im islamischen Erziehungsverständnis durchgehend positiv besetzt: Kinder haben Eltern Gehorsam zu leisten, Eltern ihren eigenen Eltern, der Mensch gegenüber Gott, die Schöpfung gegenüber seinem Schöpfer. So lautet bspw. eine andere koranische Stelle: „Und ich habe die Dschinn und Menschen nur dazu geschaffen, dass sie mir dienen" (Sure 51, Vers 56). Der Mensch ist eingefasst in eine umfassende Gehorsamsstruktur der Natur gegenüber Gott; wie alle Geschöpfe hat er auch im islamischen Selbstverständnis seinem Schöpfer dankbar und gehorsam zu sein. Gehorsam bildet eine (positive) ethische Kategorie, die vielen Kulturkreisen gemeinsam ist und ein essenzielles Erziehungsziel darstellt (Vgl. Uslucan & Fuhrer, 2003). In der Moderne, insbesondere nach den Erfahrungen totalitärer politischer Systeme, ist dieses Ziel, gerade in Deutschland zurecht stark diskreditiert und weitestgehend durch das Erziehungsziel „Mündigkeit" ersetzt worden.

Idealtypisch beginnen im Islam erzieherische Handlungen der Mutter bereits während der Schwangerschaft; ihr ist geboten, sich noch intensiver darum zu kümmern, welche Speise („halal" und „haram" – Erlaubtes und Unerlaubtes) sie zu sich nimmt, weil es sich auf die Charakterbildung des Kindes auswirken könnte. Spätestens direkt mit der Geburt sind muslimische Eltern angehalten, von einem Imam ins Ohr des Kindes den „Adhan", den Aufruf zum Gebet zu flüstern, um es symbolisch in den islamischen Raum zu initiieren. Gott soll das erste Wort sein, das das Kind hört. Die permanente Aufforderung, Gott zu preisen, soll sich in das Gedächtnis des Kindes einschreiben. Anknüpfungspunkt ist nicht die Metapher der „tabula rasa" bei der Geburt, sondern eine bereits islamische Imprignitur bei der Geburt. Es ist die Aufgabe der Eltern, diese prinzipiell islamische Prägung des Kindes fortzuführen oder das Kind den anders- oder der areligiösen Einflüsse der Umwelt zu überlassen.

Bereits im Vorschulalter versuchen Eltern, ihren Kindern erste Gebetsuren, aber auch Tisch- und Alltagsgebete beizubringen; insbesondere wird gelehrt, jede wichtige Handlung mit „Bismillahirrahmanirrahim" – „Im Namen des gnädigen Gottes" zu beginnen; bei Absichten in der nahen Zukunft sie mit „Inschallah" (So Gott es will) anzukündigen. Dadurch wird die Unterwürfigkeit Gott gegenüber immer wieder vergegenwärtigt. Der Einzelne vergewissert sich, sich in der unverfügbaren Macht Gottes zu befinden. Es ist die zentrale Aufgabe der Familie, Kinder in das religiöse Leben einzuführen und sie mit islamischen Inhalten vertraut zu machen; ihnen ab der mittleren Kindheit, etwa ab dem Alter von 7 bis 10 Jahren bspw. Koranlektüre, Gebetsuren etc. beizubringen. Explizit kann hier auf eine koranische Sure verwiesen werden, in der es geboten wird, die Angehörigen zur Verrichtung des Gebetes anzuhalten (Sure 20, Vers 132: „Und befiehl deinen Angehörigen das Gebet (zu verrichten) und harre (selber) darin aus!"). Auch wenn die religiöse Verantwortlichkeit erst mit der Pubertät beginnt, wird in Erziehungsmanualen empfohlen, mit der islamischen Erziehung des Kindes so früh wie möglich zu beginnen. Das Kind soll dadurch auf eine „quasinatürliche" Weise in einen islamischen Raum hineinsozialisiert werden, diese Lebensform als eine nicht reflexionsbedürftige Form des Lebens verstehen. Denn bis zur religiösen Pflicht im Pubertätsalter sollte das islamisch sozialisierte Kind bereits die Kenntnisse u. a. von Gebets- bzw. Koransuren erworben haben, um religiös aktiv sein zu können; deshalb ist es wichtig, proaktiv und der gegenwärtigen Entwicklung vorgreifend, zu sozialisieren, es bspw. an Aktivitäten teilnehmen zu lassen (Festen, Feiertagen, religiösen Zeremonien wie etwa dem Nachtgebet nach dem Fasten, Speise- und Reinigungsvorschriften etc.). Dabei soll insbesondere die Trennung in Erlaubtes/ Unerlaubtes (z. B. Alkohol, Schweinefleisch etc.) Kindern im Schulalter nicht nur als ein erzieherischer Ratschlag, sondern durch das gelebte praktische eigene Beispiel gelehrt werden; Wertevermittlung geschieht also nicht primär kognitiv, sondern eher am eigenen Exemplum der Eltern. Islamische Erziehung in diesem Sinne geht nicht auf in der Wissensvermittlung, in der kognitiven Erkenntnis richtigen und falschen Handelns, sondern ist darüber hinausgehend primär Charakterformierung; in einer Habitualisierung des „richtigen" religiösen Handelns. Dem Kind soll dieses Leben als eine beständige Prüfung, als eine beständige „Abrechnung guter wie schlechter Taten im Jenseits" beigebracht werden; deshalb ist es geboten, stets wachsam über die eigenen Handlungen zu sein. Die Jenseitsorientierung, u. a. durch eine Vergegenwärtigung unserer Vergänglichkeit und der Verpflichtung eines gottgefälligen Lebens, letztlich die Erlangung des Seelenheils, ist – wie auch Behr

(1998, S. 209) festhält – eine zentrale Dimension der erzieherischen Fernziele im Islam. Aber sie soll auch – idealtypisch – leitend für jede konkrete Handlung sein. Zwar ließe sich das aus theologisch-psychologischer Perspektive als eine Anleitung zu einem reflexiv gelebten Leben positiv deuten; andererseits ist aus kinder- und entwicklungspsychologischer Sicht evident, dass diese Orientierung zu einer Unterdrückung von Spontaneität und Kreativität führen kann.

Eine idealtypische Forderung der religiösen Erziehung wäre an einer doppelten Zielsetzung zu orientieren: 1. Wieweit werden Kinder und Jugendliche zu einem Verständnis der eigenen religiösen und kulturellen Herkunft befähigt? und 2. Wieweit kann bei ihnen gleichzeitig auch eine Öffnung, eine Haltung der Aufgeschlossenheit gegenüber Menschen anderer Religionen und kultureller Herkünfte erreicht werden?

Es ist fast eine Selbstverständlichkeit, zu betonen, dass islamische Erziehungsvorgaben und -muster nicht für alle Zuwanderer aus islamischen Familien Gültigkeit haben, da ihre Anwendung vielfach von Merkmalen wie etwa ländliche oder städtische Herkunft, soziale Schicht und Bildungsgrad, Religiosität der eigenen Eltern, abhängt. Ferner ist vor Augen zu führen, dass Regeln der Alltagsgestaltung vorindustrieller Kulturen von den Beteiligten vielfach religiös bzw. islamisch begründet werden, hier also eine Durchdringung und Verflechtung von Religion und Tradition/Kultur stattfindet. Nicht zuletzt ist darauf hinzuweisen, dass auch innerhalb des Islam gravierende Unterschiede in den verschiedenen Ausrichtungen vorherrschen, die auch ihre Auswirkungen auf die religiöse Erziehung haben (vgl. Stöbe, 1998).

Diese Fragen leiten über zum letzten Abschnitt, und zwar der Frage, welche Folgen eine betont religiöse Erziehung für die kindliche Entwicklung und die soziale Integration haben.

3 Folgen für die kindliche Entwicklung und soziale Integration

Zunächst ist festzuhalten, dass Religiosität keineswegs nur ein Hemmnis für soziale Teilhabeprozesse bedeutet, auch wenn der Zusammenhang häufig (positiv wie negativ) betont wurde (Vgl. SVR, 2016), sondern insbesondere von den Nachfolgegenerationen der Zuwanderer auch als eine Ressource genutzt wird, die sie in den Eingliederungsprozess einbringen wollen (Karakasoglu-Aydin, 2000)[1].

---

1 Exemplarisch zu Religion als Ressource, siehe King & Furrow (2004).

Gleichwohl ist jedoch nicht in Abrede zu stellen, dass eine intensive religiöse Erziehung, die zugleich mit Berufung auf ein religiöses Familien- und Erziehungsbild demokratische Strukturen als Auflösungserscheinung betrachtet, zu einer Teilhabeblockade wird, wenn bspw. Eltern aus der Sorge vor negativen sozialisatorischen Konsequenzen heraus die Kinder nicht am Kindergarten, nicht an der Vorschule, an deutscher Spielumgebung für ihre Kinder teilnehmen lassen, weil sie bei intensiven oder frühen Kontakten mit deutscher Umgebung eine kulturelle Entfremdung befürchten und dadurch letztlich Teilhabeprozesse ihrer Kinder auf verschiedenen gesellschaftlichen Ebenen (Bildung, sozialer Alltag etc.) hemmen. Diese Furcht scheint in solchen Kontexten noch größer zu sein, wo Eltern auch tatsächlich wenige Möglichkeiten haben, ihr Kind effektiv zu kontrollieren. Was jedoch die „religiöse Indoktrination" im Elternhaus betrifft, so ist hier aus erziehungspsychologischer Sicht erst einmal nüchtern zu konstatieren, dass jede Form der Erziehung stets an der Kippe zur Indoktrination steht. Insbesondere in der frühen Kindheit ist es äußerst schwer, dem Kind etwas beizubringen und zugleich auf dessen Relativität, Perspektivität oder Beliebigkeit hinzuweisen. Entwicklungspsychologisch lässt sich zeigen, dass sich bis zum Alter von sechs Jahren aufgrund der starken Abhängigkeit des Kindes von seinen Eltern kaum von einer eigenständigen kindlichen Wertewelt sprechen lässt, jedoch mit dem Ende der frühen Kindheit, ab dem Alter von sechs bis acht Jahren, erste Autonomieerfahrungen und erste eigenständige Überzeugungen gebildet und vertreten werden. Die Entwicklung verläuft von einer starren und rigorosen Haltung in der Kindheit zu einer zunehmend flexiblen, relativierenden in der Jugend. Während dies jedoch den idealtypischen Verlauf markiert, lassen sich Bedingungen identifizieren, unter denen diese Entwicklung in Richtung auf Liberalität und Flexibilität gehemmt bzw. auch ganz unterbrochen werden. Zu diesen Bedingungen gehören besonders rigide, strenge Erziehung im Elternhaus, aber auch eine extreme Vernachlässigung, Misshandlung, sowie psychische Erkrankungen.

Was sich jedoch unzweifelhaft entwicklungsschädigend auswirkt, ist ein stark autokratischer bzw. autoritärer Erziehungsstil. Wer unter Berufung auf die Bibel, den Koran oder Konventionen („Wer seine Rute schont, der hasst seinen Sohn; wer ihn aber lieb hat, der züchtigt ihn beizeiten", AT: Sprüche 13,24) Gewalt in der Erziehung anwendet, wird kaum die Entwicklung einer differenzierten Persönlichkeit, die kognitive Komplexität, Mündigkeit und Toleranz des Kindes fördern. Vielmehr führt eine gewaltförmige Erziehung zu Aggressivität, Wut, Starrsinn, Rache, aber auch zu Depressionen bei Kindern; Gewalt hat sowohl emotional (selbstwertbeeinträchtigende) als auch kognitiv defizitäre Auswirkungen (geschlagene Kinder sind bspw. tendenziell schwächer in ihren Schulleistungen).

Wird bspw. in den Familien der Gehorsam religiös legitimiert und dadurch die Kritik an Autoritäten zu einem Denktabu erklärt, so lassen sich diese Kompetenzen bei Kindern nur schwer ausbilden. Eine mangelnde Konfliktfähigkeit, die durch eine strikte Gehorsamsforderung herbeigeführt wird, kann im Alltagsleben zu permanentem sozialen Stress mit anderen führen, bzw. die Person in eine Außenseiterposition drängen.[2] Denn wenn (religiöse) Inhalte nie zur Diskussion stehen und nicht kritisiert werden dürfen, kann die Entwicklung selbstständiger und selbstgesteuerter Lerntechniken gehemmt werden. Gerade selbstgesteuertes und die erworbenen Inhalte durch eine semantische Durchdringung in eigene Schemata übersetzendes Lernen – das ist eine zentrale Einsicht der gegenwärtigen pädagogisch-psychologischen Forschung – bildet eine der Schlüsselkompetenzen erfolgreicher Bildungsgeschichten.

Mit Blick auf das interkulturelle bzw. multireligiöse Zusammenleben kann jede Form einer intensiven religiösen Erziehung als problematisch betrachtet werden: Die Gefahr der Bildung eines geschlossenen Überzeugungssystems, das zu einer Vereinfachung kindlichen Denkens neigt und möglicher weise zu einer Überschätzung, zu Überlegenheitsansprüchen und Abwertungen anderer Ansichten führt, ist nicht von der Hand zu weisen. Extremformen sind dann komplette Desinformation/Falschinformationen über die säkulare Mitwelt. Die Entwicklungsfolge kann dann eine verzerrte Welt- und Wirklichkeitswahrnehmung des Kindes, Beeinträchtigung kindlichen Explorationsverhaltens und kindlicher Kreativität sowie rigides Denken sein. So ist aus psychologisch-wissenschaftlicher Sicht die Fortführung des magischen Denkens (das charakteristisch für die kindliche Entwicklungsstufe im Alter von etwa vier bis sechs Jahren ist), wie etwa der Glaube an die Engel, an die Auferstehung etc., in der späten Kindheit und Jugend im Kontext religiöser Erziehung, bedenklich bzw. mit dem naturwissenschaftlichen Weltbild kaum zu vereinbaren. Diese Vorstellungen sind jedoch sowohl dem Islam wie auch dem Christentum eigen. Aus erziehungspsychologischer Sicht hat bspw. Buggle (1992) die Forderung erhoben, Kinder nicht mit der Bibel zu konfrontieren, weil das Gottesbild der Bibel derart primitiv und grausam sei, dass es „auf den Index jugendgefährdender Bücher gesetzt werden müsste" (vgl. auch Oser & Bucher, 2002; S. 942). Gerade eine religiöse Erziehung, die mit Drohungen (Hölle) und Verheißungen (Paradies) operiert, verhindert die Entwicklung einer reifen, mündigen Religiosität, bei der der Einzelne aus absoluter Freiheit zu Gott findet. Deshalb ist aus psychologischer Sicht, mit Blick auf das Kindeswohl, genau zu eruieren,

---

2 In seiner „islamischen Bildungslehre" versucht der deutsche Muslim Harry Behr (1998, S. 160) Erkenntnisse der modernen Pädagogik mit islamischen Inhalten zu verbinden und fordert bspw. trotz der hohen Relevanz des Gehorsams im Islam: „In der islamischen Erziehung müssen dem Heranwachsendem die seinen Fähigkeiten gemäßen (und ein wenig darüber hinausgehende) Anlässe und Spielräume für selbstständige Entscheidungen zur Verfügung gestellt werden (in der Familie, im Schulleben)."

welche „Motivationsformen" muslimische Eltern verwenden, um ihre Kinder zur Religiosität anzuhalten.

Ferner ist kritisch hinzufügen, dass eine hohe Geschlossenheit des religiösen Weltbildes zwar zu einer Sicherheit, aber auch zu einem ausgesprochenen Konformitätsdruck innerhalb der Gruppe führt: Durch die intensiven Kontakte in der „In-group" werden Abweichungen, wird Neues noch weniger toleriert, wodurch die Entstehung eines dichotomen Weltbildes (Wir-Ihr; Freund-Feind, gläubig-ungläubig etc.) gefördert wird.

Empirische Studien zeigen jedoch, dass diese „theoretische Gefahr" eher als gering einzustufen ist. So lag bspw. die eigenreligiöse Favorisierung von Freundschaften bei muslimischen Jugendlichen nicht deutlich höher als bei Nicht-Muslimen. Die Studie von Worbs & Heckmann (2003) ergab, dass etwa für ca. 50 % der befragten Jugendlichen es wichtig war, dass der Partner bzw. der Freund/die Freundin der gleichen Religion angehören solle; bei Nicht-Muslimen betrug diese Rate jedoch auch ca. 40 %.

Um allgemein die Wirkung religiöser Sozialisation auf die Persönlichkeitsentwicklung angemessen zu beurteilen, sind deshalb einige Differenzierungen unerlässlich: So zeigen bspw. Studien, dass eine angstbesetzte religiöse Sozialisation, bei der Gott in erster Linie als eine strafende Instanz auftritt, bei sensiblen Personen auch zu einem Bruch mit der Religion führt (Oser, Di Loreto, & Reich, 1996), also nicht zu einer Festigung oder Radikalisierung der religiösen Identität beiträgt, sondern letztlich kontraproduktive Effekte erzeugt. Recht einheitlich sind die Belege gegen ein autoritär-strenges Erzieherverhalten: Ein überwiegend an Strafe orientiertes Erzieherverhalten führt nicht zur Bildung von disziplinierten Persönlichkeiten, sondern kann Kinder und Jugendliche zur Disziplinlosigkeit, Widerstand, Aggression und Gewalt, aber auch zu einer passiven Unterwerfung führen (Vgl. Hurrelmann, 1994). Dagegen kann die Vermittlung eines Gottesbildes, bei dem Gott als eine schützende, bergende und bedingungslos liebende Macht wahrgenommen wird – und zwar Religionen übergreifend –, selbstwertstabilisierend für Kinder sein (Grom, 1982).

Mit Blick auf die religiöse Sozialisation von muslimischen Jugendlichen zeigt die exemplarische Studie von Sandt (1996), dass bei muslimischen Jugendlichen in Deutschland (im Alter von 14 bis 17 Jahren aus verschiedenen Schultypen) im Gottesbild eher die Allmächtigkeit und Allwissenheit Gottes dominiert, nicht jedoch das Bild Gottes als einer strafenden, richtenden Instanz, gleichwohl die befragten Schülerinnen und Schüler auch das islamische Konzept des irdischen Lebens als einer permanenten Prüfung mit einer „Abrechnung" am „Jüngsten Tage" in ihrer religiösen Vorstellungswelt aufweisen. Gleichwohl in der besagten Studie die Mehrheit der Jugendlichen den immanenten Pflichtcharakter der islamischen

Gebote als solche kannte (sie konnten bspw. die islamischen Pflichten aufzählen), hatten sie jedoch nicht die persönliche Verpflichtung anerkannt, diesen auch Folge leisten zu müssen. Die Spannung, Religion zu kennen und Religion zu leben, wurde dort in den Gruppen- sowie Einzelinterviews stets deutlich. So wird die rituell-religiöse Praxis des Betens von den Jugendlichen bspw. nicht in den gelebten Alltag integriert, sondern nur zu besonderen Anlässen (wie etwa bei den religiösen Feiertagen oder beim gelegentlichen Freitagsgebet) praktiziert (Vgl. Sandt, 1996, S. 225); in den Worten von Gans (1994) also eine „symbolic religiosity" gelebt. Das Verhältnis der Jugendlichen zur Religion lässt sich als eine Verschiebung von der selbstverständlichen Geltung des Islam in den Herkunftsländern ihrer Eltern zu einer persönlichen Entscheidung – und dadurch auch der Entscheidung, religiöse Riten bewusst nicht zu folgen – in der Migrationssituation deuten.

Diese Befunde unterstreichen, wie sehr die homogenisierende Bezeichnungspraxis „die Muslime" unseren Blick verzerrt: Die Dichotomie zwischen islamisch vs. nicht-islamisch erweist sich als eine enorme Verkürzung. Auch innerhalb der Zuwanderer aus islamischen Ländern gibt es ein fließendes Kontinuum der Frömmigkeit von traditionsgebundener, unreflektierter Religiosität, bewusster Hinwendung zum Islam, aufgeweichter, kompromissbereiter Haltung zum Islam, überzeugten Säkularisten, die die Religion aus der Politik heraushalten wollen, bis hin zur bewussten Ablehnung des Islam und atheistischen Haltungen (Büttner, 2000). Nicht zuletzt erfolgt auch eine „Islamisierung" der Zuwanderer aus der Perspektive der Mehrheitsgesellschaft: Insbesondere werden vielfach (türkische oder arabische) Jugendliche mit Zuwanderungsgeschichte als „junge Muslime" betrachtet, die aber kaum ihre Religion kennen oder praktizieren. Im Gegenzug können diese Fremdzuschreibungen – insbesondere, wenn sie langanhaltend und dominant sind – auch irgendwann in das Selbstbild integriert werden, so dass ursprüngliche Fremdzuschreibungen zu Selbstzuschreibungen werden – quasi Zuwanderer „Muslime wider Willen" werden – und der Konstruktionscharakter der „islamischen Identität" verwischt wird (Tietze, 2001).

Literatur

Behr, H. H. (1998). Islamische Bildungslehre. München: Dar-us-Salam.
Boos-Nünning, U. & Karakasoglu, Y. (2005). Viele Welten. Zur Lebenssituation von Mädchen und jungen Frauen mit Migrationshintergrund. Münster: Waxmann.
Buggle, F. (1992). Denn sie wissen nicht, was sie glauben. Oder warum man redlicherweise nicht mehr Christ sein kann. Reinbek: Rowohlt.
Büttner, F. (2000). Islamischer Fundamentalismus- eine Herausforderung für den Westen? In R. Busch (Hg.), Integration und Religion. Islamischer Religionsunterricht an Berliner Schulen (S. 90–111). Berlin: Dahlem University Press.
Diehl, C. & Koenig, M. (2009). Religiosität türkischer Migranten im Generationenverlauf: ein Befund und einige Erklärungsversuche. Zeitschrift für Soziologie 38 (4), 300–319.
Gans, H. J. (1994). Symbolic ethnicity and symbolic religiosity: towards a comparison of ethnic and religious acculturation. Ethnic and Racial Studies 17 (4), 577–592
Grom, B. (1992). Religionspsychologie. München: Kösel-Verlag.
Halm, D., Sauer, M., Schmidt, J. & Stichs, A. (2012). Islamisches Gemeindeleben in Deutschland, im Auftrag der Deutschen Islamkonferenz (Bundesamt für Migration und Flüchtlinge: Forschungsbericht 13). Nürnberg.
Hurrelmann. K. (1994). Mut zur demokratischen Erziehung. Pädagogik, 46, Heft 7–8, 13–17.
Karakasoglu-Aydin, Y. (2000). Muslimische Religiosität und Erziehungsvorstellungen. Eine empirische Untersuchung zu Orientierungen bei türkischen Lehramts- und Pädagogik-Studentinnen in Deutschland. Frankfurt: IKO – Verlag für Interkulturelle Kommunikation.
King, P. E. & Furrow, J. (2004). Religion as a Resource for Positive Youth Development: Religion, Social Capital, and Moral Outcomes. Developmental Psychology, 40, 703–713.
Koran (1993). (Übersetzung von R. Paret). Stuttgart: Kohlhammer.
Martin, N. (1981). Familie und Religion. Ergebnisse einer EMNID-Spezialbefragung. Paderborn: Schöningh.
Martin, T. E., White, J. W. & Perlman, D. (2003). Religious Socialization: A Test of the Channeling Hypothesis of Parental Influence on Adolescent Faith Maturity. Journal of Adolescent Research, Vol. 18, (2), 169–187.
Oser, F., Di Loreto, O. & Reich, K. H. (Hrsg.) (1996). Eingebettet ins Menschsein: Beispiel Religion. Aktuelle psychologische Studien zur Entwicklung von Religiosität (S. 69–87). Lengerich: Pabst Verlag.
Oser, F. & Bucher, A. (2001). Religiosität, Religionen und Glaubens- und Wertegemeinschaften. In R. Oerter & L. Montada (Hrsg.), Entwicklungspsychologie (S. 940–954). Weinheim: Beltz.
Sandt, F.-O. (1996). Religiosität von Jugendlichen in der multikulturellen Gesellschaft. Eine qualitative Untersuchung zu atheistischen, christlichen, spiritualistischen und muslimischen Orientierungen. Münster: Waxmann.
Schiffauer, W. (1991). Die Migranten aus Subay. Türken in Deutschland. Eine Ethnographie. Stuttgart: Klett.
Schweitzer, F. (2012). Muslimische Kinder in Kindertagesstätten. In R. Ceylan (Hrsg.), Islam und Diaspora (S. 147–159). Frankfurt/Main: Peter Lang.
Smith, P. & Schwartz, S. (1997). Values. In J. Berry, M. Segall & C. Kagitcibasi (Eds.), Handbook of cross-cultural psychology: Volume 3 Social behaviour and applications. Boston: Allyn & Bacon.

Stöbe, A. (1998). Die Bedeutung des Islam im Sozialisationsprozess von Kindern türkischer Herkunft und für Konzepte interkultureller Erziehung. Diss. Gesamthochschule Essen.

Sürig, I. & Wilmes, M. (2011). Die Integration der zweiten Generation in Deutschland. Ergebnisse der TIES-Studie zur türkischen und jugoslawischen Einwanderung. *IMIS-Beiträge* 39/2011: 3–211.

Sachverständigenrat deutscher Stiftungen für Integration und Migration (SVR) (2016). Viele Götter, ein Staat: Religiöse Vielfalt und Teilhabe im Einwanderungsland. Jahresgutachten 2016 mit Integrationsbarometer. Berlin.

Tietze, N. (2001). Islamische Identitäten. Formen muslimischer Religiosität junger Männer in Deutschland und Frankreich. Hamburg: Hamburger Edition.

Uslucan, H.- H. & Fuhrer, U. (2003). Autoritarismus und Jugendgewalt im Kulturvergleich. Zeitschrift für Politische Psychologie, 4, 361–384.

Weiss, H., Schnell, Ph. & Ateş, G. (2014) (Hrsg.), Zwischen den Generationen. Transmissionsprozesse in Familien mit Migrationshintergrund. Wiesbaden: Springer VS.

Worbs, S. & Heckmann, F. (2003). Islam in Deutschland. Aufarbeitung des gegenwärtigen Forschungsstandes und Auswertung eines Datensatzes zur zweiten Migrantengeneration. In BMU (2003), 133–220.

Muslimische Religiosität: Problem oder Ressource?

Yasemin el-Menouar

Eine Studie der „Bertelsmann-Stiftung" aus dem Jahr 2015 zeigt, dass die große Mehrheit der hier lebenden Muslime zentrale gesellschaftliche Grundwerte teilt. Zudem weist sie darauf hin, dass die viel beschworenen muslimischen Parallelgesellschaften wenig mit der tatsächlichen Lebensrealität der Muslime zu tun haben[1]. Im öffentlichen Diskurs wird diese jedoch kaum wahrgenommen. Muslime werden dagegen oft pauschal für schwer integrierbar erklärt mit einer Neigung zum religiösen Extremismus. Spätestens seit den Anschlägen vom 11. September 2001 beherrschen Vorurteile gegenüber Muslimen und ein undifferenziertes Schwarz-Weiß-Denken in Islam-Fragen die Debatten. Mit der Ankunft der Flüchtlinge aus Syrien, dem Irak und Afghanistan hat sich das negative Meinungsklima zum Islam nochmals aufgeheizt. Islamfeindlichkeit macht sich bis tief in die Gesellschaft breit. Dass man den Glauben der hier lebenden Muslime als Pfeiler ihrer Identität akzeptiert, davon scheint die deutsche Mehrheitsgesellschaft zurzeit weiter entfernt als jemals zuvor.

Dabei könnte eben dies zur Lösung vieler sozialer Probleme und Konflikte beitragen. Stattdessen wird auf einer „Integration des Islams" beharrt, wobei der Islambegriff vor allem dazu dient, symbolische Grenzen zu ziehen, soziale Probleme zu etikettieren und Konfliktlagen vereinfacht abzubilden. Doch eine Religion ist weder friedlich, noch ist sie gewalttätig. Alle Religionen sind ambivalent. Worauf es ankommt, ist die soziale und persönliche Aneignung von Religion. Denn nur darin können Probleme, aber eben auch Chancen liegen. Deshalb sollte sich die empirische Forschung verstärkt den Dimensionen muslimischer Religiosität in ihrer komplexen Vielfältigkeit zuwenden und deren Potenziale offenlegen.

Diesem Beitrag liegt die These zugrunde, dass problematische Islam-Frames auch die Perspektive auf wichtige Forschungsfragen verstellen. Der Beitrag geht

---

1 Stephan Vopel/Yasemin El-Menouar, *Religionsmonitor – Sonderauswertung Islam 2015*, Gütersloh 2015.

von dem (1) paradoxen Befund einer wachsenden Kluft zwischen den positiven Entwicklungen innerhalb muslimischer Lebenswelten und der zunehmend negativen Wahrnehmung des Islams in der Mehrheitsgesellschaft aus. Ursache für das Entstehen einer solchen Kluft sind (2.1) mediale Framing-Prozesse, die einen negativen Problemfokus auf den Islam etabliert haben. In den öffentlichen Diskursen werden heute Gewalt, Extremismus, Kriminalität, Frauenfeindlichkeit, Demokratiedistanz und Parallelgesellschaften als „islamtypisch" adressiert, was neurechten Gruppen und Bewegungen in die Hände spielt. (2.2) Medien haben allerdings kein Monopol für die Agenda-Setzung und Agenda-Bildung, sondern stehen in einer reziproken Beziehung zu anderen Akteuren, wie anhand von religionspolitischen Debatten aufgezeigt wird. Dabei drehen sich Islam-Debatten immer wieder um das (3.1) Thema der Sozialintegration, wobei dem Islam meist integrationshemmende Wirkungen unterstellt werden. (3.2) Empirisch lässt sich aber selbst bei neofundamentalistischen Muslimen kein zwingender Zusammenhang mit einer mangelnden Sozialintegration bzw. einer Ablehnung der Sozialintegration feststellen. Das zeigt eine Überprüfung von Olivier Roys Thesen zum islamischen Neofundamentalismus.

Im letzten Teil dieses Beitrags wird für einen Perspektivenwechsel plädiert: Zum einen (4.1) wird für eine multidimensionale Betrachtung muslimischer Religiosität ein neues Messinstrument auf der Grundlage des Multidimensionenmodells von Charles Y. Glock entwickelt und getestet. Zum anderen (4.2) wird Hinweisen nachgegangen, dass Religiosität als soziale oder persönliche Ressource für den Integrationsprozess wahrgenommen werden kann. Vor dem Hintergrund der Theorie der segmentierten Assimilation von Portes und Zhou und den integrationstheoretischen Überlegungen zum Sozialkapital von Robert D. Putnam, werden zwei muslimische Gruppen, die deutliche Unterschiede in der Sozialkapitalausstattung aufweisen, miteinander verglichen.

1 Die Kluft zwischen muslimischen Lebenswelten und der Wahrnehmung des Islams in Deutschland

Rund vier Millionen Muslime leben in Deutschland.[2] Sie sind damit die größte religiöse Minderheit in Deutschland. Viele Muslime leben bereits in der dritten Generation hier; sie sind teilweise in Deutschland geboren und aufgewachsen. 45

---

2 Vgl. Sonja Haug/ Stephanie Müssig/ Anja Stichs, *Muslimisches Leben in Deutschland*, Nürnberg 2009, S. 80. Das Pew Research Center on Religious and Public Life schätzt die Zahl der aktuell in Deutschland lebenden Muslime auf 4.760.000: „5 facts about the

Prozent der Muslime haben einen deutschen Pass. Die „Sonderauswertung Islam" aus dem „Religionsmonitor" der „Bertelsmann Stiftung" belegt, dass die Einstellungen und Sichtweisen von hierzulande lebenden Muslimen heute mit den Grundwerten der deutschen Gesellschaft übereinstimmen:[3]

- 90 Prozent der hochreligiösen Muslime halten die Demokratie für eine gute Regierungsform; 93 Prozent stimmen dem Satz zu, man sollte allen Religionen gegenüber offen sein.
- 68 Prozent der hoch-, 71 Prozent der mittel- und 75 Prozent der wenig religiösen Muslime empfinden die religiöse Vielfalt in Deutschland als Bereicherung.
- 90 Prozent der Muslime in Deutschland haben regelmäßig Freizeitkontakte zu Menschen anderer Religionszugehörigkeit; rund 60 Prozent verfügen über mehr Freizeitkontakte außerhalb als innerhalb ihrer Religion.
- 63 Prozent der hochreligiösen Muslime überdenken regelmäßig ihre religiöse Einstellung. Einer Heirat unter homosexuellen Paaren stimmen rund 60 Prozent von ihnen zu. Von den hochreligiösen Muslimen, die ihre Glaubensgrundsätze selten hinterfragen, tun dies immerhin noch 40 Prozent.

Dass die Mehrheit der Muslime Nichtmuslimen und der deutschen Gesellschaft insgesamt offen gegenübersteht wird durch die im Rahmen des „Religionsmonitors" erschienene Studie „Lebenswelten deutscher Muslime" von Dirk Halm und Martina Sauer untermauert.[4] Für die meisten Muslime ist ihre Religion vor allem eine wichtige Ressource, aus der sie Kraft schöpfen. Dabei fördert die Zugehörigkeit zum Islam nicht nur das Vertrauen in Angehörige der eigenen, sondern auch in Angehörige anderer Religionen.

Die empirisch belegbare Verbundenheit der Muslime mit Deutschland und seinen gesellschaftlichen Werten trägt jedoch nicht dazu bei, dass sich negative Vorurteile gegenüber dem Islam abbauen. Im Gegenteil: Die Ablehnung des Islams nimmt in Deutschland weiter zu. Im Jahr 2012 sah bereits eine Mehrzahl der nichtmuslimischen Mehrheitsbevölkerung im Islam eine Bedrohung. Dieser Anteil ist binnen drei Jahren von 53 auf 57 Prozent gestiegen. Noch deutlicher zugenommen hat die Ansicht, der Islam passe nicht in die westliche Welt. Stimmten 2012 der

---

Muslim population in Europe", November 2015, URL: http://goo.gl/dcSiQD (letzter Zugriff: 16.04.2016). Zum Problem statistischer Erfassung siehe Riem Spielhaus, *Muslime in der Statistik. Gutachten im Auftrag des Mediendienstes Integration*, Berlin 2013, URL: https://goo.gl/0z2UZm (letzter Zugriff: 16.04.2016).
3   Vgl. Vopel/El-Menouar, *Religionsmonitor*, a. a. O., S. 4ff.
4   Dirk Halm/Martina Sauer, *Lebenswelten deutscher Muslime*, Gütersloh 2015.

im „Religionsmonitor" Befragten 52 Prozent dieser Aussage zu, so waren es 2015 bereits 61 Prozent. Lediglich ein Viertel der deutschen Bevölkerung nimmt den Islam heute als Bereicherung wahr.[5]
Keine andere Religion hat ein derart negatives Image. Obwohl 85 Prozent der nichtmuslimischen Deutschen sagen, sie stünden anderen Religionen sehr tolerant gegenüber, scheint dies nicht für den Islam zu gelten. Mehr noch: Manifeste und latente Stereotype haben sich mittlerweile zu einer ausgeprägten Islamfeindlichkeit verfestigt, die längst kein Randphänomen mehr darstellt, sondern weit in die gesellschaftliche Mitte hineinreicht.[6]

Sozialstatus, Bildungsniveau und politische Orientierung haben dabei keinen Einfluss darauf, ob jemand einem negativen Islambild anhängt. Es ergibt sich lediglich eine gewisse Altersabhängigkeit: Von den über 54-Jährigen fühlen sich 61 Prozent durch den Islam bedroht, von den unter 25-Jährigen hingegen nur 39 Prozent. Zudem spielt der persönliche Kontakt zu Muslimen ganz offensichtlich eine entscheidende Rolle: Die Ablehnung ist dort am stärksten, wo die wenigsten Muslime leben. In Thüringen und Sachsen, wo der Kontakt mit Muslimen am geringsten ist, fühlen sich beispielsweise weit über 70 Prozent der Befragten vom Islam bedroht. Hingegen äußern nur 46 Prozent der Befragten in Nordrhein-Westfalen derartige Ängste. Dort wohnt aber ein Drittel aller Muslime.

Kai Hafez und Sabrina Schmidt kommen in einer zweiten im Rahmen des „Religionsmonitors" erschienenen Studie über „Die Wahrnehmung des Islams in Deutschland" zu dem Schluss, dass der Islam von der deutschen Mehrheitsgesellschaft primär nicht als Religion, sondern vor allem als demokratiefeindliche und extremistische Ideologie wahrgenommen wird.[7] Dabei sehen die Autoren in der negativen medialen Themenagenda einen wichtigen inhaltlichen Taktgeber für die Angstprojektionen und Negativurteile der Bevölkerung.

Insbesondere dort, wo nichtmuslimische Deutsche keinen Alltag mit Muslimen erleben, wird das Islambild medial geprägt. In der Berichterstattung insbesondere der letzten 15 Jahre hat sich jedoch ein einseitiger Problemfokus auf den Islam etabliert: Wenn über den Islam berichtet wird, dann überwiegend in Zusammenhang mit Terror, Frauenfeindlichkeit, Demokratiedistanz, Parallelgesellschaften und Kriminalität. Die große Binnenvielfalt der Muslime in Deutschland und die bisherigen Integrationsleistungen werden hingegen kaum zur Kenntnis genommen.

---

5   Vopel/El-Menouar, *Religionsmonitor*, a. a. O., S. 7f.
6   Ebenda, S. 3.
7   Kai Hafez/Sabrina Schmidt, *Die Wahrnehmung des Islams in Deutschland*, Gütersloh 2015.

Dadurch werden – ob bewusst oder ungewollt – kontinuierlich Stereotype und Feindbilder über den Islam und Muslime reproduziert.[8]

2 Die mediale Negativagenda zum Islam und zu Muslimen

2.1 Massenmedialer Diskurs und Islamfeindlichkeit

Der Befund, dass die Wirklichkeit muslimischer Lebenswelt und die Wahrnehmung des Islams in Deutschland weit auseinanderliegen, verweist auf die Dimension der „sozialen Konstruktion von Wirklichkeit".[9] Selektionsstrukturen steuern die Wahrnehmung der komplexen Wirklichkeit, um darüber zu gesellschaftlich geteilten Annahmen zu gelangen. In diesem Prozess der Komplexitätsreduktion übernehmen die Massenmedien eine wichtige Rolle. Ihnen kommt die gesellschaftliche Aufgabe zu, Themen zur öffentlichen Kommunikation herzustellen und bereitzustellen.[10]

Es gibt mittlerweile eine Vielzahl von Studien, die sich mit der deutschen Medienberichterstattung über Muslime und den Islam auseinandersetzen und zeigen, dass die Berichterstattung über Themen mit Islambezug von Anfang an fast ausschließlich negativ konnotiert gewesen ist.[11] In der Phase der Arbeitsmigration aus der Türkei nach Deutschland bis in die 1970er Jahre fand der Islam noch kaum Aufmerksamkeit. Erst mit der Islamischen Revolution im Iran 1979 und der Fatwa gegen Salman Rushdie 1989 entdeckten die Medien in einer Art Wellenbewegung den Islam – und zwar in seiner extremistischen Variante. In der Folge der Terro-

---

8   Vgl. Yasemin El-Menouar, „Muslime in Deutschland sind nicht anti-westlich eingestellt, im Gegenteil", in: Tagesspiegel Causa 2016, URL: https://goo.gl/DifuUS (letzter Zugriff: 17.04.2016).

9   Peter L. Berger/Thomas Luckmann, *The social construction of reality. A treatise in the sociology of knowledge*, New York 1967.

10 Vgl. Yasemin El-Menouar, „Der Islam im Diskurs der Massenmedien in Deutschland", in: Bülent Ucar (Hg.), *Antimuslimischer Rassismus*, Osnabrück 2016 (im Erscheinen).

11 Vgl. Yasemin El-Menouar/Melanie Becker, „Islam and Integration in German Media Discourse", in: Religion and Social Problems (2011), S. 229-244; Tim Karis, *Mediendiskurs Islam: Narrative in der Berichterstattung der Tagesthemen 1979–2010*, Wiesbaden 2013; Kai Hafez (Hg.), *Arabischer Frühling und deutsches Islambild: Bildwandel durch ein Medienereignis?* Berlin 2013; Janis Brinkmann, *Ein Hauch von Jasmin. Die deutsche Islamberichterstattung vor, während und nach der Arabischen Revolution. Eine quantitative und qualitative Medieninhaltsanalyse*, Köln 2015.

ranschläge am 11. September 2001 und des Streits um die Mohammed-Karikaturen in der dänischen Tageszeitung „Jyllands-Posten" im Jahr 2005 rückte der Islam auf der Medienagenda dann weit nach oben. Dabei wurde der Islam zunehmend mit Terror, Krieg und Konflikten assoziiert. Nicht zuletzt hat die Berichterstattung über Konflikte, Krisenherde und Kriege in muslimischen Ländern zur Verzerrung des Islambilds in den Medien entscheidend beigetragen. Laut einer aktuellen Studie des „Media Tenor Instituts" erreichte das negative Medienimage des Islams im Konfliktjahr 2014 mit 80 Prozent negativer Berichterstattung dann einen Tiefstand.[12] Und es spricht einiges dafür, dass die andauernde Islam-Gewalt-Debatte vor dem Hintergrund des Daesh-Terrors und der Anschläge in Paris und Brüssel das negative Islambild in den deutschen Medien weiter zementiert hat. So widmeten sich zwischen Juni 2014 – dem Auftauchen des Daesh in den Schlagzeilen deutscher Massenmedien – und Januar 2015 – den Terroranschlägen auf „Charlie Hebdo" und den koscheren Supermarkt „Hyper Cacher" an der Porte de Vincennes in Paris – 26 Sendungen der sechs Polittalkshows des öffentlich-rechtlichen Fernsehens dem Islam. Ausnahmslos brachten die Sendungstitel den Islam mit „Terror", „Gewalt", „Krieg", „Hass", „Angst" und „Gefahr" in Zusammenhang.[13]

Über die in den Medien transportierten Gewalt-Bilder und den unreflektierten Gebrauch von Begriffen wie „Islamischer Staat", „Gotteskrieger" und „Gottesstaat" wurde dem Zerrbild eines gewalttätigen Islams Vorschub geleistet, wie es bei den PEGIDA-Demonstrationen seit Oktober 2014 regelmäßig auf die Straße getragen wird. In diesem Zerrbild des Islams erscheinen nicht-religiöse Attribute wie „fanatisch", „intolerant" oder „undemokratisch" plötzlich als „islamtypisch" konnotiert. Umgekehrt werden islamische Begriffe wie „Sharia", „Jihad" oder „Koran" aus ihrem religiösen Zusammenhang gerissen und in den Kontext von Politik, Gewalt und Terror übersetzt. Über solche sprachlichen Verschiebungen kann sich ein negativer Deutungsrahmen des Islams ausbilden und verankern, der bestimmte Ideen

---

12 Media Tenor (URL: http://mediatenor.com) hat 265.950 Berichte über religionspolitische Akteure sowie 5.141 Berichte über den Islam, die Katholische und Evangelische Kirche in 19 deutschen TV-, Radio- und Printmedien vom 1.12.2013 bis 15.12.2014 ausgewertet. In einer zweiten Studie wurden 509.618 Berichte über religionspolitische Akteure in 20 internationalen TV-Nachrichten im Jahr 2014 ausgewertet, davon 8.359 über muslimische Protagonisten.

13 Jörg Marx, *Dokumentation ausgewählter religionspolitischer Debatten, Akteure, Positionen und Hintergründe in Deutschland seit 2010* (unveröffentlichte Expertise im Auftrag der Bertelsmann Stiftung), Gütersloh 2015, S. 119f.

und Schlussfolgerungen als besonders naheliegend darstellt und dazu tendiert, die widersprechende Wirklichkeit muslimischer Lebenswelten zu verdrängen.[14]

Die negative Medienagenda zum Islam spielt dabei den Neuen Rechten in die Hände, denen es – insbesondere nach dem „Karikaturenstreit" 2005/2006 – gelungen ist, ein extrem-islamfeindliches Milieu in Deutschland zu etablieren, das bis weit in bürgerliche Schichten reicht. Bereits seit Ende der 1990er Jahre folgen die Neuen Rechten der Strategie, „aus kulturellen Gründen" gegen eine „Islamisierung Europas" anzugehen, diesen Kampf als „Antirassismus" hinzustellen und umgekehrt den Muslimen einen gegen die Europäer gerichteten Rassismus vorzuwerfen.[15] Die PEGIDA-Demonstrationen mit bis zu 25.000 Teilnehmern (am 15. Januar 2015 in Dresden) machten dieses von Rassismus und antimuslimischem Ressentiment geprägte Milieu erstmals in der breiten Öffentlichkeit sichtbar. In der PEGIDA-Sprache wurde der Islam dann mit Eigenschaften wie „menschenverachtend, frauenfeindlich, tierquälerisch, rückständig, gewaltverherrlichend, barbarisch" weiter negativ aufgeladen und in einen unmittelbaren Zusammenhang mit „Flüchtlingswellen, Ausländerkriminalität, Terror, sexueller Unterdrückung" bis hin zu „Nationalsozialismus und Völkermord an den Deutschen" gerückt.[16]

Die Medienberichterstattung hat gewissermaßen den diskursiven Boden bereitet, auf dem islamfeindliche Akteure heute auftreten und ihre Schlagwörter und Pseudoargumente verbreiten können. Der Erfolg und die Plausibilität der neurechten Rhetorik resultiert daraus, dass sie komplexe soziale Probleme aufgreift, mit dem „Islam-Etikett" labelt und die in der Gesellschaft zirkulierenden negativen Assoziationen nutzt, um Problemursachen einem Feindbild zuschreiben zu können.[17] Vermeintlich einfache Lösungen liegen dann auf der Hand. Die neurechte „Alternative für Deutschland" (AfD) stellt denn auch eine Anti-Islam-Politik inzwischen in den Mittelpunkt ihrer Programmatik.

---

14 Vgl. Elisabeth Wehling, „Warum Medien und Politik umgehend Islamischen Staat und Islamophobie abschaffen sollten", in: Carta 2015, URL: http://www.carta.info/77815 (letzter Zugriff: 16.04.2016).

15 Marx, *Dokumentation ausgewählter religionspolitischer Debatten*, a.a.O., S. 127ff.

16 Hannes Bajohr/Gregor Weichbrodt, *Glaube Liebe Hoffnung: Nachrichten aus dem christlichen Abendland*, Raleigh NC 2015. Die Autoren haben 282.596 Kommentare der PEGIDA-Facebookseite zwischen Dezember 2014 und Februar 2015 zu einem 7.751.654 Wörter umfassenden Textkorpus der „PEGIDA-Sprache" zusammengestellt, um so ein Abbild der Kommunikation zu schaffen.

17 Yasemin El-Menouar, „Islam als Etikett: Wie sich Rechtspopulisten ein medial produziertes Narrativ zunutze machen", in: Bertelsmann Stiftung (Hg.), *Vielfalt statt Abgrenzung – Wohin steuert Deutschland in der Auseinandersetzung um Einwanderung und Flüchtlinge?* Bielefeld 2016 (im Erscheinen).

Dabei wird der Islam als Religion für unvereinbar mit der freiheitlichen Verfassung beschrieben: „Der Islam ist an sich eine politische Ideologie, die mit dem Grundgesetz nicht vereinbar ist", sagt die stellvertretende AfD-Parteivorsitzende und Europaabgeordnete Beatrix von Storch gegenüber der „Frankfurter Allgemeinen Sonntagszeitung" im April 2016. Ähnlich äußert sich Alexander Gauland, Fraktionschef der AfD in Brandenburg und ebenfalls stellvertretender Parteichef:

> Der Islam ist keine Religion wie das katholische oder protestantische Christentum, sondern intellektuell immer mit der Übernahme des Staates verbunden. […] Wir sind ein christlich-laizistisches Land, der Islam ist ein Fremdkörper.[18]

2.2 Islam-Etikettierung in Medien und Debatten

Nun haben die Massenmedien zwar wesentlichen Einfluss auf die öffentliche Kommunikation, allerdings haben sie weder ein Monopol für die Agenda-Setzung, noch sind sie völlig frei in der Agenda-Bildung durch Selektion, Hervorhebung und Auslassung („Second-Level-Agenda-Setting"). Auch die Massenmedien sind an diskursive Regeln gebunden,[19] d. h. sie stellen nicht nur Anschlüsse für Thematisierungen und Problematisierungen her, sondern müssen ihrerseits auch selber Anschluss finden. So zum Beispiel orientiert sich die Selektion und Transformation von Nachrichten vor allem an den Aufmerksamkeitsschwellen des Publikums, die überschritten werden müssen. Dabei erregt Negativität generell höhere Aufmerksamkeit als positive Ereignisse, was wiederum damit zu tun hat, dass negative Ereignisse seltener und unvorhergesehener auftreten sowie sich schneller vollziehen.[20]

Die mediale Negativagenda zum Islam und zu Muslimen wird zudem dadurch befördert, dass Medien in der Regel an bereits vorhandene Deutungsmuster anschließen und diese dann auch fortschreiben. Erzählungen von der bedrohlichen Andersartigkeit der Muslime sind bereits seit Jahrhunderten zentraler Bestandteil öffentlicher Diskurse. Der Islam wird in diesen Narrativen als Gegenstück zum

---

18 Frankfurter Allgemeine Sonntagszeitung, „AfD-Programmdebatte. Von Storch: ‚Islam nicht mit Grundgesetz vereinbar'",17. April 2016, URL: http://goo.gl/6tWpHY (letzter Zugriff: 17.04.2016).

19 Vgl. Foucault, Michel, *L'ordre du discours. Leçon inaugurale au Collège de France prononcée le 2 décembre 1970*, Paris 1971.

20 Johan Galtung/Mari Holmboe Ruge, „The structure of foreign news the presentation of the Congo, Cuba and Cyprus Crises in four Norwegian newspapers", in: Journal of peace research 2 (1/1965), S. 64–90, 70ff.

„Westen" konstruiert und fungiert seit jeher als „Projektionsfläche negativer Zuschreibungen", um das Eigene zu stabilisieren.[21]

In einer aktuellen Studie zur Berichterstattung der „New York Times" wird das Wiedererstarken negativer Islam-Narrative mit dem Ende des Kalten Kriegs in Verbindung gebracht. Seitdem lässt sich ein signifikanter Anstieg der (negativen) Islam-Berichterstattung beobachten, wobei die mediale Sprache sehr militaristisch ist und mit sicherheitspolitischen Themen verknüpft wird.[22] Die Autoren verweisen in diesem Zusammenhang auf Edward Said, der bereits Anfang der 1980er Jahre die „kruden, essentialistischen Karikaturen der islamischen Welt" in den westlichen Medien kritisiert hat:

> It is only a slight overstatement to say that Muslims and Arabs are essentially covered, discussed, and apprehended either as oil suppliers or as potential terrorists. [...] What we have instead is a limited series of crude, essentialized caricatures of the Islamic world presented in such a way as, among other things, to make that world vulnerable to military aggression.[23]

Untersucht wurden über 2,6 Millionen Titelzeilen der „New York Times" im Zeitraum von 1990 bis 2014. In 57 Prozent der untersuchten Überschriften sind der Islam und Muslime negativ konnotiert; nur acht Prozent der Titelzeilen enthalten positiv besetzte Begriffe. Die beiden anderen abrahamitischen Religionen, Christentum und Judentum, werden im Durchschnitt um zwanzig Prozent positiver dargestellt.[24]

Der Prozess der Agenda-Setzung und Agenda-Bildung durch die Medien folgt nicht nur Nachrichtenfaktoren und vorhandenen Deutungsmustern; er ist schließlich auch keine Einbahnstraße. Die Massenmedien stehen vielmehr in einer reziproken Beziehung zu politischen und korporativen Akteuren. Politiker und Verbandsvertreter wiederum sind heute auf die medial vermittelte Kommunikation angewiesen; sie unterliegen dem Zwang zur „Mediatisierung", d. h. zur Vereinfachung, Verknappung und theatralischen Inszenierung ihrer Argumente. Der Aufmerksamkeitsgewinn, den Religion allgemein, der Islam im Besonderen

---

21 Rudolf Krux, Der Islam der Anderen. Zur Rolle der Religion in deutschen Migrationsdebatten, Stuttgart 2013, S. 24; vgl. Gerdien Jonker/Shiraz Thobani (Hg.), *Narrating Islam. Interpretations of the Muslim World in European Texts*, London 2009.

22 Owais Arshad/Varun Setlur/Usaid Siddiqui, *Are Muslims Collectively Responsible? A Sentiment Analysis of the New York Times*, Toronto 2015, URL: http://416labs.com/nytandislam (letzter Zugriff: 18.04.2016), S. 6f.

23 Edward W. Said, *Covering Islam: How the Media and the Experts Determine how We See the Rest of the World*, New York 1981, S. 28.

24 Arshad/Setlur/ Siddiqui, *Are Muslims Collectively Responsible?*, a. a. O., S. 17.

heute erfährt, spiegelt sich nicht nur in der Nachrichtenlage wider – die Zahl der in der Frankfurter Allgemeinen Zeitung mit „Religion" verschlagworteten Artikel ist im Zeitraum 2010–2014 gegenüber dem Zeitraum 2000–2004 um 31 Prozent gestiegen.[25] Der Bedeutungszuwachs wird vor allem auch in einer Zunahme religionspolitischer Debatten sichtbar, die von Politikern, Kirchen- und Verbandsvertretern, Sozialwissenschaftlern sowie journalistischen Kommentatoren in den Medien ausgetragen werden.

Für die Zeit zwischen Dezember 2009 und Mai 2015 können 17 religionspolitische Debatten mit einer Medienresonanz von mehr als 100 Beiträgen und einer Dauer von mindestens vier Wochen identifiziert werden. Davon haben zwölf der Debatten einen unmittelbaren Islambezug; fast dreiviertel der rund 40.000 Debattenbeiträge thematisieren den Islam.

Tab. 1 Religionspolitische Debatten in Deutschland und ihre Medienresonanz (in Google-News verzeichnete Print- und Online-Beiträge deutscher Medien) zwischen Dezember 2009 und Mai 2015[26]

Debatte	Anfang	Ende	Beiträge
Islamkritik-Debatte	Dezember 2009	Mai 2010	2.130
Sarrazin-Debatte	August 2010	November 2010	2.690
Islamophobie-Debatte	Dezember 2010	Januar 2011	602
Staat-Religion-Debatte	Oktober 2010	September 2011	7.650
Salafisten-Debatte	April 2012	August 2012	2.150
Beschneidungsdebatte	Mai 2012	Oktober 2012	1.680
Blasphemie-Debatte	Juni 2012	September 2012	431
Monotheismus-Gewalt-Debatte	Januar 2013	September 2013	106
Schwimmunterrichtsdebatte	April 2013	September 2013	614
Kontroverse um Kirchenvermögen	Oktober 2013	November 2013	1.780
Islam-Gewalt-Debatte	August 2014	November 2014	8.920
Streit um PEGIDA	Dezember 2014	Januar 2015	1.940
Reaktionen auf Pariser Anschläge	Januar 2015	Januar 2015	6.230
Kirchenasyl-Debatte	Januar 2015	Februar 2015	899
Kippa-Debatte	Februar 2015	März 2015	793
Kopftuchurteil-Debatte	März 2015	April 2015	900
Notger-Slenczka-Debatte	April 2015	Mai 2015	234

---

25 El-Menouar, *Der Islam im Diskurs der Massenmedien in Deutschland*, a. a. O.
26 Marx, *Dokumentation ausgewählter religionspolitischer Debatten*, a. a. O., S. 6.

Die Islam-Debatten lassen sich drei Diskursfeldern zuordnen: dem Diskursfeld Integration/Extremismus, dem Diskursfeld Islamkritik/Islamfeindlichkeit sowie dem Diskursfeld Religionsfreiheit/Religionsausübung.[27] Wie die Berichterstattung, so beherrscht auch die Mediendebatten ein negativer Problemfokus auf den Islam und Muslime. Die Debatten durchzieht ein Kampf um die Definitionsmacht über die Kategorien „Islam" und „Muslim" mit einer klaren Rollenverteilung: Nichtmuslime und „Islamkritiker" definieren, was über den Islam sagbar ist und was nicht; Muslime müssen dagegen beweisen, dass der Islam keinen Widerspruch zur modernen Gesellschaft darstellt. Dabei sehen sie sich mit kulturalistischen und essentialistischen Argumentationen konfrontiert, die das vielschichtige Spektrum islamischer Strömungen, Bekenntnisse und Praktiken auf eine quasi unveränderliche, homogene Kultur oder gar ein statisches, überzeitliches „System Islam" reduzieren".[28] Mit der generalisierenden Bezeichnung „Islam" werden Gruppen und Problemlagen dann pauschal charakterisiert, wobei religiöse Konnotationen als Trennmittel funktionieren: Indem man sie religiös zuordnet, lassen sich Konfliktkonstellationen einfacher abbilden.

Insofern ist es nicht verwunderlich, dass im Verlauf der Sarrazin-Debatte und der an sie anknüpfenden Staat-Religion-Debatte das religiöse Bekenntnis in der Politik an Bedeutung gewinnt – insbesondere in den traditionell „kirchenfernen" Parteien SPD und FDP. Von einer „Renaissance religiöser Kategorien", einer „Rechristianisierung" und „Reklerikalisierung" der Politik ist die Rede.[29] Die neue religiöse Selbstbehauptung in der Politik wird mit dem in der Sarrazin-Debatte wieder aufgetauchten, nun aber ins Religiöse gewendeten Thema der „deutschen Leitkultur" offensichtlich. Immer wieder ist jetzt in deutlicher Abgrenzung zum Islam und zu Muslimen von einer „christlich-abendländischen", gar einer „christlich-jüdisch-abendländischen Leitkultur" die Rede.[30]

Tatsächlich mangelt es den Debatten aber an religiösem Wissen. Die Innenseite von Religion bleibt ein blinder Fleck. Insofern spielt der Islam als Religion in den Islamdebatten auch kaum eine Rolle. Unter dem religiös entleerten „Islam-Etikett" werden fast ausschließlich integrationspolitische, einwanderungspolitische und

---

27 Vgl. El-Menouar, „Der Islam im Diskurs der Massenmedien in Deutschland", a. a. O.
28 Hamed Abdel-Samad, „Und es gibt ihn doch – den Islam!", in: Tagesspiegel, 05.01.2010; Necla Kelek, „Ihr habt mit Hass gekocht", in: Frankfurter Allgemeine Zeitung, 22.01.2010.
29 Horst Isola, „Mehr Republik! Und weniger Betpolitik! Religion ist Privatsache", in: Die Zeit, 30.10.2010; Ingrid Matthäus-Maier, „Die Schlacht um die verlorene Seele. Politik auf Sinnsuche", in: Christ und Welt, Februar 2011.
30 Exemplarisch Bundesinnenminister Hans-Peter Friedrich (CSU) in der Bundespressekonferenz am 04.03.2011: „Die Leitkultur in Deutschland ist die christlich-jüdisch-abendländische Kultur. Sie ist nicht die islamische und wird es auch nicht in Zukunft sein."

sicherheitspolitische Fragen verhandelt. Religion dient hier vielmehr der symbolischen Grenzziehung, die es erlaubt, den Islam in einer Weise zu problematisieren, dass Gewalt, Extremismus, Kriminalität, Frauenfeindlichkeit, Demokratiedistanz oder Parallelgesellschaften als „islamtypisch" adressiert werden können. Damit schwingt im nicht expliziten Subtext immer die Frage nach der Integrationsfähigkeit von Muslimen mit.

3 Ist muslimische Religiosität eine Integrationsbremse für Migranten?

3.1 Kulturalistisches Framing sozialer Probleme um den Islam

Ende der 1990er Jahre waren sich Medien, Sozialwissenschaften und Politik weitgehend darin einig, dass der Islam eine „Integrationsbremse" für Migranten sei.[31] Zwar war bereits 1981 eine Studie erschienen, die einen Zusammenhang zwischen Islam und Integration konstatiert hatte,[32] aber erst die 1997 publizierte empirische Untersuchung einer Wissenschaftlergruppe um Wilhelm Heitmeyer erregte große Aufmerksamkeit.[33] Die Autoren kamen damals zu dem Ergebnis, dass türkische Jugendliche zur Gewaltbereitschaft neigen, die nicht zuletzt auf die Hinwendung der Jugendlichen zu einem „fundamentalistisch orientierten Islam" zurückzuführen sei. Durch diese nicht nur in methodischer Hinsicht fragwürdige Studie, wurden damals vorherrschende Haltungen und Meinungen wissenschaftlich legitimiert.[34] Islam, Integration und Extremismus bilden seitdem ein festgefügtes Begriffsensemble.

Eine Analyse von Artikeln zur Integration von muslimischen Migranten in die deutsche Gesellschaft, die zwischen 1990 und 2007 im Nachrichtenmagazin „Der Spiegel" erschienen, belegt, dass die Texte entlang den damit eingeschlagenen

---

31 Irmgard Pinn: „Muslimische Migranten und Migrantinnen in deutschen Medien", in: Gabriele Cleve/Ina Ruth/Ernst Schulte-Holthey u. a. (Hg.), *Wissenschaft – Macht – Politik. Siegfried Jäger zum 60. Geburtstag*, Münster 1997, S. 215–234, 216 ff.

32 Hanns Thomä-Venske, *Islam und Integration*, Hamburg 1981.

33 Wilhelm Heitmeyer/Joachim Müller/Helmut Schröder, *Verlockender Fundamentalismus: Türkische Jugendliche in Deutschland*, Frankfurt a. M. 1997.

34 Vgl. Wolf-Dietrich Bukow/Markus Ottersbach (Hg.), *Fundamentalismusverdacht: Plädoyer für eine Neuorientierung der Forschung im Umgang mit allochthonen Jugendlichen*, Opladen 1999; Irmgard Pinn, „Verlockende Moderne? Eine Replik auf die Studie ,Verlockender Fundamentalismus' von W. Heitmeyer," in: Die Brücke 110 (1999), 11–17.

problematischen Denk-, Sprach- und Argumentationsmustern folgen. Im Zentrum der Berichterstattung stehen drei soziale Problemfelder, die in kulturalistischer Engführung dem Islam als typisch zugeschrieben und als Integrationshindernis beschrieben werden.[35]

- Im „Spiegel" mit dem Titel „Allahs rechtlose Töchter" heißt es zur Unterdrückung der Frau durch Kopftuchzwang, Zwangsehe und Ehrenmord: „Die türkischen Mädchen in Deutschland, die sich gegen die Tradition ihrer Väter auflehnen, riskieren viel, auch ihr Leben. Sie werden in fremden Heimatdörfern verlobt, verheiratet, weggesperrt."[36]
- Die fundamentalistische Indoktrinierung in Moscheen und Koran-Schulen schildert der „Spiegel" in einem mit „Das Kreuz mit dem Koran" überschriebenen Artikel: „In den Hinterzimmern der Moscheen müssen die Kinder meist stumpf den Koran büffeln, oft ohne dass sie ein Wort erklärt bekommen. Sie lernen Arabisch, und trainiert wird allzu oft vermeintlich streng muslimisches Benehmen, etwa, dass Mädchen die Koranschule besser durch den Hintereingang betreten."[37]
- Drittes soziales Problemfeld, das ursächlich mit muslimischer Religiosität in Zusammenhang gebracht wird, ist die Entstehung sogenannter Parallelgesellschaften: „Ganze Stadtviertel in Deutschland sind deutsch nur noch dem Namen nach", schreiben Jan Fleischhauer und Marc Hujer unter der Überschrift „Wer ist Deutschland?". „Diejenigen, die hier leben, erziehen ihre Kinder nach den Sitten der Heimat, gehen bei Landsleuten einkaufen, hören heimische Musik, sehen heimische Satellitenprogramme und regeln ihre Probleme vorzugsweise untereinander, wobei nicht selten die archaischen Normvorstellungen der Väter bestimmend sind und weniger die deutschen Gesetze."[38]

Die Verbindung der sozialen Problemfelder zur muslimischen Religiosität wird in den untersuchten Spiegel-Beiträgen allerdings nicht belegt, sondern assoziativ hergestellt. Die Artikel bewegen sich innerhalb eines „Media Frame", das sich im jahrelangen Nachrichtenstrom durch Framing-Mechanismen der Wiederholung, Hervorhebung und Dethematisierung ausbilden konnte und einen spezifischen Problemfokus auf den Islam und die Muslime etabliert hat. Ein „Frame" ist all-

---

35 Becker/El-Menouar, „Is Islam an Obstacle for Integration? A Qualitative Analysis of German Media Discourse", in: Journal of Religion in Europe 5 (2012), S. 141–161, 148 ff.
36 Hatice Akyün/Alexander Smoltczyk, „Die verlorenen Töchter", in: Der Spiegel 47/2004.
37 Dominik Cziesche u. a., „Das Kreuz mit dem Koran", in: Der Spiegel, 40/2003.
38 Jan Fleischhauer/Marc Hujer, „Wer ist Deutschland?", in: Der Spiegel 12/2006.

gemein ein Kognitions-, Interpretations- und Präsentationsmuster, das neue Informationen sinnvoll einordnet und effizient verarbeitet, wodurch Attributionen, Zusammenhänge, (moralische) Bewertungen und Lösungsansätze nahegelegt werden.[39] Zentraler Bestandteil des medialen Islam-Frame ist die kulturalistische Einordnung muslimischer Lebenswelten als vormodern, gar antimodern und modernisierungsresistent, wobei der Begriff der Modernisierung unangreifbar positiv besetzt ist. Entsprechend legt dieses Frame nahe, dass die Integration von Muslimen hochproblematisch, wenn nicht gar unmöglich sei. Dazu werden in den untersuchten Spiegel-Artikeln drei Interpretationsmuster bedient:[40]

- Muslimische Lebenswelten sind durch vormoderne Traditionen aus den Herkunftsländern der Migranten geprägt, die mit modernen Lebensstilen und Werten unvereinbar sind, was gewissermaßen zu einem Selbstausschluss der Muslime führt.
- Religiöse Indoktrination in Moscheen, Koranschulen und über Medien in den Herkunftsländern, entfremdet muslimische Migranten von Anfang an gegenüber ihrer Alltagswirklichkeit und macht sie integrationsresistent.
- Eine falsch verstandene Toleranz der Mehrheitsgesellschaft schafft überhaupt erst die Voraussetzungen dafür, dass muslimische Parallelgesellschaften entstehen können, deren Mitglieder für Integrationsangebote dann nicht mehr erreichbar sind.

Zwar werden in den Spiegel-Beiträgen auch sozioökonomische und rechtliche Integrationsfaktoren angesprochen, allerdings werden diese lediglich als Zusatzinformationen am Rand präsentiert. Das Islam-Frame, das ohne empirische Belege religiös-kulturelle Faktoren als Integrationshindernis ins Zentrum stellt, wird nicht verlassen. Auch Thilo Sarrazin bewegt sich mit seinen biologistischen Argumenten innerhalb dieses Deutungsrahmens. Bereits ein Jahr vor dem Erscheinen seines Buches „Deutschland schafft sich ab" behauptet er in einem Interview eine allgemeine Rückständigkeit der „islamischen Kultur", die sich negativ auf die Leistungsfähigkeit Deutschlands auswirke. Große Teile der arabischen und türkischen Einwanderer seien weder integrationswillig noch integrationsfähig. Es gebe „keine Methode, diese Leute vernünftig einzubeziehen", so dass eine „fortwährende negative Auslese" stattfinden müsse. Sarrazin fordert das „Auswachsen" von „etwa zwanzig Prozent der Bevölkerung, die nicht ökonomisch gebraucht werden". In diesem Zusammen-

---

39 Vgl. Günther Lengauer, *Postmoderne Nachrichtenlogik. Redaktionelle Politikvermittlung in medienzentrierten Demokratien*, Wiesbaden 2007, S 91 ff.
40 Becker/El-Menouar, „Is Islam an Obstacle for Integration?", a. a. O., S. 156.

hang schlägt er die komplette Streichung von Transferleistungen für Ausländer aus der „Unterschicht" vor. Über die türkischen und arabischen Migranten äußert er:

> Die Türken erobern Deutschland genauso, wie die Kosovaren das Kosovo erobert haben: durch eine höhere Geburtenrate. [...] Integration ist eine Leistung dessen, der sich integriert. Jemanden, der nichts tut, muss ich auch nicht anerkennen. Ich muss niemanden anerkennen, der vom Staat lebt, diesen Staat ablehnt, für die Ausbildung seiner Kinder nicht vernünftig sorgt und ständig neue kleine Kopftuchmädchen produziert. Das gilt für 70 Prozent der türkischen und 90 Prozent der arabischen Bevölkerung in Berlin.[41]

Die Kopplung von biologistischem Rassismus – Sarrazin stellt die These auf, dass der gesamtdeutsche Intelligenzdurchschnitt durch die Zuwanderung von Migranten sinke –,[42] Integration und Leistungsideologie sorgt ein Jahr später in der sogenannten „Sarrazin-Debatte" für Empörung, zeigt aber Wirkung. Im Verlauf der Debatte werden Grundannahmen und Überzeugungen aus den unterschiedlichen Bereichen „Kultur, Religion, Nützlichkeit, Integration und Verwertung" in einen engen Zusammenhang gestellt und mit dem Islam gekoppelt.[43] Auf dem Höhepunkt der Debatte fällt der Satz von Bundespräsident Christian Wulff: „Aber der Islam gehört inzwischen auch zu Deutschland." Er begründet ihn mit dem Bedarf an Zuwanderung und gibt der Debatte damit die entscheidende Wende.[44] Die Problematisierung der Leistungsbereitschaft von Zuwanderern findet damit Eingang sowohl in das mediale als auch in das öffentliche Islam-Frame.

Damit wird ein Verständnis von Integration fortgeschrieben, nach der eine erfolgreiche Eingliederung nur über den Weg der Assimilation gelingen kann. Dieses Verständnis gründet maßgeblich auf dem Eingliederungsmodell von Hartmut Esser, das in Deutschland die größte Prominenz erlangt hat.[45] Demnach besteht

---

41 Frank Berberich, „Thilo Sarrazin im Gespräch: Klasse statt Masse. Von der Hauptstadt der Transferleistung zur Metropole der Eliten", Lettre International 86 (2009), S. 197–201, 199.

42 Patrick Bahners, *Die Panikmacher. Die deutsche Angst vor dem Islam*, München 2011, S. 35.

43 Sebastian Friedrich, *Rassismus in der Leistungsgesellschaft. Analysen und kritische Perspektiven zu den rassistischen Normalisierungsprozessen der Sarrazindebatte'*, Münster 2011, S. 8–38, 14f.

44 Bundespräsidialamt, „Vielfalt schätzen – Zusammenhalt fördern. Rede von Bundespräsident Christian Wulff, zum 20. Jahrestag der Deutschen Einheit am 3. Oktober 2010 in Bremen", S. 5f., URL: http://goo.gl/54fvHj (letzter Zugriff: 21.04.2016).

45 Hartmut Esser, *Integration und ethnische Schichtung*, Arbeitspapiere Nr. 40, Mannheimer Zentrum für Europäische Sozialforschung 2001; vgl. Maik Grote, *Integration von Zuwan-*

der Integrationsprozess im Kern daraus, dass der einzelne Zuwanderer sich der im Aufnahmeland dominierenden Kernkultur – insbesondere durch Erlernen der Sprache – annähert (kulturelle Assimilation) und dadurch in die Lage versetzt wird, seine Ziele – insbesondere in den Bereichen Bildung und Arbeitsmarkt – zu verwirklichen (strukturelle Assimilation). Nach Esser ist sozialer Aufstieg nur durch Assimilation möglich, was notwendig das Verlassen des ethnischen Schutzraums (Binnenintegration) impliziert. Der Verbleib in der ethnischen Gemeinde begrenzt hingegen die Sozialintegration und Aufstiegsmöglichkeiten (Mobilitätsfalle).

Das konkurrierende Multikulturalismusparadigma setzt demgegenüber auf die Aufrechterhaltung der kulturellen Eigenständigkeit von ethnischen Gruppen und befasst sich mit dem Abbau von Hindernissen für die politische Partizipation der Zuwanderer und den öffentlichen Diskurs zu Fragen des multikulturellen Zusammenlebens. Nach Seyla Benhabib – einer Hauptvertreterin dieses pluralistischen Integrationsverständnisses – ist eine kulturelle Vielfalt möglich, die sich im Rahmen der Menschenrechte und der Gesetze des Aufnahmelandes bewegt.[46] Hingegen erklärt Bundeskanzlerin Angela Merkel im Oktober 2010: „Dieser Ansatz ist gescheitert, absolut gescheitert."[47]

Die Frage, welche Rolle muslimische Religiosität im Integrationsprozess spielt, ist damit noch nicht beantwortet. Die Annahme, der Islam sei ein Integrationshindernis, scheint aber nach wie vor handlungsanleitend zu sein. Statt sozialökonomische Probleme von Muslimen zu lösen, wird auf einer Integration des Islams beharrt. Levent Tezcan meint, dass es den Anschein habe, man erwarte, dass ein „domestizierter Islam" die Aufgabe der Integration schon alleine lösen werde. Integration erscheine damit als eine Angelegenheit moralischer Werte.[48] Kulturalistische Frames prägen also nicht nur die Sicht auf soziale Probleme, sondern auch auf mögliche Lösungen.

---

derern: Die Assimilationstheorie von Hartmut Esser und die Multikulturalismustheorie von Seyla Benhabib im Vergleich, Migremus Arbeitspapiere Nr. 2/2011, S. 19 ff.

46 Benhabib, Seyla, *Kulturelle Vielfalt und demokratische Gleichheit. Politische Partizipation im Zeitalter der Globalisierung*, Frankfurt a. M. 1999; vgl. Maik Grote, *Integration von Zuwanderern*, a. a. O., S. 34 ff.

47 „Integrationsdebatte wird schärfer, Merkel mischt mit", in: Handelsblatt, 16.10.2010.

48 Levent Tezcan, „Governmentality: Pastoral Care and Integration", in: Ala Al-Hamarneh/Jörn Thielmann (Hg.), *Islam and Muslims in Germany*, Leiden 2008, S. 128.

3.2 Sozialintegration von islamischen Neofundamentalisten

Olivier Roy, Forschungsdirektor am „Centre National de la Recherche Scientifique" (CNRS) in Paris, erteilt in seinem Buch „Der islamische Weg nach Westen" der kulturalistischen Einordnung des Islams eine deutliche Absage.[49] Schon 1966 hatte Maxime Rodinson das westliche Konstrukt eines „Homo islamicus" zurückgewiesen, als er in seinem Buch „Islam und Kapitalismus" argumentierte, dass das Ausbleiben einer dynamisch-kapitalistischen Entwicklung im islamischen Orient nicht mit dem Islam selbst erklärt werden könne.[50] Roy nun, räumt mit der im Westen fest verankerten Vorstellung auf, der Islam sei vormodern und modernisierungsresistent. Eine Modernisierung bzw. eine Verwestlichung des Islams, so Roy, habe im Zuge der Globalisierung längst stattgefunden.

Denn Verwestlichung heißt nicht zwangsläufig Aufklärung, Säkularisierung und Liberalisierung. Das ist nur eine Möglichkeit von praktizierter Religion unter Muslimen. Eine andere nicht weniger verwestlichte Form muslimischer Religiosität, ist in Roys Augen der in den 1990er Jahren entstandene „Neofundamentalismus".

> Der Neofundamentalismus ist keine eindeutig strukturierte Organisation, nicht einmal eine bestimmte Denkschule; er ist ein Trend, eine Geisteshaltung, eine dogmatische Verbindung zu den Grundlagen der Religion.[51]

Roy sieht den Neofundamentalismus als Nachfolger des politischen Islams, der Anfang der 1930er Jahre von Hasan Al-Banna, Gründer der ägyptischen Muslimbruderschaft, und Abul-Ala Maududi, Begründer der pakistanischen „Jamaat-e-Islami", ins Leben gerufen wurde. Ziel des politischen Islams war es noch, einen islamischen Staat mit politischen Strukturen zu errichten, die Politik und Religion vereinen sollten.[52] Nachdem die islamische Revolution im Iran als Vorbild für einen islamischen Staat keinen Erfolg hatte, wendeten sich aber immer mehr Islamisten von nationalstaatlichen Projekten eines eigenen „islamischen Wegs" ab und dem Neofundamentalismus zu.

---

49 Olivier Roy, *Der islamische Weg nach Westen. Globalisierung, Entwurzelung und Radikalisierung*, München 2006.
50 Maxime Rodinson, *Islam and Capitalism*, New York 1973, S. 60.
51 Roy, *Der islamische Weg nach Westen*, a. a. O., S. 231.
52 Ebenda S. 15.

Political Islam cannot resist the test of power. [...] Islamism has been transformed into a neo-fundamentalism that only cares about re-establishing Islamic law, the sharia, without inventing new political forms.⁵³

Das vom Nationalstaat losgelöste neofundamentalistische Denken konnte sich sowohl in den hochreligiösen Milieus der muslimischen Länder als auch bei Muslimen im Westen ausbreiten. Für Roy ist der Neofundamentalismus die den modernen Gegebenheiten der Globalisierung entsprechende Weiterentwicklung „postislamistischer" Bestandsreste, die sich eher an radikal entwurzelte Individuen denn an ethnische oder nationalreligiöse Gruppen richtet.⁵⁴ Roys Schlüsselbegriffe heißen hier „Deterritorialisierung" und „Dekulturation" des Islams:

- Mit „Deterritorialisierung" beschreibt Roy die Loslösung der Religion von einem bestimmten Territorium. Die Globalisierung fördert die Verbreitung neuer religiöser Gruppenidentitäten, die keinen nationalen Bezug mehr haben. Dadurch verbreitet sich die Idee einer globalen Umma, die nicht mehr mit einem realen Territorium oder einer realen Gesellschaft verbunden ist, sondern virtuell ist. In dieser Konstruktion einer virtuellen Umma wird der Islam zu einem individuellen Identitätsentwurf und einem persönlichen Glauben – also genau das Gegenteil eines politischen Islams.⁵⁵
- „Dekulturation" beschreibt die Ablösung der Religion von der Kultur.⁵⁶ Die Säkularisierung hat die Religion nicht zerstört, sondern isoliert. Umgekehrt denkt die Religion die Kultur als etwas Externes und versucht sich allein auf den Glauben zu stellen. Das führe, so Roy, zu einer „sehr armseligen Form der Religion, weil alles explizit kodiert und genau festgelegt werden muss". Die neue Religiosität sei individualistisch, ein im „Baukastenverfahren" erstelltes „synthetisches Kunstprodukt".⁵⁷ Eine solche aus dem kulturellen Kontext losgelöste Religion ist aber im Zeitalter der Globalisierung ein immer attraktiver werdendes Identitätsangebot, insbesondere für Migranten. Durch Bezug auf den Islam kann das Fehlen einer ethnischen Identität kompensiert werden und zugleich der Unterscheidung zum Westen, der im Alltag erlebt wird, Ausdruck und Sinn

---

53 Olivier Roy, *The Failure of Political Islam*, Cambridge MA 1996, S. xiii.
54 Roy, Olivier, „This is not an Islamic revolution", in: New Statesman, 15.11.2011, URL: http://goo.gl/fX30v (letzter Zugriff: 21.04.2016).
55 Roy, *Der islamische Weg nach Westen*, a. a. O., S. 10, 268.
56 Ebenda S. 25.
57 Daniel Binswanger, „In Europa wird eine Jugend produziert, die nichts mehr zu verlieren hat" (Gespräch mit Olivier Roy), in: Das Magazin, Nr. 12, 21.03.2015, S. 20–27, 26.

verleihen.[58] Der Trend zur Dekulturation trifft Roy zufolge alle Religionen. Als Beispiel verweist er auf die weltweite Ausbreitung der Evangelikalen.[59]

Der Neofundamentalismus akzeptiert also nicht nur die Deterritorialisierung und Dekulturation des Islams, sondern fördert sie ausdrücklich und leitet daraus seinen Universalitätsanspruch ab.[60] Dabei kann der Neofundamentalismus als Rückzug in den individuellen Glauben völlig unpolitisch sein; er kann aber auch militante Formen bis hin zum offenen Terrorismus annehmen. Allerdings gibt es keinen systematischen Zusammenhang zwischen dem Standpunkt zur Gewalt und dem religiösen Denken im Neofundamentalismus. Die Befürwortung des Jihads gehört für Roy nicht zu den religiösen Lehren des „Mainstream-Neofundamentalismus".[61] Jihadistische Terrornetzwerke oder salafistische Gruppierungen werden von ihm als militante, globale Sekten analysiert, die außer Gewalt kein soziales oder politisches Programm haben und eher Parallelen zum europäischen Linksterrorismus aufweisen.

> Zum Verständnis des heutigen Terrorismus ist die Erklärungskraft des Korans gleich null. Die Jugendrevolte, deren Ausdruck der heutige Terrorismus ist, hat aber eine Reihe von Parallelen zum alten Linksterrorismus. Natürlich liegt ein Unterschied darin, dass die Ideologie der RAF vom Marxismus und diejenige des islamistischen Terrors von der arabischen Geschichte und von religiösen Vorstellungen geprägt werden. Das Referenzsystem ist ein anderes, dennoch gibt es Parallelen. [...] Ein junger Mann, der sich der Fantasie anheimgeben will, er leiste gewaltsamen Widerstand gegen die ‚Weltherrschaft', konnte sich in den 70er Jahren der RAF anschließen. Heute bleiben nur noch al-Qaida oder der IS. Eine andere Alternative hat er nicht.[62]

Roy interessiert sich also mehr für die Muster von Religiosität und Radikalität als für die religiösen und politischen Inhalte. Es geht ihm nicht um Religion als Dogma, sondern um Religiosität als historisch-gesellschaftliche Aneignung von Religion. Mit dieser Perspektive unterläuft er die in medialen und öffentlichen Islam-Frames transportierten vermeintlichen Gewissheiten, die darauf beruhen, dass „der Islam" für soziale und politische Probleme pauschal verantwortlich erklärt wird. Roy demonstriert, dass durch eine inadäquate Komplexitätsreduktion,

---

58 Roy, *Der islamische Weg nach Westen*, a.a.O., S.138.
59 Binswanger, „In Europa wird eine Jugend produziert, die nichts mehr zu verlieren hat", a.a.O., S.26.
60 Roy, *Der islamische Weg nach Westen*, a.a.O., S.264.
61 Ebenda S.252.
62 Binswanger, „In Europa wird eine Jugend produziert, die nichts mehr zu verlieren hat", a.a.O., S.23.

etwa durch die vereinfachte Gegenüberstellung von vormodern und modern oder die unreflektierte Vermengung von politisch ausgerichtetem Islamismus und rein religiös argumentierenden Neofundamentalismus, die Wirklichkeit verfehlt wird. Oft ist das Gegenteil des Offensichtlichen der Fall.

Allerdings argumentiert Roy in entscheidenden Punkten kausal, wenn er nämlich die mangelnde Sozialintegration als zentralen Faktor für den Erfolg des Neofundamentalismus bei europäischen Muslimen behauptet. Eine solche Kausalität kann nur schwer empirisch überprüft werden. Roy selbst räumt ein, dass schon allein die Diffusität des Neofundamentalismus empirische Forschung schwierig macht.[63] Ihm zufolge lässt sich der islamische Neofundamentalismus jedoch durch die Zustimmung zu spezifischen religiösen Lehren charakterisieren und damit auch operationalisieren. Insofern konnte der Zusammenhang zwischen der Zustimmung zu den neofundamentalischen Lehren und einer mangelnden Sozialintegration im Vergleich getestet werden.[64] Dabei wurden für Muslime in Deutschland drei zentrale Thesen Roys überprüft, die sich aus seinem Erklärungsansatz ableiten lassen:[65]

- Die Entwurzelungsthese geht davon aus, dass Muslime, die eine schwache nationale Identität haben und sich mehr an einer globalen, muslimischen Gemeinschaft als an einer nationalstaatlichen Gemeinschaft orientieren, eher den neofundamentalistischen Lehren zustimmen.
- Die Segregationsthese lautet, dass der Neofundamentalismus vor allem bei Muslimen Anklang findet, die segregiert von der Mehrheitsgesellschaft leben.
- Die Diskriminierungsthese behauptet, dass sich vor allem die Muslime den neofundamentalischen Lehren zuwenden, die sich diskriminiert fühlen.

Grundlage der Analysen bildeten Daten einer quantitativen Studie zu religiösen Orientierungen unter Muslimen, die 2009 im Rahmen eines Forschungsprojekts an der Heinrich-Heine-Universität Düsseldorf erhoben wurden. Die Befragung wurde schriftlich in ausgewählten Städten in NRW in drei Sprachversionen (Deutsch, Türkisch, Arabisch) durchgeführt. Die Stichprobe (N=228) basiert auf einer strategischen Teilnehmerrekrutierung mit dem Ziel, die gesamte Bandbreite religiöser Orientierungen abzudecken. Entsprechend ist ein Oversample hochreligiöser Muslime enthalten. Dieser Datensatz stellt ein umfangreiches Set an Indikatoren

---

63 Roy, *Der islamische Weg nach Westen*, a.a.O., S. 23.
64 Yasemin El-Menouar/Melanie Reddig, „Olivier Roys Thesen zum islamischen Neofundamentalismus auf dem Prüfstand. Eine empirische Analyse", in: Analyse & Kritik 36 (1/2014), S. 31–59.
65 Ebenda S. 39 ff.

zur Messung verschiedener Aspekte bereit wie bspw. säkulare, traditionelle sowie fundamentalistische religiöse Orientierungen.[66]

Im Rahmen der Untersuchung wurden sechs zentrale religiöse Merkmale des Neofundamentalismus erhoben. Daraus wurde ein Index entwickelt, der eine neofundamentalistische Orientierung anhand der folgenden Items misst:[67]

- Eine stark ausgeprägte religiöse Praxis bzw. die strikte Befolgung religiöser Normen (ibadat). 1. „Wie häufig beten Sie das Ritualgebet?" 2. „Wie wichtig sind religiöse Vorschriften für Ihr Alltagsleben?"
- Alleinige Anerkennung der Sunnah als legitime religiöse Quelle neben dem Koran. Zustimmung zur Aussage: „Die Sunnah ist die einzige Quelle, die genutzt werden darf, um den Koran richtig zu verstehen."
- Ablehnung religiöser Neuerungen (bid'a), die sich in der Ablehnung religiöser Kultur (islamische Mystik/Volksislam) äußert. 1. „Wie häufig feiern Sie den Geburtstag des Propheten Muhammad? 2. „Glauben Sie, dass man sich durch bestimmte Amulette wie z. B. blaue Perlen, Glasaugen, Hand der Fatima vor dem ‚bösen Blick' schützen kann?"
- Ablehnung traditioneller Lehrautoritäten. Ablehnung zur Aussage „Die Rechtsschulen sind für das richtige Verständnis des Islam sehr wichtig."
- Eigenständige Interpretation des Korans (ijtihad). Ablehnung zur Aussage: „Für das richtige Verständnis des Koran sind Erläuterungen von islamischen Gelehrten wichtig."
- Selbstreinigungsrituale (tazkia). 1. Bejahung der Frage „Vermeiden Sie es aus religiösen Gründen, einer Person des anderen Geschlechts außerhalb der Familie zur Begrüßung die Hand zu geben?» 2. Zustimmungsgrad zur Aussage „Hochzeiten oder andere Feierlichkeiten sollten Frauen und Männer getrennt feiern."

Im zweiten Schritt wurden Roys Annahmen zum Zusammenhang zwischen Neofundamentalismus und Sozialintegration in Zusammenhangshypothesen umformuliert und anhand von Kreuztabellenanalysen getestet. Es wurde untersucht, ob sich für Muslime in Deutschland empirisch ein Zusammenhang zwischen der Zustimmung zu den religiösen Lehren des Neofundamentalismus einerseits und Entwurzelung, Segregation und Diskriminierungserfahrung andererseits feststellen lässt. Die Ergebnisse stützen die Thesen Roys nur teilweise.[68]

---

66 Ebenda S. 42 ff.
67 Ebenda S. 45 ff.
68 Ebenda S. 48 ff.

- Die Ergebnisse der Überprüfung der Entwurzelungsthese zeigen zwar, dass sich eher neofundamentalistisch orientierte Muslime deutlich stärker mit der Umma identifizieren, jedoch nicht als Alternative zu einer fehlenden nationalen Bindung, sondern zusätzlich zu dieser. Somit sind die neofundamentalistisch Orientierten nicht entwurzelt bzw. ebenso wenig entwurzelt wie Muslime ohne eine entsprechende religiöse Orientierung.
- Die Prüfung der Segregationsthese ergibt, dass eher neofundamentalistisch orientierte Muslime deutlich häufiger relativ homogene Netzwerke aufweisen. Ein Großteil ist überwiegend oder sogar ausschließlich mit Muslimen befreundet. Allerdings beruht dies nicht auf einer bewussten Abgrenzung von der Mehrheitsgesellschaft; der Großteil wünscht sich mehr Kontakt zur autochthonen Bevölkerung.
- Die Diskriminierungsthese konnte insofern bestätigt werden, als sich Muslime mit einer eher neofundamentalistischen Orientierung zumindest in einigen Lebensbereichen subjektiv häufiger benachteiligt fühlen. Sie geben häufiger an, im eigenen Wohnviertel und beim Einkaufen zumindest manchmal diskriminiert zu werden. Am häufigsten geben jedoch beide Gruppen an, in öffentlichen Einrichtungen wie in der Schule oder in Behörden diskriminiert worden zu sein.

In der Gesamtschau zeigen die Analysen, dass bei der ohnehin bislang eher randständigen Erforschung des Neofundamentalismus stärker zwischen der religiösen und der sozialen Dimension unterschieden werden muss als dies bisher geschehen ist. Zwischen der Hinwendung zu den religiösen Lehren des Neofundamentalismus und einer gesellschaftlichen Desintegration besteht keineswegs zwingend ein Zusammenhang. Und eine neofundamentalistische Orientierung geht nicht unbedingt mit einer mangelnden Sozialintegration bzw. einer Ablehnung der Sozialintegration einher. Vielmehr sind die Muster sozialer Integration bei Neofundamentalisten vielschichtiger und komplexer als bisher angenommen.[69] Insofern ergeben sich selbst bei neofundamentalistisch orientierten Muslimen keine belastbaren empirischen Belege für die integrationshemmenden Wirkungen muslimischer Religiosität.

---

69 Ebenda S. 56 f.

4 Neue Perspektiven auf die muslimische Religiosität und deren Rolle für die Sozialintegration

4.1 Die Dimensionen muslimischer Religiosität

Das Beispiel des Neofundamentalismus zeigt, dass die Religiosität von Muslimen sehr unterschiedliche Facetten aufweist. In den medialen und öffentlichen Islam-Frames wird hingegen meist von einer einheitlichen Ausdrucksform muslimischer Religiosität und Glaubenspraxis ausgegangen. Der Islam erscheint damit als ein Dogma; die Tatsache, dass sich 41 Prozent der Muslime in Deutschland als hochreligiös und 49 Prozent als religiös einstufen,[70] führt dann leicht zu dem Fehlschluss, dass Muslime dogmatisch einem einheitlichen Glauben folgen. Ausgeblendet wird, dass Religiosität immer nur als gesellschaftliche Aneignung von Religion verstanden werden kann. Die immer wieder gestellte Frage, ob der Islam der Demokratie und Integration entgegenstehe, läuft ins Leere. Gefragt werden muss nach den Formen der Aneignung von und Zugängen zu religiösen Themen und Praktiken.

Solche Zugänge können bisweilen widersprüchlich sein. So betonen beispielsweise junge Muslime zwischen 18 und 29 Jahren häufiger als die über 60-Jährigen, dass das Pflichtgebet (salat) „sehr wichtig" sei (52 gegenüber 42 Prozent), praktizieren es aber seltener als die älteren Muslime (23 gegenüber 35 Prozent).[71] Auch hinsichtlich anderer Glaubenspraktiken gehen die Einschätzungen bezüglich der Wichtigkeit eines bestimmten Verhaltens und der Praxis im eigenen Alltag auseinander. Ein Grund für die Kluft zwischen der Einschätzung und der eigenen religiösen Praxis gerade bei jungen Muslimen – welche in Angleichung an das deutsche, überwiegend säkulare Umfeld offenbar abschleift – dürfte darin liegen, dass sie öfters auf ihre Religion angesprochen und in eine Verteidigungshaltung gedrängt werden.

Ältere Muslime wiederum, die in einer Diasporasituation leben, denken stärker darüber nach, wo sie herkommen und was sie ausmacht. Dabei ist der muslimische Glauben meist das wichtigste Identifikationsangebot, das die Umgebungsgesellschaft macht. Für viele ältere Menschen mit Migrationshintergrund hat die Religion erst im Ankunftsland eine ausschlaggebende Wichtigkeit erlangt. Althergebrachte religiöse

---

70 Jörn Thielmann, „Vielfältige muslimische Religiosität in Deutschland. Ein Gesamtüberblick zu den Ergebnissen der Studie der Bertelsmann-Stiftung", in: Bertelsmann-Stiftung (Hg.), *Religionsmonitor 2008 Muslimische Religiosität in Deutschland Überblick zu religiösen Einstellungen und Praktiken*, Gütersloh S. 13–21, 15-

71 Michael Blume, „Islamische Religiosität nach Altersgruppen. Ein Vergleich der Generationen", in: Bertelsmann Stiftung (Hg.), *Religionsmonitor. Muslimische Religiosität in Deutschland. Überblick zu religiösen Einstellungen und Praktiken*, Gütersloh 2008, S. 44–49, 46.

Traditionen werden deshalb nicht einfach fortgeführt, sondern überdacht und vielfach erst angeeignet. Besonders bei hochreligiösen Muslimen in Deutschland kann eine hohe Glaubensreflexion festgestellt werden: 63 Prozent dieser Gruppe geben an, Glaubensinhalte „oft" oder „sehr oft" zu überdenken. In der Türkei sagen dies nur 36 Prozent der hochreligiösen sunnitischen Muslime.[72] Dies macht deutlich, dass in der Minderheitensituation die Zugehörigkeit zum Islam gerade für ältere Muslime keineswegs etwas Selbstverständliches ist, sondern als eine Alternative unter vielen wahrgenommen und reflektiert wird.

Die Erforschung muslimischer Religiosität ist bislang noch nicht so weit fortgeschritten, dass die oftmals emotional aufgeladenen Diskussionen in der Öffentlichkeit zur Rolle des Islams auf den Boden empirisch gesicherter Ergebnisse gestellt werden könnten. Dies setzt zunächst adäquate Messinstrumente voraus. Die in der quantitativen Religionsforschung bislang angewandten Instrumente zur Messung muslimischer Religiosität sind nämlich mit einer Reihe von Problemen behaftet:[73]

- Die meisten Instrumente messen muslimische Religiosität als eindimensionales Konstrukt; damit wird die Vielfältigkeit der religiösen Zugänge von Muslimen nicht erfasst, der Islam auf einen inhärent monolithischen Block reduziert und damit die in der Öffentlichkeit zirkulierenden Vorstellungen von einer einheitlichen Ausdrucksform muslimischer Religiosität gestützt.
- Problematisch ist die Übernahme von Instrumenten zur Messung christlicher Religiosität und deren Eins-zu-eins-Übersetzung in eine islamische Terminologie, etwa, wenn der „Glauben an Jesus Christus" in einem Fragebogen als „Glauben an Mohammed" adaptiert wird.
- Häufige Interpretationsfehler ergeben sich durch Anwendung eines westlichen bzw. christlichen Deutungsrahmens von Religiosität, wenn beispielsweise die in allen Studien festgestellte hohe Zentralität der Religiosität für Muslime als ein Mangel an Modernität und Säkularität oder als Nähe zur Orthodoxie gedeutet wird.
- Messprobleme bereitet die Anwendung von Indikatoren, die sich nicht auf die Messung der eigentlichen muslimischen Religiosität beschränken, sondern darüber hinausgehen und zusätzliche Aspekte, etwa die Einstellung gegenüber Werten westlicher Gesellschaften, erfassen.

---

72 Vgl. El-Menouar, „Islam als Etikett", a. a. O.
73 Yasemin El-Menouar, „„The Five Dimensions of Muslim Religiosity. Results of an Empirical Study", in: Methods, data, analyses: A Journal for Quantitative Methods and Survey Methodology 8 (2014), S. 53-78, 53 ff.

- Schließlich können in vielen Studien statistische Methodenprobleme festgestellt werden, die insbesondere eine mangelnde Reliabilität und Validität der verwendeten Indikatoren betreffen.

Das religionsvergleichend fundierte Multidimensionenmodell von Charles Y. Glock bietet einen heuristischen Ansatz zur Konstruktion eines Erhebungsinstruments, das die beschriebenen Probleme vermeidet. Glock versucht in seinem mehrfach überarbeiteten Konzept über eine mehrdimensionale Darstellung die Komplexität von Religiosität transparent zu machen, wobei er auf eine religionsspezifische Definition verzichtet und den Religionsbegriff im jeweiligen kulturellen Kontext zu verstehen sucht.[74] Dabei unterscheidet Glock fünf Dimensionen:

- die ideologische Dimension bzw. Glaubensdimension des religiösen Erschließens (Belief), die den Grad der Zustimmung zu den Glaubensgrundsätzen abbildet;
- die ritualistische Dimension des religiösen Vollzugs, welche einerseits Formen normativ vorgegebener Religionsausübung (Rituals), andererseits private, informelle und spontane Religionspraktiken erfasst (Devotion);
- die erlebnismäßige Dimension religiöser Erfahrung (Experience), der individuelle Glaubenserfahrungen und religiöse Gefühle zuzuordnen sind;
- die intellektuelle Dimension der religiösen Rekonstruktion (Knowledge), die kognitive Aspekte des Glaubens abbildet wie den Umgang mit heiligen Schriften (Hermeneutiken), die ethische Reflexion, begriffliche Sprachbildung und Apologie-Systeme gegen Einwände;
- die Dimension der alltagsweltlichen Glaubenskonsequenzen (Consequences), auf der die aus dem religiösen Glauben folgende individual- und sozialethische Orientierung erfasst wird.[75]

Auf der Grundlage von Glocks Multidimensionenmodell konnte ein neues Instrument zur Messung muslimischer Religiosität konstruiert werden. Dafür wurden in einem ersten Schritt, anhand der wissenschaftlichen Literatur zum Islam, Indikatoren für die einzelnen Dimensionen ausgewählt und operationalisiert:[76]

---

74 Charles Y. Glock, „On the Study of Religious Commitment" in: Religious Education (Special Issue) 1961, S. 98–110; ders., „Über die Dimensionen der Religiosität", in: Joachim Matthes, *Kirche und Gesellschaft. Einführung in die Religionssoziologie II*, Hamburg 1969, S. 1–68.

75 Diese Dimension wurde in einer Überarbeitung des Modells später entfernt: Rodney Stark/Charles Y. Glock, American Piety: The Nature of Religious Commitment, Berkeley 1968.

76 El-Menouar, „The Five Dimensions of Muslim Religiosity", a.a.O., S. 60 ff.

Tab. 2 Indikatoren für die einzelnen Dimensionen muslimischer Religiosität auf der Basis des Multidimensionenmodell von Charles Y. Glock.[77]

Dimension	Code	Item
Belief	B1	Belief in Allah
	B2	Belief in the Quran as the unchanged revelation
	B3	Belief in the existence of Jinn, Angels etc.
Ritual	R1	Frequency of performing the ritual prayer
	R2	Pilgrimage to Mecca
	R3	Fasting during Ramadan
	R4	Celebrating end of Ramadan
Devotion	D1	Frequency of personal prayer to Allah
	D2	Frequency of recitation of the Basmala
Experience	E1	Feeling: Allah is close
	E2	Feeling: Allah tells you something
	E3	Feeling: Allah is rewarding you
	E4	Feeling: Allah is punishing you
Knowledge	K1	Knowledge of Islam in general
	K2	Knowledge of the contents of the Quran
	K3	Knowledge of the life and actions of the prophet
Consequences	C1	Drinking alcohol
	C2	Eating halal meat
	C3	Avoiding shaking hands with opposite sex
	C4	Sex segregation at marriages and other celebrations
	C5	Muslims should not listen to music
	C6	Religious donation (zakat)

Im zweiten Schritt wurde dieses Modell anhand von Daten der quantitativen Studie von 2009 zu religiösen Orientierungen unter Muslimen (siehe Kapitel 3.2)

---

77 Ebenda S. 64.

getestet. Erwartungsgemäß ergaben sich Abweichungen gegenüber Glocks Modell, insbesondere was die Trennschärfe der Dimensionen betrifft, so dass die Struktur des Modells modifiziert wurde:[78]

- die Dimension „Basic Religiosity", die muslimische Religiosität auf der Individualebene abbildet, beinhaltet die Items B1 bis B3, D1 bis D2 sowie E1 (Cronbach Alpha 0.90);
- die Dimension „Central Duties", die muslimische Religiosität auf der Kollektivebene abbildet, beinhaltet die Indikatoren R1 bis R3 (der Indikator R4 wurde entfernt) sowie C1 bis C2 (Cronbach Alpha 0.812);
- die Dimension „Religious Experience", die religiöse Erfahrung abbildet, enthält die Indikatoren E2 bis E4; der Indikator E1 lädt auf der Dimension „Basic Religiosity" (Cronbach Alpha 0.81);
- die Dimension „Religious Knowledge", die kognitive Aspekte des Glaubens abbildet, entspricht Glocks Modell und enthält weiterhin die Indikatoren K1 bis K3 (Cronbach Alpha 0.83);
- die neue Dimension „Orthopraxis", die die Einhaltung besonders strikter religiöser Normen abbildet und somit das Gegenstück zur christlichen Orthodoxie darstellt, beinhaltet die Indikatoren C3 bis C5; der Indikator C6 wurde entfernt (Cronbach Alpha 0.64).

Insbesondere die Reliabilität der hier neu eingeführten Dimension der „Orthopraxis" sollte durch weitere Forschungen verbessert werden, weil gerade diese Dimension Unterschiede in der muslimischen Glaubenspraxis sichtbar macht, die ansonsten übersehen werden. Auch weitere Untersuchungen der Beziehungen zwischen den einzelnen Dimensionen scheinen vielversprechend. So legt die Matrix der Korrelationen zwischen den Dimensionen nahe, dass es zwei grundlegend verschiedene Zugänge muslimischer Religiosität gibt – einen eher spirituellen Zugang, der im Wesentlichen auf individuellen Glaubenserfahrungen basiert, und einen eher formal an kollektiven Normen und Ritualen ausgerichteten Zugang.[79]

Im letzten Schritt konnte die interne Validität der Dimensionen bestätigt werden. Dabei ergab sich ein weiteres interessantes Ergebnis: Die religiöse Selbsteinschätzung und die Zustimmung zur Wichtigkeit religiöser Regeln – in Umfragen in der Regel als Gradmesser für muslimische Religiosität verwendet – zeigen einen engen Zusammenhang zur Dimension „Basic Religiosity", die jene religiösen Aspekte enthält, die von den meisten Muslimen geteilt werden. Mithin kann in vielen

---

78 Ebenda S. 65 ff.
79 Ebenda S. 71.

Studien aufgrund der eingesetzten Messinstrumente zwar zwischen gläubigen und nicht gläubigen Muslimen unterschieden werden; allerdings wird die Varianz innerhalb der Gruppe gläubiger Muslime nicht erfasst.[80] Die Weiterentwicklung des hier vorgestellten Erhebungsinstruments, das Religiosität auf fünf Dimensionen misst, kann dazu beitragen, die Vielfalt muslimischen Glaubens und dessen Rolle in anderen sozialen Zusammenhängen transparenter zu machen.

4.2 Muslimische Religiosität als Ressource für die Sozialintegration

Eine mehrdimensionale Erfassung muslimischer Religiosität kann auch dazu beitragen, die von einem defizitorientierten Blick auf den Islam geprägte Integrationsdebatte zu öffnen und auf bislang offene Fragen der Sozialintegration muslimischer Migranten eine Antwort zu finden. Für die dem Islam zugeschriebenen desintegrierenden Wirkungen finden sich, wie gezeigt, selbst bei neofundamentalistisch orientierten Muslimen keine empirisch belastbaren Befunde. Es spricht vielmehr alles dafür, dass der Zusammenhang zwischen der Religiosität von muslimischen Zuwanderern und ihrer Integration vielschichtig ist und nicht als eindeutig positiv oder negativ beschrieben werden kann. Berücksichtigt werden müssen bei der Beschreibung muslimischer Religiosität neben demografischen und biografischen Merkmalen die Unterschiede in der religiösen Ausrichtung sowie in der Aneignung von und im Zugang zur Glaubenspraxis. Betrachtet man muslimische Religiosität nicht eindimensional, sondern in ihrer komplexen Vielfältigkeit, ergeben sich Anhaltspunkte dafür, dass Religiosität als soziale oder persönliche Ressource für den Integrationsprozess wahrgenommen werden kann. Argumentationen, die undifferenziert den Islam als Integrationsbremse adressieren, befestigen symbolische Grenzen und erweisen sich damit eher als Ausgangspunkt für die Verfestigung von sozialer Ungleichheit. Der Abbau sozialer Ungleichheit sollte jedoch nach übereinstimmender Meinung aller Autoren das Ziel jeder Integrationspolitik sein.[81]

In der Literatur ist verschiedentlich auf den Vorteil eigenethnischer Ressourcen hingewiesen worden.[82] Portes und Zhou haben in den 1990er Jahren gezeigt, dass

---

80 Ebenda S. 76.
81 Vgl. Mathias Koenig/Phillip Connor, „Explaining the Muslim employment gap in Western Europe: Individual-level effects and ethno-religious penalties", in: Social Science Research 49 (2015), S. 191–201.
82 Vgl. Alejandro Portes/ Min Zhou, „The new second generation. Segmented assimilation and its variants", in: The annals of the American academy of political and social

es unter US-amerikanischen Migranten der zweiten (überwiegend nicht weißen) Einwanderergeneration unterschiedliche Anpassungsstrategien an die (mehrheitlich weiße) Mittelschicht gibt und Assimilation nur eine von drei möglichen Integrationsmustern darstellt.[83]

Die Autoren beschreiben als ein zweites mögliches Muster die „downward Assimilation". Infolge der Globalisierung und Deindustrialisierung haben sich Möglichkeiten des schrittweisen Aufstiegs für Migranten in den USA reduziert.[84] Bildungsferne und prekär beschäftigte Migranten, zumal wenn sie keinen legalen Status haben, können die zweite Generation im Vergleich zu höher gebildeten und legalen Migranten weniger stark unterstützen. Deshalb ziehen sie meist in innerstädtische Bereiche, wo ihre Kinder mit Straßengangs und devianten Lebensstilen konfrontiert sind. Diese "downward Assimilation" hat für die zweite Einwanderergeneration zur Folge, dass "acculturation to the norms and values of the host society is not a ticket to material success and status advancement, but exactly the opposite".[85] Die ethnische Schichtung verfestigt sich und führt dann zur Ausbildung ethnischer Stereotype und zu Formen der Diskriminierung seitens der (weißen) Mehrheitsbevölkerung.[86] Portes und Zhou bestimmen drei Merkmale des sozialen Kontextes, die eine solche „downward Assimilation" nach sich ziehen können: „The first is color, the second is location, and the third is the absence of mobility ladders."[87]

Ein drittes Muster von Anpassungsstrategien entdecken Portes und Zhou bei asiatischen Migranten, die eng in ihrer ethnischen Gemeinde eingegliedert sind. Dies führt zu einer selektiven Akkulturation, d. h. einer strukturellen Assimilation unter gleichzeitigem Erhalt der ethnischen Identitäten und Ressourcen.[88] In ihrer Theorie der segmentierten Assimilation – prominenteste Alternative zur klassischen Assimilation – halten die Autoren fest, dass Migranten von verschiedenen Sektoren

---

science 530 (1993), S. 74–96; Min Zhou, „Segmented assimilation. Issues, controversies, and recent research on the new second generation", in: International migration review 31 (4/1997): S. 975–1008; Alejandro Portes: „Migration, Development, and Segmented Assimilation. A Conceptual Review of the Evidence", in: The annals of the American academy of political and social science 610 (2007), S. 73–97.

83 Zhou, „Segmented assimilation", a. a. O., S. 984.
84 Portes/Zhou, „The new second generation", a. a. O., S. 76.
85 Portes: „Migration, Development, and Segmented Assimilation", a. a. O., S. 88.
86 Ebenda S. 90.
87 Portes/Zhou, „The new second generation", a. a. O., S. 83.
88 Vgl. Richard Alba, „Why We Still Need a Theory of Mainstream Assimilation", in: Frank Kalter, (Hg.): *Migration und Integration* (Kölner Zeitschrift für Soziologie und Sozialpsychologie, Sonderheft 48), Wiesbaden 2008, S. 37–56, 38.

der Gesellschaft absorbiert werden und Eingliederung nicht immer bedeutet, seine Lebensstellung und die Chancen für seine Kinder zu verbessern.[89] Dagegen können herkunftslandspezifische Werte und Normen sowie Netzwerke als Ressource für die Sozialintegration eingesetzt werden. Solche Ressourcen können als Formen von Sozialkapital begriffen werden.

Nach Robert D. Putnam werden in Beziehungsnetzwerken durch Kooperation ihrer Mitglieder Reziprozitätsnormen generiert, welche es erleichtern, gemeinsam Ziele zu erreichen: „By ‚social capital', I mean features of social life – networks, norms, trust – that enable participants to act together more effectively to pursue shared goals."[90] Sozialkapital ist für Putnam ein Mittel, das Integration hervorbringt und soziale, wirtschaftliche sowie politische Teilhabe möglich macht. Putnam illustriert sein Verständnis von Sozialkapital als einem Fundament gesellschaftlichen Zusammenhalts am Beispiel des Bowlingspiels:

> The rise of solo bowling threatens the livelihood of bowling-lane proprietors because those who bowl as members of leagues consume three times as much beer and pizza as solo bowlers [...]. The broader social significance, however, lies in the social interaction and even occasionally civic conversations over beer and pizza that solo bowlers forgot.[91]

Im Unterschied zu Putnams integrationstheoretischem Ansatz verwendet Pierre Bourdieu den Begriff des Sozialkapitals in machtkritischer Absicht. Er versteht soziales Kapital vornehmlich als Distinktionsmittel, das über die Konvertierung in symbolisches Kapital soziale Ungleichheiten reproduziert.[92] Putnam greift Bourdieus soziologische Distinktionstheorie auf, indem er zwischen brückenbildendem („bridging) und bindendem („bonding") Sozialkapital unterscheidet:

> Brückenbildendes Sozialkapital bezieht sich auf soziale Netzwerke, die völlig unterschiedliche Menschen zusammenbringen; bindendes Sozialkapital bringt in einigen Punkten (wie Ethnizität, Alter, Geschlecht, soziale Klasse, usw.) ähnliche Menschen

---

89 Zhou, „Segmented assimilation", a. a. O., S. 999.
90 Robert D. Putnam, „Tuning in, tuning out: The strange disappearance of social capital in America", in: Political science & politics 28 (4/1995), S. 664–683, 664f.
91 Robert D. Putnam, „Bowling alone: America's declining social capital", in: Journal of democracy 6 (6/1995), S. 65–78, 70.
92 Vgl. Pierre Bourdieu, „Ökonomisches Kapital, kulturelles Kapital, soziales Kapital", in: Reinhard Kreckel (Hg.) Soziale Ungleichheiten, Soziale Welt Sonderheft 2, Göttingen 1983, S. 183–198.

zusammen. [...] In der Praxis sind allerdings die meisten Gruppen brückenbildend und bindend zugleich.[93]

Bislang ist unerforscht welche Rolle spezifisch religionsbedingtes Sozialkapital für die Sozialintegration spielt. Grundsätzlich können ihm dieselben brückenbildenden und bindenden Mechanismen innewohnen wie den von Portes und Zhou untersuchten ethnisch definierten Sozialkapitalformen. Manche Autoren halten Religionsgemeinschaften sogar prädestiniert für die Produktion von Sozialkapital: Solidarität wird bereits durch Zugehörigkeit zur religiösen Gemeinschaft gestiftet; Normen und Vertrauen müssen nicht erst hergestellt werden, sondern liegen durch die gemeinsam geteilten religiösen Werte von vornherein vor.[94] Im Folgenden werden am Beispiel von zwei muslimischen Gruppen, die deutliche Unterschiede in der Sozialkapitalausstattung aufweisen, Thesen formuliert, die empirischer Forschung einen Weg weisen können, muslimische Religiosität als Ressource für die Sozialintegration zu untersuchen.[95]

Im sunnitischen Islam, dem in Deutschland drei Viertel der Muslime zuzurechnen sind, können vier Hauptströmungen unterschieden werden:[96]

- Der ethische Islam entspricht einer privatisierten Religiosität in einem säkular-humanistischen Verständnis. Der Koran wird als Quelle ethischer Richtlinien angesehen; im Alltag spielt er eine eher untergeordnete Rolle.
- Der skripturalistische Islam beruft sich allein auf die Primärquellen Koran und Sunna; den Rechtsschulen wird eine untergeordnete Rolle zugewiesen und der Volksislam abgelehnt. Der Alltag wird nach islamischen Vorschriften gestaltet. Skripturalisten teilen sich in Orthodoxe, die den Koran wortgetreu auslegen, und Reformisten, die den Koran zeitgemäß auslegen. Bei den reformistischen Skripturalisten wiederum kann zwischen Neo-Reformern, die Moderne und Islam für kompatibel halten, und Neo-Fundamentalisten, die den Koran zwar

---

93 Putnam, Robert D. (Hg.), *Gesellschaft und Gemeinsinn: Sozialkapital im internationalen Vergleich*, Gütersloh 2001, S. 28 f.
94 Vgl. Frederik Elwert, „Das Kapital religiöser Gemeinschaften: Ideen zur Adaption neuerer Kapitaltheorien in der Religionswissenschaft!, in: *Zeitschrift für junge Religionswissenschaft* 2 (1/2007), S. 33–56; Priya Lukka: Energy for Change? How Faith-Based Volunteering is Developing Social Capital and Community Life in the UK, URL: https://goo.gl/FAwf5R (letzter Zugriff: 21.04.2016).
95 Vgl. Yasemin El-Menouar, „Islam und Sozialkapital. Beispiele muslimischer Gruppierungen in Deutschland", in: Klaus Spenlen (Hg.), *Gehört der Islam zu Deutschland? Fakten und Fiktionen im Widerstreit der Meinungen*, Düsseldorf 2013, S. 369–386.
96 Ebenda S. 371 ff.

dynamisch, aber selektiv nach politischen Zielen interpretieren, unterschieden werden. Unter den Neo-Fundamentalisten gibt es Muslime, die jegliche Gewalt ablehnen, und solche, die Gewalt legitimieren.

- Der traditionelle Islam bezieht sich auf die von Rechtsschulen mehr (Hanbaliten) oder weniger streng (Hanafiten) ausgelegten Primärquellen und volksislamische Praktiken.
- Die islamische Mystik sucht einen spirituellen Zugang zum Islam und erschließt den Inhalt des Korans über Meditation.

Ist heute von einer „Re-Vitalisierung des Islams" die Rede, wird damit vor allem der skripturalistische Islam adressiert. Aus dieser Gruppe frommer Muslime werden hier nun orthodoxe Skripturalisten, die mehrheitlich der ersten Migrantengeneration angehören, und skripturalistische Neo-Reformer aus der zweiten und dritten Generation, die zumeist aus orthodoxen Milieus stammen, aber in der Aufnahmegesellschaft sozialisiert wurden, hinsichtlich des Sozialkapitals näher betrachtet.

Dabei bilden die folgenden, empirisch noch zu überprüfenden, Thesen den Beobachtungsrahmen:[97] In Abhängigkeit von den Ressourcen bzw. Kapitalarten, die jeweils eingesetzt werden können, unterscheiden sich die Strategien von Orthodoxen und Neo-Reformern, über die eine Verbesserung der Position von Muslimen in der Mehrheitsgesellschaft erreicht werden soll. Dabei verspricht religiöses Sozialkapital eine besonders effiziente Umwandlung von in den vergangenen Jahrzehnten akkumuliertem ökonomischem und kulturellem Kapital, um dieses Ziel zu erreichen. Für eine erfolgreiche Konvertierung von ökonomischem Kapital empfiehlt sich die Etablierung von eigenen, auch internationalen Märkten, etwa für Halal-Produkte, was eher gruppenintern bindendes Sozialkapital erfordert. Für die erfolgreiche Konvertierung von kulturellem Kapital (Bildung) empfehlen sich hingegen eher brückenbildende Strategien des sozialen Engagements, womit das Prestige der eigenen Gruppe gegenüber der nationalen Umgebungsgesellschaft erhöht wird.

Orthodoxe Muslime, die mehrheitlich der ersten Migrantengeneration angehören und über mehr ökonomisches Kapital als kulturelles Kapital verfügen, kooperieren verstärkt mit Muslimen bzw. muslimischen Organisationen, auch weltweit und hier besonders im Nahen Osten.[98] Ein Beispiel ist das islamische Bankwesen (Islamic Banking) mit einem weltweit wachsenden Angebot an islam-konformen Finanzprodukten. Im Juli 2015 öffnete die „Kuveyt Türk Bank" (KT-Bank) als erste Islam-Bank in Deutschland ihre Schalter. Sie verspricht die Einhaltung der Grundsätze des Bankwesens nach islamischem Scharia-Recht (allgemeines Zins-

---

97 Ebenda S. 376 f.
98 Ebenda S. 377 ff.

verbot und Verbot der Spekulation). Nach Berechnungen der Wirtschaftsberatung „Deloitte" werden die in islamischen Finanzprodukten verwalteten Mittel bis 2018 von knapp zwei auf etwa 3,4 Milliarden Dollar ansteigen. In den letzten vier Jahren ist der Markt mit einer Jahresrate von 17,6 Prozent gewachsen. Inzwischen gibt es mehr als 300 islamische Banken in 60 Ländern und über 750 scharia-konforme Investmentfonds.[99]

Als eine typische Organisation orthodoxer Muslime, die vorwiegend religiös bindendes Sozialkapital produziert und transnational vernetzt ist, kann die „Islamische Gemeinschaft Milli Görüs" (IGMG) angesehen werden. In der Satzung der IGMG heißt es:

> Grundlage des Islamverständnisses der IGMG sind die Lehren von Koran und Sunna. Beide Quellen sind richtungweisend sowohl für die Gemeinschaft, als auch für ihre Mitglieder. Der Islam ist im gesellschaftlichen und individuellen Bereich eine Lebensweise, deren Einfluss nicht an der Moscheetür endet, sondern auch im Alltagsleben der Muslime mit moralisch-ethischen Werten und Vorgaben eine maßgebliche Rolle spielt. [...] Die IGMG bekennt sich auch zu ihrer Verantwortung gegenüber der weltweiten muslimischen Gemeinschaft (Umma) und setzt sich für die Lösung der Probleme der Umma ein.[100]

Neo-Reformer, die zumeist aus der zweiten und dritten Migrantengeneration kommen und über mehr kulturelles als ökonomisches Kapital verfügen, streben hingegen vor allem brückenbildendes Sozialkapital an, dass ihnen den Zugang zur nationalen Umgebungsgesellschaft erleichtert.[101] Zentral für die skripturalistischen Neo-Reformer ist die Sure 96, die mit den Worten „Lies [iqra] im Namen deines Herrn" eingeleitet wird. Aus dieser Sure leiten Neo-Reformer ab, dass Bildung an sich ein religiöser Wert sei. Dabei geht es ihnen um eine Auslegung des Korans und der Sunna, die versucht, moderne Werte, wie etwa die Gleichberechtigung von Mann und Frau, durch den Koran und die Sunna selbst zu begründen. Neo-Reformer zeichnen sich durch ein hohes gesellschaftliches Engagement aus, das ebenfalls dazu beiträgt, Brücken in die Mehrheitsgesellschaft zu bauen.

Organisationen und Netzwerke der Neo-Reformer suchen vor allem Kontakt zu nicht-muslimischen Netzwerken und verfolgen vorwiegend brückenbildende Aktivitäten. Eine typische Organisation ist die „Muslimische Jugend Deutschland" (MJD), die das Ziel verfolgt, „Jugendliche in ihrem Selbstbewusstsein und ihrer

---

99 Deloitte: *Islamic finance. No interest but plenty of attention*, Luxembourg 2016, URL: http://goo.gl/OIwxkg (letzter Zugriff: 22.04.2016).
100 URL: http://www.igmg.org/gemeinschaft.html (letzter Zugriff: 20.04.2016).
101 El-Menouar, „Islam und Sozialkapital", a. a. O., S. 380 ff.

deutsch-islamischen Identität zu fördern und sie gleichzeitig zu ermutigen und zu befähigen, sich am gesellschaftlichen Leben konstruktiv zu beteiligen".[102] Die Jugendorganisation der IGMG ist inzwischen ebenfalls dem Neo-Reformismus zuzurechnen. Die neue Generation der IGMG konzentriert sich stärker auf Deutschland und bemüht sich um Vernetzung mit der hiesigen Gesellschaft. Insofern kann man davon ausgehen, dass die heute noch orthodoxe IGMG sich von innen reformieren wird und brückenbildendes Sozialkapital dort an Bedeutung gewinnen wird.

Ob orthodox als gruppenintern bindendes oder neo-reformistisch als gruppenübergreifend brückenbildendes Sozialkapital, in beiden Fällen handelt es sich um rationale Strategien von Integrationsbemühungen, ohne sich von der schützenden eigenen Gemeinde ganz abnabeln zu müssen. Dabei kann angenommen werden, dass die bindende Ausrichtung orthodoxer Muslime der ersten Migrantengeneration infolge des Generationenwechsels an Bedeutung verlieren wird und fromme Muslime in Zukunft auf eine stärker brückenbildende Ausrichtung setzen werden. Hinweise auf die Integrationspotenziale muslimischer Religiosität gibt es auch in Bezug auf andere muslimische Glaubensgruppen, insbesondere bei Migranten der dritten Generation („Neo-Muslime").[103] Empirische Untersuchungen zur Rolle von religionsbedingtem Sozialkapital bei der Sozialintegration sollten deshalb zukünftig verstärkt durchgeführt werden.

5 Fazit und Schlussfolgerungen

Es wurde gezeigt, dass das defizitorientierte Framing muslimischer Religiosität in den Medien und im öffentlichen Diskurs, aber teilweise auch in den Sozialwissenschaften einen negativen Problemfokus auf den Islam etabliert hat. Die damit eingeschlagenen problematischen Denk-, Sprach- und Argumentationsmuster verdrängen die Normalität, die Vielfalt und die positiven Aspekte des muslimischen Alltagslebens. Die Kluft zwischen der am Konstrukt eines „Homo islamicus" orien-

---

102 URL: http://www.muslimische-jugend.de/mjd-mitgliedschaft (letzter Zugriff: 21.04.2016).
103 Vgl. Gritt Klinkhammer, *Moderne Formen islamischer Lebensführung. Eine qualitativ-empirische Untersuchung zur Religiosität sunnitisch geprägter Türkinnen in Deutschland*, Marburg 2000; Nicola Tietze, *Islamische Identitäten. Formen muslimischer Religiosität junger Männer in Deutschland und Frankreich*, Hamburg 2001; Sigrid Nökel, *Die Töchter der Gastarbeiter und der Islam. Zur Soziologie alltagsweltlicher Anerkennungspolitiken. Eine Fallstudie*, Bielefeld 2002; Reyhan Sahin, *Die Bedeutung des muslimischen Kopftuchs. Eine kleidungssemiotische Untersuchung muslimischer Kopftuchträgerinnen in der Bundesrepublik Deutschland*, Berlin/Münster/Wien 2014.

tierten Wahrnehmung des Islams und der Wirklichkeit muslimischer Lebenswelten in Deutschland wird zunehmend größer. Ein religiös entleerter, essentialistischer Islambegriff dient nur mehr dazu, symbolische Grenzen zu ziehen, soziale Probleme zu etikettieren und Konfliktlagen vereinfacht abzubilden.

Solche Problematisierungen muslimischer Religiosität nähren nicht nur die Islam-Feindbilder neurechter Ideologen;[104] sie laufen auch Gefahr, soziale Ungleichheit zu verfestigen und damit integrationspolitische Bemühungen zu unterlaufen. Das Dilemma der Integrationsdebatte besteht darin, dass auch sie verengt auf einem negativen Islam-Problemfokus geführt wird. Die Debatte wird dominiert von der empirisch nicht belegten Annahme, der Islam an sich sei ein Integrationshindernis. Statt sozialökonomische Probleme von Muslimen zu lösen, wird auf einer Domestizierung des Islams beharrt. Ein „domestizierter Islam" werde die Aufgabe der Integration dann schon alleine lösen. Kulturalistische Frames prägen also nicht nur die Sicht auf soziale Probleme und Konflikte, sondern auch auf mögliche Lösungen.

Olivier Roy unterläuft mit seiner Analyse des islamischen Neo-Fundamentalismus die in diesen Islam-Frames transportierten Gewissheiten, indem er den Fokus von den Inhalten einer Religion weg und hin auf Religiosität als soziale Aneignung von Religion lenkt. Roy demonstriert, dass oft das Gegenteil des Offensichtlichen – wie es die Islam-Frames nahelegen – der Fall ist. Das gilt allerdings auch für Roys kausale Argumentation, mangelnde Sozialintegration sei der zentrale Faktor für den Erfolg des Neofundamentalismus: In einer empirischen Überprüfung konnte gezeigt werden, dass bei der Erforschung des Neofundamentalismus wesentlich stärker zwischen der religiösen und der sozialen Dimension unterschieden werden muss. Zwischen der Hinwendung zu den religiösen Lehren des Neofundamentalismus und einer gesellschaftlichen Desintegration besteht keineswegs zwingend ein Zusammenhang.

Roys Analysen eröffnen eine neue Perspektive, nicht zuletzt auch für die empirische Forschung zur Rolle muslimischer Religiosität für die Sozialintegration. Dieser Perspektive wurde in diesem Beitrag in zwei Richtungen gefolgt: Zum einen wurde für eine multidimensionale Betrachtung muslimischer Religiosität in ihrer komplexen Vielfältigkeit plädiert. Dafür konnte ein neu konstruiertes Messinstrument auf der Grundlage des Multidimensionenmodells von Charles Y. Glock vorgestellt werden. Zum anderen wurde Hinweisen nachgegangen, dass Religiosität als soziale oder persönliche Ressource für den Integrationsprozess wahrgenommen werden kann. Vor dem Hintergrund der Theorie der segmentierten Assimilation von Portes und Zhou und den integrationstheoretischen Überlegungen zum So-

---

104 Aziz Al-Azmeh, *Die Islamisierung des Islam. Imaginäre Welten einer politischen Theologie*, Frankfurt a. M./New York 1996, S. 7.

zialkapital von Robert D. Putnam, konnte gezeigt werden, was die muslimische Religiosität an sozialem Kapital – entweder orthodox als gruppenintern bindendes oder reformiert als gruppenübergreifend brückenbildendes Potenzial – aufbietet. Dabei setzen die Akteure das Sozialkapital so ein, dass eine Integration gelingt, ohne dass sie den Schutzraum der eigenen Gemeinde ganz verlassen müssen, wie es in der klassischen Assimilationstheorie eigentlich vorausgesetzt wird.

Insbesondere in den letztgenannten Bereichen der multidimensionalen Analyse muslimischer Religiosität und der Untersuchung ihrer integrationsfördernden Potenziale, sind erhebliche Forschungslücken zu verzeichnen. In der empirischen Forschung werden bislang meistens Instrumente verwendet, die muslimische Religiosität als eindimensionales Konstrukt messen; damit wird die Vielfältigkeit der religiösen Zugänge von Muslimen nicht erfasst. Mithin kann in vielen Studien aufgrund der eingesetzten Messinstrumente zwar zwischen gläubigen und nicht gläubigen Muslimen unterschieden werden; allerdings wird die Varianz innerhalb der Gruppe gläubiger Muslime nicht erfasst. Zudem sind in den verwendeten Konzepten von Religiosität häufig bestimmte Einstellungen und Verhaltensweisen notwendig mit Religiosität verbunden, wobei eigentlich nach dem Zusammenhang zu fragen wäre. Auch bei dem hier vorgestellten multidimensionalen Erhebungsinstrument, sind es gerade die Beziehungen zwischen den einzelnen Dimensionen, die noch weiterer Forschungen bedürfen. Unerforscht ist bislang, welche Rolle spezifisch religionsbedingtes Sozialkapital für die Sozialintegration spielt. Die im Beitrag formulierten Thesen können der empirischen Forschung einen Weg weisen, muslimische Religiosität als Ressource für die Sozialintegration zu untersuchen. Dabei sollte ein besonderes Augenmerk dem Neofundamentalismus gelten: Die mit der Modifizierung von Glocks Multidimensionenmodell neu eingeführte Dimension der „Orthopraxis", deren Reliabilität durch weitere Forschungen noch verbessert werden soll, ist ein erster Schritt in diese Richtung. Denn die Erfassung gerade dieser Dimension ist geeignet, Unterschiede in der muslimischen Glaubenspraxis sichtbar zu machen, die bisher übersehen werden.

Literatur

Al-Azmeh, Aziz, *Die Islamisierung des Islam. Imaginäre Welten einer politischen Theologie*, Frankfurt a. M./New York 1996.
Alba, Richard, „Why We Still Need a Theory of Mainstream Assimilation", in: Frank Kalter, (Hg.): *Migration und Integration* (Kölner Zeitschrift für Soziologie und Sozialpsychologie, Sonderheft 48), Wiesbaden 2008, S. 37–56.
Arshad, Owais/Setlur, Varun/Siddiqui, Usaid, *Are Muslims Collectively Responsible? A Sentiment Analysis of the New York Times*, Toronto 2015, URL: http://416labs.com/nytandislam/ (letzter Zugriff: 18.04.2016).
Bahners, Patrick, *Die Panikmacher. Die deutsche Angst vor dem Islam*, München 2011.
Bajohr, Hannes/Weichbrodt, Gregor, *Glaube Liebe Hoffnung: Nachrichten aus dem christlichen Abendland*, Raleigh NC 2015.
Becker, Melanie/El-Menouar, Yasemin, "Is Islam an Obstacle for Integration? A Qualitative Analysis of German Media Discourse", in: Journal of Religion in Europe 5 (2012), S. 141–161.
Berberich, Frank, „Thilo Sarrazin im Gespräch: Klasse statt Masse. Von der Hauptstadt der Transferleistung zur Metropole der Eliten", Lettre International 86 (2009), S. 197–201.
Berger, Peter L./Luckmann, Thomas, *The social construction of reality. A treatise in the sociology of knowledge*, New York 1967.
Benhabib, Seyla, *Kulturelle Vielfalt und demokratische Gleichheit. Politische Partizipation im Zeitalter der Globalisierung*, Frankfurt a. M. 1999.
Binswanger, Daniel, „In Europa wird eine Jugend produziert, die nichts mehr zu verlieren hat" (Gespräch mit Olivier Roy), in: Das Magazin, Nr. 12, 21.03.2015, S. 20–27.
Blume, Michael, „Islamische Religiosität nach Altersgruppen. Ein Vergleich der Generationen", in: Bertelsmann Stiftung (Hg.), *Religionsmonitor. Muslimische Religiosität in Deutschland. Überblick zu religiösen Einstellungen und Praktiken*, Gütersloh 2008, S. 44–49.
Bourdieu, Pierre, „Ökonomisches Kapital, kulturelles Kapital, soziales Kapital", in: Reinhard Kreckel (Hg.) *Soziale Ungleichheiten*, Soziale Welt Sonderheft 2, Göttingen 1983, S. 183–198.
Brettfeld, Katrin/Wetzels Peter, *Junge Muslime in Deutschland. Eine kriminologische Analyse zur Alltagsrelevanz von Religion und Zusammenhängen von individueller Religiosität mit Gewalterfahrungen, -einstellungen und -handeln*, Bonn 2003.
Brinkmann, Janis, *Ein Hauch von Jasmin. Die deutsche Islamberichterstattung vor, während und nach der Arabischen Revolution. Eine quantitative und qualitative Medieninhaltsanalyse*, Köln 2015.
Bukow, Wolf-Dietrich/Ottersbach, Markus (Hg.), *Fundamentalismusverdacht: Plädoyer für eine Neuorientierung der Forschung im Umgang mit allochthonen Jugendlichen*, Opladen 1999.
Bundespräsidialamt, „Vielfalt schätzen – Zusammenhalt fördern. Rede von Bundespräsident Christian Wulff, zum 20. Jahrestag der Deutschen Einheit am 3. Oktober 2010 in Bremen", URL: http://goo.gl/54fvHj (letzter Zugriff: 21.04.2016).
Deloitte: *Islamic finance. No interest but plenty of attention*, Luxembourg 2016, URL: http://goo.gl/OIwxkg (letzter Zugriff: 22.04.2016).
El-Menouar, Yasemin/Melanie Becker, "Islam and Integration in German Media Discourse", in: Religion and Social Problems (2011), S. 229–244.

El-Menouar, Yasemin, „Islam und Sozialkapital. Beispiele muslimischer Gruppierungen in Deutschland", in: Klaus Spenlen (Hg.), *Gehört der Islam zu Deutschland? Fakten und Fiktionen im Widerstreit der Meinungen*, Düsseldorf 2013, S. 369–386.

El-Menouar, Yasemin, „The Five Dimensions of Muslim Religiosity. Results of an Empirical Study", in: Methods, data, analyses: A Journal for Quantitative Methods and Survey Methodology 8 (2014), S. 53–78.

El-Menouar, Yasemin/ Reddig, Melanie, „Olivier Roys Thesen zum islamischen Neofundamentalismus auf dem Prüfstand. Eine empirische Analyse", in: Analyse & Kritik 36 (1/2014), S. 31–59.

El-Menouar, Yasemin, „Muslime in Deutschland sind nicht anti-westlich eingestellt, im Gegenteil", in: Tagesspiegel Causa 2016, URL: https://goo.gl/DifuUS (letzter Zugriff: 17.04.2016).

El-Menouar, Yasemin, „Islam als Etikett: Wie sich Rechtspopulisten ein medial produziertes Narrativ zunutze machen", in: Bertelsmann Stiftung (Hg.), *Vielfalt statt Abgrenzung – Wohin steuert Deutschland in der Auseinandersetzung um Einwanderung und Flüchtlinge?* Bielefeld 2016 (im Erscheinen).

El-Menouar, Yasemin, „Der Islam im Diskurs der Massenmedien in Deutschland", in: Bülent Ucar (Hg.), *Antimuslimischer Rassismus*, Osnabrück 2016 (im Erscheinen).

Elwert Frederik, „Das Kapital religiöser Gemeinschaften. Ideen zur Adaption neuerer Kapitaltheorien in der Religionswissenschaft, in: *Zeitschrift für junge Religionswissenschaft* 2 (1/2007), S. 33–56.

Esser, Hartmut, *Integration und ethnische Schichtung*, Arbeitspapiere Nr. 40, Mannheimer Zentrum für Europäische Sozialforschung 2001.

Foucault, Michel, *L'ordre du discours. Leçon inaugurale au Collège de France prononcée le 2 décembre 1970*, Paris 1971.

Friedrich, Sebastian, *Rassismus in der Leistungsgesellschaft. Analysen und kritische Perspektiven zu den rassistischen Normalisierungsprozessen der ‚Sarrazindebatte'*, Münster 2011.

Galtung, Johan/Ruge, Mari Holmboe, "The structure of foreign news the presentation of the Congo, Cuba and Cyprus Crises in four Norwegian newspapers", in: Journal of peace research 2(1/1965), S. 64–90.

Glock, Charles Y., "On the Study of Religious Commitment" in: Religious Education (Special Issue) 1961, S. 98–110.

Glock, Charles Y., „Über die Dimensionen der Religiosität", in: Joachim Matthes, *Kirche und Gesellschaft. Einführung in die Religionssoziologie II*, Hamburg 1969, S. 1–68.

Grote, Maik, *Integration von Zuwanderern: Die Assimilationstheorie von Hartmut Esser und die Multikulturalismustheorie von Seyla Benhabib im Vergleich*, Migremus Arbeitspapiere Nr. 2/2011.

Hafez, Kai (Hg.), *Arabischer Frühling und deutsches Islambild: Bildwandel durch ein Medienereignis?*, Berlin 2013

Hafez, Kai/Schmidt, Sabrina, *Die Wahrnehmung des Islams in Deutschland*, Gütersloh 2014.

Halm, Dirk/Sauer, Martina, *Lebenswelten deutscher Muslime*, Gütersloh 2014.

Haug, Sonja/Müssig, Stephanie/Stichs, Anja, *Muslimisches Leben in Deutschland*, Nürnberg 2009.

Heitmeyer Wilhelm/Müller, Joachim/Schröder, Helmut, *Verlockender Fundamentalismus: Türkische Jugendliche in Deutschland*, Frankfurt a. M. 1997.

Jonker, Gerdien/ Thobani, Shiraz (Hg.), *Narrating Islam. Interpretations of the Muslim World in European Texts*, London 2009.

Karis, Tim, *Mediendiskurs Islam: Narrative in der Berichterstattung der Tagesthemen 1979-2010*, Wiesbaden 2013.

Klinkhammer Gritt, *Moderne Formen islamischer Lebensführung. Eine qualitativ-empirische Untersuchung zur Religiosität sunnitisch geprägter Türkinnen in Deutschland*, Marburg 2000.

Koenig Mathias/ Connor Phillip, "Explaining the Muslim employment gap in Western Europe: Individual-level effects and ethno-religious penalties", in: Social Science Research 49 (2015), S. 191–201.

Krux, Rudolf, *Der Islam der Anderen. Zur Rolle der Religion in deutschen Migrationsdebatten*, Stuttgart 2013.

Lengauer, Günther, *Postmoderne Nachrichtenlogik. Redaktionelle Politikvermittlung in medienzentrierten Demokratien*, Wiesbaden 2007.

Lukka, Priya, *Energy for Change? How Faith-Based Volunteering is Developing Social Capital and Community Life in the UK*, URL: https://goo.gl/FAwf5R (letzter Zugriff: 21.04.2016).

Marx Jörg, *Dokumentation ausgewählter religionspolitischer Debatten, Akteure, Positionen und Hintergründe in Deutschland seit 2010* (unveröffentlichte Expertise im Auftrag der Bertelsmann Stiftung), Gütersloh 2015.

Nökel, Sigrid, *Die Töchter der Gastarbeiter und der Islam. Zur Soziologie alltagsweltlicher Anerkennungspolitiken. Eine Fallstudie*, Bielefeld 2002.

Pew Research Center on Religious and Public Life, "5 facts about the Muslim population in Europe", November 2015, URL: http://goo.gl/dcSiQD (letzter Zugriff: 16.04.2016).

Pinn, Irmgard, „Muslimische Migranten und Migrantinnen in deutschen Medien", in: Cleve, Gabriele/Ruth, Ina/Schulte-Holthey, Ernst u. a. (Hg.), *Wissenschaft – Macht – Politik. Siegfried Jäger zum 60. Geburtstag*, Münster 1997, S. 215–234.

Pinn, Irmgard, „Verlockende Moderne? Eine Replik auf die Studie „Verlockender Fundamentalismus" von W. Heitmeyer," in: Die Brücke 110 (1999), 11–17.

Portes, Alejandro/ Zhou, Min, "The new second generation. Segmented assimilation and its variants", in: The annals of the American academy of political and social science 530 (1993), S. 74–96.

Portes, Alejandro: "Migration, Development, and Segmented Assimilation. A Conceptual Review of the Evidence", in: The annals of the American academy of political and social science 610 (2007), S. 73–97.

Putnam, Robert D., "Bowling alone: America's declining social capital", in: Journal of democracy 6 (6/1995), S. 65–78.

Putnam, Robert D., "Tuning in, tuning out: The strange disappearance of social capital in America", in: Political science & politics 28 (4/1995), S. 664–683.

Putnam, Robert D. (Hg.), *Gesellschaft und Gemeinsinn: Sozialkapital im internationalen Vergleich*, Gütersloh 2001.

Rodinson, Maxime, *Islam and Capitalism*, New York 1973.

Roy, Olivier, *The Failure of Political Islam*, Cambridge MA 1996.

Roy, Olivier, *Der islamische Weg nach Westen. Globalisierung, Entwurzelung und Radikalisierung*, München 2006.

Roy, Olivier, "This is not an Islamic revolution", in: New Statesman, 15.11.2011, URL: http://goo.gl/fX30v (letzter Zugriff: 21.04.2016).

Sahin, Reyhan, *Die Bedeutung des muslimischen Kopftuchs. Eine kleidungssemiotische Untersuchung muslimischer Kopftuchträgerinnen in der Bundesrepublik Deutschland*, Berlin/Münster/Wien 2014.

Said, Edward W., *Covering Islam: How the Media and the Experts Determine how We See the Rest of the World*, New York 1981.

Spielhaus Riem, *Muslime in der Statistik. Gutachten im Auftrag des Mediendienstes Integration*, Berlin Juni 2013, URL: https://goo.gl/0z2UZm (letzter Zugriff: 16.04.2016).

Stark, Rodney/Glock, Charles Y., *American Piety: The Nature of Religious Commitment*, Berkeley 1968.

Tezcan, Levent, "Governmentality: Pastoral Care and Integration", in: Ala Al-Hamarneh/ Jörn Thielmann (Hg.), *Islam and Muslims in Germany*, Leiden 2008.

Thielmann, Jörn, „Vielfältige muslimische Religiosität in Deutschland. Ein Gesamtüberblick zu den Ergebnissen der Studie der Bertelsmann-Stiftung", in: Bertelsmann-Stiftung (Hg.), *Religionsmonitor 2008 Muslimische Religiosität in Deutschland Überblick zu religiösen Einstellungen und Praktiken*, Gütersloh S. 13–21.

Thomä-Venske, Hanns, *Islam und Integration*, Hamburg 1981.

Tietze, Nicola, *Islamische Identitäten. Formen muslimischer Religiosität junger Männer in Deutschland und Frankreich*, Hamburg 2001.

Vopel, Stephan/El-Menouar, Yasemin, *Religionsmonitor – Sonderauswertung Islam 2015*, Gütersloh 2015.

Wehling Elisabeth, „Warum Medien und Politik umgehend Islamischen Staat und Islamophobie abschaffen sollten", in: Carta 2015, URL: http://www.carta.info/77815 (letzter Zugriff: 16.04.2016).

Zhou, Min, "Segmented assimilation. Issues, controversies, and recent research on the new second generation", in: International migration review 31 (4/1997): S. 975–1008.

Religiöses Kapital als Element muslimischer Identitätsperformanzen

Naika Foroutan

1 Die Postmigrantische Gesellschaft als Kontext

Die deutsche Gesellschaft hat sich in den letzten Jahren stark wandelt. Während die ersten 25 Jahre nach dem Anwerbeabkommen von 1955 vor allem davon geprägt waren, dass angenommen wurde, die Migranten würden wieder zurück in ihre alte Heimat gehen und die nächsten 25 Jahre von der Abwehr geprägt waren, ein Einwanderungsland geworden zu sein, nach dem das sogenannte Kühn-Memorandum von 1979 mit dem Mythos der Rückkehr aufgeräumt und eine aktive Integrationspolitik eingefordert hatte, können die letzten 10 Jahre seit dem Integrationsgipfel 2016 als eine sehr dynamische Phase betrachtet werden, in der die deutsche Gesellschaft ihre Migrationsrealität aktiv ausgehandelt hat. Migration ist zu einem Wesensmerkmal der pluralen gesellschaftlichen Realität geworden und Deutschland hat sich zu einer Einwanderungsgesellschaft entwickelt, nicht nur empirisch, sondern seit der Zuwanderungskommission 2001 und dem Zuwanderungsgesetz 2005, auch politisch (vgl. Unabhängige Kommission „Zuwanderung" 2001; BGBl 2004, S. 1950). So sind Migration und Einwanderung als konstituierende gesellschaftliche Basis politisch anerkannt, auch wenn sie gesellschaftlich weiterhin von einigen Gruppierungen in Frage gestellt werden. Konkurrierende Normen und Werte werden vielfältig ausgehandelt, Allianzen anhand der Haltung zu Vielfalt, Hybridität und Diversität werden ausgebaut sowie Abgrenzungen gegenüber rechtspopulistischen Parteien über die Grenzen des eigenen Migrationshintergrunds hinweg formuliert. Dies führt vermehrt dazu, dass gesellschaftliche Positionierung, Zugehörigkeiten, Rechte, Privilegien und Selbstverständnisse fortwährend neu verhandelt werden. Gleichzeitig wachsen in postmigrantischen Gesellschaften die sichtbaren antagonistischen Positionen, rechtspopulistische Diskurse mit einer stark einwanderungsfeindlichen und spezifisch muslimfeindlichen Rhetorik werden bis in die Mitte der Gesellschaft salonfähig (vgl. Decker et al. 2014). Diese Ambivalenzen prägen die

Gesellschaft bei der Transformation von einem Einwanderungsland hin zu einer durch Ein- und Auswanderung geprägten postmigrantischen Gesellschaft, die ihre Migrationsrealität zunehmend als gesetzt begreift und nun über das Migrantische hinaus eine neue Selbstbeschreibung aushandelt (vgl. Foroutan 2016).

2014 lebten 16,4 Mio. Menschen mit einem so genannten Migrationshintergrund in Deutschland. Diese machten 20,3 Prozent der deutschen Bevölkerung aus. Im Jahr 2014 besaß mit 9,2 Mio. der Großteil der Bevölkerung mit Migrationshintergrund die deutsche Staatsangehörigkeit, 7,2 Mio. waren Ausländer (vgl. Statistisches Bundesamt 2015a, S. 7). Ein Viertel der Personen mit Migrationshintergrund in Deutschland sind muslimischen Glaubens; von ihnen besitzt knapp die Hälfte die deutsche Staatsangehörigkeit. Mit den Fluchtbewegungen des Jahres 2015 wird sich die Zahl der Menschen mit muslimischen Zugehörigkeitsbezügen in Deutschland erhöhen. Genaue Zahlen liegen noch nicht vor, aber nach Asylanerkennung und Familiennachzug könnten die Zahlen bei einem Plus von 800.000 liegen, was einen prozentualen Anstieg des muslimischen Bevölkerungsteils von 5 Prozent auf 6 Prozent der Gesamtbevölkerung bedeuten würde.

Der Wandel hin zu einer postmigrantischen Gesellschaft, die Zugehörigkeit und Anerkennung über das Migrantische hinaus verhandelt, auf der einen Seite und Ausschlüsse wie rassistische Diskriminierung auf der anderen Seite, führen zu multiplen Identitätspositionierungen aufseiten der Minderheiten, so auch der Muslime – und verdeutlichen unterschiedliche performative Umgangsstrategien als Reaktionsspektrum auf Fremdzuschreibungen. Dieser Beitrag beschreibt performative Aushandlungen muslimischer Identität vor dem Hintergrund von Fremdzuschreibung und Islamfeindlichkeit und fokussiert dabei auf den Auf- und Ausbau religiöser Kapitalstrukturen.

2   Neue muslimische Kollektividentität?

Im Zuge der antimuslimischen Alterisierungsdebatten der letzten Jahrzehnte, die nicht erst mit dem 11. September 2001 begannen, sondern bereits in Huntingtons Clash of Civilizations angelegt waren, ist in einigen europäischen Einwanderungsländern das Entstehen einer übergeordneten „muslimischen Identität" zu beobachten. Wissenschaftler prägen hierfür, angelehnt an die von Aziz al-Azmeh (1996) geprägte Formulierung der „Islamisierung des Islam", den Begriff der „Muslimisierung": „[D]ie in Europa geführte Diskussion suggeriert, Muslim zu sein und an eine freiheitlich-demokratische Grundordnung zu glauben, sei nicht kompatibel. Dies geht nicht nur an der Lebensrealität der meisten in Europa lebenden Muslime vorbei. Die Muslime werden zudem auch als einheitliche Gruppe konstruiert – was zu ihrer Muslimisierung führt." (Amirpur 2011, S. 197; vgl. Krüger-Potratz und Schiffauer 2011; vgl. Paulus 2008)

Die Bezeichnung muslimisch gilt zwar als religiöse Kategorisierung, aber in den vergangenen Jahren wird sie zunehmend synonym für ‚Migranten', ‚Ausländer', oder ‚Fremde' benutzt (vgl. Spielhaus 2006). Diese Begriffe wiederum klassifizieren vorrangig Herkunft, Hautfarbe, Aussehen und Namen – also Phänotypen – und markieren somit kulturelle, ethnische, religiöse und nationale Identitätskategorien – im Folgenden verwendet als KERN-Kategorien. Muslimischsein ist daher zunehmend ein gesellschaftspolitisches Merkmal für „Anderssein" geworden, das über die religiöse Komponente hinauszutragen und neue Identifikationsmomente zu prägen scheint. Insofern ist Muslimischsein über die religiöse Bezeichnung hinweg zu einer sozialen Kategorie geworden.[1] Hierbei ist zu beobachten, dass der Prozess der Selbstbezeichnung als ‚muslimisch' auch von Menschen genutzt wird, die von sich selbst zuvor nicht als Muslime gesprochen haben oder zumindest die Bezeichnung muslimisch nicht als relevanten Teil ihrer Selbstbeschreibung betrachteten.

Diese Identifizierung entsteht unter anderem aus folgenden drei Gründen:

1. **Anrufung/Interpellation**: Die Identifizierung korrespondiert mit der Ansprache, der diese Personen sich medial und politisch von Seiten der nicht-muslimischen Gesellschaft gegenübersehen. Riem Spielhaus verweist bezugnehmend auf Judith Butler darauf, dass „[...] das Subjekt durch ‚Anrufung oder Interpellation' [...] ‚ins Leben gerufen [wird (Anmerk. d. Verf.)]. Butler bezeichnet den Ausgangspunkt dieser Subjektwerdung als ‚being called a name' (Butler 1997: 2)." Spielhaus schreibt weiterhin: „Angesprochen zu werden, bedeutet also nicht nur, in dem, was man bereits ist, anerkannt zu werden; sondern jene Bezeichnung zu erhalten, durch die die Anerkennung der Existenz möglich wird. Kraft dieser grundlegenden Abhängigkeit von der Anrede des anderen gelangt das Subjekt zur ‚Existenz' (Butler 2006: 15)." (Spielhaus 2011, S. 137)
2. **Subjektivierung**: Die Positionierung als „muslimisches Subjekt" (Tezcan 2012) findet teilweise auch aufgrund von selbstbewusster, trotziger oder widerständiger Performanz gegenüber der Anrufung statt. Auch sind Subjektivierungsprozesse Teil einer Identitätspolitik, die stärker auf Sichtbarkeiten und Repräsentation

---

1 Was übrigens in vielen muslimischen Herkunftsländern schon immer so war – auch wenn es hier nicht um einen Differenzmarker geht, sondern eher darum, dass Muslimischsein eine Art Basisidentität ist, auf der andere Identitätsmarker aufbauen können, z. B. Gläubigkeit, religiöse Praxis, Säkularität, Frömmigkeit oder auch Gleichgültigkeit gegenüber religiösen Regeln.

setzt und somit auf Ungleichheit und Missrepräsentationen aufmerksam macht. Die immer wieder diskursiv oder persönlich von außen an die Person herangetragene Bezeichnung als Muslim_a wird irgendwann mit einer widerständigen Performanz gefüllt. Ein Interviewzitat aus dem Forschungsprojekt HEYMAT[2], das von 2008 bis 2013 an der Humboldt-Universität zu Berlin durchgeführt wurde, belegt diese Performanz deutlich. Nach der Herausbildung ihrer muslimischen Identität befragt, beschrieb die junge türkeistämmige Studentin, ihre Entscheidung ein Kopftuch zu tragen, wie folgt: „Also gut, wenn ihr alle sagt, dass ich muslimisch bin, dann bin ich's halt. Und dann trag ich auch ein Kopftuch! Meine Eltern haben sich auch sehr darüber gewundert."
3. **Solidarisierung**: Die neue übergeordnete muslimische Identität entsteht auch aufgrund von Solidarisierung mit der als diskriminiert empfundenen Gruppe der ‚Anderen', zu der man z. B. aufgrund eines politisch-moralischen Ethos des Einstehens für Gleichheit aufschließt, auch aufgrund des Gefühls, illoyal zu sein, wenn man sich in einem derzeit als stark islamfeindlich wahrgenommenen Klima nicht positioniert. So ist bei manchen als atheistisch, kommunistisch oder areligiös geltenden Personen eine zwar eingeschränkte, aber dennoch wiederkehrende Selbstbezeichnung als muslimisch zu beobachten. Riem Spielhaus hat dafür in ihrem Buch ein bezeichnendes Zitat: „Aber ich sag Ihnen eins: Vielleicht würde ich mich als gar nichts bezeichnen, wenn nicht diese Debatten wären. Aber bei so viel Ungerechtigkeit muss ich Position beziehen. Und ich werde nicht zulassen, dass pauschal ein – wirklich – Kübel von Dreck ausgeschüttet wird über alle Menschen muslimischen Glaubens. Da merke ich, wie dann meine Solidarität wächst, immer mehr wächst." (Lale Akgün, zitiert in Spielhaus 2011, S. 87.)

Muslimischsein ist ein Code geworden, der unabhängig von der Religiosität, symbolische, politische, gesellschaftliche oder solidarische Zugehörigkeit symbolisiert und unabhängig von bleibenden Grenzen und Unterschiedlichkeiten vor allem eine Kernaussage transportiert: ‚Ich teile Deine Erfahrungen des zugeschriebenen „Andersseins" – in vielen Fällen auch: Deine Erfahrung mit Abwertung, Diskriminierung oder Ausschluss. Ich kenne Deine Gefühle der Kränkung, Verunsicherung und Wut. Deine Fragen sind mir bekannt, Deine Anekdoten und Emotionen bestätigen mich.' Die geteilte Erfahrung mit Momenten der Differenz und Diskriminierung findet sich allerdings auch in Lebenserfahrungen von nicht-muslimischen schwarzen Deutschen und People of Color wieder sowie bei Personen, die aufgrund unterschiedlichster anderer Merkmale herabgewürdigt werden, sei es aufgrund ihrer sozialen Herkunft, ihres Geschlechts, ihrer sexuellen Orientierung, ihres

---

2 Projektseite: https://www.projekte.hu-berlin.de/de/heymat [25.05.2016].

Alters oder einer physischen oder psychischen Beeinträchtigung. Allerdings sind im derzeitigen politischen Klima seit geraumer Zeit Muslime besonders im Fokus.

Als Konsequenz ist zu beobachten, dass sich eine vermeintliche kollektive Identität als Grundlage eines konstruierten kulturellen Gedächtnisses in der Migration herauszubilden scheint. Jürgen Habermas (1990, S. 93) bezeichnet dies als „*produktive Neuorientierung*", die der Sicherung biographischer Kontinuität dient und die „*beschädigte Identität*" wieder in eine einheitliche Ordnung bringt. Das kulturelle Gedächtnis bildet sich heraus, wenn die Subjekte, die sich zu einer konstruierten Gruppe zusammenschließen, eine gemeinsame Vorstellung von Werten, Ansichten, Erwartungen und Orientierungen teilen und sich in diesem Sinne mit der übergeordneten Gruppe identifizieren und/oder solidarisieren. Im Falle der neuen hybriden muslimischen Identitäten findet allerdings die Konstruktion dieses kulturellen Gedächtnisses eher auf Basis von Erfahrungswerten in der Migration statt und nicht zwangsläufig auf Basis geteilter Werte, Ansichten und Erwartungen, die sie aus dem Islam schöpfen. Viele dieser Erfahrungswerte sind negativ belegt und mit Ausschluss- und Abwertungsmomenten unterlegt, dazu gesellen sich die für viele Migranten gleichermaßen geteilten Erfahrungen des Verlustes von Heimat oder der Sehnsucht nach dem Herkunftsland – selbst wenn dieses mit traumatischen Erinnerungen verbunden wird und selbst wenn die Personen nicht selbst migriert sind, sondern diese Erzählungen über ihre Eltern transportiert wurden. Es findet also eine kollektive Identität auch auf Basis der Migrationserfahrung statt – sei sie nun selbst erzählt, oder auch nur Teil der Familiengeschichte. Die muslimischen Identitäten, die in diesem Artikel beschrieben werden, sind Identitätsbeschreibungen NACH der Migration – also nicht verallgemeinerbar. Insofern soll auch im vorliegenden Artikel von postmigrantischen hybriden Identitäten gesprochen werden.

Werte, Ansichten, Erwartungen und Orientierungen, die in Einwanderungsgesellschaften von postmigrantischen Subjekten geteilt werden, beziehen sich weniger auf tradierte kulturelle „Herkunfts-Werte" oder -Ansichten, als vielmehr auf Werte und Orientierungen mit Bezug auf die eigene Positionierung als Minderheit, Ansichten zu Diskriminierung oder Erwartungen an die Gesellschaft, z. B. in puncto Anerkennung, Chancengleichheit und Teilhaberechte. Es findet sich aufgrund multipler individueller Ausschlusserlebnisse ein Kollektivgedächtnis im Teilen einer spezifischen Erfahrung: Der Erfahrung von Fremdmarkierung, permanenter Selbsterklärung und damit einhergehend, die Erfahrung von Ungleichheit, vor allem aber von Ungleichwertigkeit (vgl. Heitmeyer 2012). Diese gemeinschaftsstiftenden Merkmale, die aus einer Kollektiverfahrung als Outgroup resultieren, entstehen unter anderem als Reaktion auf statistisch nachweisbare antimuslimische Einstellungen in Europa, die im Verlauf des letzten Jahrzehnts eine stabil-hohe

Bezugsgröße in Einstellungserhebungen der Bevölkerung europäischer Einwanderungsgesellschaften darstellen.

2.1 Negative Fremdzuschreibung – Muslimfeindlichkeit

Eine Studie unter dem Titel „Die Abwertung der Anderen", von Andreas Zick, Beate Küpper und Andreas Hövermann untersuchte im Jahr 2013 die Einstellung der Bevölkerung in ausgewählten europäischen Ländern gegenüber Muslimen und „dem" Islam. Allein in Deutschland fanden demnach 46,1 Prozent der Bevölkerung, es gäbe zu viele Muslime in diesem Land, bei einem Anteil von 5 Prozent Muslimen an der Gesamtbevölkerung. Und 54,1 Prozent sind der Meinung, Muslime würden zu viele Forderungen stellen. Hier verlagern sich offenbar ehedem pauschal als fremden- oder ausländerfeindlich bezeichnete Einstellungen in Richtung einer religiösen Minderheit, wobei dieser auch Personen zugerechnet werden, die sich selbst nicht als religiös bezeichnen. Hier findet die Markierung vor allem anhand der Herkunftsregion oder äußerer Merkmale statt. (Vgl. Zick et al. 2013)

Begriffe wie Parallelgesellschaft, Home-Grown-Terrorism, Hassprediger, Zwangsehe und Ehrenmord überlagern seit Jahren die Wahrnehmung der nicht-muslimischen Gesellschaften und führen trotz gegenläufiger statistischer Trends, die einen stetigen Fortschritt im Integrationsprozess messen (SVR)[3] zu pauschalen Verurteilungen, wie sie in der sogenannten Sarrazin-Debatte Deutschlandweit sichtbar wurden (vgl. Foroutan et al. 2011). Was an dem Trend besonders irritiert und was Wilhelm Heitmeyer in einem Interview schon 2006 feststellte, ist, dass „normalerweise gilt: je höher die Bildung, umso weniger Abwertung. Das stimmt in Bezug auf Obdachlose, Homosexuelle, Juden, Fremdenfeindlichkeit, Sexismus und Rassismus. Nur beim Islam ist das anders. Dort schützt Bildung weniger vor der generalisierten Abwertung der Kultur des Islam." (Reinecke und Seidel 2006) In einer 2011 erschienenen Studie der Universität Münster zu Einstellungen der deutschen Bevölkerung gegenüber religiöser Vielfalt äußerten 62,2 Prozent der Befragten Ostdeutschen, sie hätten gegenüber Muslimen eine negative bis sehr negative Einstellung und in Westdeutschland äußerten dies 57,7 Prozent. Die gleiche Studie legt dar, dass nicht nur in Deutschland, sondern europaweit der Islam überwiegend mit negativen Stereotypen der Benachteiligung der Frau, des Fanatismus, der Gewaltbereitschaft und der Engstirnigkeit assoziiert und imaginiert

---

3 Der Sachverständigenrat deutscher Stiftungen für Integration und Migration gibt seit 2010 ein jährliches Gutachten zum Stand der Integration heraus. Online abrufbar unter: http://www.svr-migration.de/jahresgutachten/ [01.05.2016].

wird (vgl. Pollack 2010). Eine Studie der Friedrich-Ebert-Stiftung diagnostizierte ebenfalls, dass der Trend zur pauschalen Stereotypisierung „Vom Rand zur Mitte" (Decker und Brähler 2006) gerückt sei, um kurze Zeit später gar „Die Mitte in der Krise" (Decker et al. 2010) zu verorten, die – so Heitmeyer – bedingt durch einen einseitig volkswirtschaftlich fokussierten, ökonomistischen Blick auf die Menschen, jene zu entmenschlichen beginnt, die dem auferlegten Leistungsstandard nicht entsprechen, indem sie diese zum volkswirtschaftlichen Schaden für die Bundesrepublik Deutschland degradieren (vgl. Heitmeyer 2012, S. 27). Heitmeyer spricht hier gar von einer „verrohenden Bürgerlichkeit" (ebd., S. 35). Islamfeindlichkeit in Deutschland ist also keineswegs neu und nicht erst mit dem Aufstieg von AfD und Pegida im deutschen Debattenraum präsent.

Eine Analyse des Berliner Instituts für empirische Integrations- und Migrationsforschung (BIM) auf Basis eines bevölkerungsrepräsentativen Datensatzes ergab unter anderem, dass bei der Bewertung muslimischer Männer allein die Information „muslimisch" ausreicht, um signifikant negativere Einstellungen zu erzeugen. Wenn jemand Ibrahim oder Stefan heißt und muslimisch ist, dann verändert auch die Information „Abitur" oder „engagiert sich im Altenheim" die Einstellungen nicht positiv. Ca. 30 Prozent der Befragten gaben an, es sei ihnen unangenehm, wenn diese Personen in ihre Familie einheiraten würden. Daraus lässt sich schließen, dass vielfach „Integrationsbemühungen" um Bildung oder soziales Engagement bei männlichen Muslimen keinen positiven Effekt auf ihre Anerkennung haben, ganz gleich, ob gebildet und sozial engagiert – es reicht, wenn die Männer muslimisch sind, um ihnen angleichende soziale Nähe zu verweigern. Die Ergebnisse untermauern die Hypothese, dass Integrationsfortschritte von Muslimen die Wahrnehmung der Bevölkerung nicht automatisch verändern und auch nicht automatisch zu Akzeptanz führen, womit erkennbar wird, dass die stetig vorgebrachten Forderungen nach Integrationsbemühungen vielfach nur vorgeschoben sind. (Vgl. Canan und Foroutan 2016)

Die pauschalen Abwertungen von Muslimen, auch aus der Mitte der Gesellschaft heraus, haben Auswirkungen auf die Selbstwahrnehmung und Performanz muslimischer Identitäten nicht nur in Deutschland, sondern im weiteren europäischen Kontext.

3 Religiöses Kapital als Teil muslimischer Performanzstrategien

Parallel zu den skizzierten Fremdwahrnehmungen und in Folge von zunehmenden identifikatorischen Momenten der Kollektivassoziation sind in europäischen Einwanderungsländern hybride Identitätsperformanzen zu beobachten, die zum einen die Vielfältigkeit und Differenz innerhalb der muslimischen Bevölkerungsgruppe deutlich machen und zum anderen die Hybridität der europäischen Einwanderungsgesellschaften selbst widerspiegeln. Die Frage nach Hybridität als normalisierendem Element in heterogenen Gesellschaften ist zwar theoretisch im Raum, praktisch wird jedoch weiterhin die Sehnsucht nach Eindeutigkeit artikuliert – was der europaweite Anstieg der Rechtspopulisten deutlich vor Augen führt, der eine Reduktion von Komplexität, ein Ordnung schaffen, ein klares Wir-Ihr verspricht. Deutschland ist, bedingt durch globale Wirtschaftsstrukturen und demographischen Wandel, auf Migration angewiesen. Im öffentlichen Raum erscheint dieses aber gleichzeitig als Bedrohung der identitären Gewissheit, was zu politischen Konflikten führt. Besonders stark spiegelt sich diese Eindeutigkeitsbestimmung an der Frage nach der Rolle des Islam in Europa wieder. Ob der Islam nun zu Deutschland gehört oder nicht, ist seit 2010 eine öffentlich geführte Debatte, an der sich Politik, Medien und öffentlicher Raum abarbeiten. Parallel dazu erhält die christlich-abendländische Leitkultur Konjunktur. Es wird von einer zunehmenden Rückkehr des Religiösen in den öffentlichen Raum gesprochen, von einem *religious turn* (vgl. Roy 2010).

3.1 Religiöses Kapital als Ressource[4]

Eine zunehmend zu beobachtende argumentative Grundfigur lautet, „die Muslime" brächten durch ihre Präsenz die Religion wieder in den öffentlichen Raum zurück und erzeugten damit in einer stark säkularisierten Umwelt Spannungen. In diesem religiösen Feld werden muslimische Akteure, gleich ob „religiöse Spezialisten" oder „religiöse Laien" von der nicht-muslimischen Gesellschaft zu religiösen Experten stilisiert. Ihnen wird ein religiöses Kapital zugerechnet, über das viele von ihnen gar nicht verfügen.[5] Immer wieder berichteten die Interviewpartner, dass sie mehrfach im Laufe ihres Lebens in Deutschland als Experten ihrer Religion,

---

4 Dieses Kapitel wurde gemeinsam mit Damian Ghamlouche geschrieben, der wissenschaftlicher Mitarbeiter im HEYMAT-Projekt war.
5 Religiöses Kapital wird hier definiert als akkumulierte Arbeit im religiösen Feld – analog zum kulturellen Kapital zu verstehen (vgl. Bourdieu 1992).

also als Islam-Experten angesprochen wurden, selbst wenn sie über keinerlei oder wenig Kenntnisse verfügten. Im Gegensatz zu der prägenden, ebenfalls multipel benannten Erfahrung, dass sie in vielen Fällen besser als die Mehrheit sein mussten, um gleich bewertet zu werden, wurde ihnen also auf dem religiösen Feld ein Vorsprung zugeschrieben. Diesen konnten sie speziell gegenüber einer zunehmend religionslosen oder religionsfremdelnden Umwelt als Kapital umgruppieren. Im Gegensatz zu den anderen Feldformen musste man also nicht Experte sein, um in diesem Feld zu konkurrieren.

Als Reaktion war vielfach eine tatsächliche Auseinandersetzung mit Fragen der Religion zu beobachten. Die Personen schilderten das in unseren Interviews wie folgt: „Wenn ich schon dauernd als Muslim angesprochen werden, dann will ich wenigstens wissen, was das ist!" Dabei entstehen eine Legitimation des Religiösen sowie eine Übertragung in die Dimension des symbolischen Kapitals, was wiederum wirkmächtig für die Aneignung der anderen Kapitalsorten sein kann. Die Religiosität, das religiöse Wissen und die Heilsgüter werden dann zum religiösen Kapital, wenn sie nicht ausschließlich zur Befriedigung der eigenen religiösen Bedürfnisse verwendet werden, sondern eingesetzt werden, um mehr religiöses Kapital zu erlangen, das wiederum eingesetzt wird, um in Form von symbolischem Kapital andere Kapitalformen zu generieren. So ist zu beobachten, dass in den neueren „erweckungsislamischen" Diskursen, die Zuwendung zum Islam vielfach auch mit einer starken Hinwendung zu Bildung und gesellschaftlichen Positionierungen als Autorität, Ansprechpartner und Vermittler einhergeht.

Das religiöse Kapital ist analog zum kulturellen Kapital zu verstehen, denn das Wissen und die Bildung über die jeweilige Religion kann als Bestandteil des inkorporierten Kulturkapitals verstanden werden (inkorporiertes Religionskapital) und dies auch als sozialisierte Vererbung (religiöses Umfeld/Familie), als objektiviertes Religionskapital (Religiöse Bücher, religiöse Artefakte, religiöse Kunst) und institutionalisiertes Religionskapital (religiöse Titel). In einem säkularisierten Umfeld kann ein hohes Maß an religiösem Kapital aufgrund des transzendentalen Charakters auch als eine Ressource verstanden werden, die sehr exklusiv gestaltet ist und nur wenigen Menschen zusteht. Hier ist der Zugang also zunächst nur wenigen möglich und da in einem säkularisierten Umfeld der Markt der Heilsgüter durch Profanisierung beschränkt ist, kommt es zu einer Form der Verknappung, die das religiöse Kapital zusätzlich aufwertet. Gleichzeitig wird der Zugang, durch den derzeitigen abwertenden Diskurs von außen, erleichtert. Ohne viel religiöse Arbeit leisten zu müssen, wird die Person von außen als Muslim und religiöser Experte quasi in das religiöse Feld hineingedacht. Hier muss er sich, sofern er religiöser Laie ist, erst zurechtfinden. Durch die zunächst einmal niedrigschwellige und durchlässige Zugangsform zum Islam, der im Gegensatz zu Christentum und

Judentum keine Taufe oder hochritualisierte Zugangsbarrieren kennt, kann der Zugang also leichter und schneller Authentizität erlangen. Der performative Akt der Zugehörigkeit erfolgt dann auf Basis akkumulierten oder wieder erweckten Wissens. Muslim ist zunächst einmal in absoluter Vereinfachung, wer als Kind eines muslimischen Vaters geboren ist – vergleichbar der Weitergabe des Judentums durch die jüdische Mutter (vgl. Spielhaus 2011). Auch wenn daraus keine praktische Religiosität und sogar im Verlauf des Lebens Abwendung oder Ablehnung erfolgen, können Personen, wenn sie als Muslime angesprochen werden, auch wenn sie sich selbst nicht als muslimisch fühlen und nicht praktizieren oder sogar diese identitäre Beschreibung verweigern, immer wieder Zugehörigkeitscodes empfangen, gerade in Zeiten erhöhten Außendrucks. Das erleichtert performative muslimische Selbstbezüge, weil keine religiöse Authentizität vorausgesetzt wird.

Somit kann ein religiöses Kapital sowohl für die Gewinnung von Machtpositionen innerhalb der Community eingesetzt werden (z. B. Prestige im symbolischen Kapital/ angenommene hohe Moralität des religiösen Menschen) als auch als Überhöhung gegenüber einer areligiösen Gemeinschaft verstanden werden – nämlich als privilegierter Zugang zu Gott. Gleichzeitig kann ein durch externalisierten „Druck" angehäuftes religiöses Kapital auch zu Ablehnung und Segregation führen und religiöse Emeriti erzeugen. Wahrscheinlich ist, dass ein hohes kulturelles Kapital, gepaart mit einem hohen religiösen Kapital, die höchste Machtdisposition ergibt, wohingegen ein ungebildeter religiöser Spieler (Akteur) mit wenig Kulturkapital und wenig religiösem Kapital in der gegenwärtigen Sozialstruktur am wenigsten Macht akkumulieren kann.

Die verschiedenen hybriden deutsch-muslimischen Identitätsperformanzen sind nicht als Realtypen zu verstehen, sondern vielmehr als familienähnliche Spielarten von Gegen-Narrativen, die sich der eurozentristischen Gruppierung „der Muslime" entziehen und eine Kategorisierung als Vernetzung vorschlagen, die als Versuch einer konstituierenden Kritik gelesen werden kann (vgl. Lorey 2012). Die Reaktionsmechanismen sind auch unter der Postulierung zu verstehen, dass im europäischen Diskursfeld ähnliche Ausgrenzungspraxen gegenüber dem Islam vorzufinden sind wie in Deutschland und gleichzeitig ein homogenes, monolithisches Islamverständnis vorherrscht bei gleichzeitiger Diversifizierung (vgl. Nielsen et al. 2012). Somit ist die natio-ethno-kulturelle Kategorie (vgl. Mecheril 2003) „Deutschsein" in der Dynamik der Konstruktion des radikal Anderen im „Muslimischsein" als theoretische Prämisse auf andere natio-ethno-kulturelle Kategorien in Europa übertragbar. So beschreibt die Studie „Muslims in Europe", dass 75,5 Prozent der befragten Muslime nicht davon ausgehen, dass sie als Zugehörige der jeweiligen Aufnahme- bzw. Dominanzgesellschaft im Hinblick auf die jeweilige natio-ethno-kulturelle Kategorie gelten.[6]

Nilüfer Göle (2006) beschreibt ebenfalls diese Differenzkategorien, die sich vor dem Hintergrund des Entstehens einer europäischen Identität speziell mit Bezug auf die als Gegenpol konstruierte Gruppe der Muslime herausbilden. Vor dem Hintergrund der dichotomen Positionierung einer vermeintlich auf christlichen Werten basierenden europäischen Identität ist zu beobachten, dass Muslimischsein europaweit als Gegenteil zum Europäischsein wahrgenommen wird. Dies spiegelt sich zum Beispiel im Namen der „Patriotischen Europäer gegen die Islamisierung des Abendlandes, PEGIDA" wieder. Insofern sind Performanzen deutsch-muslimischer Identitäten auch auf den breiteren europäischen Kontext übertragbar und müssen nicht zwangsläufig nur als spezifisch deutsch betrachtet werden.

4   Fazit

Die Irritationen, die besonders im Zuge der sogenannten Sarrazin-Debatte bei jenen ausgelöst wurden, die mehrere Monate pauschal unter dem Label „Muslime" als minder intelligent, integrationsverweigernd und volkswirtschaftlicher Schaden für Deutschland diskutiert wurden, sind nachvollziehbar, da selbstverständlich keine homogene Gruppe „der Muslime" existiert – weder in Deutschland noch anderswo. In Deutschland ist Muslimischsein ein statistischer Wert, der sich aus ca. 4,3 Millionen im Mikrozensus gezählten Menschen ergibt, die selbst oder ihre Eltern bzw. Großeltern aus Herkunftsländern mit mehrheitlich muslimischer Bevölkerung eingewandert sind. Diese Zahl geht zwar nach einer repräsentativen Studie des BAMF im Auftrag der Deutschen Islam Konferenz von einer Selbstbezeichnung als muslimisch aus (vgl. Haug et al. 2009), sagt jedoch nichts über den Grad der Religiosität oder die Nähe zum Islam. Sämtliche statistische Angaben zur Bevölkerungsgröße von Muslimen sind daher bis dato ungesichert (vgl. Spielhaus 2013).

Die Bevölkerungsgruppe der Muslime ist also zunächst eine statistische Bezugsgröße – in ihr finden sich praktizierende Traditionalisten ebenso wieder, wie säkulare Kulturmuslime. Dabei ist die Verankerung und Verbundenheit dieser „Muslime mit Migrationshintergrund" in den muslimischen Kontext vielschichtig und mehrdimensional. Sie reicht von teilweise losen Herkunftsverbundenheiten, über traditionale Orientierungen und spielerischen Selbstzuschreibungen, bis hin

---

6 Vgl. dazu die Zugehörigkeitsitems der Verweisung aus dem jeweiligen europäischen Kollektiv: Open Society Institute 2010.

zu aktiven neo-muslimischen Bekenntnissen, die im Zuge machtvoller Fremdzuschreibungen, im Zuge der politischen Entwicklungen der letzten Jahre entstanden sind. Identitäten sind nie statisch, sie sind vielschichtig und mehrdimensional (vgl. Straub und Renn 2002). Deutsch-muslimische Identitätsoptionen wandeln und etablieren sich täglich in neuen Facetten und sind einer ähnlichen Vielfalt unterlegen, wie z. B. jugendkulturelle oder popkulturelle Typologien (vgl. Gerlach 2006). Kategorisierungen werden bewusst oder unbewusst übernommen, etablieren sich so wiederum im Mehrheitsdiskurs und lassen weitere Unterkategorien entstehen. So entstehen muslimische Identitätstypen häufig auch im Bewusstsein und in der Aufnahme der Ablehnung, die durch anti-muslimische Ressentiments innerhalb der nicht-muslimischem Gesellschaft spürbar wird. Sie entstehen aber auch aus dem Bedürfnis, sich selbst einen Definitionsraum zu schaffen, in Zeiten, in denen der Islam ein sichtbarer Bestandteil des gesellschaftlichen Alltagslebens in Deutschland geworden ist. Dabei hilft einigen Muslimen eine Akkumulation religiösen Kapitals, weil sie nicht nur argumentative Optionen im antimuslimischen Diskurs schafft, sondern auch, weil sie Authentizität generiert, wenn die Fremdzuschreibung sowieso nicht zu umgehen ist.

Literatur

Al-Azmeh, Aziz. 1996. *Die Islamisierung des Islam. Imaginäre Welten einer politischen Theologie*. Frankfurt am Main/New York: Campus Verlag.
Amirpur, Katajun. 2011. Die Muslimisierung der Muslime. In *Manifest der Vielen. Deutschland erfindet sich neu*, hrsg. Hilal Sezgin, 197–203. Berlin: Blumenbar Verlag.
BGBl. 2004. *Gesetz zur Steuerung und Begrenzung der Zuwanderung und zur Regelung des Aufenthalts und der Integration von Unionsbürgern und Ausländern* vom 30.7.2004, BGBl. I S. 1950. Bonn: Bundesministerium der Justiz.
Bourdieu, Pierre. 1992. Ökonomisches Kapital – Kulturelles Kapital – Soziales Kapital. In *Die verborgenen Mechanismen der Macht*, hrsg. ders., 49–80. Hamburg: VSA.
Butler, Judith. 1997. *Excitable Speech. A Politics of the Performative*. New York/London: Routledge.
Butler, Judith. 2006. *Hass spricht. Zur Politik des Performativen*. Frankfurt am Main: Suhrkamp Verlag.
Canan, Coskun und Naika Foroutan. 2016. Changing Perceptions? Effects of Multiple Social Categorization on German Population's Perception of Muslims. *Journal of Ethnic and Migration Studies*. doi: 10.1080/1369183X.2016.1164591.
Decker, Oliver und Elmar Brähler. 2006. *Vom Rand zur Mitte. Rechtsextreme Einstellung und ihre Einflussfaktoren in Deutschland*. Berlin: Friedrich-Ebert-Stiftung.

Decker, Oliver, Marliese Weißmann, Johannes Kiess und Elmar Brähler. 2010. *Die Mitte in der Krise. Rechtsextreme Einstellungen in Deutschland 2010.* Berlin: Friedrich-Ebert-Stiftung.
Decker, Oliver, Johannes Kiess und Elmar Brähler. 2014. *Die stabilisierte Mitte. Rechtsextreme Einstellung in Deutschland 2014.* Leipzig: Universität Leipzig.
Foroutan, Naika, Korinna Schäfer, Coskun Canan und Benjamin Schwarze. 2010. *Sarrazins Thesen auf dem Prüfstand. Ein empirischer Gegenentwurf zu Thilo Sarrazins Thesen zu Muslimen in Deutschland.* https://www.projekte.hu-berlin.de/de/heymat/sarrazin2010. Zugegriffen: 25. Mai 2016.
Foroutan, Naika. 2016. Postmigrantische Gesellschaften. In *Einwanderungsgesellschaft Deutschland. Entwicklung und Stand der Integration*, hrsg. Hein Ulrich Brinkmann und Martina Sauer, 227–254. Wiesbaden: VS Verlag.
Gerlach, Julia. 2006. *Zwischen Pop und Dschihad. Muslimische Jugendliche in Deutschland.* Berlin: Ch. Links Verlag.
Göle, Nilüfer. 2006. Europe's Encounter with Islam: What Future? *Constellations* Volume 13 (2): 248–262.
Habermas, Jürgen. 1990. *Strukturwandel der Öffentlichkeit. Untersuchungen zu einer Kategorie der bürgerlichen Gesellschaft.* Frankfurt am Main: Suhrkamp Verlag.
Haug, Sonja, Stephanie Müssig und Anja Stichs. 2009. *Muslimisches Leben in Deutschland.* Nürnberg: Bundesamt für Migration und Flüchtlinge.
Heitmeyer, Wilhelm. 2012. Gruppenbezogene Menschenfeindlichkeit (GMF) in einem entsicherten Jahrzehnt. In *Deutsche Zustände. Folge 10*, hrsg. ders, 15–41. Berlin: Suhrkamp Verlag.
Krüger-Potratz, Marianne und Werner Schiffauer (Hrsg.). 2011. *Migrationsreport 2010 – Fakten – Analysen – Perspektiven.* Frankfurt am Main: Campus Verlag.
Lorey, Isabell. 2012. Konstituierende Kritik. Die Kunst, den Kategorien zu entgehen. In *Kunst der Kritik*, hrsg. Birgit Mennel, Stefan Nowotny und Gerald Raunig, 47–64. Wien: Turia+Kant.
Mecheril, Paul. 2003. *Prekäre Verhältnisse. Über natio-ethno-kulturelle (Mehrfach-)Zugehörigkeit.* Münster: Waxmann.
Nielsen, Jorgen S., Samim Akgönül, Ahmet Alibasic und Egdunas Racius. 2012. *Yearbook of Muslims in Europe. Volume 4.* Leiden: Brill.
Open Society Institute. 2010. *At Home in Europa. Muslims in Europe.* https://www.opensocietyfoundations.org/sites/default/files/a-muslims-europe-20110214_0.pdf. Zugegriffen: 25. Mai 2016.
Paulus, Stanislaw. 2008. Ethnisierung von Geschlecht und die diskursive Reproduktion von Differenz in der Fernsehdokumentation „Fremde Nachbarn. Muslime zwischen Integration und Isolation". In *Medien, Diversität, Ungleichheit. Zur medialen Konstruktion sozialer Differenz*, hrsg. Ulla Wischermann und Tanja Thomas, Tanja, 125–139. Wiesbaden: VS Verlag.
Pollack, Detlef. 2010. *Wahrnehmung und Akzeptanz von religiöser Vielfalt.* https://www.uni-muenster.de/imperia/md/content/religion_und_politik/aktuelles/2010/12_2010/studie_wahrnehmung_und_akzeptanz_religioeser_vielfalt.pdf. Zugegriffen: 25. Mai 2015.
Reinecke, Stefan und Eberhard Seidel. 15.12.2006. „*Religion ist die letzte Ressource*". http://www.taz.de/1/archiv/archiv/?dig=2006/12/15/a0186. Zugegriffen: 25. Mai 2015.
Roy, Olivier. 2010. *Heilige Einfalt: Über die politischen Gefahren entwurzelter Religionen.* München: Siedler.

Spielhaus, Riem. 2006. Religion und Identität. Vom deutschen Versuch, „Ausländer" zu „Muslimen" zu machen. *Internationale Politik* Nr. 3 (2006): 28–37.

Spielhaus, Riem. 2011. *Wer ist hier Muslim? Die Entwicklung eines islamischen Bewusstseins in Deutschland zwischen Selbstidentifikation und Fremdzuschreibung*. Berlin: Ergon.

Spielhaus, Riem. 2013. *Muslime in der Statistik. Wer ist Muslim und wenn ja wie viele?* http://mediendienst-integration.de/fileadmin/Dateien/Muslime_Spielhaus_MDI.pdf. Zugegriffen: 25. Mai 2015.

Statistisches Bundesamt. 2015. *Bevölkerung und Erwerbstätigkeit. Bevölkerung mit Migrationshintergrund. Ergebnisse des Mikrozensus 2014* (Fachserie 1 Reihe 2.2). Erschienen am 3. August 2015. Wiesbaden.

Straub, Jürgen und Joachim Renn (Hrsg.). 2002. *Transitorische Identität. Der Prozesscharakter des modernen Selbst*. Frankfurt am Main. Campus.

Tezcan, Levent. 2012. *Das muslimische Subjekt. Verfangen im Dialog der Deutschen Islam Konferenz*. Konstanz: Konstanz University Press.

Unabhängige Kommission „Zuwanderung" (Hrsg.). 2001. *Zuwanderung gestalten – Integration fördern. Bericht der Unabhängigen Kommission „Zuwanderung"*. Berlin: Bundesministerium des Innern.

Zick, Andreas, Beate Küppers und Andreas Hövermann (Hrsg.). 2013. *Die Abwertung der Anderen. Eine europäische Zustandsbeschreibung zu Intoleranz, Vorurteilen und Diskriminierung*. Berlin: Friedrich-Ebert-Stiftung.

Muslimische Jugendkulturen in Deutschland

Markus Ottersbach

1 Einleitung

Seit den Ausschreitungen an Silvester in Köln stehen muslimische Jugendliche mal wieder in Verdacht, vor dem Hintergrund ihrer kulturellen Zugehörigkeiten die Regeln des Zusammenlebens in Deutschland zu missachten. Dabei sind es nicht nur rechte Parteien, die diesen Verdacht schüren und sogleich schärfere Gesetze gegen ausländische Straftäter fordern. Auch die bürgerliche Mitte unserer Gesellschaft tendiert dazu, sich diesen Forderungen anzuschließen und zumindest Abschiebungen von AusländerInnen schneller als bisher durchführen zu können. Rechtsstaatliche Verhältnisse stehen damit mal wieder auf dem Prüfstand.

Im Kontext einer wie immer gearteten kulturellen Zugehörigkeit steht auch die Religionszugehörigkeit. Bei den Jugendlichen aus der Türkei oder – wie in der Silvesternacht thematisiert – aus dem Maghreb, ist das meistens der Islam. Muslimische Jugendliche stehen deshalb auch wegen ihrer Religionszugehörigkeit in der Kritik, insbesondere, was ihre Sexualmoral und ihre Haltung zu Frauen angeht.

Bei näherer Betrachtung haben die jungen Muslime zwar einen Migrationshintergrund, jedoch gar nichts mit Migration zu tun. Sie sind in Deutschland geboren und hier aufgewachsen und sozialisiert, in der Regel nie selbst migriert. Zudem gibt es auch Jugendliche ohne Migrationshintergrund, die sich zum Islam bekennen. Mit anderen Worten: Die Staatsangehörigkeit bzw. die kulturelle Herkunft sind nicht deckungsgleich mit einer muslimischen Religionszugehörigkeit bzw. muslimischen Jugendkulturen.

In diesem Beitrag wird der Versuch unternommen, aktuelle muslimische Jugendkulturen darzustellen und die damit einhergehenden Lebensstile und Milieus muslimischer Jugendlicher sichtbar zu machen. Von besonderem Interesse ist hier die Frage, inwieweit es sich dabei tatsächlich um von muslimisch orientierten Jugendlichen inspirierte, geprägte, „typische" oder ihnen lediglich zugeschriebene

Kulturen handelt. Zudem ist zu beachten, dass der „besondere" Blick auf junge Muslime und die mit dieser Perspektive einhergehende Festlegung auf eine ihnen „eigentümliche" mediterrane, orientalische, afrikanische oder auch muslimische Herkunftskultur, der Vielfalt aktueller muslimischer Jugendkulturen nicht gerecht wird, sondern mehr noch eine unangemessene „Besonderung" darstellt, die die Gefahr der Stigmatisierung und Diskreditierung birgt.

2   Die Verortung von Jugendkulturen

In modernen, pluralistischen Gesellschaften werden die Menschen vielfältig inkludiert, d. h. sie bewegen sich in zahlreichen Subsystemen der Gesellschaft wie dem Bildungssystem, dem Arbeits- oder dem Wohnungsmarkt, dem Gesundheits- oder dem Rechtssystem. Gesellschaftliche Rahmenbedingungen wie Globalisierung, Individualisierung und Pluralisierung spielen hier auf der einen und Aspekte der Lebenslage bzw. unterschiedliche Formen ökonomischen (Einkommen, Vermögen und Besitz), politisch-rechtlichen (politische Partizipationsmöglichkeiten, Grundrechte), kulturellen (Bildung, Zugang zu kulturellen Angeboten) und sozialen Kapitals (soziale Netzwerke) auf der anderen Seite, eine zentrale Rolle, da sie den Habitus jedes einzelnen Gesellschaftsmitglieds prägen.

Darüber hinaus üben Menschen zahlreiche Rollen aus. So sind z. B. Jugendliche nicht nur Schüler, sondern sie üben auch geschlechtsspezifische Rollen aus, leben in unterschiedlichen Sozialräumen, besuchen unterschiedliche Schulen, gelangen mit unterschiedlichen peer-groups in Kontakt und entwickeln unterschiedliche Lebensstile, die sie in bestimmten Milieus verorten, die wiederum als Kulturen, in unserem Fall, als Jugendkulturen bezeichnet bzw. sichtbar werden.

In der Regel werden diese Jugendkulturen medial vermittelt. Allerding sind Medien, insbesondere Massenmedien, primär an Außergewöhnlichem, Provokativem, Extremem, Negativem interessiert. In massenmedialen Reportagen erhält man allenfalls ein Zerrbild von Jugendkulturen. Eine seriöse Einschätzung setzt wissenschaftliche Forschungen voraus, in denen Jugendliche selbst zu Wort kommen. Exemplarisch zu nennen sind hier beispielsweise die 16. Shell Jugendstudie (Albert et al. 2010) oder die SINUS-Jugendstudie u18 (Calmbach et al. 2012). Sie belegen, dass viele negativ konnotierte Jugendphänomene nur die Sicht- und Verhaltensweisen einzelner Jugendliche bzw. Teilgruppen widerspiegeln. Dadurch werden stärker konformistisch gestaltete Habitusformen von Jugendlichen unsichtbar gemacht. Zudem gibt es unter den nonkonformistischen, expressiv oder provokativ agierenden solche, die im Sinne einer Avantgarde, gesellschaftliche Entwicklungen auslösen und langfristig sozialen Wandel herbeiführen.

Ein Versuch, die Vielfalt und Gegensätzlichkeit der Lebensentwürfe Jugendlicher in einer Übersicht abzubilden, wurde im Rahmen der bereits erwähnten SINUS Jugendstudie u18 (Calmbach et al. 2012) unternommen. In methodischer Anlehnung an die soziologische Milieuforschung wurden, auf der Grundlage von qualitativen Interviews, idealtypisch unterschiedliche Jugend-Milieus abgeleitet.

Darin sind sieben „Lebensweltmodelle", die die Lebensvorstellungen von 14 bis 17-Jährigen in Deutschland repräsentieren, identifiziert und anhand der Koordinaten „normative Grundorientierungen (traditionell bis postmodern)" und „Bildungsstand (niedrig bis hoch)" verortet (siehe Abbildung).

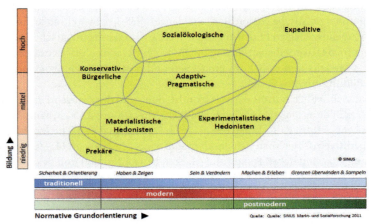

- Im traditionellen und modernen Bereich werden Jugendliche mit niedriger Bildung als „Prekäre" angesiedelt. Gemeint sind damit Jugendliche mit „schwierigen Startvoraussetzungen", geringer Affinität zum Lifestyle-Markt und dem Lebensziel, die eigene Situation zu verbessern.
- Im gleichen Bereich normativer Grundordnung, aber mit höheren Bildungsvoraussetzungen, rangieren Jugendliche, die als „Materialistische Hedonisten"

bezeichnet werden. Sie gelten als „sehr konsum- und markenorientiert", orientieren sich am Mainstream, legen Wert auf Familien und Freizeit.
- Als „Konservativ-Bürgerliche" werden die 14 bis 17-Järigen gesehen, für die eine „Normalbiographie" mit Ehe und Familie innerhalb der bewährten gesellschaftlichen Ordnung erstrebenswert ist.
- Ein relativ großes Milieu bilden Jugendliche mit überwiegend moderner Grundorientierung und mittlerer, zum Teil auch höherer Bildung im Zentrum des Modells: Sie werden als „Adaptiv-Pragmatische" gekennzeichnet. Als charakteristischer Lebensentwurf für diesen Teil der Befragten steht das Erlangen einer „Normalbiographie" durch hohe Anpassungsbereitschaft, der Wunsch von Wohlstand bei gleichzeitiger Abgrenzung von weniger leistungsbereiten Menschen.
- Als „Sozialökologische" werden jene Jugendlichen beschrieben, die gemeinwohlorientiert denken, altruistische und sozialkritische Positionen vertreten, offen für alternative Wertvorstellungen und Lebensentwürfe sind, Fortschritt aber auch skeptisch gegenüberstehen. Sie werden ausschließlich im Sektor höherer Bildung verortet.
- „Experimentalistische Hedonisten" sind laut SINUS-Lebensweltmodell in speziellen Jugendszenen zu finden. Sie legen Wert auf nonkonformistische, kreative, auch provokative Selbstentfaltung in Distanz zur Hochkultur. Repräsentanten dieses Modells finden sich im modernen und postmodernen Spektrum über alle Bildungsniveaus verteilt.
- Mit ausschließlich postmoderner Grundstellung und überwiegend im Segment höherer Bildung angesiedelt sind Jugendliche, die sich selbst als „urbane, kosmopolitische „Hipster" (Calmbach et al. 2012: S. 21) bezeichnen. Die sogenannten „Expeditive(n)" zeichnen sich durch pragmatische Erfolgs- und Lifestyleorientierung aus, sind dabei Trend- und Marken bewusst, mobil und flexibel sowie auf der Suche nach neuen Erfahrungen.

Während sich Jugendliche bis vor wenigen Jahrzehnten eher kritisch mit Norm- und Wertvorstellungen der jeweiligen Eltern- oder Erwachsenenkultur auseinandersetzten, scheinen diverse Jugendkulturen heute mehr untereinander um mediale Aufmerksamkeit und Prominenz und weniger um politische Zielvorstellungen zu konkurrieren. Hinzufügen muss man jedoch, dass das politische Engagement der Jugendlichen unterschätzt wird. Zwar nimmt die Bereitschaft, sich in Parteien, den Kirchen oder den Gewerkschaften zu engagieren, ab. Gestiegen ist jedoch hingegen das Engagement der Jugendlichen in bürgerschaftlichen Initiativen wie Amnesty International, Attac oder Greenpeace (vgl. Ottersbach 2003, S. 168). Bedeutsam ist die Rolle der Neuen Medien bei der Gestaltung der jugendlichen

Lebensstile und Milieus. In Deutschland verfügen 96 % aller Jugendlichen über den Zugang zum Internet (Albert et al. 2010: S.18). Die Zeit, die Jugendliche in Deutschland durchschnittlich im Internet verbringen, hat massiv zugenommen. Digitale Kommunikationsmedien und die virtuelle Welt des Internets werden von Jugendlichen nicht nur in großem Maße rezeptiv genutzt, sondern auch produktiv gestaltet. Hier stellen Jugendliche sich, ihre favorisierte Kultur – Beziehungsnetze, Freizeitaktivitäten, Stars und Idole, Musik, Mode – so wie ihre Lebensvorstellungen dar. Im Zeitalter der globalen Verfügbarkeit und Verbreitung von Informationen sowie problemloser Vernetzung (Facebook, VZ-Netzwerke etc.) suchen und finden Jugendliche weltweit jederzeit neuste Verweise auf aktuelle Stile, Trends und Moden. Genauso problemlos kommentieren (‚liken') sie diese oder tauschen sie sich darüber aus (‚chatten', ‚twittern'). Events und Entwicklungen zu jugendspezifisch interessanten Zeichen, Symbolen, Codes, Ritualen, Traditionen werden übernommen, man schließt sich (virtuell) an, ignoriert oder verändert sie, fügt neue Elemente ein, baut sie in einen anderen Kontext ein (Bricolage). Eine so praktizierte Teilhabe Jugendlicher in der virtuellen Welt befördert in der Folge gewöhnlich auch Entwicklungen und Veränderungen in die unmittelbaren Interaktionen, führt zu neuen Kommunikationsstilen und zur Modifizierung und Transformation von kulturellen Bedeutungsmustern.

Die rasante Entwicklung, Vervielfältigung und Verbreitung von jugendkulturellen Ausdrucksformen führt dazu, dass Jugendliche, die in irgendeiner Weise teilhaben, dabei sein, dazu gehören wollen, permanent gefordert sind, zwischen einem unüberschaubar gewordenen Angebot an Lebensstilen auszuwählen: Punks, Gothics, Emos, Skinheads, Skateboarder, Rollenspieler, Heavy Metall, Ultras, Rastas, Techno, Graffiti etc. Der in diversen Jugendszenen gebräuchliche Begriff des „crossover" macht die Selbstverständlichkeit der Kombination von ursprünglich genrespezifischen kulturellen Elementen deutlich. Selbst eine gleichzeitige Teilhabe an thematisch widersprüchlich erscheinenden Szenen – man ist sowohl Jesus Freak als auch Punk – ist fraglos möglich. Ambivalenz und Flexibilität gehören zu den stilbildenden Charakteristika vieler gegenwärtiger Jugendkulturen.

3 Jugendkulturen mit religiöser oder traditioneller Orientierung

Wie bereits erwähnt, werden in massenmedialen Darstellungen non-konformistische Verhaltensweisen besonders stark hervorgehoben. Daher darf nicht übersehen werden, dass zur Vielfalt aktueller Jugendszenen auch solche gehören, die sich innerhalb tradierter sozialer Organisationen verorten. Neben der – und parallel zur – virtuellen Realität wählen Jugendliche nach wie vor auch soziale Organisationen und Zusammenschlüsse, um gemeinsame Interessen zu teilen. Sie schließen sich Parteien, Gewerkschaften, Kirchen, Verbänden und Vereinen an, um sich im Kreis Gleichgesinnter zu engagieren oder ihre Freizeit zu gestalten. Immerhin 47 % der Jugendlichen in Deutschland sind 2010 oft oder gelegentlich in Vereinen aktiv, 16 % in Kirchengemeinden, dagegen nur jeweils drei Prozent in Gewerkschaften und Bürgerinitiativen und lediglich zwei Prozent gehören einer Partei an. Ohne Bindung an eine Organisation betätigt sich gut jeder dritte Jugendliche (37 %) in sozialer Hinsicht (vgl. zu den Angaben Albert et al. 2010: S. 155f.).

In der Regel verfügen die genannten Organisationen über eigens auf Jugendliche ausgerichtete Abteilungen mit jugendspezifischer Ausrichtung. Die Beziehungsnetzwerke sind hier generell stärker geregelt, zum Beispiel durch Mitgliedschaft oder die Übernahme bestimmter Funktionen. Damit einher geht häufig auch ein höheres Verpflichtungsgefühl gegenüber der Organisation sowie mitunter eine engere emotionale Verbundenheit mit ihren Zielen und mit anderen Mitgliedern. Anders als in tendenziell fluiden Cliquen, Crews und Szenen sehen sich Jugendliche, die sich etablierten vorstrukturierten Gemeinschaften anschließen auch stärker mit den Erwartungen einer dauerhaften Identifikation und Repräsentation mit diesen konfrontiert. Womöglich ist so auch erklärlich, dass die Mitgliedschaft in einer politischen Partei nur für sehr wenige Jugendliche reizvoll ist, andere Formen des politischen Engagement aber durchaus interessant sein können: Singuläre, unkonventionelle, aktionsbezogene Beteiligungsformen wie Demonstrationen, Protestversammlungen, Boykottaktionen, flashmobs oder shitstorms können als passende politische Artikulation im Kontext aktueller Jugendkultur interpretiert werden. Ähnliches gilt im Rahmen der weltanschaulich ausgerichteten Großorganisationen: Jugendliche, die tradierte religiöse Instanzen und Rituale ablehnen, bezeugen auf jedem Kirchtag anhand neuer kreativer Inszenierungen ihr Verständnis von und ihre Auseinandersetzung mit Religion.

Unter den Vorzeichen des Lebens in einem säkular verfassten Staat mit multireligiöser Gesellschaft sowie einem hohen Anteil religionsdistanter Menschen verkompliziert sich die ohnehin schwierige Positionierung zu religiösen Themen für einen Teil der Jugendlichen nochmals. Das Angebot weltanschaulicher Orientierungen ist in säkularen Gesellschaften nicht nur per se vielfältig, sondern wird zum anderen durch das beständige Aufkommen von „diversen postmodernen Parareligionen" (Graf 2004: S. 96) auch unübersichtlich. Neben den traditionellen religiösen Formaten etablierter Großreligionen treffen Jugendliche – zumindest in den Städten – auf neue religionsähnliche Gemeinschaften sowie esoterische oder spirituelle Offerten, die in mannigfaltiger Weise beispielsweise mit Elementen der

Mystik, des Okkultismus oder der Magie operieren. Manche dieser Formationen verbinden mit ihrer religiösen Ausrichtung auch politische oder gesellschaftliche Ansprüche: Die Spannweite reicht auch hier von den „Jesus People" bis zu den Pius Brüdern, vom Pop-Islam bis zum ultrakonservativen Salafismus.

Wenngleich Religion als ein Aspekt der Identitätsausformung Jugendlicher eine Rolle spielt, wäre es falsch, ihr grundsätzlich eine zu hohe Bedeutung beizumessen. Vielfach stellt sie ein adoleszenztypisches Übergangsphänomen dar, das in seiner Wichtigkeit im weiteren Lebenslauf von anderen Orientierungsaspekten überlagert wird. Zwar bleibt häufig eine formale Anbindung an eine Glaubensgemeinschaft bestehen, die aber keine entsprechende Praktizierung des Glaubens im alltäglichen Leben findet. Zunehmenden Einfluss auf die Lebensgestaltung und Lebensentwürfe muslimischer Jugendlicher hat allerdings eine Reihe von Ereignissen seit dem 11. September 2001 genommen. Die massenmedial verbreiteten Informationen des Terroranschlages islamistischer Extremisten oder die Silvesterereignisse in Köln haben Religion plötzlich wieder zu einem Megathema gemacht. In der Folge sahen sich jugendliche Muslime in der ganzen Welt zu politischen und religiösen Positionierungen veranlasst.

4 Muslimische Jugendkulturen?

In einigen wissenschaftlichen Studien werden inzwischen auch die Jugendkulturen junger Muslime untersucht. Die Anlässe dazu sind sehr unterschiedlich. Angesichts der geschätzten 1,6 bis 1,8 Mio. Muslime unter 25 Jahren ist die Bedeutung des Themas offensichtlich. Auf der einen Seite ist der Grund der Untersuchung ordnungspolitischer Art oder die Kriminalitäts- und Gewaltbereitschaft muslimisch orientierter Jugendlicher (vgl. Brettfeld/Wetzels 2007, Baier/Pfeiffer 2012). Diese, vornehmlich quantitativ orientierten Studien, machen die kulturelle Herkunft für das abweichende Verhalten muslimischer Jugendlicher verantwortlich, obwohl die meisten von ihnen – wie erwähnt – in Deutschland sozialisiert wurden. Milieuspezifische Aspekte, die bei der Kriminalitätsentwicklung eine besondere Rolle spielen, werden dabei ethnisch interpretiert und auf eine spezifische kulturelle Herkunft reduziert. Zudem werden nur bestimmte Delikte, wie die Gewaltbereitschaft analysiert. Andere Straftaten, die wiederum von Angehörigen anderer Milieus mehrheitlich verübt werden, werden ausgeklammert. Am Beispiel solcher Studien zeigt sich, dass die Verbindung von Jugend und Migration – sozusagen in konjunkturellen Zyklen – immer wieder in ein Licht der Problematisierung und einer starken Orientierung an Defiziten geraten kann.[1] Aus einer kritischen wissenschaftlichen Perspektive heraus ist es deshalb wichtig, diesem konstruierten Bild der mit Drogen, Kriminalität, Lärm und Bandentum in Verbindung gebrachten Jugendlichen und insbesondere jugendlichen Migrant(inn)en einerseits und dem stigmatisierten Image bestimmter kultureller Herkünfte andererseits, eine differenziertere Perspektive entgegen zu setzen. Es ist aber nicht nur ein wissenschaftliches, sondern auch ein politisches Anliegen, dieses Manko zu beseitigen. Die Stigmatisierung hat zunächst erheblich negative Folgen für die Jugendlichen bzw. für die Migrant(inn)en. Und schließlich wird durch diese Inszenierungen auch das friedliche Zusammenleben in der Gesellschaft bedroht. Wenn von Lebensentwürfen Jugendlicher mit Migrationsgeschichte die Rede ist, so birgt die Kopplung der Begriffe „Jugend" und „Migration" zudem eine weitere große Gefahr: Eine so gewählte Formulierung suggeriert nämlich bereits, dass sich Ansichten, Konzepte, Pläne und Vorstellungen dieser Jugendlichen über ihr aktuelles oder künftiges Leben offensichtlich von denen anderer Jugendlicher, die über keine Migrationserfahrungen verfügen, unterscheiden. Unmittelbare oder vermittelte Erfahrungen von Migration scheinen gemäß dieser Ausrichtung der Themenstellung derart bestimmend und folgenreich, dass sie Jugendliche damit bereits zu einer besonderen Gruppe junger Menschen machen, deren Erforschung besonderes Augenmerk nahelegt oder sogar verlangt. Abgesehen davon, dass eine so unscharfe Bezeichnung davon ausgeht, dass es sich bei den dabei in den Blick genommenen migrantischen Jugendlichen um eine homogene Gruppierung handelt, manifestiert die Benennung eine vielfach unterstellte Dichotome zwischen Menschen mit und ohne Migrationserfahrung. Die üblicherweise vorgenommene Unterscheidung zwischen dem (sesshaften) Einheimischen und dem hinzu gewanderten Fremden wird als maßgebliches Kriterium herangezogen, um relevante Besonderheiten in den Lebenskonzeptionen letzterer ausmachen zu können (vgl. Leiprecht 2012). Wie jede spezielle Beschäftigung mit vermeintlich geschlossenen sozialen Gruppierungen, bringt diese solche erst hervor, beziehungsweise verstärkt ein gängiges Bild von ihnen, das in der Realität der alltäglichen Lebenswelt nicht existiert. Als geradezu typische Folge einer derartigen Praxis hat sich im Anschluss daran das ebenso verbreitete wie – empirisch gesehen – falsche Bild vom Migranten als einem zwischen zwei Kulturen hin und her gerissenen Menschen gebildet.

Auf der anderen Seite gibt es inzwischen auch eine Reihe qualitativer Studien, die zwar Differenzen muslimischer Jugendkulturen zu anderen, nicht-muslimischen Jugendkulturen erkennen, im Grunde diese aber selbst als ein buntes Potpourri

---

1   Vgl. kritisch dazu für die Jugendforschung z.B. Griese/Mansel 2003: S. 11ff.; für die Migrationsforschung z.B. Ottersbach 2012 und für die Stadtforschung z.B. Krämer-Badoni 2002: S. 47ff.

verschiedener Strömungen auffassen. Auf die große Spannbreite muslimischer Lebenswelten hat schon Gerlach (2006) hingewiesen. Sie verweist dabei auf den Kontext der Anschläge vom 11. September, die die diskursive Bedeutung des Islams als negatives Symbol maßgeblich forcierten bzw. aufwerteten. Gerlach analysierte das Selbstverständnis der so genannten „Pop-Muslime", bei denen ein erheblicher Bruch zur Eltern- und Großelterngeneration sichtbar wurde. Islamzugehörigkeit, deutsche Staatsangehörigkeit und moderne Lebensstile werden von dieser Gruppe nicht als unüberbrückbare Teile eines Ganzen interpretiert, sondern als bunte Einheit, als eigenwillige Bricolage, gedacht und gelebt. Zentral ist dabei stets eine individuelle und eigenständige Auseinandersetzung mit dem Islam. Inzwischen hat sich eine große Anzahl institutionalisierter Formen dieser Lebensstile entwickelt. Zahlreiche Vereine, Initiativen und Migrantenorganisationen sind entstanden, in denen sich die pop-islamische Jugendszene sammelt und etabliert, teilweise parallel zu den etablierten Jugendverbänden im Sinne positiver Diskriminierung (vgl. Ottersbach 2016). Bei der öffentlichen Präsentation der Lebensstile nähern sich die muslimisch-orientierten Jugendlichen den nicht-muslimisch-orientierten an: Ob es um Modelabels, Kleidungsstücke oder Internetnutzung geht: die Präsentation des Habitus erfolgt nach denselben kapitalistisch verwertbaren Grundsätzen und dies gilt nicht nur in Deutschland, sondern in der gesamten „westlichen Welt".

Systematische Typologien muslimisch orientierter Jugendkulturen sind inzwischen z. B. von Kiefer (2010) und von Wensierski/Lübcke (2010) entwickelt worden. Kiefer differenziert zwischen religionsfernen bzw. gering religiösen, „fundamentalen", d. h. sich stark an traditionell-religiösen Normen orientierenden, nationalistisch-islamischen und aktivistisch-islamischen Jugendlichen. Bei dieser Differenzierung spielt vor allem der Intensitätsgrad religiöser Orientierung eine Rolle. Dennoch betont Kiefer, dass der Islam lediglich eine Facette der Identitätsbildung ausmacht. Auch Wensierski/Lübcke verweisen in ihrer Typologie (2010) auf einen ausgeprägten jugendkulturellen Pluralismus muslimischer Jugendkulturen. Vier zentrale Strukturmerkmale sind – den AutorInnen nach – ausschlaggebend für die Entwicklung muslimisch-orientierter Milieus: die Lebenslage als mehrfach benachteiligte Migrantenjugendliche, die ethnisch-kulturelle Identität, der spezifisch muslimische Habitus und die geschlechtsspezifische Ordnung bzw. die überwiegende Mehrheit männlicher Jugendlicher in diesen Milieus (vgl. Wensierski/Lübcke 2012, S. 74ff.).

Festzuhalten bleibt, dass eine Beschäftigung mit Lebensentwürfen von Jugendlichen, in deren Leben die Tatsache eine Rolle spielt, dass sie oder ihre Vorfahren nicht zu den „Einheimischen" gehören, hat die oben genannten Überlegungen zu berücksichtigen: „Die ‚Anders-Behandlung' der ‚Jugendlichen mit Migrationshintergrund' macht sie zu Anderen" – auch in und durch Forschung" (Mecheril et al. 2008: S. 69). Sie sollte also nicht von der Prämisse ausgehen, eine wie auch immer erfahrene „migrantische" Lebensgeschichte determiniere damit quasi eine bestimmte Art von Lebensentwürfen. Dass faktische oder zugeschriebene Migrationsphänomene für die Lebenswirklichkeit dieser Jugendlichen in mehr oder minder starkem Maße durchaus von Bedeutung sein können, darf genauso wenig übersehen werden. Der in Deutschland nach wie vor dominierende konventionelle Blick auf Migranten – selbst jene der zweiten und dritten Generation – sieht diese jedoch nach wie vor nahezu ausschließlich unter dem Gesichtspunkt der Kulturdifferenz und Fremdheit. Diese Sichtweise hat neben einer speziellen „Ausländerpolitik" unter anderem auch lange Zeit eine von paternalistischen und kompensatorischen Überlegungen geprägte „Ausländerpädagogik" hervorgebracht (vgl. Mecheril et al. 2008). Beide sahen zahlreiche rechtliche, *administerielle* und pädagogische Sonderbehandlungen vor. Auch in der ab den achtziger Jahren des letzten Jahrhunderts konzipierten und bis heute fortwirkenden Interkulturellen Pädagogik und Jugendarbeit sind noch die Gedanken der Herkunfts- und Defizitorientierung leitend. Die hier betonte Anerkennung und Gleichwertigkeit des „kulturellen Hintergrunds" ist von einem essentialistischen Kulturverständnis geprägt. Nach wie vor ist der Blick auf den jugendlichen „Migranten" in der Öffentlichkeit wie in der Wissenschaft stark mit der Vorstellung von gesellschaftlicher Belastung und sozialem Problempotential verbunden. Ein Perspektivwechsel hin zu einer Anerkennung und Wertschätzung der Ressourcen und Potentiale von jugendlichen Migranten zeichnet sich im alltäglichen Denken erst allmählich ab. Eine sich nach und nach etablierende kritische Migrationsforschung hebt die positiven Effekte von Mobilität und „Transnationalisierung der sozialen Welt" (vgl. Pries 2009) hervor. Sie stellt zum einen eine Herausforderung für eine durch Migrationsbewegungen geprägte Gesellschaft dar, verspricht aber andererseits auch die Eröffnung neuer Horizonte.

Sofern also von migrantischen oder – als weiterer „Besonderung" – islamischen Jugendkulturen die Rede ist, gilt es hier zuvor einige Aspekte zu bedenken. Zum ersten sind die mit solchen Bezeichnungen in den sortierenden Blick genommen Jugendlichen Jugendliche. Das heißt, dass sie sich wie ihre nicht-migrantischen oder nicht-islamischen Gleichaltrigen in einer Lebensphase befinden, die von der Ablösung von der Kindheit und der Orientierung an der Welt der Erwachsenen gekennzeichnet ist. Der Einstieg in die Arbeitswelt, zunehmende ökonomische Selbstständigkeit und Verantwortung, zunehmende Freiräume hinsichtlich sozialer Vernetzung und Lebensgestaltung, neue Freiheiten und Herausforderungen in der Welt des Konsums – diese Faktoren bestimmen in dieser Phase die Identitätsentwicklung Jugendlicher unabhängig von einem Migrations- oder Religionsstatus. Zum anderen gilt es zu bedenken, dass ihre Sozialisation in Deutschland stattgefunden hat und sie ihr bisheriges Leben (auch) mit Jugendlichen ohne Zuwanderungsgeschichte verbracht haben. Dazu gehört, dass sie die gleichen Schulen durchlaufen haben, mit den gleichen Themen und lokalen Geschehnissen konfrontiert waren, den gleichen lebensweltlichen Anreizen, Fährnissen und Herausforderungen ausgesetzt waren. So haben laut Uslucan türkischstämmige zwar auch häufig eine „viel kompliziertere und spannungsreichere Balance (zu) wahren: Sie müssen die Erwartungshaltungen der (oftmals stärker kollektivistisch eingestellten) Eltern, und zugleich die der (stärker individualistisch orientierten) Mehrheitsgesellschaft [...], sowie eigene Wünsche und Vorstellungen vom richtigen Leben vereinbaren" (Uslucan 2012: S. 57). Ein etwaiges migrantisches, ethnisches oder muslimisches Selbstverständnis lässt dabei dennoch nicht zwangsläufig auf von der Mehrheitsgesellschaft abweichende Lebensstile- oder entwürfe schließen (vgl. Nordbruch 2010: S. 35). So relativiert sich auch das massenmedial oft vermittelte Bild des gewaltaffinen und kriminellen jugendlichen Migranten, sobald man diese Minderheit mit der gewaltaffinen und kriminellen Minderheit einheimischer Jugendlicher aus prekären Lebensverhältnissen vergleicht. Wo Jugendliche unter defizitären Sozialisations- und Bildungsbedingungen aufwachsen, wo ihnen Anerkennung und Respekt verweigert werden, sie permanent die Erfahrung von Diskriminierung und Ausgrenzung machen, steigt ihre Bereitschaft, sich durch martialisches Auftreten und körperliche Gewalt, vorenthaltene Anerkennung zu verschaffen. Die medial aufgebauschten, in der alltäglichen Realität bei Minderheiten freilich nicht zu leugnenden Praxen sozial nicht akzeptierten Verhaltens „Verwilderter Jungmänner" – wie Bude (2008) sie unter Vermeidung nationaler, ethnischer oder religiöser Zuschreibung charakterisiert hat – sind somit quasi mit der sozioökonomischen Lage und nicht mit der ethnischen oder kulturellen Herkunft dieser Minderheiten zu verrechnen. Denn den maßgeblichen Faktor für die Chancen und Modi der Ausgestaltung von Jugendkulturen bilden letztlich die faktischen Lebensverhältnisse. Hierzu ist zu konstatieren, dass Jugendliche aus Migrantenfamilien in Deutschland in größerem Maße als Jugendliche ohne Migrationsgeschichte mit diversen Benachteiligungen leben. Sie verfügen häufiger über geringere materielle Ressourcen, leben in beengteren Wohnverhältnissen, haben erschwerten Zugang zu Bildung und qualifizierter Arbeit, unterliegen stärker ordnungsrechtlicher Kontrolle, sind in ihren politischen und rechtlichen Partizipationsmöglichkeiten stärker eingeschränkt (vgl. Ottersbach 2004, 2009). Das Armutsrisiko nach Deutschland zugewanderter Menschen und ihrer Familien ist mehr als doppelt so hoch wie das der Bevölkerung ohne Migrationserfahrung; in deutschen Großstädten sind 48 % der von Armut bedrohten Menschen Migranten (vgl. Scherr 2009: S. 51). Obwohl aus einer Lebenslage unter strukturellen Behinderungen und hoher Armutsgefährdung nicht zwangsläufig deviantes Verhalten hervorgeht, unterliegen jugendliche Migranten dennoch häufiger entsprechenden Verdächtigungen und Vorurteilen.

Quantitative und qualitative Studien haben im letzten Jahrzehnt nachgewiesen, dass „Formen rassistischer Ausgrenzung auf interaktiver und institutioneller Ebene zum Alltag eingewanderter Jugendlichen [...] gehören und einen bedeutsamen Einfluss auf die Lebenssituation und Lebensgestaltung haben" (Mecheril et al. 2008: S. 70).

5 Fazit

Angesichts dieser vergleichbar schlechteren Ausgangslage ist die Vielfalt der Entwicklungen von migrantischen Lebensentwürfen auf den ersten Blick erstaunlich. Bei genauerer Betrachtung lässt sich erkennen, dass es sich bei vielen Stilen und Szenen um Ausdrucksformen handelt, zu denen gerade die prekäre Lebenssituation migrantischer Jugendlicher die Grundlage bzw. die Voraussetzungen liefern. Migrationserfahrungen werden hier beispielsweise artikuliert und aufgearbeitet, Konfrontationen mit der Aufnahmegesellschaft bzw. Erfahrungen mit Diskriminierung zum Thema gemacht, Visionen eines multikulturellen Lebens entworfen. Jugendliche unterschiedlicher geographischer, ethnischer oder weltanschaulicher Herkunft bringen ihre Erfahrungen im Kontext ihrer (Migrations-)geschichte ein, adaptieren oder persiflieren Versatzstücke anderer Kulturen, entlarven oder karikieren damit den Mythos einer Kultur der Eindeutigkeit. Für die Kulturanthropologin Regina Römhild (vgl. Römhild 2011) werden sie damit zu „Pioniere[n] einer neuen kulturellen Vielfalt, die sich nicht mehr an die äußeren und inneren Grenzen des Nationalstaats" halten. Sie repräsentieren einen Kosmopolitismus, der die „Fixierung auf ethnische Herkunft und Zugehörigkeit überwindet und stattdessen transnationale – im besten Sinne „weltoffene" – Kulturen und Identitäten entwirft." (ebd.: S. 30).

Gezeigt wurde in diesem Beitrag, dass muslimische und nicht-muslimische Jugendkulturen ähnlichen gesellschaftlichen Rahmenbedingungen und Sozialisationsprozessen unterliegen. Lebensstile kennzeichnen sich gerade durch individuelle Bearbeitungsweisen dieser Einflüsse. Die Behauptung, dass sowohl Jugendkulturen als auch die konkreten Lebensentwürfe muslimischer Jugendlicher sich grundsätzlich von denjenigen nicht-muslimischer Jugendlicher unterscheiden, bleibt empirisch gesehen unbeantwortet und somit konstruiert. Differenzlinien könnte man auch für ganz andere gesellschaftliche Teilgruppen und Milieus entwerfen. Entscheidend ist bei der Darstellung muslimischer Jugendkulturen, eine Analyse tatsächlich vorhandener lebenslagebedingter Differenzen und deren gesellschaftlicher Ursachen auf der einen Seite nicht zu unterlassen und gleichzeitig individuell ethnisierende und stigmatisierende kulturelle Zuschreibungen auf der anderen Seite zu vermeiden.

Literatur

Albert, Matthias/ Hurrelmann, Klaus/Quenzel, Gudrun (2010): Jugend 2010. 16. Shell Jugendstudie. Frankfurt am Main.

Baier, Dirk/Pfeiffer, Christian (2012): Der Einfluss der Religiosität auf das Gewaltverhalten von Jugendlichen. Ein Vergleich christlicher und muslimischer Religiosität. In: Schneiders, Thorsten G. (Hg.): Verhärtete Fronten. Wiesbaden, S. 217–242.

Bude, Heinz (2008): Die Ausgeschlossenen. Das Ende vom Traum einer gerechten Gesellschaft. Bonn.

Brettfeld, Katrin/Wetzels, Peter (2007): Muslime in Deutschland. Integration, Integrationsbarrieren, Religion und Einstellungen zu Demokratie, Rechtsstaat und politisch-religiös motivierter Gewalt. Ergebnisse von Befragungen im Rahmen einer multizentrischen Studie in städtischen Lebensräumen. Hrsg. vom Bundesministerium des Innern. Hamburg.

Calmbach, Marc/Thomas, Peter Martin/Borchard, Inga/Flaig, Bodo (2012): Wie ticken Jugendliche? Lebenswelten von Jugendlichen im Alter von 14 bis 17 Jahren in Deutschland.

Farin, Klaus (2010): Jugendkulturen heute. In: Aus Politik und Zeitgeschichte. Nr. 27. S. 3–8.

Graf, Friedrich Wilhelm (2004): Die Wiederkehr der Götter. Religion in der modernen Kultur. München.

Griese, Hartmut/Mansel, Jürgen (2003): Jugendtheoretische Diskurse. In: Mansel, Jürgen/Griese, Hartmut/Scherr, Albert (Hg.): *Theoriedefizite der Jugendforschung. Standortbestimmung und Perspektiven.* Weinheim/München, S. 11–30.

Kiefer, Michael (2010): Lebenswelten muslimischer Jugendlicher – eine Typologie von Identitätsentwürfen. In: Harun-Behr, Harry/Schmid, Hansjörg/Rohe, Matthias (Hg.): Was soll ich hier? Lebensweltorientierung muslimischer Schülerinnen und Schüler als Herausforderung für den islamischen Religionsunterricht. Berlin, S. 149-159.

Krämer-Badoni, Thomas (2002): Urbanität und gesellschaftliche Integration. In: Bukow, Wolf-D./Yildiz, Erol (Hg.): Der Umgang mit der Stadtgesellschaft: Ist die multikulturelle Stadt gescheitert oder wird sie zu einem Erfolgsmodell? Opladen, S. 47–61.

Leiprecht, Rudolf (2012): Sozialisation in der Migrationsgesellschaft und die Frage nach der Kultur. In: Aus Politik und Zeitgeschichte. Nr. 49-50. S. 3–7.

Mecheril, Paul/Melter, Claus/Melter, Farah (2008): Die Ambivalenz des Interesses an „Jugendlichen mit Migrationshintergrund". In: Theunert, Helga (Hg.): Interkulturell mit Medien. Die Rolle der Medien für Integration und interkulturelle Verständigung. München. S. 61–74.

Nordbruch, Götz (2010): Islamische Jugendkulturen in Deutschland. In: Aus Politik und Zeitgeschichte. Nr. 27. S. 34–38.

Ottersbach, Markus (2003): Außerparlamentarische Demokratie. Neue Bürgerbewegungen als Herausforderungen an die Zivilgesellschaft. Frankfurt/New York.

Ottersbach, Markus (2004): Jugendliche in marginalisierten Quartieren. Ein deutsch-französischer Vergleich. Wiesbaden.
Ottersbach, Markus (2009): Die Situation Jugendlicher in marginalisierten Quartieren Deutschlands. In: Ottersbach, Markus/Zitzmann, Thomas (Hg.): Jugendliche im Abseits. Zur Situation in französischen und deutschen marginalisierten Stadtquartieren. Wiesbaden.
Ottersbach, Markus (2012): Der Fundamentalismusverdacht – eine unendliche Geschichte? In: Ceylan, Rauf (Hg.): Islam und Diaspora. Analysen zum muslimischen Leben in Deutschland aus historischer, rechtlicher sowie migrations- und religionssoziologischer Perspektive. Frankfurt am Main u. a., S. 273–284.
Ottersbach, Markus/Steuten, Ulrich (2013): Migrantische Jugendkulturen – Was ist anders? In: Ottersbach, Markus/Steuten, Ulrich (Hg.): Jugendkulturen. Lebensentwürfe von Jugendlichen mit Migrationshintergrund. Oldenburg, S. 4–31.
Pries, Ludger (2009): Transnationalismus und Migration. In: Lange, Dirk/Polat, Ayca (Hg.): Unsere Wirklichkeit ist anders. Migration und Alltag. Bonn, S. 95–106.
Römhild, Regina (2011): Global Heimat. Der Alltag junger Migranten in den Widersprüchen der Einwanderungsgesellschaft. In: Bukow, Wolf-Dietrich/Heck, Gerd/Schulte, Erika/Yildiz, Erol (Hg.): Neue Vielfalt in der urbanen Stadtgesellschaft. Wiesbaden. S. 21–32.
Scherr, Albert (2009): Jugendsoziologie. Wiesbaden.
Uslucan, Haci-Halil (2012): Dabei und doch nicht mittendrin. Die Integration türkischstämmiger Zuwanderer. Bonn.
Wensierski, Hans-Jürgen/Lübcke, Claudia (2010): Hip-Hop, Kopftuch und Familie – Jugendphase und Jugendkulturen junger Muslime in Deutschland. In: Hummer-Kreise, Christine/Andresen, Sabine (Hg.): Kindheit und Jugend in muslimischen Lebenswelten. Wiesbaden, S. 157-175.
Wensierski, Hans-Jürgen/Lübcke, Claudia (2012): „Als Moslem fühlt man sich hier auch zu Hause". Biographien und Alltagskulturen junger Muslime in Deutschland. Opladen, Berlin, Toronto.

Salafismus als Erweckungsbewegung

Rüdiger Lohlker

Die Konzeptualisierung des Phänomens des aktuellen Salafismus erscheint schwierig. Die Möglichkeiten reichen vom (Neo-)Fundamentalismus und Ultrakonservatismus bis zur Gleichsetzung mit dem Dschihadismus. Zum Teil wird Salafismus als schlicht böse Macht fantasiert.

Hier wird unter Salafismus eine gewaltlose religiöse Strömung verstanden[1], die vom Dschihadismus als Strömung, die die Ausübung physischer Gewalt als zentrales Identitätsmerkmal aufweist, zu unterscheiden ist. Beide Strömungen sind Teil desselben Feldes, so dass Übergänge und Beeinflussungen möglich sind.[2]

Ceylan/Kiefer haben den aktuellen Salafismus als Erweckungsbewegung qualifiziert:

> „Die gegenwärtige defensive Bewegung der Neo-Salafiyya bezeichnet die antimodernistische Bewegung. Das Präfix „Neo-" wird deshalb verwendet, weil diese Bewegung nicht nur historisch-theologisches Gedankengut wiederaufgreift, sondern zugleich eine kontextuell geprägte ideologische und methodische Erweiterung bzw. Transformation erfährt. Sie ist des Weiteren eine Sammelbezeichnung für eine in sich heterogene, religiöse Erweckungsbewegung mit universellem Anspruch, die das Ziel der radikalen wirtschaftlichen, politischen, sozialen und kulturellen Umgestal-

---

1 Ohne die strukturelle Gewalt salafistischer Gemeinschaften zu ignorieren.
2 S. zu dieser Unterscheidung Rüdiger Lohlker u.a., *Transnationale Aspekte von Salafismus und Dschihadismus*, Frankfurt a. M.: HSFK 2016 (HSFK Report 5/2016, Reihe „Salafismus in Deutschland") und Rüdiger Lohlker, „Salafismus religiös: Elemente einer Vorstellungswelt", in Janusz Biene/Julian Junk (Hg.), *Salafismus und Dschihadismus in Deutschland: Herausforderungen für Politik und Gesellschaft*, Frankfurt a. M.: sicherheitspolitik-blog.de 2016a, S.19–23. Vgl. für diese Unterscheidung z. B. International Crisis Group, *Indonesia Backgrounder: Why Salafism and Terrorism mostly don't mix*, 13. September 2004 (http://www.seasite.niu.edu/Indonesian/Islam/83_indonesia_backgrounder_why_salafism_and_terrorism_don_t_mix_web.pdf) (Zugriff 9. April 2016).

tung gegenwärtiger Gesellschaften nach dem Vorbild des von ihnen konstruierten „Goldenen Zeitalters" anstrebt."³

Ist der Begriff der Erweckungsbewegung geeignet für die notwendige Konzeptualisierung jenseits des im obigen Zitat aufscheinenden eher allgemeinen Verständnisses des Begriffs als Erneuerungsbewegung? Eine ältere Studie beschreibt die christliche Erweckungsbewegung (EB) wie folgt:

> „Sie entzündet sich überall an einem leidenschaftlichen, alle emotionalen Tiefen aufreißenden Gegensatz zum Aufklärungschristentum, so zeitlich und inhaltlich verschieden es auch in den einzelnen Kirchen auftritt. Ihre Durchschlagskraft gewinnt sie durch ihre zähe Entschlossenheit, die biblische Lehre von Sünde und Gnade, vom Mittlertum Christi und der Versöhnung in der Verkündigung und in der Lebenswirklichkeit der einzelnen Christen erneut zur Geltung zu bringen. Die EB verstand sich selbst als eine elementare Bußbewegung, die zum Bibelglauben zurückzuführen suchte. Damit fand sie inmitten aufwühlender geschichtlicher Erschütterungen und geistiger Wandlungen, den weiten Widerhall, weil sie neuerwachte Fragen religiös, d. h. im Sinne einer Heilsvergewisserung zu beantworten suchte."⁴

Angesprochen werden hier die Emotionalität, der Gegensatz zu einer als negativ begriffenen anderen modernen Varietät der eigenen Religion, die „zähe Entschlossenheit" zur Durchsetzung der eigenen religiösen Orientierung, die Rückkehr zu einem in der Grundschrift begründeten Glaubenspraxis, der Bußcharakter, der auch im Rückkehrcharakter der Erweckungsbewegung und ihrer einzelnen Mitglieder begründet ist, die rein religiöse Kodierung der Welterfahrung und das Ziel der Heilsvergewisserung. Damit wird eine Phänomenologie erkennbar, die sich einem vergleichenden Vorgehen öffnet, mit dem der Salafismus als Teil eines weiten Spektrums neuer religiöser Bewegungen in der Moderne begriffen werden kann.⁵

---

3 Rauf Ceylan/Michael Kiefer, *Salafismus: Fundamentalistische Strömungen und Radikalisierungsprävention*, Wiesbaden: Springer 2013: 7. Die hier aufscheinende Abgrenzung von Theologie und Ideologie scheint allerdings verfehlt, betrachten wir die immense theologische Produktivität des Salafismus, ohne die Produkte als sonderlich hochqualifiziert bezeichnen zu wollen.

4 Erich Beyreuther, *Die Erweckungsbewegung*, Göttingen: Vandenhoeck&Ruprecht 1977 (Die Kirche in ihrer Geschichte Bd.4, 1. Teil): 3.

5 Dies ist natürlich eine Anspielung auf Roel Meijer (Hg.), *globalsalafism: Islam's New Religious Movement*, London: Hurst 2009. Zugleich zielt diese Formulierung auch auf die Aufhebung des Exzeptionalismus zugunsten „großer" Religionen. Für einen Überblick über Neue Religiöse Bewegungen s. Peter Clarke (Hg.), *Encyclopedia of New Religious Movements*, London/New York: Routledge 2006.

1 Überlegungen zum Vergleich

Häufig wird im außerwissenschaftlichen Bereich – aber auch im wissenschaftlichen – der Vergleich als Identifikation zweier Phänomene (miss-)verstanden. Wenn hier zwei Phänomene mit einander verglichen werden, geht es aber um die Bildung von Typen, die weiterer empirischer Forschung als Bezugsrahmen dienen können. An dieser Stelle kann es nur um den Entwurf einer praxeologischen Typenbildung[6] gehen, dem *wie* der Konstruktion des salafistischen Sinns.[7]

Dass es hier nicht um eine moralische Beurteilung oder Verurteilung, die ja häufig die Rede über als islamisch definierbare Sachverhalte dominiert, geht, ist selbstverständlich.

Der Vergleich zwischen Erweckungsbewegung und Salafismus ließe sich auch historisch vertiefen, wenn der Pietismus als Vorläufer der Erweckungsbewegung mit den islamischen Reformbewegungen seit dem 16. Jahrhundert komparativ betrachtet wird.[8] Das ist aber nicht Gegenstand dieser Überlegungen.

Wie können wir aber solche (Familien-)Ähnlichkeiten reflektieren? Sind sie als Ausdruck einer Weltzeit, ein Konzept, auf das Reinhard Schulze in anderem Zusammenhang hingewiesen hat[9], zu werten? Oder handelt es sich um Ausformungen des Phänomens religiöser Erweckung in Auseinandersetzung mit etablierten religiösen Traditionen, die sich als Ausdruck religiöser Dynamiken verstehen lässt? Thomas schreibt in Hinblick auf die europäische Religionsgeschichte und die Dynamik religiöser Erweckungsbewegungen sowie der durch sie auftretenden Veränderungen:

---

6 Es wird also über die reine Idealtypenbildung wie sie in der begrüßenswerten Intervention von Justyna Nedza, „Salafismus – Überlegungen zur Schärfung einer Analysekategorie", in: Behnam T. Said/Hazim Fouad (Hg.), *Salafismus. Auf der Suche nach dem wahren Islam*, Freiburg i. Br.: Herder 2014, S.80–105 vorgeschlagen wird, hinausgegangen.

7 Zur Typenbildung s. Ralf Bohnsack, „Typenbildung, Generalisierung und komparative Analyse. Grundprinzipien der dokumentarischen Methode", in: ders. u. a. (Hg.), *Die dokumentarische Methode und ihre Forschungspraxis. Grundlagen qualitativer Sozialforschung*, 3. Aufl., Wiesbaden: Springer 2013, S.240–270.

8 S. als einen Versuch zu einer solchen vergleichenden Betrachtung in globalgeschichtlicher Hinsicht Rüdiger Lohlker, „Salafismus als Teil der Globalgeschichte", in: Thorsten Gerald Schneiders (Hg.), *Salafismus in Deutschland. Ursprünge und Gefahren einer islamisch-fundamentalistischen Bewegung*, Bielefeld: transcript 2014, S.137–147.

9 Reinhard Schulze, *Geschichte der islamischen Welt im 20. Jahrhundert*, München: Beck 1995; auf die Debatte über Schulzes These der islamischen Aufklärung, in der dieser Begriff auch eine Rolle spielt, kann an dieser Stelle nicht eingegangen werden.

> „Dies geschieht durch das Auftreten einer in ihrem Charakter bewußt gutwollenden[10] und entschiedeneren Strömung. Das Vorhaben, bessere Verhältnisse herbeizuführen, orientiert sich unter den Umständen vergleichend an dem Zustandsbild einer idealeren Vergangenheit, ein Vorstellungsbild, das die Intention einer Erneuerung und Wiederherstellung belebt. Dieses Vorhaben der Erneuerung und Wiederherstellung eines ehedem besseren Zustandes in den sichtbaren religiösen und religionsgesellschaftlichen Verhältnissen ist verschiedentlich schon durch die religionsgeschichtliche Namensgebung, eben als „Reformbewegung" zum Ausdruck gebracht worden. [...] Es ist ein selbstverständliches aber wichtiges Gebot, die jeweils historischen Besonderheiten der verschiedenen Reformbewegungen nicht einzuebnen. [...] Es ist nur bedingt möglich, für die verschiedenen Situationen und die Bewegungen in ihrer religionsgeschichtlichen Besonderheit ein sozusagen einheitliches soziologisches Schema anzulegen."[11]

Gilt diese Mahnung schon für den engeren Rahmen der – christlichen – europäischen Religionsgeschichte, ist sie auch für den weitergreifenden Vergleich mit einer ursprünglich außereuropäischen Geschichte zu beachten. Es lässt sich bei gebührender Vorsicht eine religionshistorische Typbildung erreichen, die eine Analyse ermöglicht, die zwischen der Scylla der alleinigen Zurückführung auf europäisch-kolonialistische Einflüsse und der Charybdis der Konstruktion eines überhistorischen genuin islamischen salafistischen Substrats einen sicheren Kurs halten kann.

Formulieren wir noch einmal die Typologie, die unserem Vergleich zugrunde liegt! Elemente einer Erweckungsbewegung sind:

1. eine wichtige Rolle emotionaler Elemente
2. die Bildung von Gemeinschaften
3. die strikte Abgrenzung von anderen religiösen Varietäten der eigenen Traditionen
4. die strikte Abgrenzung von der Moderne in historisch unterschiedlichen Konfigurationen
5. eine große Entschiedenheit in der Durchsetzung der eigenen religiösen Orientierung
6. die imaginierte Rückkehr zu einer in den Grundschriften begründeten ursprünglichen Glaubenspraxis
7. das Verständnis dieser Rückkehr als Buße

---

10 Ob Zeitgenossen dies genauso sehen, soll hier nicht diskutiert werden. Es geht um die Selbstwahrnehmung (Anmerkung R.L.).

11 Hans Michael Thomas, „Zur Dynamik religiöser Erweckungsbewegungen in der Geschichte europäischer Länder", in *Zeitschrift für Religions- und Geistesgeschichte* 33iv, S.338–356: 338.

8. die rein religiöse Codierung der Welterfahrung
9. das Ziel der Heilsvergewisserung

Betrachten wir diese Punkte genauer!

Emotionalität

Eine Durchgestaltung des individuellen Lebensstils, des wahren inneren Selbst in alle Details des Lebens hinein, eben auch bis hin in die Emotionen, gemäß den Regeln der Religiosität ist für etliche zeitgenössische religiöse Strömungen konstatiert worden.[12]

Die emotionale Umwandlung durch die Hinwendung zum Salafismus lässt sich in Konversionsvideos bzw. -audios immer wieder beobachten. Dies lässt sich mit folgender Passage aus einem Video über eine Konversion via Telefon illustrieren:

> „und ich ihn [den Koran] dann gelesen habe, habe ich mich danach wie Tini festgestellt, dass es mir besser geht. Ich bin ruhiger, wenn irgendetwas ist. Ich, ja, es geht mir einfach besser."[13]

Gemeinschaftsbildung, Identität und Abgrenzung

De Koning[14] verweist auf die zentrale Rolle, die die Reform des Lebensstiles, der Identitätsbildung, ja der täglichen Routinen für die salafistischen Netzwerke hat. Wichtig ist für sie die Errichtung einer dadurch getragenen

> „harmonischen und einheitlichen Gemeinschaft. Dies wird u. a. dadurch erreicht, dass die Mitglieder dieser Netzwerke eine Ausbildung in den salafistischen Lehren erhalten, die das richtige islamische Wissen – in seiner salafistischen Kodierung – in den Anhängern verankern soll. Andere Institutionen können hinzukommen. Diese Lebensstiländerung und Bildung einer eigenen Identität mache die salafistische Strömung für junge Menschen besonders attraktiv.[15] Diese Politik des Lebensstils,

---

12 S. z. B. Johan Roeland u. a., „The Quest for Religious Purity in New Age, Evangelicalism and Islam: Religious Rendition of Dutch Youth and the Luckman Legacy", in Giuseppe Giordan (Hg.), *Annual Review of the Sociology of Religion. Vol. 1: Youth and Religion*, Leiden: Brill, S. 289–306: 300f.

13 https://www.youtube.com/watch?v=-XpPUJDNFFc (letzter Zugriff 29.04.2016).

14 Martijn de Koning, „The ‚Other' Political Islam: Understanding Salafi Politics", in: Amel Boubekeur/Olivier Roy (Hg.), *Whatever Happened to the Islamists? Salafis, Heavy Metal Muslims and the Lure of Consumerist Islam*, New York Press 2012, S. 153–175. Vgl. Mohamed-Ali Adraoui, *Du golfe aux banlieues. Le salafisme mondialisé*, Paris: PUF 2013: 194ff.

15 Ebd.: 163ff,

die auf die Schaffung einer moralisch reinen Gemeinschaft zielt, können wir auch im Sinne Asef Bayats als „Nicht-Bewegung" bezeichnen,[16] die politische Effekte zeitigt."[17]

Diese identitäre Gemeinschaft, oft als *ahl al-suna wa'l-jamā'a* gefasst, ist das Strukturelement salafistischen Seins.

Am Beispiel von Konvertiten in Frankreich ist gezeigt worden, dass eine Hinwendung von Konvertiten häufig mit einer ähnlichen sozialen Lage wie die der späteren anderen Mitglieder der religiösen Gemeinschaft zusammenfällt. Dazu kommt eine scheinbare Egalität in der neuen Gemeinschaft, die die Kompetenz in der Beherrschung der religiösen Grundschriften – in welchem Grade auch immer – privilegiert und nicht das als Muslim in eine bestehende z. B. ethnisch konnotierte islamische Gemeinschaft Hineingeborensein. Die scheinbare Egalität der neuen Gemeinschaft geht einher mit einer, Partizipationsmöglichkeiten eröffnenden, Hierarchie.[18]

Gemeinschaftsbildung bedeutet so die Schaffung eines neuen Lebensstils, der Identität schaffen hilft[19], die sich wesentlich defensiv durch Abgrenzung konstituiert. Abu Rumman beschreibt diese Haltung am jordanischen Beispiel so:

> „Die salafistische Identität ist eine defensive, die auf der Logik bzw. den Mechanismen der „Selbstverteidigung" fußt. Es ist eine nach innen gerichtete Identität, die Unverfälschtheit anstrebt und somit selbstbezogen und auf Isolation bedacht ist. Der Grad dieser Selbstbezogenheit variiert allerdings je nach salafistischer Strömung. [...] Die salafistische Identität ist intolerant gegenüber dem Anderen. Sie basiert auf der Dichotomie Wahrheit und Irrtum, Gut und Böse, Richtig und Falsch sowie auf dem Eigenverständnis von einer „erretteten Gruppe". Ähnlich absolut wird das Verhältnis zu Außenstehenden geregelt [...] Das Andere wird nicht aus der Perspektive von Vielfalt gesehen, sondern als Abweichung".[20]

Dieser Mechanismus salafistischer Identitätsbildung ist auch Ursache für die Tendenz zur Atomisierung der Strömung, die sich in ständigen Abgrenzungen von anderen salafistischen Strömungen zeigt.[21] Er produziert eine umfangreiche

---

16 Asef Bayat, *Life as Politics,* Amsterdam: Amsterdam Univ. Pr. 2010: 19ff.
17 Rüdiger Lohlker, „Salafismus zwischen Realität und Fantasie", in Rauf Ceylan/Benjamin Jokisch (Hg.), S.173–190: 176
18 Adraoui, *Du golfe aux banlieues*: 162ff.
19 Vgl. Asis Duderija, „Constructing the religious Self and the Other: neo-traditional Salafi manhaj", in *Islam and Christian–Muslim Relations* 21 (2010), S.75–93.
20 Mohammad Abu Rumman, *Ich bin Salafist. Selbstbild und Identität radikaler Muslime im Nahen Osten*, Köln: Dietz 2015, S.53.
21 Ebd.

Literatur und zahlreiche Predigten, Webseiten etc., die auf die Abgrenzung von anderen islamischen Strömungen, aber auch von anderen religiösen Traditionen und natürlich Areligiosität, die als *kufr*, Unglauben, kodiert werden. zielen. In Konvertitenvideos lässt sich die Bestätigung der eigenen – neu gefundenen – Identität gut beobachten, wenn die Abgrenzung von anderen Religionen durch Suggestivfragen des salafistischen Gesprächspartners inszeniert wird, z. B. gesagt wird, dass Gott nicht „Jesus", „Buddha oder die Götter der Hindus" sein könne.[22]

Allein die Referenz auf die *as-salaf as-sālih*, die „frommen Altvorderen", signalisiert den Anspruch der salafistischen Strömung, sich das ursprüngliche Wissen des Islams in der Form angeeignet zu haben, in der es von den ersten Generationen der islamischen Gemeinschaft gepflegt wurde. Dieses ursprüngliche Wissen werde durch diese Aneignung alle anderen muslimischen Gruppen und Personen enteignet.

Koran und Sunna als Grundlage der Rückkehr und der Codierung der Welterfahrung

Grundlegend für die salafistische Identität ist so die Gewissheit, mit den salafistischen Lehren über wahres und sicheres Wissen zu verfügen. Der dabei verwendete Begriff *'ilm* wird dabei häufig auch als „Wissenschaft" verstanden, was im Paradigma der Moderne zusätzliche Legitimität durch die Verknüpfung mit dem Wahrheitsanspruch der modernen (Natur-)Wissenschaften beansprucht.

Die Schaffung eines Korpus' unbezweifelbaren religiösen Wissens und die Codierung der Welterfahrung durch dieses Wissen ist die zentrale Aufgabe salafistischer Gelehrter. Während der Koran als unbezweifelbares Wissen feststeht, ist die Reformulierung des Materials der Hadithe als sicheres Wissen von besonderer Bedeutung. Ein moderner Hadithgelehrter wie Nāsir al-Dīn al-Albānī ist ein bekanntes Beispiel für dies Anstrengungen.[23] Auch die Auseinandersetzung mit anderen Gedankenströmungen wird salafistisch als Kampf mit dem Text imaginiert.[24]

In der salafistischen Praxis reicht häufig der Gebrauch weniger religiöser Ausdrücke und Formeln in arabischer Sprache, um die gelungene Rückkehr zum religiösen Ursprung zu signalisieren.

---

22 http://diewahrereligion.de/jwplayer/index.htm (letzter Zugriff 29.04.2016).
23 Zu ihm s. Stéphane Lacroix, *Sultat al-hadīth fi s-salafīya al-mu'āsir*, Alexandria: Bibliotheca Alexandrina 2011, ders., „Between Revolution and Apoliticism: Nasir al-Din al-Albani and his Impact on the Shaping of Contemporary Salafism", in Roel Meijer (Hg.), *globalsalafism: Islam's New Religious Movement*, London: Hurst 2009, S.58–80.
24 So z. B. in Fahd b. Sālih al-'Ajlān, *Ma'rakat an-Nass*, 2 Bde., Riyād: al-Bayān 1433h und 1434h.

Das Eigentum an den Ressourcen absolut wahren, ursprünglichen religiösen Wissens impliziert, dass dieses nicht kontextualisiert verstanden werden kann, ja, nicht als historisch verstanden werden darf. Auch in salafistisch inspirierten Studien finden sich folgerichtig Wendungen wie „die Salafīya ist ein Aufruf (*da'wa*) für jedes Zeitalter und ist immer zeitgenössisch".[25]

Buße und Reinigung

Buße ist hier auch als Erlösung aus dem Zustand der Unreinheit zu verstehen, in den der Mensch durch sündhaftes Verhalten gerät. Gerade der Gedanke der Reinheit und die Erziehung zur Reinheit bzw. die ständige Selbstdisziplinierung zur Reinheit ist zentral im *imaginaire* des salafistischen Feldes. Dieser Gedanke wird häufig in die Formel *at-tasfīya wa't-tarbīya* gefasst:

> „At-tasfīya wa-t-tarbīya, wörtlich „Purifizierung und Erziehung", statt tasfīya auch: tazkīya, was so viel wie „Entsühnung" heißt – diese Formel beschreibt die Art, mit der die Avantgarde der Salafisten den göttlichen Willen in der säkularisierten Community durchzusetzen gedenkt. [...] Die Purifizierung (tasfīya) richtet sich gegen vermeintlich unzulässige Neuerungen der Religion und überhaupt gegen alles, was dem Verständnis von einem strikt am Propheten orientierten Islam widerspricht; die Erziehung wiederum soll das Bewusstsein für den wahren Islam wecken. Ihre Methoden sind Predigten und eine eigene „Politik der Lebensstile" [...] Implizit richtet sich die Formel damit gegen die kulturelle Moderne und die Globalisierung, wie auch die ganze salafistische Weltanschauung antiliberal, antiwestlich und antidemokratisch ist [...] Die Formel at-tasfīya wa-t-tarbīya ist nach einem Wort des albano-syrischen Gelehrten Nāsir ad-Dīn al-Albānī als Aufruf zu verstehen, sich von weltlicher Politik überhaupt fernzuhalten. Zugleich sind die Salafisten gezwungen, Stellung zu nehmen, wenn eigene Verhaltensweisen den Widerstand der Mehrheitsgesellschaft erregen [...]"[26]

In einer anderen Perspektive wird dieser Grundgedanke so formuliert:

> „Al-Albānī betrachtete das Heil in den Händen der muslimischen Jugend liegend, verkörpert in zwei Dingen: tazkīya und tarbīya. Unter tazkīya verstand er die Reinigung des Islam von allem, was diesem im Laufe der Zeit angehängt wurde, wie Aberglaube, bida῾, sowie die Reinigung von unechten Ahādīth. Diese Reinigung betrachtete er als Heilung, denn der reine Islam sei der Islam und deshalb erachtete er es für notwendig mit dieser Reinigung zu beginnen. Unter tazkīya verstand al-Albānī die Erziehung der heutigen Muslime, da viele Muslime vom irdischen Leben

---

25 Muhammaf Fathī ‚Uthmān, *as-Salafīya fi l-mujtama'āt al-mu'āsira*, Kuwait: Dār al-Qalam 1981: 11.

26 Marwan Abou Taam, *Kontinuierlicher Wandel: Organisation und Anwerbungspraxis der salafistischen Bewegung*, Frankfurt a. M.: HSFK 2016 (HSFK Report 2/2016, Reihe „Salafismus in Deutschland"): 11

verführt worden seien, in diesem Zusammenhang verwies er auf einen Ausspruch des Propheten: „Bei Allah, nicht die Armut fürchte ich für euch, sondern ich fürchte für euch, dass sich (die Freuden) des Diesseits euch ebenso darbieten, wie sie sich jenen darboten, die vor euch waren. Ihr werdet um sie wetteifern, ebenso wie jene (vor euch) um sie wetteiferten. Das wird euch zugrunde richten, ebenso wie es jene zugrunde gerichtet hat." So bezeichnete er das jetzige Leben zu genießen als Krankheit und dagegen müsse vorgegangen werden, da die Liebe des Irdischen und der Hass des Todes nicht zu ihren Herzen kommen dürfe. Die Behandlung dieser Krankheit der Liebe des Irdischen liege darin, die Menschen so zu erziehen, dass sie sich von dieser befreien könnten. Al-Albānī sah die Lösung in der Rückkehr zum Islam, dem richtigen Islam, welcher vom Propheten und seinen Gefährten gelebt wurde. So bezeichnete er die Moral der Muslime bezüglich der Erziehung als einfach vernichtend, so dass tazkīya, tarbīya und die Rückkehr zum Islam notwendig seien."[27]

Reinigung und die damit verbundene Buße und Erziehung für das neue Leben erscheinen als integrales Element des Salafismus als Erweckungsbewegung.

Heilsvergewisserung

Das Bewusstsein, durch die Beherrschung und Inkorporierung des absolut wahren Wissens im Besitz der ultimativen Garantie für das eigene Heil zu sein, kondensiert sich für den Salafismus in der Formel, die „errettete Gruppe" (*firqa nājīya*) oder die „siegreiche Gruppe" (*tāʿifa mansūra*) zu sein und damit am Ende der Tage vor der Hölle gerettet zu sein.[28]

2 Stabilisierung via Medien

Für die Stabilisierung der salafistischen Erweckung ist die Anbindung an eine überquellende Medienproduktion sei es in Form von eigenen Satellitensendern und -sendungen (besonders wichtig im arabischen Raum)[29] oder die verschiedenen Plattformen des Internet (besonders wichtig im europäischen Raum) von besonderer Bedeutung.

---

27 Annika Lindow, Salafismus in Deutschland – sein deutscher Prediger Pierre Vogel, Nordhausen: Traugott Bautz 2014 (Veröffentlichungen des Islamischen Wissenschafts- und Bildungsinstituts 13): 83f.
28 S. dazu bspw. Laurent Bonnefoy, *Salafism in Yemen: Transnationalism and Religious Identity*, London: Hurst 2011: 47.
29 Ehab Galal, *Arab TV Audiences. Negotiating Religion and Identity*, Frankfurt a. M.: Peter Lang 2014.

Für den europäischen Raum spielt gerade die via Internet vermittelte mediale Performativität des Salafismus eine große Rolle. Eine kurze Studie gibt einen Einblick:

„Schauen wir auf eine deutschsprachige salafistische Plattform[30], werden wir von einem Video als Aufmacher begrüßt. [...] Gehen wir direkt in das dem Eingangsvideo zugeordnete Menü, kommen wir in ein Untermenü, in dem Videos der prominenten Prediger der Gruppe verlinkt sind – und eine Anzahl von Videos sonstiger Prediger [...] Nehmen wir die Rubrik ‚Für neue Besucher': wir sehen eine Reihe von Vorträgen, die mit dem Thema ‚Das größte Problem des Menschen' beginnen, weiter gehen über ‚Die Notwendigkeit des Gesandten', ‚Die Wunder des Korans', ‚Die Abhängigkeit des Menschen vom Islam' und enden mit ‚Tretet gänzlich in die Ergebung ein' – ein vollendetes Programm zur Konversion.

Es gibt Downloadmöglichkeiten in den gängigsten Videoformaten, so dass die Videos ohne Probleme auf mobile Plattformen gespielt werden und über diese weitergeleitet werden können. Sie können natürlich auch über plattformspezifische Share-Funktion [...] weitergegeben werden.

In den verschiedenen Unterteilungen der Internetpräsenz dominieren weiterhin Videos, sei es in kurzer oder ausführlicher Form. Recht vielfältig ist bspw. das Material in der Rubrik „Konversionen": „Mit 66 nimmt sie den Islam an", „Vater und Tochter nehmen den Islam an", „Bärbel und Sandra nehmen den Islam an" (via Telefon). Der Initiator der Webpräsenz, Ibrahim Abu Nagie ist die visuell eindeutig dominierende Persönlichkeit, die immer wieder gezeigt wird.

Interessant ist, dass rituelle Handlungen wie das Gebet nur in Form von Texten, nicht in Videos erklärt werden. Hier scheint die Sorge um eine Profanisierung der Handlung dominant zu sein.

Betrachten wir die Ansprachen der Prediger selber, erkennen wir einige dominante Züge: eine klare, im umgangssprachlich orientierte Ausdrucksweise, das Einfügen arabischer Ausdrücke eher allgemeiner Art als Ausweis islamischer Authentizität, die direkte Ansprache des Zusehers bzw. der Zuseherin. Die Aufnahmetechnik ist eher amateurhaft wird aber bewusst eingesetzt; die Weiterverbreitung via Sharing oder Embedding ist ein technischer Bestandteil dieser Videos. Dadurch können diese Videos immer weiter zirkulieren, werden immer wieder durch Nutzer und Nutzerinnen aufrufbar und dienen damit der ständigen Validierung [...] der eigenen Gläubigkeit – auch ohne Einbindung in eine reale Gemeinschaft. Das Event der religiösen Veranstaltung wird durch die Videos wiederholbar, in das tägliche Leben integrierbar.

Es wird nicht in elaborierter Form religiös argumentiert. Zentral ist die Form der in Videovorträgen behandelten grundlegenden Glaubensfragen: „Das richtige Verständnis der Anbetung", „Alles rund ums Fasten", „Deine Aufgabe als Muslim in Europa", „Der Zusammenhalt der Gläubigen", „Der Weg zum Paradies", „Starkes Einflüstern des Shaytan", „Kürzt den Schnurrbart und lasst den Bart wachsen", „Heilung von Depression", „Fürchte Allah, wo immer du bist", „Nicht reden, sondern tun", „Das trügerische Leben" sind neben den o. g. Konversionen z. B. Themen der Vorträge auf dieser Website.

---

30 diewahrereligion o. J. (online). Das Ranking der Seite auf alexa.com ist nicht nennenswert (Stand 11. 09. 2014).

Zentral ist dabei die Abgrenzung der Gemeinschaft von der umgebenden Gesellschaft, ein exklusivistisches Heilsverständnis, ein Dominanzstreben, dass sich in der Orientierung auf die Propagierung des neo-fundamentalistisch konzipierten Islams zeigt, die als erfolgreicher Prozess konstruiert wird, dessen Erfolg durch die Konversionsvideos belegt wird.

Auch die transnationale Dimension des Neo-Salafismus wird durch Videos vermittelt. Es gibt immer wieder Videos, die arabische Prediger bei Auftritten in Europa zeigen[31], aber auch europäische [...] Prediger agieren in der arabischen Welt."[32]

Wir können hier die einzelnen Elemente der oben entwickelten Typologie erkennen. Der besondere Aspekt liegt auf der Emotionalität, die in der Konversion als ultimativer individueller Erweckung mündet.

Zugleich wird durch die Einbettung in die mediale Produktion des Satellitenfernsehens bzw. des Internets eine Entwertung des Anspruches des salafistischen Anspruches auf Authentizität hin zu einer Variante der medialen Unterhaltungsindustrie.[33] Knight nennt dies den Wandel zum „Dīn-Entertainment".[34] Er beschreibt den zugrundeliegenden Prozess recht deutlich:

„Die Broschüren versichern mir, dass der Islam eine Antwort auf den unterstellten extremen Individualismus und moralischen Relativismus bietet, der die gottlose „westliche" Moderne heimsucht. Wenn aber die Lösung des Islams nur möglich ist, wenn ich mich *entscheide*[35], mich selber als Muslim zu identifizieren, und das Feld der Machtbeziehungen, in denen ich lebe, diese Entscheidung befördert – und der Islam selber, wie ich es in diesem Feld verstehe, meine Macht zu entscheiden bejahen muss – überleben die Grundlagen des behaupteten *anything goes* des westlichen Säkularismus ohne bedroht zu sein. Der Islam wird zu einer anderen Art des Konsums, das Pflegen des individuellen Selbst durch die Annahme eines speziellen Lebensstils mit seinem Markenimage. Autoritäre religiöse Gelehrte können ohne unsere Zustimmung

---

31 In einem Fall handelt es sich so um einen Auftritt in Deutschland in Berlin: https://www.youtube.com/watch?v=9QgriP9Dh6 s (veröffentlicht 2013; mittlerweile nicht mehr abrufbar).

32 Rüdiger Lohlker, „Performativität des Religiösen: (Neo-)Fundamentalistische Videos", in Kurt Appel/Isabella Guanzini (Hg.), *Europa mit oder ohne Religion? II: Der Beitrag der Religion zum gegenwärtigen und künftigen Europa*, Göttingen: Vienna university Press 2016b, S.131–148: 134ff.

33 Mit Auswirkungen auch auf die Qualität. Insofern lässt sich die Diagnose in Markus Metz/Georg Seeßlen, *Blödmaschinen: Die Produktion der Stupidität*, Berlin: Suhrkamp 2011 durchaus auf das salafistische Beispiel übertragen.

34 Michael Muhammad Knight, *Why I am a Salafi*, Berkeley, Cal.: Soft Skull Press 2015: 330.

35 Entscheidung als Charakteristikum des Individuums in der Moderne ist vielfach konstatiert worden. An dieser Stelle kann nicht weiter darauf eingegangen werden.

über uns keine Macht ausüben; so *bitten* sie uns, ihnen die Dominanz zu gewähren, und führen überzeugende Argumente an, warum wir diese Wahl treffen und ihre Marken kaufen sollen. Indem sie unsere Macht, sie zu wählen, anerkennen, müssen die Experten eingestehen, dass sie bereits verloren haben. [...]"[36]

Die Gelehrten *cum* Brandmanager, so Knight[37], müssen sich an den Erfordernissen des Marktes orientieren. Er fährt fort: „Wohin ich schließlich gelange, ist nicht zu einem authentischen Islam, ich habe nur die Wahl zwischen konstruierten Simulationen."[38] Salafismus wird also beliebig. Selbst eine Internetfirma mit dem Firmennamen *tiknū-salaf/techno-salaf* kann ihre *corporate identity* so beschreiben:

> „Die Methode (*minhaj*) der Geschäftsführung von techno-salaf ist die Methode der *ahl as-sunna waʻl-jamāʻa*. [...] Wir untersagen den Gebrauch irgendeines Inhaltes der Seite für etwas, das Gott, Er ist erhaben, erzürnt, und tragen keine Verantwortung dafür (*barāʻ*), wenn es geschieht."[39]

Die Welterfahrung wird also bis zum Haftungsausschluss religiös codiert, religiös gedacht. Zudem wird die Seite in die Gemeinschaft der Erweckungsbewegung eingegliedert, der Vertrieb und die Produktion von IT-Waren zur religiösen Praxis.

3 Die Zukunft der Erweckten?

Durch Anschläge wie den einer Fünfzehnjährigen in Hannover in Deutschland ist deutlich geworden, dass dschihadistischen Milieus bereits in jungen Jahren ausgesetzt zu sein, zum Übergang zur Ausübung physischer Gewalt beitragen kann.[40] Insofern mag Roys Diagnose der Abnutzung der Fundamentalismen[41] – und damit auch der Erweckungsbewegungen – als etwas überzogen erscheinen. Eine Routinisierung

---

36 Ebd., S.329f. (Übersetzung RL).
37 Ebd., S.330.
38 Ebd., S.334.
39 https://techno-salaf.com/about (Zugriff 25. April 2016).
40 Jörg Diehl, „Messerattacke auf Bundespolizist: Angriff aus dem Nichts", in *Der Spiegel*, gepostet 05.03.2016 (http://www.spiegel.de/panorama/justiz/hannover-ermittler-fuerchten-nach-messerattacke-nachahmungstaeter-a-1080725.html) (Zugriff 25. April 2016).
41 Olivier Roy, *Heilige Einfalt: Über die politischen Gefahren entwurzelter Religionen*, München: Siedler 2010. S.298.

der Erweckung kann gerade durch die Etablierung von Subkulturen[42] mit ihren religiös codierten Markern durchaus auf Dauer gestellt werden – zumindest für eine „entschiedenere Strömung". Dass es durch – auch scheinbare – Sünde der Akteure und Akteurinnen zum Zerbrechen des Systems kommen kann[43] falsifiziert diese Hypothese nicht. Das „Zerbrechen" kann zur Atomisierung der relativ einheitlichen Erweckungsströmung führen. Die einzelnen Atome können dann wieder in eine einheitlichere Erweckungsbewegung münden. Dies scheint als Hypothese nicht abzuweisen zu sein, wenn wir die oben entwickelte Typologie ernstnehmen. Das „Dīn-Entertainment" (Knight) mag zur Verkapselung solcher Subkulturen als Äquivalent zu säkularen Fan-Gemeinschaften beitragen.

Bibliographie

Marwan Abou Taam, *Kontinuierlicher Wandel: Organisation und Anwerbungspraxis der salafistischen Bewegung*, Frankfurt a. M.: HSFK 2016 (HSFK Report 2/2016, Reihe „Salafismus in Deutschland")
Mohammad Abu Rumman, *Ich bin Salafist. Selbstbild und Identität radikaler Muslime im Nahen Osten*, Köln: Dietz 2015
Mohamed-Ali Adraoui, *Du golfe aux banlieues. Le salafisme mondialisé*, Paris: PUF 2013
Fahd b. Sālih al-'Ajlān, *Ma'rakat an-Nass*, 2 Bde., Riyād: al-Bayān 1433h und 1434h
Erich Beyreuther, *Die Erweckungsbewegung*, Göttingen: Vandenhoeck&Ruprecht 1977 (Die Kirche in ihrer Geschichte Bd.4, 1. Teil)
Ralf Bohnsack, „Typenbildung, Generalisierung und komparative Analyse. Grundprinzipien der dokumentarischen Methode", in: ders. u. a. (Hg.), *Die dokumentarische Methode und ihre Forschungspraxis. Grundlagen qualitativer Sozialforschung*, 3. Aufl., Wiesbaden: Springer 2013, S.240–270
Laurent Bonnefoy, *Salafism in Yemen: Transnationalism and Religious Identity*, London: Hurst 2011
Rauf Ceylan/Michael Kiefer, *Salafismus: Fundamentalistische Strömungen und Radikalisierungsprävention*, Wiesbaden: Springer 2013
Martijn de Koning, "The 'Other' Political Islam: Understanding Salafi Politics", in: Amel Boubekeur/Olivier Roy (Hg.), *Whatever Happened to the Islamists? Salafis, Heavy Metal Muslims and the Lure of Consumerist Islam*, New York Press 2012, S. 153–175
Peter Clarke (Hg.), *Encyclopedia of New Religious Movements*, London/New York: Routledge 2006
Jörg Diehl, „Messerattacke auf Bundespolizist: Angriff aus dem Nichts", in *Der Spiegel*, gepostet 05.03.2016 (http://www.spiegel.de/panorama/justiz/hannover-ermittler-fuerchten-nach-messerattacke-nachahmungstaeter-a-1080725.html) (Zugriff 25. April 2016)

---

42 Ebd., S.297.
43 Ebd., S.296.

Asis Duderija, "Constructing the religious Self and the Other: neo-traditional Salafi *manhaj*", in *Islam and Christian-Muslim Relations* 21 (2010), S. 75-93

Ehab Galal, *Arab TV Audiences. Negotiating Religion and Identity*, Frankfurt a. M.: Peter Lang 2014

International Crisis Group, *Indonesia Backgrounder: Why Salafism and Terrorism mostly don't mix*, 13. September 2004 (http://www.seasite.niu.edu/Indonesian/Islam/83_indonesia_backgrounder_why_salafism_and_terrorism_don_t_mix_web.pdf) (Zugriff 9. April 2016)

Michael Muhammad Knight, *Why I am a Salafi*, Berkeley, Cal.: Soft Skull Press 2015

Stéphane Lacroix, *Sultat al-hadīth fi s-salafīya al-muʿāsir*, Alexandria: Bibliotheca Alexandrina 2011,

Stéphane Lacroix, "Between Revolution and Apoliticism: Nasir al-Din al-Albani and his Impact on the Shaping of Contemporary Salafism", in Roel Meijer (Hg.), *globalsalafism: Islam's New Religious Movement*, London: Hurst 2009, S. 58-80

Annika Lindow, *Salafismus in Deutschland – sein deutscher Prediger Pierre Vogel*, Nordhausen: Traugott Bautz 2014 (Veröffentlichungen des Islamischen Wissenschafts- und Bildungsinstituts 13)

Rüdiger Lohlker, „Salafismus religiös: Elemente einer Vorstellungswelt", in Janusz Biene/Julian Junk (Hg.), *Salafismus und Dschihadismus in Deutschland: Herausforderungen für Politik und Gesellschaft*, Frankfurt a. M.: sicherheitsolitik-blog.de 2016a, S. 19-23

Rüdiger Lohlker, „Performativität des Religiösen: (Neo-)Fundamentalistische Videos", in Kurt Appel/Isabella Guanzini (Hg.), *Europa mit oder ohne Religion? II: Der Beitrag der Religion zum gegenwärtigen und künftigen Europa*, Göttingen: Vienna university Press 2016b, S. 131-148

Rüdiger Lohlker, „Salafismus als Teil der Globalgeschichte", in: Thorsten Gerald Schneiders (Hg.), *Salafismus in Deutschland. Ursprünge und Gefahren einer islamisch-fundamentalistischen Bewegung*, Bielefeld: transcript 2014, S. 137-147

Rüdiger Lohlker u. a., *Transnationale Aspekte von Salafismus und Dschihadismus*, Frankfurt a. M.: HSFK 2016 (HSFK Report 5/2016, Reihe „Salafismus in Deutschland"

Roel Meijer (Hg.), *globalsalafism: Islam's New Religious Movement*, London: Hurst 2009

Markus Metz/Georg Seeßlen, *Blödmaschinen: Die Produktion der Stupidität*, Berlin: Suhrkamp 2011

Justyna Nedza, „Salafismus – Überlegungen zur Schärfung einer Analysekategorie", in: Behnam T. Said / Hazim Fouad (Hg.), *Salafismus. Auf der Suche nach dem wahren Islam*, Freiburg i. Br.: Herder 2014, S. 80-105

Johan Roeland u. a., "The Quest for Religious Purity in New Age, Evangelicalism and Islam: Religious Rendition of Dutch Youth and the Luckman Legacy", in Giuseppe Giordan (Hg.), *Annual Review of the Sociology of Religion. Vol. 1: Youth and Religion*, Leiden: Brill 2010, S. 289-306

Olivier Roy, *Heilige Einfalt: Über die politischen Gefahren entwurzelter Religionen*, München: Siedler 2010

Reinhard Schulze, *Geschichte der islamischen Welt im 20. Jahrhundert*, München: Beck 1995

Hans Michael Thomas, „Zur Dynamik religiöser Erweckungsbewegungen in der Geschichte europäischer Länder", in *Zeitschrift für Religions- und Geistesgeschichte* 33iv, S. 338-356

Muhammaf Fathī ‚Uthmān, *as-Salafīya fi l-mujtamaʿāt al-muʿāsira*, Kuwait: Dār al-Qalam

V
Muslimische Strukturen und Organisationen

Muslimische Organisationen in Deutschland
Entstehung, Entwicklungen und Herausforderungen

Thomas Lemmen

1 Die Anfänge muslimischen Gemeindelebens

Die Geschichte des Islam in Deutschland begann nicht erst mit der Migration muslimischer Arbeitnehmer aus der Türkei und anderen Ländern ab den sechziger Jahren des vergangenen Jahrhunderts. Bereits im 17. Jahrhundert gelangten muslimische Kriegsgefangene aus den so genannten Türkenkriegen nach Deutschland. Von ihrer Anwesenheit zeugen Grabsteine auf dem Friedhof von Brake in Westfalen und auf dem Neustädter Friedhof in Hannover.[1] In der ersten Hälfte des 18. Jahrhunderts haben sich zeitweise muslimische Kriegsgefangene in Potsdam aufgehalten, wo ihnen der preußische König Friedrich Wilhelm I. einen Raum für ihr Gebet zur Verfügung gestellt hat.[2] Auf eine Schenkung seines Nachfolgers Friedrich Wilhelm III. aus dem Jahr 1798 geht der bis heute erhaltene islamische Friedhof am Columbiadamm in Berlin zurück. Er diente zunächst als Begräbnisstätte für Angehörige der osmanischen Gesandtschaft in Berlin. In der Folgezeit fanden dort zahlreiche weitere Muslime ihre letzte Ruhestätte.[3] Die erste Moschee auf deutschem Boden entstand 1915 in Wünsdorf bei Berlin. Für muslimische Kriegsgefangene aus den alliierten Armeen hatte das Deutsche Reich besondere Gefangenenlager eingerichtet. Durch bevorzugte Behandlung und entsprechende Propaganda sollten die kriegsgefangenen Muslime dazu gebracht werden, auf osmanischer Seite wieder in den Krieg gegen die Alliierten einzutreten. Ein Bestandteil dieses Konzepts, an dem der Orientkenner Max Freiherr von Oppenheim Anteil hatte, war die Förderung

---

1 Vgl. Heller 1996, S. 45–62.
2 Vgl. Gerlach 1883, S. 179f. Die These einer ersten muslimischen Gemeindegründung auf deutschem Boden hat sich als nicht haltbar erwiesen; vgl. Lemmen 2001, S. 18f.
3 Vgl. Höpp 1996, S. 19–43.

ihres religiösen Lebens durch die Moschee im so genannten Halbmondlager.[4] Über den Krieg hinaus diente sie den Berliner Muslimen als Gebetsstätte, bis sie in Folge von Baufälligkeit 1924 abgerissen wurde. An die Moschee erinnert nur noch der Name der Straße, in der sie gestanden hat: Moscheestraße. Aus dieser Zeit sind Grabsteine kriegsgefangener Muslime auf dem Gelände des früheren Friedhofs in Zehrensdorf erhalten geblieben.[5]

Nach dem Ersten Weltkrieg entstanden in Berlin die ersten muslimischen Gemeinden. Gerhard Höpp rechnet für diese Zeit mit etwa 1.800 Muslimen in der Hauptstadt.[6] Dabei handelte es sich um Studenten und Exilanten aus verschiedenen islamischen Ländern (zum Beispiel Syrien, der Türkei und dem damaligen Indien) sowie um eine kleine, aber nicht unbedeutende Zahl deutscher Muslime. In diesen Jahren entfaltete sich erstmals ein Gemeindeleben.[7] Am 4. November 1922 wurde in der Wünsdorfer Moschee die Islamische Gemeinde zu Berlin e. V. als erster muslimischer Verein in Deutschland gegründet. Gemäß den Statuten waren ihre Aufgaben vor allem „die Förderung der religiösen Pflichten und Vorschriften [der Mitglieder; Th.L.], sowie Errichtung öffentlichen Gottesdienstes und Religionsunterrichtes; ... die Errichtung einer Moschee" (§ 7 S. 1). Letzteres war mit dem Abriss der Wünsdorfer Moschee für die Berliner Muslime eine besonders wichtige Frage. Am 9. Oktober 1924 wurde der Grundstein zur bis heute bestehenden Moschee in der Brienner Straße im Stadtbezirk Wilmersdorf gelegt. Bauherr war die seit Anfang der zwanziger Jahre in Berlin ansässige Moslemische Gemeinschaft. Dabei handelte es sich um die aus Indien stammenden Lahore-Ahmadis, die über Großbritannien nach Deutschland gekommen waren.[8] Das Verhältnis dieser Gemeinschaft zu anderen Muslimen war seinerzeit noch unbelastet, so dass die Moschee sich zum Zentrum muslimischen Lebens in Berlin entwickeln konnte. Erwähnenswert sind die von 1924 bis 1940 erschienene deutschsprachige Moslemische Revue und die erste muslimische Koranübersetzung in deutscher Sprache aus dem Jahr 1939. Aus der Moslemischen Gemeinschaft ging am 22. März 1930 die Deutsch-Muslimische Gesellschaft e. V. hervor, die ihre satzungsgemäße Aufgabe darin sah „das Verständnis für den Islam durch Aufklärungsarbeiten, Vorträge und intensives Gemeinschaftsleben ... zu fördern" (§ 3 Abs. a). Ein ähnliches Ziel verfolgte das am 4. November 1927 in der Rechtsform einer islamischen Stiftung gegründete Islam-Institut zu Berlin. Es sollte dem kulturellen Austausch zwischen der islamischen Welt und

---

4 Vgl. Höpp 1997; Schwanitz 2004, S. 17–37; Oberhaus 2011, S. 73–78.
5 Vgl. Höpp 1993, S. 215–226.
6 Vgl. Höpp 1990, S. 136.
7 Im Einzelnen: Lemmen 2001, S. 20–28.
8 Zur Ahmadiyya: Ahmed 1990, S. 415–422.

Deutschland dienen. Zu diesem Zweck wurden Vorträge und Veranstaltungen durchgeführt und zwei deutschsprachige Zeitschriften herausgegeben. Bis zum Ende des Zweiten Weltkriegs entstanden eine Reihe weiterer muslimischer Vereine, die allerdings keine nennenswerten Aktivitäten hervorbrachten.[9] Insgesamt ist festzuhalten, dass es den Muslimen jener Tage anscheinend gelungen ist, die Erfordernisse muslimischen Lebens mit den gegebenen organisatorischen Strukturen des eingetragenen Vereins oder einer Stiftung in Einklang zu bringen. Bis auf die Wilmersdorfer Moschee haben alle Vereine ihre Tätigkeiten bis Kriegsende eingestellt und wurden nach dem Krieg weitgehend von Amts wegen gelöscht.

2   Die Zeitspanne bis zur Arbeitsmigration

In den Jahren nach dem Zweiten Weltkrieg wurden Hamburg, München und Aachen zu Zentren muslimischen Lebens in Deutschland.[10] Die neu entstehenden Gemeinden setzten sich weitgehend aus Kriegsflüchtlingen, Kaufleuten oder Studierenden aus verschiedenen Regionen der islamischen Welt zusammen.

In Hamburg waren es vor allem persische Kaufleute, die am 23. Juni 1953 einen Förderverein für den Bau einer Moschee in der Hansestadt gründeten. Nach dem Erwerb eines Grundstücks an der Außenalster im Jahr 1958, konnte 1961 mit dem Bau der Imam Ali Moschee begonnen werden. Träger der Einrichtung ist das Islamische Zentrum Hamburg e. V. (IZH). Wie bereits aus dem Namen der Moschee hervorgeht, handelt es sich um eine Einrichtung des schiitischen Islam. Seit der Gründung unterhält sie enge Beziehungen zum Schiitentum im Iran. Imam der Moschee und Vorsitzender des Trägervereins ist in der Regel ein bedeutender schiitischer Würdenträger aus dem Iran. Der frühere iranische Staatspräsident Seyed Mohammad Khatami bekleidete diese Ämter von 1978 bis 1980. Die Imam Ali Moschee ist Mittelpunkt der schiitischen Gemeinden in Deutschland.

Eine Vereinigung deutschstämmiger Muslime ist die am 30. Januar 1954 gegründete Deutsche Muslim-Liga e. V., die bereits in den fünfziger Jahren vergeblich einen Antrag auf Verleihung der Rechte einer Körperschaft des öffentlichen Rechts stellte.[11]

---

9   Im Einzelnen sind zu nennen: Islamischer Weltkongreß, Zweigstelle Berlin e. V. (31. Oktober 1932); Islam Institut (Maʿahad-ul-Islam) zu Berlin e. V. (2. Februar 1939); Islamisches Zentral-Institut zu Berlin e. V. (22. Februar 1941).
10 Im Einzelnen: Lemmen 2001, S. 28–34.
11 Vgl. Abdullah 1981, S. 50.

Ende der vierziger Jahre begannen Qadiani-Ahmadis von Hamburg aus ihre Tätigkeit in Deutschland zu entfalten. Anhänger der Gemeinschaft gründeten am 9. August 1955 die Ahmadiyya Bewegung in der Bundesrepublik Deutschland e. V., die 1969 ihren Hauptsitz nach Frankfurt am Main verlegte.[12] Die Ahmadiyya zeichnet sich durch rege missionarische Tätigkeit aus. Neben Übersetzungen des Korans in zahlreiche Sprachen vertreibt sie vor allem die Schriften des Gründers der Bewegung, Mirzā Ġulam Aḥmad (1835–1908), durch einen eigenen Verlag.

Auf der Flucht vor der Roten Armee waren bei Kriegsende mehrere Tausend Flüchtlinge muslimischen Glaubens, die auf deutscher Seite am Krieg teilgenommen hatten, nach Süddeutschland gekommen. Zur Betreuung dieser Personengruppe entstand am 7. Mai 1958 die Geistliche Verwaltung der Muslimflüchtlinge in der Bundesrepublik Deutschland e. V. mit Sitz in München. Der Verein sah seine Aufgabe in der religiösen und sozialen Betreuung der vor allem in Bayern lebenden Muslimflüchtlinge. Für diese Tätigkeit erhielt er eine finanzielle Unterstützung aus Mitteln des Bundes. So wurden unter anderem lange Zeit zwei Imame aus Bundesmitteln finanziert.[13]

Gemeinsam mit muslimischen Studenten aus verschiedenen arabischen Ländern gründeten Muslimflüchtlinge am 9. März 1960 die Moscheebau-Kommission e. V., mit dem Ziel eine Moschee und weitere muslimische Institutionen in München zu schaffen. Sehr bald kam es zwischen beiden Gruppen zu Konflikten. Unter dem Vorwurf des politischen Missbrauchs des Projekts durch die muslimischen Studenten zogen sich die Muslimflüchtlinge bereits 1962 aus dem Verein zurück.[14] Als treibende Kraft der Politisierung sah man ägyptische Muslimbrüder. Die geplante Moschee wurde 1973 unter dem Namen Islamisches Zentrum München (IZM) eröffnet. Der Trägerverein nennt sich seit 1982 Islamische Gemeinschaft Deutschland e. V. (IGD). Damit war eine Ausweitung der Aktivitäten auf andere Städte verbunden. Zu diesem Verein gehören derzeit nach eigenen Angaben zwölf Islamische Zentren und zahlreiche weitere Moscheen.

Auch die Gründung einer Moschee in Aachen geht auf die Initiative muslimischer Studenten aus arabischen Ländern zurück. Am 11. Mai 1960 gründete sich die Internationale Muslim Studenten Union Aachen e. V. (IMSU), die 1964 mit dem Bau der Bilal-Moschee begann. Träger der Moschee ist seit 1978 das Islamische

---

12 Zur Ahmadiyya: Fn. 8. Der Verein nennt sich seit 1988 Ahmadiyya-Muslim-Jamaat in der Bundesrepublik Deutschland e. V. und umfasst derzeit mehr als 40 Moscheen und Versammlungsstätten.
13 Vgl. Antwort der Bundesregierung 2000, S. 37.
14 Johnson 2010 beschreibt die Vorgänge ausführlich im Stil journalistischer Recherche. Trotz lesenswerter Details muss man den Schlussfolgerungen seiner Theorie nicht folgen.

Zentrum Aachen (Bilal-Moschee) e. V. (IZA). Der Einrichtung wurden Beziehungen zu syrischen Muslimbrüdern nachgesagt. Auch die Moschee in Aachen ist mit anderen Institutionen arabischer Muslime in Deutschland verbunden.

Am Vorabend des Beginns der Arbeitsmigration gab es somit einige wenige Moscheen im Bundesgebiet, die sich mit ihren Aktivitäten an jeweils bestimmte Zielgruppen richteten.

3 Entwicklungen im Zuge der Arbeitsmigration

3.1 Entstehung, Wesen und Strukturen von Moscheegemeinden

Im Zuge der Arbeitsmigration des letzten Jahreshunderts hat die Bundesrepublik Deutschland auch mit Staaten mit mehrheitlich muslimischer Bevölkerung Anwerbevereinbarungen geschlossen (zum Beispiel Türkei 1961, Marokko 1963, Tunesien 1965). In Folge dieser Verträge sind Arbeitnehmer muslimischen Glaubens eingereist, haben ihre Ehepartner und Familienangehörigen nachgeholt und sind auf Dauer ansässig geworden. Diese Migration hat das Bild des Islam in Deutschland nachhaltig verändert.

Nach dem Anwerbestopp von 1973 setzte schrittweise die Selbstorganisation der zugewanderten Muslime ein.[15] Mit der Verlagerung des familiären Lebensmittelpunktes verlagerten sich auch Angelegenheiten der Religionsausübung allmählich vom Heimatland nach Deutschland. Für die Pflege und Weitergabe des Glaubens wurde die Schaffung entsprechender Strukturen erforderlich. Die muslimischen Arbeitsmigranten waren dabei weitgehend sich selbst überlassen. Der religiös und weltanschaulich neutrale deutsche Staat konnte diese Aufgabe nicht leisten. Die Heimatstaaten hatten zunächst kein Interesse an diesem Thema. So gründeten muslimische Arbeitsmigranten örtliche Moscheevereine als Stätten gemeinsamer Religionsausübung. Sie wählten dazu die Rechtsform des eingetragenen Vereins (e. V.) nach bürgerlichem Recht. Im Bundesgebiet ist derzeit mit mehr als 2.500 solcher Moscheevereine zu rechnen.

Die Hauptaufgabe eines Moscheevereins liegt in Einrichtung und Betrieb einer Gebetsstätte. Der Gebetsraum dient dem gemeinschaftlichen Gebet. Es ist eine Pflicht für muslimische Männer, das Freitagsgebet zur Mittagszeit gemeinsam zu verrichten und die Freitagspredigt zu hören. Die übrigen Gebetszeiten kann man freiwillig

---

15 Im Einzelnen: Lemmen 2001, S. 52–61.

zusammen verrichten. Die Moschee ist in der Regel auch eine Stätte religiöser Unterweisung. Im Gebetsraum oder anderen Räumen findet der Koranunterricht für Kinder und Jugendliche statt. An die Stelle der Provisorien der Gründerjahre, die so genannten Hinterhofmoscheen, traten mit der Zeit repräsentative Um- oder Neubauten von Moscheen.[16]

Darüber hinaus sind viele mit der Religion des Islam zusammenhängende Angelegenheiten in einer Moschee oder ihrem Umfeld angesiedelt. Im Einzelnen ist dabei an die Organisation der Wallfahrt, das Einsammeln und Verwenden von Pflichtabgabe und Spenden, die Vermittlung eines Opferstieres an Bedürftige anlässlich des Opferfests, der Vertrieb religiöser Schriften, der Verkauf von Nahrungsmitteln, die den rituellen Vorschriften entsprechen sowie die Überführung Verstorbener zur Beisetzung im Ausland zu denken. Die Gläubigen können in den meisten Moscheen auf diese und weitere Angebote zurückgreifen. Anbieter sind in der Regel nicht die Gemeinden selbst, sondern Moscheeverbände oder von ihnen getragene Organisationen.[17] Die entsprechenden Dienstleistungen sind an Dritte delegiert.

Schließlich ist daran zu denken, dass viele Moscheen zusätzlich als Stätten der Kultur- und Heimatpflege dienen. In ihren Räumlichkeiten können kulturelle, musikalische oder sportliche Aktivitäten stattfinden, Frauen- und Kindergruppen zusammenkommen sowie gemeinsame Feste gefeiert werden. Viele Moscheen verfügen über Teestuben und Kantinen, die besonders für die erste Generation der zugewanderten Muslime wichtige Begegnungsstätten sind. Die Moscheegemeinden entfalten somit vielfältige Aktivitäten. Sie haben nicht nur religiöse, sondern auch wichtige soziale und kulturelle Funktionen für ihre Mitglieder.

Im Zusammenhang der organisatorischen Verfasstheit muslimischer Gemeinden und Vereine stellen sich weitere Einzelfragen. Von herausragender Bedeutung sind Fragen der Mitgliedschaft und der Leitung.

Nach muslimischem Selbstverständnis ist die Mitgliedschaft in einem Moscheeverein nicht zwingend notwendig. Ein Muslim kann seinen religiösen Verpflichtungen nachkommen und Gebetsstätten aufsuchen, ohne sich einem Verein anschließen zu müssen. Insgesamt ist daher von einem differenzierten Begriff der Mitgliedschaft auszugehen. Vereinsmitglieder im rechtlichen Sinn sind Personen, die an der Gründung eines Vereins mitgewirkt haben oder nachträglich beigetreten sind. Als Mitglieder im weiteren Sinn sind Muslime zu betrachten, die von den Angeboten einer Moschee Gebrauch machen. Dabei ist vor allem an das Freitagsgebet zur Mittagszeit, das Festgebet an Feiertagen und das Totengebet zu denken.

---

16 Zur Diskussion um die Debatte um Moscheebauten: Schmitt 2003.
17 Vgl. Lemmen 2003, S. 191–206.

Bei diesen Gelegenheiten ist mit einer größeren Zahl von Moscheebesuchern als an anderen Tagen zu rechnen. Die Pflicht zur Teilnahme am gemeinsamen Gebet in der Moschee bei den genannten Gelegenheiten erstreckt sich zudem nur auf muslimische Männer. Frauen, Kinder, gebrechliche oder kranke Personen sind davon ausgenommen. Über den Kreis der Mitglieder im rechtlichen Sinn und die Anzahl der Moscheebesucher hinaus, sind daher in der Frage der Zugehörigkeit zu einer Moschee Familienangehörige mit zu berücksichtigen. Sowohl hinsichtlich einer einzelnen Moscheegemeinde als auch eines Verbandes oder aller Vereine und Verbände lassen sich keine belastbaren Zahlen zu Mitgliedern anführen.[18] Es ist davon auszugehen, dass nur eine Minderheit der Muslime im rechtlichen Sinn organisiert ist.

Im Hinblick auf Leitungs- und Vertretungsfragen verfügen die meisten Moscheegemeinden über Doppelstrukturen. Einem Verein steht im rechtlichen Sinn der von der Mitgliederversammlung gewählte Vorstand mit einem Vorsitzenden vor. In den muslimischen Vereinen sind es häufig Personen, die in der Regel keine theologischen Fachleute sind. Sie vertreten den Verein nach außen und kümmern sich zumeist ehrenamtlich um dessen Belange. An die Stelle der Gründergeneration sind mittlerweile vielerorts in Deutschland geborene und aufgewachsene Muslime getreten. Sie kennen sich mit den gesellschaftlichen Verhältnissen aus, haben aufgrund ihrer Berufstätigkeit Kontakte zu Nichtmuslimen und beherrschen die deutsche Sprache. Die Zuständigkeit in religiösen Angelegenheiten liegt hingegen beim Imam (Vorbeter), den man auch Hodscha (Lehrer) nennen kann.[19] Eigentlich kann jeder Muslim, der über die entsprechenden religiösen Kompetenzen verfügt, das Amt übernehmen. Es hat sich dennoch in diesem Bereich eine Institutionalisierung herausgebildet, wonach der Besuch einer religiösen Fachschule oder theologischen Fakultät an einer Universität zur Übernahme dieser Tätigkeit befähigen. Beauftragung und Beschäftigung eines Imams erfolgen entweder durch staatliche Institutionen oder unmittelbar durch die jeweiligen Gemeinden. Dies ist in der islamischen Welt unterschiedlich geregelt. In Deutschland versehen die meisten Imame ihre Tätigkeit neben- oder ehrenamtlich. Nur ein Teil der Moscheen verfügt

---

18 Der größte Moscheeverband in Deutschland, die Türkisch-Islamische Union der Anstalt für Religion e. V. (DİTİB), hat versucht das Problem zu lösen, indem laut Mustersatzung der ab 2009 gegründeten Landesverbände in den Gemeinden Registerbücher eingeführt werden. Mit Zustimmung des einzelnen Gemeindemitglieds soll damit der Nachweis der Religionszugehörigkeit geführt werden. Damit versucht DİTİB den Erfordernissen des zahlenmäßigen Nachweises der Mitgliedschaft in einer Religionsgemeinschaft zu entsprechen. Erkenntnisse darüber, ob dieses Verfahren unter den Mitgliedern auf Zustimmung trifft, liegen bisher noch nicht vor.

19 Zu Aufgaben und Bedeutung des Imams für die Gemeinde: Ceylan 2010.

über hauptamtlich beschäftigte Imame. Dies ist in der Regel bei Gemeinden der Türkisch-Islamischen Union der Anstalt für Religion e. V. (DİTİB) der Fall. Ihre Moscheevereine erhalten zur religiösen Betreuung ihrer Mitglieder aus der Türkei entsandte Imame für die Dauer von vier Jahren. Die Imame sind Angestellte oder Beamte der türkischen Religionsbehörde Diyanet und unterstehen der Aufsicht von Religionsbeauftragten in den türkischen Generalkonsulaten. Auch andere Moscheen greifen auf Imame zurück, die ihre Ausbildung in der islamischen Welt erworben haben. Die aus dem Ausland entsandten Imame kennen häufig nicht die Lebensverhältnisse der Muslime in Deutschland und beherrschen die deutsche Sprache nicht ausreichend genug. Für viele Moscheegemeinden bleibt ein Dilemma festzuhalten. Die gewählten Vorstandsmitglieder können aufgrund mangelnder religiöser Kompetenzen keine geeigneten Ansprechpartner für religiöse Themen sein. Den Imamen fehlen hingegen oftmals Kenntnisse von Sprache und Gesellschaft. Hinzu kommt, dass sie häufig mit gesellschaftlichen Erwartungen überfrachtet werden, die sie nicht erfüllen können. Ein Imam ist nicht einem Pfarrer gleichzusetzen. Seine Tätigkeiten konzentrieren sich auf die Leitung der Gebete, den Koranunterricht und die Beantwortung praktischer Fragen des religiösen Alltags. Soziale und seelsorgliche Belange, besonders in Bereichen der Kategorialseelsorge, gehören normalerweise nicht zu seinen Aufgaben. Unterschiede sind auch in der Ausbildung festzustellen. Um Imam zu werden ist kein Studium an einer Universität erforderlich. Die meisten Imame in Deutschland haben eine religiöse Fachschule besucht, während für Pfarrer ein theologisches Studium an einer Universität vorausgesetzt wird. Die Diskussionen um die Ausbildung von Imamen in Deutschland sollten diese Besonderheiten berücksichtigen.

3.2 Entstehung und Bedeutung von Moscheeverbänden

Für die Organisation des Islam in Deutschland ist weiterhin kennzeichnend, dass die einzelnen Moscheen in der Regel bundes- oder europaweit tätigen Verbänden angehören. In einem weiteren Schritt der Selbstorganisation haben sie sich zu übergreifenden Strukturen zusammengeschlossen. Dabei ist zu beobachten, dass die Organisation entlang sprachlicher, ethnischer oder nationaler Linien erfolgte. Die Gründe für diesen Prozess sind zum einen darin zu sehen, dass die Moscheen gerade in der Gründungsphase häufig auch die Funktion von Heimatvereinen übernommen haben. Zum anderen ist ein ritueller Grund zu nennen. Das Pflichtgebet findet stets in arabischer Sprache statt, die Predigt hält der Vorbeter hingegen in der Sprache seiner Zuhörer. Somit gibt es in Deutschland bis auf den heutigen Tag türkische, arabische, bosnische, albanische, iranische, afghanische Moscheen sowie solche weiterer Nationalitäten oder Sprachgruppen. Ausnahmen bilden muslimische Vereine, die sich an bestimmte Zielgruppen richten, wie zum Beispiel Frauen oder Studierende, oder die sich besondere Anliegen zu eigen gemacht haben, wie zum Beispiel Bildung oder Seelsorge.[20] Diese Vereine sind normalerweise nationalitäten- und sprachübergreifend.

Die bedeutendsten sunnitischen Moscheeverbände sind:[21]

- Türkisch-Islamische Union der Anstalt für Religion e. V. (DİTİB), Köln, ca. 900 Mitgliedsvereine
- Islamische Gemeinschaft Milli Görüş e. V. (IGMG), Köln, 323 Gemeinden
- Verband der Islamischen Kulturzentren e. V. (VIKZ), Köln, 300 Gemeinden
- Union der Türkisch-Islamischen Kulturvereine in Europa e. V. (ATİB), Köln, ca. 100 Mitgliedsvereine
- Islamische Gemeinschaft in Deutschland e. V. (IGD), Köln, 12 Islamische Zentren und Kooperation mit 50 Moscheen
- Islamisches Zentrum Aachen e. V. (IZA)
- Islamische Gemeinschaft der Bosniaken in Deutschland e. V. (IGBD), Kamp-Lintfort, 75 Gemeinden
- Union der Islamisch-Albanischen Zentren in Deutschland e. V. (UIAZD), Hamburg, 15 Gemeinden

Als wichtige Organisationen türkischer Herkunft sind weiterhin die Nurculuk-Bewegung und die aus ihr hervorgegangene Fethullah-Gülen-Bewegung zu nennen. In beiden Fällen handelt es sich nicht um Moscheeverbände, sondern um Träger von Lehr- und Bildungseinrichtungen. Im Mittelpunkt stehen die Verbreitung religiöser Lehren und der Erwerb von Bildung. Die bekannteste Organisation der Nurculuk-Bewegung ist die Islamische Gemeinschaft Jama'at un-Nur e. V. in Köln. Die Bewegung um Fethullah Gülen ist durch eine Vielzahl eigenständiger Vereine und Bildungsstätten vertreten, die sich nicht zu einem Verband zusammengeschlossen haben.[22]

Die bedeutendste Einrichtung schiitischer Muslime in Deutschland ist das Islamische Zentrum Hamburg e. V. (IZH). Seit 2009 gibt es mit der Islamischen

---

20 Als ein Beispiel ist das in Köln ansässige Begegnungs- und Fortbildungszentrum muslimischer Frauen e. V. (BFmF) zu nennen.
21 Im Einzelnen: Lemmen 2001, S. 62–120. Es werden im Folgenden der Sitz des Verbandes und die Anzahl der Mitgliedsvereine bzw. Gemeinden genannt. Die Zahlen sind Eigenangaben.
22 Zur Fethullah-Gülen-Bewegung: Agai 2004.

Gemeinschaft schiitischer Gemeinden Deutschlands e. V. (IGS) einen schiitischen Moscheeverband, dem insgesamt 110 Moscheen angehören. Auch die von Aleviten gegründeten Vereine haben sich zu Verbänden zusammengeschlossen. Der bedeutendste ist die Alevitische Gemeinde Deutschlands e. V. (AABF) mit Sitz in Köln, die die Interessen von mehr als 100 alevitischen Vereinen vertritt.

Die muslimischen Verbände unterhalten in den meisten Fällen Beziehungen zu Mutterorganisationen in den Heimatländern der zugewanderten Muslime. So ist zum Beispiel die DİTİB die Auslandsvertretung des staatlichen Präsidiums für Religionsangelegenheiten der Türkei (Diyanet), die IGMG galt lange Zeit als europäischer Ableger der politischen Bewegung um den mittlerweile verstorbenen Necmettin Erbakan und der VIKZ wird als Dependance der türkischen Süleymancı-Bewegung betrachtet. Diese Aufzählung ließe sich fortsetzen. Die meisten Verbände gehen auf entsprechende Strukturen zurück, mit denen sie nach wie vor in Verbindung stehen. Die muslimische Landschaft in Deutschland stellte ein Spiegelbild der religiösen Verhältnisse im Heimatland dar. So urteilte der türkische Journalist Uğur Mumcu 1987 mit Blick auf die türkisch-islamischen Verbände: „Die Moscheen und Gebetsstätten im Ausland sind unter den Sympathisanten der Süleymancı, der Nationalen Sicht, des Amtes für Glaubensangelegenheiten, der Nationalisten und von Hoca Kaplan aufgespalten. Getrennte Assoziationen, getrennte Moscheen, getrennte Gemeinden."[23] Diese Verbindungen lassen sich zum großen Teil mit der Geschichte der muslimischen Arbeitsmigration nach Deutschland erklären. Unter dem Einfluss religiöser Prägungen und Strukturen aus den Heimatländern bildete sich eine muslimische Landschaft heraus, die wesentlich diesen Vorbildern entsprach. Auch wenn die Beziehungen nach wie vor fortbestehen, so haben die Verbände sich doch weiterentwickelt. Sie stehen vor der Herausforderung, das religiöse Profil ihrer Herkunft mit den Erfordernissen muslimischen Lebens in Deutschland in Einklang zu bringen. Diese Prozesse verlaufen nicht ohne Konflikte zwischen der Gründergeneration und den hierzulande geborenen und aufgewachsenen Muslimen, die zunehmend die Verantwortung in Moscheen und Verbänden übernehmen. Ein Beispiel der anstehenden Veränderungen ist die Einführung deutschsprachiger Freitagspredigten. Die drei großen Moscheeverbände DİTİB, IGMG und VIKZ bieten mittlerweile auf ihren Internetseiten deutschsprachige Predigten an.

---

23 Zitiert nach: Schiffauer 1993, S. 471, Anm. 5.

4 Transformationen

Die muslimische Organisationslandschaft in Deutschland ist einem beständigen Wandel unterworfen. Dafür sind verschiedene Gründe maßgeblich. Die muslimischen Gemeinschaften müssen sich verändern, um sowohl den Erwartungen ihrer Mitglieder als auch denen der Mehrheitsgesellschaft und des Staates gerecht zu werden. Besonders die Kommunikation und Kooperation mit dem Staat erfordert die Herausbildung entsprechender Strukturen. Auf der anderen Seite wirken sich politische und gesellschaftliche Veränderungen im Ausland auch auf die muslimischen Gemeinschaften in Deutschland aus. Dabei ist an die Diskussion um das Verhältnis von Religion und Politik in der Türkei und anderen Ländern zu denken. Auch die Zuwanderung muslimischer Flüchtlinge aus dem Irak und Syrien verändert die muslimische Gemeinschaft in Deutschland. Drei Aspekte des Wandels seien abschließend in den Blick genommen.

4.1 Entstehung muslimischer Spitzenorganisationen

Mitte der achtziger Jahre des vergangenen Jahrhunderts zeichnete sich die Notwendigkeit ab, dass sich muslimische Organisationen miteinander abstimmen und ihre Interessen gegenüber dem Staat gemeinsam vertreten. Die Einführung islamischen Religionsunterrichts und das Schlachten nach islamischem Ritus waren Themen, die dies erforderten. Mit dem Ziel einer gemeinsamen Interessenvertretung schlossen sich Verbände und Vereine zu übergreifenden Organisationen zusammen.[24] 1986 gründete sich als erste Organisation dieser Art der Islamrat für die Bundesrepublik Deutschland e. V., dessen bedeutendste Mitgliedsorganisation die IGMG ist. Der 1994 entstandene Zentralrat der Muslime in Deutschland e. V. (ZMD) umfasst ein breites Spektrum unterschiedlicher Vereine und Verbände. Die Tatsache der Gründung einer zweiten Spitzenorganisation weist bereits darauf hin, dass das Ziel einer einheitlichen Repräsentanz des Islam in Deutschland gescheitert war. Neben beiden Organisationen verfolgten DITIB und VIKZ als unabhängige Moscheeverbände eigene Interessen.

Erst im Zuge der 2006 begonnenen Deutschen Islamkonferenz zeichnete sich ein Zusammenrücken der Verbände ab. Im Plenum der Konferenz sahen sich die Vertreter der Verbände mit einer Mehrheit muslimischer Einzelpersonen konfrontiert und beschlossen eine engere Kooperation. Der Abstimmungsprozess mündete im Frühjahr 2007 in die Gründung des Koordinationsrates der Muslime in Deutsch-

---

24 Vgl. Lemmen 1999 und 2002.

land (KRM). Auf der Grundlage einer Geschäftsordnung beschlossen DİTİB, Islamrat, VIKZ und ZMD am 28. März 2007 die „Schaffung einer einheitlichen Vertretungsstruktur der Muslime in der Bundesrepublik Deutschland" (Präambel der Geschäftsordnung). Der Zusammenschluss versteht sich als Vertretung der Muslime und als Ansprechpartner für Politik und Gesellschaft. Ziel ist die „Schaffung rechtlicher und organisatorischer Voraussetzungen für die Anerkennung des Islams in Deutschland im Rahmen von Staatsverträgen" (§ 2). Zur Erreichung dieses Ziels will der KRM mit Landesverbänden und lokalen Zusammenschlüssen kooperieren. Oberstes Organ ist die Mitgliederversammlung, die sich aus Vertretern der Mitgliedsorganisationen zusammensetzt. DİTİB darf dorthin drei Vertreter entsenden, die anderen Mitglieder jeweils zwei. Darüber hinaus räumt die Geschäftsordnung der DİTİB für alle Entscheidungen ein Vetorecht ein (§ 5 Abs. 2). Diese Zugeständnisse waren anscheinend notwendig, um die Mitwirkung der DİTİB zu erreichen. Das Amt des Sprechers des KRM wechselt halbjährlich unter den Mitgliedern. Zum ersten Mal in der Geschichte des Islams in Deutschland ist ein einheitliches Vertretungsorgan der wichtigsten muslimischen Organisationen entstanden. Eigenen Angaben zufolge umfassen die Mitgliedsorganisationen des KRM mehr als 80 Prozent der Moscheegemeinden. Der KRM hat nicht die Rechtsform eines eingetragenen Vereins erworben. Grundlage seiner Tätigkeit ist die von den Gründungsmitgliedern am 28. März 2007 beschlossene Geschäftsordnung. Der KRM ist somit eine Interessenvertretung unabhängiger muslimischer Organisationen. Seine Mitglieder sind in ihrer Eigenständigkeit nicht durch den KRM eingeschränkt. Vielmehr setzen sie ihre spezifischen Tätigkeiten unabhängig voneinander fort und können dabei durchaus in Konkurrenz zueinander treten. Der KRM ist daher nicht als eine einheitliche und umfassende Organisation zu betrachten, sondern – wie der Name es sagt – als ein Gremium zur Abstimmung und Vertretung unabhängiger muslimischer Verbände. Er bezieht seine Rechte aus denen seiner Mitglieder, die sich als Religionsgemeinschaften im Sinne des Grundgesetzes betrachten. Die vier Verbände verfolgen durchaus ihre eigenen Aufgaben. In der Frage der Vertretung ihrer Interessen gegenüber Politik und Gesellschaft kann man seit der Gründung des KRM eine bessere Abstimmung und Kooperation feststellen. Dies zeigt sich in der Durchführung gemeinsamer Aktionen, wie zum Beispiel des seit dem Jahr 2007 zusammen durchgeführten Projekts „Tag der offenen Moschee" und der Abstimmung des islamischen Kalenders. Bisher hatte es divergierende Ansichten über die Festlegung der Feiertage gegeben.

4.2 Konfessionelle Differenzierungen

Innerhalb der muslimischen Gemeinschaft in Deutschland stellen Schiiten eine Minderheit von etwa sieben Prozent dar. Sie stammen überwiegend aus der Türkei, dem Libanon, Afghanistan, Pakistan und dem Iran. Größere Gemeinden gibt es seit langem in Hamburg, Hannover, Münster und Frankfurt am Main. Eine Reihe schiitischer Vereine hatte sich 1994 im Ahlul-Beyt Moscheen- und Kulturverband e. V. in Duisburg zusammengeschlossen.[25] Besonders durch die Zuwanderung von Flüchtlingen aus dem Irak und Afghanistan ist die Zahl der Schiiten in Deutschland in den letzten Jahren beständig gestiegen. In Folge sind an vielen Orten schiitische Gemeinden entstanden. Am 7. März 2009 gründeten Vertreter von 110 schiitischen Moscheegemeinden in Hamburg die Islamische Gemeinschaft schiitischer Gemeinden Deutschlands e. V. (IGS) als schiitischen Dachverband. Zum Vorsitzenden wählten sie den damaligen Imam und Vorsitzenden des IZH. Der Verband versteht sich als Interessenvertretung schiitischer Gemeinden auf Bundesebene. Er betrachtet sich als Religionsgemeinschaft im Sinne des Grundgesetzes. Die Gründung der Organisation stellt eine bemerkenswerte Differenzierung innerhalb des Islams in Deutschland dar. Zum ersten Mal hat sich eine große Anzahl schiitischer Gemeinden bundesweit zu einem Verband zusammengeschlossen. Die konfessionelle Unterscheidung in Sunniten und Schiiten hat damit in organisatorischer Hinsicht Ausdruck gefunden. Trotzdem halten beide am Bemühen um die Einheit des Islam in Deutschland fest. So haben der KRM und mehrheitlich sunnitische Verbände, wie zum Beispiel die Islamische Religionsgemeinschaft Hessen e. V., die Gründung des neuen Verbands ausdrücklich begrüßt. Vorstandsmitglieder des schiitischen Dachverbands verstehen ihre Organisation nicht als Konkurrenz zum KRM, sondern als Ergänzung im Sinne einer Koordination der Tätigkeit schiitischer Gemeinden. Sie wollen in den bestehenden Verbänden mitwirken, um die gemeinsamen Interessen aller Muslime in Deutschland zu bündeln.

4.3 Neuorganisation auf Landesebene

Eine weitere Differenzierung der muslimischen Organisationslandschaft ist mit der Gründung von Strukturen auf Landesebene ab Mitte der neunziger Jahre des vergangenen Jahrhunderts eingetreten.[26] Da die meisten Angelegenheiten muslimi-

---

25 Vgl. Lemmen 2001, S. 107.
26 Vgl. Lemmen 2002, S. 75–84.

schen Lebens in Kooperation oder Abstimmung mit den Ländern zu klären sind, ist diese Entwicklung nur folgerichtig. Der Prozess verläuft in zwei Richtungen. In einigen Ländern ist es zu verbandsübergreifenden Zusammenschlüssen von Organisationen oder Personen gekommen. Als Beispiele sind zu nennen: Schura – Rat der islamischen Gemeinschaften in Hamburg e. V., Schura – Islamische Religionsgemeinschaft Bremen e. V., Schura Niedersachsen – Landesverband der Muslime in Niedersachsen e. V. und Islamische Religionsgemeinschaft Hessen e. V. (IRH). Die Organisationen in Hamburg und Bremen haben insofern einen Erfolg verzeichnet, als es in beiden Ländern zum Abschluss von Staatsverträgen gekommen ist.

Neben diesen Zusammenschlüssen haben die türkischen Moscheeverbände DİTİB, IGMG und VIKZ zum Teil Untergliederungen auf Landesebene geschaffen. So gibt es mittlerweile Landesverbände der DİTİB in Nordrhein-Westfalen, Berlin, Saarland, Rheinland-Pfalz, Südbayern, Nordbayern, Württemberg, Baden, Hessen, Hamburg/Schleswig-Holstein und Niedersachsen/Bremen. Der Landesverband Nordrhein-Westfalen untergliedert sich in vier Regionalverbände. Als Organisationen der IGMG auf Landesebene gelten die schon länger bestehenden Islamischen Föderationen in Baden-Württemberg, Bayern, Berlin, Bremen, Hessen, Niedersachsen und Norddeutschland. Mit dem Landesverband der islamischen Kulturzentren Baden-Württemberg e. V. hat auch der VIKZ eine Organisation auf Landesebene geschaffen.

Islamischer Religionsunterricht und Fragen muslimischer Religionsausübung sind in der Regel Angelegenheiten der Länder. Somit ist diese Differenzierung durchaus sinnvoll. Ob die muslimischen Organisationen damit in inhaltlicher und formaler Sicht die Voraussetzungen für eine vertrauensvolle Kooperation mit dem Staat geschaffen haben, wird sich noch zeigen müssen.

Literatur

Abdullah, Muhammad Salim (1981). *Geschichte des Islams in Deutschland*. Islam und westliche Welt Bd 5. Graz-Wien-Köln: Styria.

Agai, Bekim (2004). *Zwischen Netzwerk und Diskurs. Das Bildungsnetzwerk um Fethullah Gülen (geb. 1938). Die flexible Umsetzung modernen islamischen Gedankenguts*. Schenefeld: EB-Verlag.

Ahmed, Munir D. (1990). Ahmadiyya: Geschichte und Lehre. In Ahmed, Munir D. u. a. (Hrsg.), *Der Islam III. Islamische Kultur – Zeitgenössische Strömungen – Volksfrömmigkeit*. Religionen der Menschheit Bd 25/3 (S. 415–422). Stuttgart-Berlin-Köln: Kohlhammer.

Antwort der Bundesregierung (2000). *Islam in Deutschland*. Deutscher Bundestag, 14. Wahlperiode, Drucksache 14/4530.

Ceylan, Rauf (2010). *Die Prediger des Islam. Imame – wer sie sind und was sie wirklich wollen*. Freiburg-Basel-Wien: Herder.

Gerlach, Samuel (1883). Collectaneen. *Mittheilungen des Vereins für die Geschichte Potsdams*. Neue Folge III. Theil. S. 33–282.

Heller, Hartmut (1996). Muslime in deutscher Erde. Frühe Grabstätten des 14. bis 18. Jahrhunderts. In Gerhard Höpp, Gerdien Jonker (Hrsg.), *In fremder Erde. Zur Geschichte und Gegenwart der islamischen Bestattung in Deutschland* (S. 45–62). Berlin: Zentrum Moderner Orient/Geisteswissenschaftliche Zentren e. V., Arbeitshefte 11.

Höpp, Gerhard (1990). Zwischen Moschee und Demonstration. Muslime in Berlin, 1922–1930. *Moslemische Revue* 10, S. 135–146.

Höpp, Gerhard (1993). Zehrendorf – Ein islamischer Friedhof? *Moslemische Revue* 13, S. 215-226.

Höpp, Gerhard (1996). Tod und Geschichte oder Wie in Berlin prominente Muslime bestattet wurden. In Gerhard Höpp, Gerdien Jonker (Hrsg.), *In fremder Erde. Zur Geschichte und Gegenwart der islamischen Bestattung in Deutschland* (S. 19–43). Berlin: Zentrum Moderner Orient/Geisteswissenschaftliche Zentren e. V., Arbeitshefte 11.

Höpp, Gerhard (1997). *Muslime in der Mark. Als Kriegsgefangene und Internierte in Wünsdorf und Zossen, 1914–1924*. Berlin: Zentrum Moderner Orient/Geisteswissenschaftliche Zentren Berlin e. V., Studien 6.

Johnson, Ian (2010). *A mosque in Munich. Nazis, the CIA, and the Muslim brotherhood in the West*. Boston-New York: Houghton Mifflin Harcourt.

Lemmen, Thomas (1999). *Muslimische Spitzenorganisationen in Deutschland: Der Islamrat und der Zentralrat*. Altenberge: Verlag für christlich-islamisches Schrifttum.

Lemmen, Thomas (2001). *Muslime in Deutschland. Eine Herausforderung für Kirche und Gesellschaft*. Schriften des Zentrums für Europäische Integrationsforschung der Rheinischen Friedrich-Wilhelm-Universität Bd 46. Baden-Baden: Nomos.

Lemmen, Thomas (2002). *Islamische Vereine und Verbände in Deutschland*. Hrsg. vom Wirtschafts- und sozialpolitischen Forschungs- und Beratungszentrum der Friedrich-Ebert-Stiftung. Bonn: Selbstverlag.

Lemmen, Thomas (2002). Aktuelle Entwicklung innerhalb islamischer Organisationen in Deutschland. In André Stanisavljević, Ralf Zwengel (Hrsg.). *Religion und Gewalt. Der Islam nach dem 11. September* (S. 129–156). Potsdam: Mostar Friedensprojekt e. V.

Lemmen, Thomas (2003). Die Sozialarbeit muslimischer Organisationen in Deutschland. In Hildemann, Klaus D. (Hrsg.), *Religion – Kirche – Islam. Eine soziale und diakonische Herausforderung* (S. 191-206). Leipzig: Evangelische Verlagsanstalt.

Oberhaus, Salvador (2011). Jenseits der Gelehrsamkeit – Max von Oppenheim im Diplomatischen Dienst. Vordenker der deutschen Orientpolitik? In Nadja Cholidis, Lutz Martin (Hrsg.), *Die geretteten Götter aus dem Palast vom Tell Halaf, Begleitbuch zur Sonderausstellung des Vorderasiatischen Museums „Die geretteten Götter aus dem Palast vom Tell Halaf", Pergamonmuseum, Berlin, 28. Januar – 14. August 2011* (S. 73–78). Berlin und Regensburg: Staatliche Museen zu Berlin und Schnell und Steiner.

Schiffauer, Werner (1993). Der Weg zum Gottesstaat. Die fundamentalistischen Gemeinden türkischer Arbeitsmigranten in der Bundesrepublik. *Historische Anthropologie* 1, S. 468–484.

Schmitt, Thomas (2003). *Moscheen in Deutschland. Konflikte um ihre Errichtung und Nutzung.* Forschungen zur deutschen Landeskunde Bd 251. Flensburg: Deutsche Akademie für Landeskunde.

Schwanitz, Wolfgang G. (2004). Die Berliner Djihadisierung des Islam. Wie Max von Oppenheim die islamische Revolution schürte *KAS-Auslandsinformationen* 10, S. 17–37.

Zur Notwendigkeit Islamischer Wohlfahrtspflege und Rolle der Deutschen Islamkonferenz: Einblicke, Rückblicke und Ausblicke[1]

Samy Charchira

Eine der fundamentalsten Grundsätze der Wohlfahrtspflege in Deutschland ist und bleibt das staatliche, im Grundgesetz verankerte und auf ewig garantierte Bekenntnis zur sozialen Sicherheit und Gerechtigkeit. Dieses Bekenntnis strebt nicht nur die unbedingte Partizipation Aller an den sozialen, gesellschaftlichen und politischen Entwicklungen an, sondern stellt zugleich die Ganzheit staatlicher Ressourcen und Institutionen zur Erreichung dieses Ziels zur Verfügung. In § 20 des Grundgesetzes stellt die Bundesrepublik Deutschland eine unaufhebbare Relation zwischen Demokratie und Sozialstaatlichkeit her, die durch eine Reihe von staatlichen Handlungsprinzipien und Steuerungsinstrumenten in eine verfassungsrechtlich garantierte Wohlfahrtspflege mündet und somit ein integraler Bestandteil der Sozialen Marktwirtschaft ist.

Dies ist kein Zufall. Denn es leitet sich ab aus der historischen Überzeugung, dass eine moderne Sozialpolitik, den Menschen „Bürger" sein lässt, seine Rechte sichert und ihm Grundsicherung und Grundsicherheit bietet. Und weil Demokratie *„eine Gesellschaft ist, die ihre Zukunft miteinander gestaltet"* (Prantl 2005) kann es nicht sein, dass ganze Bevölkerungsgruppen von diesem gesellschaftlichen Gestaltungsprozess ausgeschlossen bleiben. Wer also die Rechte von Muslimen auf soziale Teilhabe stärkt, stärkt auch unsere Demokratie. Folglich darf „Islamische Wohlfahrtspflege" keineswegs als ein Projekt von Muslimen – oder gar für Muslime – verstanden werden. Die Etablierung einer islamischen Wohlfahrtspflege in Deutschland ist eine gesamtgesellschaftliche Aufgabe, die nicht nur einer konkreten Bedarfssituation folgt, sondern – und vor allem – ein Ausdruck moderner Sozialpolitik unserer Solidargemeinschaft ist.

---

1 Dieser Artikel ist in dieser Form auch erschienen in: Rauf Ceylan/Michael Kiefer: Ökonomisierung und Säkularisierung – Konfessionelle Wohlfahrtspflege in Deutschland vor neuen Herausforderungen, VS Verlag, Wiesbaden 2016.

Darüber hinaus bietet das Thema „Islamische Wohlfahrtspflege" zweifelsohne eine historische Chance, muslimisches Leben in Deutschland zu „normalisieren", die soziale Teilhabe von Muslimen zu garantieren und dem religiösen Pluralismus im Land Rechnung zu tragen. Es soll also „normal" werden, dass neben einer katholischen, evangelischen oder jüdischen auch eine muslimische Kindertagesstätte stehen kann. Eine muslimische Wohlfahrtspflege in Deutschland ist kein Novum, denn sie geschieht seit nun fast einem halben Jahrhundert und lässt sich mittlerweile durch ein valides und beachtliches Zahlenwerk aus der DIK-Studie „Soziale Dienstleistungen der in der Deutschen Islam Konferenz vertretenen religiösen Dachverbände und ihrer Gemeinden (2015)", bei der knapp 900 muslimische Gemeinden zu ihren sozialen Dienstleistungen befragt wurden, beziffern und bemessen. Demnach erreichen die befragten Gemeinden mit ihren sozialen Dienstleistungen wöchentlich mindestens 150.000 Menschen. Dafür engagieren sich mindestens 10.000 Menschen ehrenamtlich, in Gemeinden, mit ausdifferenzierten Organisationsstrukturen (94 % der befragten Gemeinden verfügen über Abteilungen für Kinder- und Jugendhilfe und 54 % über Abteilungen für Seniorenarbeit.) (DIK-Studie 2015)

Hinzu kommt, dass dieses Engagement hauptsächlich durch geringe Spenden finanziert wird, die mühsam und kontinuierlich gesammelt werden müssen. Die Aufrechterhaltung dieses konstanten sozialen Engagements mit derart geringen Mitteln über fast ein halbes Jahrhundert ist erstaunlich und mehr als anerkennungswürdig. Aber nun kommen muslimische Einrichtungen an ihre Grenzen. Die engagierten Spender, vor allem die Muslime der ersten und zweiten Generation, werden immer weniger und Ehrenamt lässt sich aus dieser Zielgruppe immer schwerer generieren. Zur Aufrechterhaltung dieses gewachsenen sozialen Engagements bedarf es in jedem Fall eines Paradigmenwechsels hinsichtlich der Rahmenbedingungen und der zur Verfügung stehenden humanen und finanziellen Ressourcen. Zugleich lässt sich aber auch eine wachsende Gruppe von Muslimen der dritten und vierten Generation beobachten, die über viele Kompetenzen verfügen und zu einer Professionalisierung „Islamischer Wohlfahrtspflege" erheblich beitragen könnten.

Daher wundert es nicht, dass das Thema „Islamische Wohlfahrtspflege" auf die Agenda der aktuellen Legislaturperiode der Deutschen Islamkonferenz (2013–2017) gesetzt wurde, zumal es bereits seit Jahren intensiv und kontrovers diskutiert wird. Dabei geht es (auch) um die Frage der Etablierung islamischer Wohlfahrtspflege und die Möglichkeit der Entstehung eines islamischen Wohlfahrtsverbandes als jüngstes Mitglied einer gewachsenen freien Wohlfahrtspflege in Deutschland. Muslime sind sich sicher: Ein solcher Verband wäre nicht nur äquivalent zu den christlichen und jüdischen Spitzenverbänden der freien Wohlfahrt, sondern auch ein zentraler Träger für professionelle soziale Dienstleistungen von Muslimen für die Allgemeinheit. Dieser Vorstoß korrespondiert ebenso mit der Logik des staatlichen Verhältnisses zur deutschen Wohlfahrtspflege und seiner Gebote der Neutralität und Subsidiarität. Der Bundesstaat ist zur Gleichbehandlung aller Religionen verpflichtet und kann sich einen islamischen Wohlfahrtsverband ohne weiteres vorstellen.

Die Rolle der Deutschen Islamkonferenz beim Etablierungsprozess islamischer Wohlfahrtspflege in Deutschland

Die Neuauflage der Deutschen Islamkonferenz (2013–2017)

Zweifelsohne stellt sich die Deutsche Islamkonferenz in ihrer aktuellen Legislaturperiode in nahezu jeder Hinsicht auf ein völlig neues Fundament, mit erstaunlichen Ergebnissen. Vorbei scheint die Zeit, in der der staatlich organisierte Dialog mit den muslimischen Vertreterinnen und Vertretern auf sicherheitspolitische und extremistische Themenfelder reduziert und damit alles andere als konstruktiv oder ergiebig war. Noch heute denken viele Muslime in Deutschland an die unsägliche „Vermisst"-Kampagne des ehemaligen Innenministers Hans-Peter Friedrich oder auch an die konfrontative Einladungspolitik der Deutschen Islamkonferenz. Kaum im Amt des Innenministers bestätigt, beendete Thomas De Maizière diese Praxis. Er verwies die Fragen der „Öffentlichen Ordnung» in die dafür geeigneten Fachgremien innerhalb der Deutschen Islamkonferenz und machte somit den Weg frei für neue Themenfelder, die für muslimisches Leben in Deutschland nicht minder relevant sind (Vgl. Lohse 2014). Seither wuchs die Deutsche Islamkonferenz zu einer authentischen Dialogplattform zwischen Staat und „organisiertem Islam", insbesondere nachdem die Konferenz um kompetente Sachverständige themenorientiert erweitert wurde.

In paritätischer Absprache mit den Islamischen Dachverbänden wählte die Deutsche Islamkonferenz in ihrer aktuellen Ausgabe zwei Themenbereiche aus, die für muslimisches Leben in Deutschland von großer Bedeutsamkeit ist: Islamische Wohlfahrtspflege und Seelsorge. Von Mai 2014 bis Oktober 2015 befasste sich die Deutsche Islamkonferenz mit Kinder- und Jugendhilfe sowie Altenpflege und -hilfe als zwei der wichtigsten Bereiche freier Wohlfahrtspflege in Deutschland. In insgesamt acht sehr konstruktiven und zielorientierten Arbeits- und zwei Lenkungsausschüssen erarbeitete die Deutsche Islamkonferenz konkrete Maßnahmen und zahlreiche Handlungsempfehlungen für das weitere Vorgehen und verabschiedete diese auf dem Lenkungsausschuss am 10. November 2015. (DIK 2016)

Ergebnisse und Empfehlungen

Die Deutsche Islamkonferenz (DIK) hebt in ihrem Ergebnispapier der Sitzung ihres Lenkungsausschusses vom 10. November 2015 in Berlin die gewünschte und selbstverständliche gesellschaftliche Teilhabe von Muslimen und ihre Rechte, Wohlfahrtspflege konfessionell zu organisieren, besonders hervor, ohne jedoch auf die Gründung eines muslimischen Wohlfahrtsverbandes Einfluss zu nehmen. Denn in dieser Frage werden die islamischen Träger „zu einem späteren Zeitpunkt eigenverantwortlich entscheiden". Bei der konstruktiven Begleitung und Unterstützung bei der Implementierung von Strukturen muslimischer Wohlfahrtspflege wird jedoch ein akuter Handlungsbedarf gesehen. Hierzu hat die DIK fünf Handlungsfelder definiert:

- Würdigung und Abbau von Vorbehalten: hier sollen Zugangsbarrieren zum professionellen Netz der freien Wohlfahrtspflege für muslimische Akteure abgebaut und zugleich ihr großes Engagement der letzten Jahrzehnte gewürdigt und ausreichend kommuniziert werden,
- Information und Beratung: Muslimische Organisationen sollen über die unterschiedlichen Förderstrukturen auf bundes-, landes-, und kommunaler Ebene ausreichend informiert und bei entsprechendem Bedarf konkret dazu beraten werden,
- Kooperation und Teilhabe: Im Fokus steht hier eine bessere Teilhabe durch die Einbindung bestehender islamischer Träger in Strukturen der Wohlfahrtspflege und die damit verbundene Verbesserung der Akzeptanz von aktuellen und künftigen Angeboten muslimischer soziale Arbeit,
- Ehrenamt, Hauptamt, Qualifikation: Durch Coaching oder Mentoringprojekte soll hier eine höhere Professionalisierung von haupt- und ehrenamtlichen Mitarbeiterinnen und Mitarbeitern erreicht und die Möglichkeiten von Qualifizierungsmaßnahem überprüft werden,
- Finanzierung: Hier sollen Finanzierungs- und Refinanzierungsmöglichkeiten entlang föderaler Förderprogramme überprüft werden, die die Zugänge muslimischer Angebote in die Regelförderung und die Förderung von Modellprojekten ermöglichen. (DIK 2015)

Durch ihren vernetzenden Charakter hat die Deutsche Islamkonferenz in allen Handlungsbereichen Kooperationen, Projekte und Synergieeffekte angestoßen, die bereits in konkrete initiierte Maßnahmen mündeten. Damit hat die Deutsche Islamkonferenz entscheidende Impulse zum wichtigsten Projekt muslimischen Lebens in Deutschland gesetzt. Die Umsetzung der Ergebnisse der DIK bleibt jedoch den „jeweiligen Mitgliedern und weiteren Akteuren" überlassen. (ebd.)

Kritik

Schaut man auf das lokale sozialarbeiterische Engagement muslimischer Träger, so stößt man relativ schnell auf Zugangsbarrieren in den kommunalen Entscheidungsstrukturen. Gremien wie die Kinder- und Jugendhilfeausschüsse oder Ratsausschüsse für Soziales und Gesundheit haben relativ wenig Erfahrung im Umgang mit muslimischen Institutionen als professionelle Träger sozialer Arbeit. Bei entsprechenden Antragstellungen auf Regelförderungen seitens der neuen Träger ist nicht immer gewährleistet, dass damit ein adäquater Umgang stattfindet. Abhilfe könnten hier die kommunalen Spitzenverbände schaffen, die aufgefordert bleiben, ihre Mitgliedsorganisationen zu informieren und zu sensibilisieren. Denn dazu waren sie bisher wenig bereit.

Hinsichtlich der Erarbeitung von Synergieeffekten mit der etablierten freien Wohlfahrtspflege ist es unabdingbar, dass die Bundesarbeitsgemeinschaft der freien Wohlfahrtspflege (BAGFW) eine verbindliche und valide Bestandsaufnahme ihrer religionssensiblen Angebotsstruktur erarbeitet. Die bisher im Rahmen der DIK erhobenen „Religionssensible soziale Dienstleistungen von und für Muslime" der BAGFW verzichtet auf die notwendigen Kennzahlen und beschränkt sich lediglich auf Beispiele guter Praxis und Leuchtturmprojekte. (Vgl. BAMF-Erhebung 2015).

Schließlich muss sich die im Rahmen der DIK gegründete Arbeitsgemeinschaft Islamischer Wohlfahrtspflege in einer Form institutionalisieren, sodass sie handlungsfähiger wird und Strukturen der Ansprechbarkeit auf kommunaler sowie Bundes- und Landesebene festigt.

Die gesellschaftliche Bedeutsamkeit der Wohlfahrtspflege liegt sicherlich auch an ihrer Gestaltungskraft unseres Gemeinwesens durch ihre vielen und vielfältigen Angebote und Dienstleistungen. Eine soziale Versorgung unserer Gesellschaft ist ohne die professionelle Wohlfahrtspflege kaum denkbar. Sie begleitet uns von der Geburt bis zur Bahre und darüber hinaus. Mehr als 90 % aller Bundesbürger werden mindestens einmal im Leben Kunde der Wohlfahrtspflege. Doch keineswegs darf man die Wohlfahrtspflege auf die Sicherstellungen von sozialen Dienstleistungen reduzieren, denn sie ist noch viel mehr als das. Sie ist ein starkes Symbol für gesellschaftliche Solidarität und vor allem ein wirkungsvolles Instrument zur Weiterentwicklung unseres Sozialstaates.

Die Etablierung einer islamischen Wohlfahrtspflege wäre somit nicht nur eine große Anerkennung und Würdigung des sozialen Engagements von Muslimen, sondern gestaltet das muslimische Leben in Deutschland unmittelbar und trägt nachhaltig zur Sicherung des gesellschaftlichen Friedens bei. Es geht nicht zuletzt auch darum, unser einzigartiges Wohlfahrtssystem weiterzudenken und weiterzuentwickeln, um unseren gesellschaftlichen Realitäten adäquat Rechnung tragen zu können.

Wie der Prozess einer erfolgreichen Implementierung islamischer Wohlfahrtspflege gestaltet werden kann, wird im Folgenden und anhand von vier Themenschwerpunkten ausgeführt:

1. Gesellschaftliche Realitäten erzwingen einen Wandel der freien Wohlfahrtspflege

1.1 Liberalkonservative Transformationen

Seit dem Aufkommen der „*liberalkonservativen Transformationen des Sozialstaates*" in den 90er Jahren unterzieht sich die freie Wohlfahrtspflege in Deutschland einem stetigen organisatorischen und ökonomischen Wandlungsprozess. In den zwei wichtigen Handlungsbereichen Gesundheitswesen und Personalwirtschaft sieht die freie Wohlfahrtspflege in Deutschland, mit der zunehmenden Deregulierung der Arbeitsmärkte und der Ökonomisierung von Gesundheitsleistungen, ihre subsidiaritätsrechtlichen Privilegien evident tangiert (Griep und Renn 2011). Insbesondere durch die Einführung der gesetzlichen Pflegeversicherung ab 1995 vollzog sich ein Paradigmenwechsel zur Pluralisierung der Sozialträgerlandschaften in Deutschland, die zu einem beabsichtigten Wandel der freien Träger zum Leistungserbringer führte. Grundlage dieses Wandels ist das „Kontraktmanagement" zwischen den Kostenträgern und Leistungserbringern, auf der Grundlage von vordefinierten und ausgehandelten Qualitätsstandards und Preisen. Die damit einhergehenden Refinanzierungsmodelle beziehen sich zwar primär auf stationäre und teilstationäre Leistungen der freien Wohlfahrtspflege, doch ähnliche Finanzierungsmodelle finden seit Jahren auch in anderen Handlungsbereichen, wie etwa im Bereich der sozialpädagogischen Familienhilfe oder „Hilfe zur Erziehung", Anwendung (Buestrich und Wohlfahrt 2008).

Diese Entwicklungsprozesse führen zu einer erheblichen Ökonomisierung der freien Wohlfahrtspflege und schaffen eine bis dahin nie dagewesene Wettbewerbssituation, die die etablierten Verbände der freien Wohlfahrtspflege in Deutschland unter starken Veränderungs- und Öffnungsdruck stellen. Verstärkt werden diese Tendenzen durch einen anhaltenden demographischen Wandel.

1.2 Zuwanderung und demographischer Wandel

Der Anteil der Menschen mit Migrationshintergrund[2] betrug Ende 2014 bereits mehr als 20 % der Gesamtbevölkerung. Somit hat jeder Fünfte in Deutschland einen Migrationshintergrund und in Westdeutschland sogar jeder vierte. Zwei Drittel dieser Personengruppe waren 2014 selbst Migranten der ersten Generation. 61,1 % aller Personen mit Migrationshintergrund lebten 2014 in städtischen Regionen. In Großstädten und Gemeinden mit 500.000 Einwohnern und mehr, beträgt der Anteil von Migrationen und Migranten knapp 30 % (Statistisches Bundesamt 2015).

Deutschland bleibt auch in den nächsten Jahrzehnten verstärkt auf Zuwanderung angewiesen und das macht sich nicht nur anhand des seit Jahren anhaltenden Fachkräftemangels fest. Bis zum Jahre 2050 werden, aufgrund von demographischen Schrumpf- und Vergreisungsprozessen, mehr als eine halbe Million Zuwanderer im Jahr benötigt, um die Zahl der beschäftigten Arbeitskräfte und die der inländischen Wirtschaftskraft aufrechtzuerhalten. Nach Experten des Instituts für Arbeitsmarkt- und Berufsforschung (IAB) und der Hochschule für angewandte Wissenschaften in Coburg müsste dieser Zuwanderungswert nach 2026 gar auf 600.000 Menschen im Jahr ansteigen, auch um die sozialen Sicherungssysteme stabil zu halten. In einer Studie im Auftrag der Bertelsmann-Stiftung machen sie zugleich deutlich, dass sich diese Zuwanderungszahlen mit einer prosperierenden Migration aus dem süd- und osteuropäischen Raum nicht realisieren lassen. Denn die in den vergangenen Jahren gestiegene Zuwanderung aus dem europäischen Ausland ist eher der Wirtschafts- und Finanzkrise geschuldet und dürfte in den nächsten Jahren abflauen, warnen die Forscher. Dr. Jörg Dräger, Vorstandsmitglied der Bertelsmann Stiftung für die Bereiche Bildung, Integration und Demokratie fordert zurecht, dass „jetzt die Weichen [gestellt werden müssen], damit Deutschland als Einwanderungsland für Drittstaatler attraktiver wird (Borstel 2015) Denn Deutschland bleibt im internationalen Vergleich als Einwanderungsland für Fachkräfte bisher wenig interessant.

1.3 Islamische Wohlfahrtspflege seit 50 Jahren

Die DIK-Studie „Islamisches Gemeindeleben in Deutschland" stellte 2012 bereits belastbare und bundesweite Daten zur Gestaltung einer islamischen Wohlfahrtsarbeit fest. Demnach bieten mehr als 40 % der Moscheegemeinden ihren Mitgliedern Sozial- und Erziehungsberatung an. Mehr als 50 % der Gemeinden unterstützen Schülerinnen und Schüler bei ihren Hausaufgaben und rund 36 % leisten für ihre Mitglieder Gesundheitsberatung. Bei Pflichtleistungen von Jugendämtern, wie Hilfe zur Erziehung (HzE) oder sozialpädagogische Familienhilfe (SPFH) sind

---

2 Mit- und ohne Deutsche Staatsbürgerschaft

muslimische Akteure der Wohlfahrtsarbeit nicht mehr wegzudenken. Schon heute sind islamische Organisationen unverzichtbare Partner für Politik und Gesellschaft. Die sozialen Dienstleistungen islamischer Organisationen in Deutschland erstrecken sich somit über wichtige Felder der sozialen Arbeit, insbesondere mit Kindern und Jugendlichen und werden durch den anhaltenden demographischen Wandel verstärkt. Sie decken relevante Bereiche der unterschiedlichen Bedarfe von muslimischen Kindern, Jugendlichen und deren Familien ab, ohne aber dafür eine adäquate professionelle Begleitung und Förderung zu erhalten oder eine große Relevanz in der wohlfahrtspflegerischen Infrastruktur zu erfahren. Mit der aktuellen Debatte um die islamische Wohlfahrtspflege beabsichtigen die islamischen Dachverbände die Bündelung dieser vielfältigen sozialen Dienstleistungen und ihre unmittelbare Verortung in das Netz professioneller Wohlfahrtspflege. Sie sehen nicht zuletzt darin eine historische Chance muslimische Realitäten in Deutschland adäquat zu verankern und muslimisches Leben zu „normalisieren". Die Integration muslimischer wohlfahrtspflegerischer Dienstleistungen in professionelle Netzwerke regelgeförderter Wohlfahrtspflege bleibt eine wichtige gesellschaftliche Notwendigkeit und ein sichtbarer Ausdruck einer integrativen Gesellschaft.

1.4 Weichenstellung für künftige Bedarfssituationen

Hinzu kommt eine wachsende Bevölkerungsgruppe von muslimischen Bürgern und Mitbürgern in Deutschland, die bereits heute auf ca. 4,5 Millionen Menschen beziffert wird und deren endgültige gesellschaftliche Verortung längst Realität ist. Ihre Zahl dürfte nach einer Studie des Bundesamtes für Migration und Flüchtlinge auf 7 Millionen im Jahre 2030 ansteigen (MiGAZIN 2016). Diese Bevölkerungsgruppe vollzieht selbst einen migrationsspezifischen Generationswechsel von den ersten „Gastarbeitergenerationen" bis hin zu muslimischen Deutschen der dritten und vierten Generation. Sie gerät dadurch vermehrt in den Fokus der professionellen Wohlfahrtspflege und fordert vehement und selbstbewusst adäquate Konzepte ihrer nachhaltigen sozialen Versorgung. Schon heute deuten diverse Studien und Erhebungen auf Versorgungsdefizite unter Muslimen in Deutschland hin, insbesondere im Bereich der Kinder- und Jugendhilfe, Altenpflege und Gesundheitsprävention. Die Gruppe der 65-Jährigen mit Migrationshintergrund zählt zu der am schnellsten wachsenden Bevölkerungsgruppe in Deutschland und dürfte bis zum Jahr 2030 auf 2,8 Millionen Menschen ansteigen. Somit würde sie sich in nur 15 Jahren nahezu verdoppeln. Mit 11,6 % bilden Menschen aus der Türkei oder solche mit türkischem Migrationshintergrund den größten Anteil dieser Gruppe (Schmidt 2015). In Nettozahlen ergibt das einen Wert von knapp 325.000 (mehrheitlich muslimische) Menschen, die in Zukunft auf unterschiedliche Modelle einer stationären und ambulanten Altenpflege angewiesen sein und diverse Dienstleistungen der Altenhilfe benötigen werden. Auch die Zahl der muslimischen Schülerinnen und Schüler stieg in den letzten 15 Jahren kontinuierlich und bezifferte sich im Jahr 2013 auf 274.000. In manchen Teilen Deutschlands war der Islam sogar die *„stärkste Religionsgruppe unter den Schülern"* (MiGAZIN 2013). Dennoch scheint die Gruppe der muslimischen Schülerinnen und Schüler von sozialpädagogischen Maßnahmen, die auf ihren Bildungserfolg abzielen, nicht ausreichend erreicht zu werden. Ein Indiz dafür bleibt die hohe Zahl muslimischer Schülerinnen und Schüler in den Hauptschulen und ihrer nur geringen Quote auf dem Gymnasium.

Muslimische Organisationen sehen auch einen erhöhten Bedarf an muslimischen Kitas und fordern diesen ein – auch als starkes Signal der Gleichberechtigung und gesellschaftliche Kooperation auf Augenhöhe (Demuth 2016). Denn jedes achte Kind an den christlichen Kindergärten ist muslimischen Glaubens und wird in den katholischen Kitas in den meisten Fällen zum katholischen Religionsunterricht verpflichtet. Eine Praxis, die seit Jahrzehnten stark kritisiert wird, denn sie stellt die Trägerinteressen höher als die Interessen des Kindes und dem damit verbundenen Bildungsauftrag. Wissenschaftler der Universität Tübingen sehen in dieser Praxis auch einen zwingenden Anlass. In ihrer Studie im Auftrag der Stiftung Ravensburger Verlag stellen sie fest, dass sich der Bildungsauftrag an den konfessionellen Kitas nicht nach den *„persönlichen Voraussetzungen der Erzieherinnen, sondern nach dem des Kindes"* (Herwig 2011) richten muss. Denn trotz des anhaltenden Wandels der Wohlfahrtspflege, bleibt das *„Konzept der lebensweltorientierten sozialen Arbeit"* (Grunwald 2001) eines der wichtigsten Handlungsansätze, insbesondere der konfessionell gebundenen freien Wohlfahrtspflege in Deutschland.

Schließlich zeigt die Tatsache, dass muslimische Jugendliche immer mehr von erfolgreichen Eindeutigkeitsangeboten radikalisierender Gruppierungen betroffen sind, dass die etablierten Konzepte kommunaler und freier Wohlfahrtspflege oft nur unzureichend auf sie ausgerichtet sind. Die Professionalisierung einer seit Jahrzehnten durchgeführten muslimischen Jugendarbeit vieler islamischer Institutionen und Verbände ist ein entscheidender pädagogischer Ansatz zur Stabilisierung der Lebenssituation von betroffenen Jugendlichen und ihre Immunisierung durch eine erhöhte Ambiguitätstoleranz und Dialogkompetenz.

1.5 Wertedialog und ethische Dimension sozialer Arbeit

Eine der Antworten der freien Wohlfahrtspflege auf den anhaltenden Veränderungs- und Öffnungsdruck ist die (Rück)besinnung auf fundamentale Werte und eine ethische Dimension sozialarbeiterischen Handelns, das die freie Wohlfahrtspflege über die Fachbereichs- und Organisationsgrenzen hinaus mit der sozialstaatlichen

Interventionspflicht bisher verbunden hat. Diese Entwicklung etablierte sich in den letzten Jahren als ein Alleinstellungsmerkmal der freien Wohlfahrtspflege, insbesondere im Kontrast zu den neuen gewinnorientierten Trägern. Vor allem der Paritätische Wohlfahrtsverband forciert hier eine dialogische Auseinandersetzung und animiert seine zahlreichen Mitglieder den „Wertedialog", als ein verbindendes Element nach außen zu tragen. 2015 startete der Paritätische Wohlfahrtsverband Nordrhein-Westfalen eine breite Kampagne zum „Wertedialog 2015" mit einer Kick-Off-Umfrage und betont dabei nicht nur seinen gemeinnützigen Charakter, sondern vor allem die tradierte Funktion freier Wohlfahrtspflege als „Anwalt der Betroffenen" und benachteiligten Menschen in unserer Gesellschaft.[3]

Islamische Wohlfahrtspflege begreift sich selbst jenseits der reinen Erbringung von sozialen Dienstleistungen und verortet sich als integraler Bestandteil dieses Wertedialogs. Sie betont, einen idealen gesellschaftlichen Mehrwert und wichtige Impulse bei der Entwicklung der Sozialstaatlichkeit und Wohlfahrtspflege setzen zu wollen. Denn eine islamische Wohlfahrtspflege fühlt sich verantwortlich zur Förderung von Wertepluralität, Chancengleichheit und Bildung beizutragen. Sie unterstützt die Menschen bei der Wahrnehmung ihrer Rechte, steht für gesellschaftliche Randgruppen und Minderheiten ein und arbeitet aktiv und ganzheitlich an der Lösung von gesellschaftlichen und persönlichen Nöten der Menschen, ohne dabei einen Exklusivitätsanspruch für Muslime zu erheben. Ohne die Erfüllung der berechtigten Ansprüche islamischer Wohlfahrtspflege hinsichtlich individualisierter und adäquater Hilfeleistungen und sozialer Versorgung bleiben die sozialrechtlich verankerten Wahlfreiheiten für Muslime in Deutschland erheblich beschnitten und keineswegs im Einklang mit einem gesamtgesellschaftlichen Wertedialog.

1.6 Islamische Wohlfahrtspflege ist eine Notwendigkeit

Die Notwendigkeit der Etablierung adäquater sozialer Dienstleistungen von und für Muslime in Deutschland erscheint nur logisch und korrespondiert ohne weiteres mit dem Grundgedanken der Sozialstaatlichkeit in Deutschland. Die freie Wohlfahrtspflege in Deutschland muss daher um muslimische Träger erweitert werden, um unseren gesellschaftlichen Realitäten Rechnung tragen zu können. Dabei sind die Verbände der freien Wohlfahrtspflege – insbesondere im Hinblick auf ihre Vormachtstellung – aufgerufen, diesen Prozess zu unterstützen. Auch die kommunalen Spitzenverbände tragen eine maßgebliche Verantwortung zum Abbau von Vorurteilen und Vorhaltungen gegenüber muslimischen Trägern, vor allem im kommunalen Raum. Perspektivisch gesehen ist mit einem islamischen

---

3 Auftaktkonferenz zum Wertedialog am 26. März 2015.

Spitzenverband als weiterem Mitglied der Bundesarbeitsgemeinschaft der freien Wohlfahrtspflege in Deutschland zu rechnen.

2 Islamische Wohlfahrtspflege begreift sich überwiegend als komplettierendes Instrument sozialstaatlichen Handelns zur Erhöhung der Wahlfreiheit und Sicherstellung der sozialen Versorgung

Muslimische Verbände, Institutionen und Träger möchten nicht in jedes Arbeitsfeld der professionellen Wohlfahrtspflege mit eigenen Angeboten vorstoßen. Zumindest geht das aus den Beratungen mit den Islamischen Dachverbänden im Rahmen der Deutschen Islamkonferenz im Zeitraum zwischen Ende 2014 und Mitte 2016 hervor. Vielmehr geht es darum, gesellschaftliche Handlungsbereiche mit wesentlicher Relevanz für muslimisches Leben in Deutschland zu definieren und die dafür notwendige Angebotsstruktur anzupassen, zu modifizieren oder zu erweitern. In den medienwirksamen Veröffentlichungen der Ergebnisse der Sitzung des Lenkungsausschusses der Deutschen Islamkonferenz vom 10. November 2015 werden die Bereiche Kinder- und Jugendhilfe, sowie Altenpflege und Altenhilfe für muslimisches Leben in Deutschland als besonders relevant definiert (DIK 2015). Dies macht durchaus Sinn, denn tatsächlich verfügen islamische Dachorganisationen in Deutschland aktuell über die notwendigen Organisationsstrukturen und fachlichen Kompetenzen, um in diesen Handlungsbereichen und mit einer gezielten Unterstützung den notwendigen Sprung zum professionellen Akteur und anerkannten Träger zu schaffen.

2.1 Anerkennung von Spitzenverbandsstrukturen

Kontrovers diskutiert wird dabei die Frage, ob eine derart reduzierte wohlfahrtspflegerische Organisation als Spitzenverband mit entsprechender Repräsentationsbefugnis anerkannt werden kann. Denn ein Spitzenverband sollte in der Regel ein breites Spektrum der Aufgabenstellungen wahrnehmen und sich nicht auf einzelne Arbeitsbereiche der Wohlfahrtspflege beschränken. Dabei wird gerne auf eine semi-juristische Debatte, hinsichtlich der Forderung zur Erfüllung von Anerkennungsvoraussetzungen für einen Spitzenverband der Wohlfahrtspflege, verwiesen. Tatsächlich aber erweist sich ein juristisches Anerkennungsverfahren als nicht eindeutig bestimmt (Flierl 1992, S. 172). Selbst der Deutsche Bundestag hat in seiner 12. Wahlperiode auf Anfrage der Abgeordneten Hildegard Wester (SPD) festgestellt, dass es ein *„formelles Anerkennungsverfahren"* nicht gibt und dass die Bundesregierung dazu weder eine *„materielle Prüfung"* durchführen noch *„eine Haltung dazu"* einnehmen könnte (Bundestag 1992).

Ohnehin orientierten sich die teilweise hoch selektiven Anerkennungsbedingungen an faktischen Geltungen der sechs etablierten Spitzenverbände der freien Wohlfahrtspflege und stehen im Zusammenhang mit der 3. Verordnung zur Durchführung des „Gesetzes über die Ablösung öffentlicher Anleihen" vom 04.12.1926 (RGBl I, S. 494ff), an dem die Verbände der freien Wohlfahrtspflege selbst maßgeblich beteiligt waren. Doch eine gesetzliche Grundlage für ein Anerkennungsverfahren als Spitzenverband der Wohlfahrtspflege gibt es weiterhin nicht. Auch spricht der Gesetzgeber nicht von einem „Spitzenverband", vielmehr beruht die Bestimmung der Wohlfahrtsverbände, als Spitzenverbände, auf einer politisch-legitimatorischen Basis, wenn auch diese historisch gewachsen ist (Klaffl 2016). Das erklärt beispielsweise auch, warum die zentrale Wohlfahrtsstelle der Juden mit gerade mal 100 Gemeinden und rund 103.000 Mitgliedern (2011) als Spitzenverband anerkannt ist (Bertelsmann Stiftung 2012).

2.2 Synergien und Kooperationspotenziale

Muslimische Verbände sind gegenwärtig bemüht, Synergien und Kooperationen mit der freien und kommunalen Wohlfahrtspflege zu identifizieren und diese für Muslime in Deutschland zu eröffnen. Am konstruktivsten gelingt diese Kooperation aktuell im Bereich der Altenpflege und Altenhilfe, nicht zuletzt auch, weil ca. 10 % der stationären Pflegeplätze in Deutschland vakant sind und hier viel Raum für Kooperationen möglich erscheint (Fritz 2014). Es geht darüber hinaus aber auch um eine Reihe von Maßnahmen, die einerseits die zielgruppengerechte Gestaltung der Angebotsstruktur der etablierten Verbände der freien Wohlfahrtspflege ermöglichen und andererseits die Akzeptanz dieser Angebote bei Muslimen erhöhen sollen. Dazu gehören neben Konzepten einer religionssensiblen Altenpflege und -hilfe auch die verbesserte Teilhabe und Mitwirkung bei den Seniorenvertretungen in kommunalen Strukturen. Ebenso aber auch Zugänge zu den Pflegestützpunkten oder auch einer Struktur von individuellen Beratungsleistungen, um eine adäquate Partizipation zu gewährleisten (Schmidt 2015). Auch im Bereich der vorschulischen Bildung gibt es erste beeindruckende Kooperationsformen. So betreibt der DITIB-"Verein zur Gründung und Erhaltung muslimischer Kindergärten e. V." in der Stadt Mannheim ein bundesweit einzigartiges Projekt in dem ein muslimischer Kindergarten und eine städtische Krippe in einer Kooperationskindertagesstätte untergebracht sind (Karacinar 2013). Hier kommt es zu einer richtungsweisenden Verzahnung der Angebotsstrukturen, die Schule machen könnte.

Darüber hinaus hat die Bundesarbeitsgemeinschaft der freien Wohlfahrtspflege (BAGFW) einen Dialogprozess mit den islamischen Dachverbänden angestoßen, mit dem erklärten Ziel, Kooperationsmöglichkeiten zu sondieren und ein Know-How Transfer zu organisieren. Im Mai 2016 startete der Paritätische Wohlfahrtsverband das zweijährige Modellprojekt „Qualifizierung der muslimischen Wohlfahrtspflege in der Kinder- und Jugendhilfe" in Kooperation mit zwei islamischen Dachverbänden aus dem Koordinierungsrat der Muslime in Deutschland. Durch Fortbildung, Coaching, Begleitung und Beratung zielte das Projekt darauf ab, soziale Arbeit von Moscheegemeinden erheblich zu qualifizieren und Arbeitsmaterialien zu erstellen. Ein ähnliches Projekt führt seit 2015 auch der Frankfurter Träger KUBI e. V. mit Moscheegemeinden aus dem Rhein-Main-Gebiet, finanziert aus Mitteln des Bundesfamilienministeriums. Im Rahmen des Bundesförderprogramms „Demokratie leben!" sind aber auch weitere Initiativen entstanden. So werden ca. 12 islamische Organisationen dabei unterstützt (und gefördert), Projekte im Bereich der Präventionsarbeit gegen religiös begründeten Extremismus zu initiieren. Nennenswert ist hier auch, dass mit Übernahme der Trägerschaft der Kölner Präventionsberatungsstelle „Wegweiser" durch DITIB erstmalig eine islamische Dachorganisation eigenverantwortlich ein Präventionsprojekt im Auftrag einer Landesregierung realisiert.

2.3 „Interkulturelle Öffnung" muss endlich gelingen

Islamische Wohlfahrtspflege wird u. a. im Spannungsverhältnis zur „interkulturellen Öffnung" diskutiert. Doch, damit islamische Wohlfahrtspflege ihren komplettierenden Charakter beibehalten kann, muss die interkulturelle Öffnung in den kommunalen Strukturen, aber vor allem in der freien Wohlfahrtspflege gelingen. Dies ist notwendig, um mögliche Doppelstrukturen oder Umverteilungskämpfe zu vermeiden.

Die Debatte um die interkulturelle Öffnung fokussiert sich auf zwei miteinander verschränkten Ebenen. Einerseits geht es um die Öffnung der Angebotsstruktur der Freien Wohlfahrtspflege für muslimische und andere Gruppierungen und andererseits um die Organisationsöffnung und -entwicklung der Verbände der freien Wohlfahrtspflege. Bei ersterem bleibt das Gesamtbild heterogen. Während die interkulturelle Öffnung bei einigen Trägern, z. B. aufgrund ihrer humanistischen Orientierung sehr gut gelingen kann, existieren bei anderen Trägern unüberbrückbare konfessionelle Zugangsbarrieren. So bleiben muslimische Schülerinnen und Schüler beispielsweise weiterhin vom Besuch einer katholischen Grundschule ausgeschlossen, sofern sie sich weigern am katholischen Religionsunterricht teilzunehmen.

Bei letzterem geht es insbesondere um die Frage, inwiefern Muslime und Menschen „mit Migrationshintergrund" in den unterschiedlichen Verbandsgremien und in unterschiedlichen Positionen partizipieren und mitentscheiden können? Denn eine wahre Teilhabe kommt ohne Mitentscheidungsrechte nicht aus. Ein flüchtiger Blick auf die Verbandsorganisationsstrukturen der meisten etablierten Wohlfahrtsverbände genügt, um zu konstatieren, dass Migranten im Allgemeinen und Muslime im Speziellen, in den mittleren und oberen Verbandsmanagementebenen kaum zu finden sind. Auch in den unteren Managementebenen bleiben sie stark unterrepräsentiert. Zwar haben sich die meisten freien Wohlfahrtsverbände zur Öffnung ihrer Organisationsstruktur verpflichtet, doch bleiben sie tatsächlich hinter den selbst gesteckten Zielen zurück. So bleibt die interkulturelle Öffnung, als bedeutendes Handlungsfeld, hinter den Erwartungen und ist erheblich ins Stocken geraten. Die hier herbei geführte Stagnation begründet sich auch durch das Fehlen einer klaren, nachhaltigen und bemessbaren Strategie zu mehr Vielfalt in den Verbandsstrukturen.

3 Der Staat überträgt aktuell seine neokorporatistischen Partnerschaften mit dem „organisierten Islam" in Deutschland auf den Bereich der Wohlfahrtspflege. Zum Gelingen dieses Prozesses sind Ressourcenerweiterungen notwendig und Umverteilungskämpfe zu vermeiden.

3.1 Eine neokorporatistische Verbindung mit dem Islam in Deutschland

Zu den Meilensteinen deutscher Historie gehört auch die weitreichende strategische Partnerschaft, die der deutsche Staat bei der Erfüllung seiner sozialstaatlichen Interventionspflicht mit der frei strukturierten Wohlfahrtspflege eingeht. Diese historische Partnerschaft begründete bisher den dualen Wohlfahrtsstaat Deutschland und machte das deutsche Modell der Wohlfahrtspflege einzigartig in der Welt. Denn sie erlaubte den großverbandlich organisierten freien Trägern der Wohlfahrtsarbeit nicht nur die Erbringung von weitreichenden und überwiegend mit öffentlichen Mitteln finanzierten sozialen Dienstleistungen, sondern gewährte ihnen dabei bisher ein gesetzlich verankertes Vorgangsrecht (Subsidiarität) und große Selbständigkeit, ohne jedoch ihre finale Verantwortung gegenüber den Hilfesuchenden zu verlieren.

Daraus ist ein beeindruckendes System freier Wohlfahrtspflege entstanden, das in einem weitreichenden neokorporativen Verhältnis zum Staat steht. Die freie Wohlfahrtspflege betreibt hier eine aktive Interessensbildung und stellt großes Fachwissen bereit, um es kumuliert in einen politischen Entscheidungsprozess – mit dem Ziel der Einflussnahme – einfließen zu lassen. Aber auch der Staat kommt damit nicht nur mittelbar seiner sozialen Interventionspflicht nach, sondern sichert den gesellschaftlichen Frieden nachhaltig und geht somit eine wechselseitig funktionalisierende Verbindung mit der freien Wohlfahrtspflege ein, die sich über Jahrzehnte bewährt hat.

Diesem Prinzip folgend, etablierte sich die Deutsche Islamkonferenz in den letzten zwei Jahren als eine hervorragende Plattform, um genau diese wohlfahrtspflegerische neokorporatistische Verbindung mit dem „organisierten Islam" zu implementieren und die soziale Versorgung der muslimischen Bevölkerung in Deutschland gleichzustellen und zu verbessern. Gerade im Hinblick auf die große Zahl der mehrheitlich muslimischen Neuzuwanderer bleibt diese neokorporatistische Verbindung dringender denn je.

3.2 Ressourcenerweiterungen sind notwendig

Das System der freien Wohlfahrtspflege in Deutschland ist gesetzlich und verfassungsrechtlich so verankert, dass es in seiner Ganzheitlichkeit flexibel bleibt. Das mit öffentlichen Mitteln gegenfinanzierte wohlfahrtspflegerische Aufkommen verhält sich proportional zu den zu versorgenden Individuen und Gruppen in Deutschland. Historisch gesehen wurde dieses Aufkommen immer wieder angepasst, wie etwa bei steigender Anzahl von Flüchtlingen und Vertriebenen in den 90er Jahren oder nach dem Fall der Berliner Mauer. Auch heute befinden wir uns in einer Situation, in der eine erhebliche Anzahl von Muslimen (insbesondere der ersten Generation) ihre partizipativen Rechte auf soziale Versorgung verstärkt einfordert. Der nicht unerhebliche Zuzug von Flüchtlingen muslimischen Glaubens nach Deutschland, macht eine Ressourcenerweiterung seitens der staatlichen Stellen und Sozialversicherungskassen unabdingbar. Islamische Verbände und Spitzenverbände der freien Wohlfahrtspflege bleiben aufgefordert, sich hier stärker zu positionieren, um Umverteilungskämpfe zu vermeiden.

4 Strukturelle Defizite muslimischer Träger und Verbände erhöhen die Kluft zwischen Theorie und Praxis einer aufkommenden islamischen Wohlfahrtspflege. Mehr kommunales Engagement bleibt unabdingbar.

Es steht fest, dass eine islamische Wohlfahrtspflege, die alle gängigen strukturellen und qualitativen Standards erfüllt, nicht entstehen kann, ohne dass die betroffenen islamischen Träger (vornehmlich die islamischen Dachorganisationen) einen strukturellen, konzeptionellen und methodischen Transformationsprozess vollziehen.

Die praktische Umsetzung der in Deutschland relativ kompliziert organisierten freien Wohlfahrtspflege erfordert von den islamischen Dachorganisationen viel Know-How, ausgewiesene Kompetenzen und ausreichende Ressourcen, die in einem moderierten Prozess mit relevanten staatlichen und zivilgesellschaftlichen Partnern realisierbar wäre. Wichtig dabei ist, dass ein solcher Prozess nicht top-down verordnet werden kann, sondern unabdingbar von unten nach oben wachsen muss. Hier bleibt ein verstärktes Engagement bzw. eine Fokussierung der wohlfahrtspflegerischen Angebote im kommunalen Raum unverzichtbar.

4.1 Transformationsprozess zum professionellen Träger sozialer Arbeit

Im Rahmen dieses Transformationsprozesses zum sozialen Dienstleister müssen diese künftigen Träger eine Reihe von Fragestellungen und Aufgaben bewältigen. Sie müssen nicht nur das Verständnis für eine hauptsächlich auf Bedarfsdeckung orientierte soziale Arbeit aufbringen, sondern auch die eigene Angebotsstruktur (nicht nur gegenüber der eigenen Klientel) ausbauen, mehr Handlungsmöglichkeiten zur Reaktion auf gesellschaftliche Geschehnisse entwickeln und sich auf die Implementierung von Qualitätsstandards, Organisationsstrukturen und Professionalität konzentrieren. Sie müssen ihre wichtige Arbeit auf wissenschaftliche Grundlagen sozialpädagogischen und sozialtätigen Handelns stellen, die auf die Autonomie der Individuen abzielen und ihre Teilnahme am öffentlichen Leben sichert. Sie brauchen deutlich bessere Strukturen in ihren sozialräumlichen Verortungen und ausgebildete Fachkräfte im Haupt-, Neben- und Ehrenamt.

Darüber hinaus stehen muslimische Träger zur Zeit vor der Herausforderung, die bestehenden Angebote islamischer Wohlfahrtspflege mit dem refinanzierten Netz der Wohlfahrtspflege in Deutschland zu verknüpfen und somit ihr regelmäßiges Erbringen nachhaltig zu sichern. Alleine dies erfordert eine konzeptionelle Justierung und Restrukturierung der bestehenden Angebote. Genauso wichtig ist es aber auch, dass diese Angebote auch tatsächlich in die sozialen Versorgungsstrukturen, wie etwa die kommunalen Jugendhilfeplanungen, Eingang finden. Hier waren muslimische Träger in der Vergangenheit mit einer Reihe von Zugangsbarrieren konfrontiert, die dringlichst abgebaut werden müssen.

4.2 Der kommunale Raum ist entscheidend

Der konstruktive Dialog im Rahmen der Deutschen Islam Konferenz hat Bewusstsein und Sensibilisierung für die Notwendigkeit einer islamischen Wohlfahrtspflege in Deutschland geschaffen. Nun gilt es, diesen Dialog in den kommunalen Raum zu tragen, wohlwissend, dass ein Wohlfahrtsverband nur „von unten nach oben" entstehen kann, indem er über ein breites kommunales Engagement verfügt, welches es zu verbinden gilt, aber auch, weil der Anteil der Finanzierungsstrukturen sozialer Dienste im kommunalen Raum gegenüber dem Bund und den Ländern bei weitem überwiegt. Für künftige islamische Träger bleibt daher ein stärkeres Engagement in den Kommunen unausweichlich. Dadurch dezentralisiert sich auch der Diskurs zur Etablierung einer islamischen Wohlfahrtspflege und verlagert sich von der Ebene der bundesweiten Verbandsstrukturen in die kommunale Ebene der lokalen Träger. Auf die islamischen Dachorganisationen kommen aber dadurch nicht weniger Aufgaben zu – im Gegenteil – sie bleiben weiterhin gefragt, pädagogische Expertisen und praxisorientierte Konzeptionen zu akkumulieren und zu transferieren, Fachberatung anzubieten, Vernetzungsarbeit zu organisieren und Interessensvertretung zu gewährleisten – also klassische Aufgaben eines Wohlfahrtsverbandes anzubieten. Aus dieser Struktur müssen dann regionale und überregionale Organisationsformen erwachsen, die dann perspektivisch in einen muslimischen Spitzenverband der Wohlfahrtspflege münden können.

Ausblick

Bisher konnten sich die islamischen Dachorganisationen auf kein strategisches Vorgehen im Sinne eines Fahrplanes mit verbindlichen Aufgabenverteilungen einigen. Genau das bleibt aber zwingend notwendig, um (auch) eine Reihe von offenen Fragestellungen zu beantworten.

So bleibt beispielsweise die Frage, wie sich die Vielfalt des Islams in einem islamischen Wohlfahrtsverband integrieren lässt, weitestgehend unbeantwortet. Hier müssen neue kreative und praktikable Lösungen erarbeitet werden. Eins sei gewiss: Die bloße Übertragung der aktuellen islamischen Verbandsstrukturen in die Wohlfahrtspflege wird keine Abhilfe schaffen. Hier bleibt der wohlfahrtspflegerische Grundsatz des „Bedarfs" und der „Bedarfsdeckung" entscheidend für die Organisationsentwicklung. Jedem Träger könnte dann die Bedeutung zukommen, die mit seiner eigenen Angebotsstruktur korrespondiert.

Auch haben sich die in der Deutschen Islamkonferenz vertretenen, islamischen Dachorganisationen darauf verständigt, eine AG „Islamische Wohlfahrtspflege" zu gründen, mit dem Ziel, diese AG als zentralen Ansprechpartner und Träger von einer Reihe von Modellprojekten zu etablieren. Diese AG wurde jedoch bisher noch nicht institutionalisiert. Sobald dies geschehen ist, gilt es, diese mit den Strukturen der etablierten Wohlfahrtspflege in Bund, Ländern und Kommunen zu vernetzen. Im Zuge dieses Prozesses können die Ressourcen akquiriert werden, die notwendig sind, um den Sprung vom Konsumenten zum Akteur der Wohlfahrtspflege zu schaffen. Mehr noch: Auf diesem Wege kann es gar möglich sein, dass sich auf kommunaler Ebene verbandsübergreifende lokale Träger bilden, die sich als professionelle Träger sozialer Arbeit etablieren können und somit DIE Struktur schaffen, auf die sich ein islamischer Wohlfahrtsverband später stützen kann.

Literatur

Bundesamt für Migration und Flüchtlinge (Hrsg.). 2015. Religionssensible soziale Dienstleistungen von und für Muslime. Ein Überblick aus Kommunen und den Mitgliedsorganisationen der Bundesarbeitsgemeinschaft der Freien Wohlfahrtspflege. Paderborn: Druck-Buch-Verlag.
Deutscher Bundestag. 1992. Schriftliche Fragen mit den in der Woche vom 14. September 1992 eingegangenen Antworten der Bundesregierung. Drucksache 12/2370.
Flierl, Hans. 1992. Freie und öffentliche Wohlfahrtspflege. München.
Griep, Heinrich und Renn, Heribert. 2011. Das Recht der Freien Wohlfahrtspflege. Grundlagen und Perspektiven. Freiburg im Breisgau: Lambertus-Verlag.
Grundwald, Klaus. 2001. Neugestaltung der freien Wohlfahrtspflege: Management organisationalen Wandels und die Ziele der Sozial Arbeit. Weinheim: Beltz Juventa
Halm, Dirk et al. 2012. Islamisches Gemeindeleben in Deutschland. Forschungsbericht 13. Nürnberg: Bundesamt für Migration und Flüchtlinge.
Halm, Dirk und Martina Sauer. 2015. Sozial Dienstleistungen der in der Deutschen Islamkonferenz vertretenen religiösen Dachverbände und ihrer Gemeinden. Studie im Auftrag der Deutschen Islam Konferenz. Nürnberg: Bundesamt für Migration und Flüchtlinge.
Prantl, Heribert. 2005. Kein schöner Land. Dier Zerstörung der sozialen Gerechtigkeit. München: Droemer Knaur Verlag
Internetquellen
Bertelsmann Stiftung. 2012. Jüdische Wohlfahrtspflege, URL: http://www.bertelsmann-stiftung.de/fileadmin/system/flexpaper/rsmbstpublications/download_file/3806/3806_53.pdf, letzter Abruf am 11.05.2016.
Borstel, von Stefan. 2015. Deutschland braucht 500.000 Zuwanderer pro Jahr, URL: http://www.welt.de/politik/deutschland/article138826896/Deutschland-braucht-500-000-Zuwanderer-pro-Jahr.html, letzter Abruf am 29.04.2016.
Buestrich, Michael und Wohlfahrt, Norbert. 2008. Die Ökonomisierung der Sozialen Arbeit, URL: http://www.bpb.de/apuz/31339/die-oekonomisierung-der-sozialen-arbeit?p=all, letzter Abruf am 15.05.2016.
Demuth, Vera. 2016. Zusammenleben fördern: Islamische Gemeinden möchten einen islamischen Kindergarten gründen, URL: http://www.lokalkompass.de/castrop-rauxel/leute/zusammenleben-foerdern-islamische-gemeinden-moechten-einen-islamischen-kindergarten-gruenden-d614286.html, letzter Abruf am 01.07.2016.
Deutsche Islam Konferenz. 2016. Die Deutsche Islam Konferenz in dieser Legislaturperiode (2013-2017), URL: http://www.bmi.bund.de/DE/Themen/Gesellschaft-Verfassung/Deutsche-Islam-Konferenz/Arbeitsprogramm-18-LP/arbeitsprogramm-18-lp_node.html, letzter Abruf am 25.06.2016.
Deutsche Islam Konferenz. 2015. Wohlfahrtspflege als Thema der Deutschen Islam Konferenz, URL: http://www.deutsche-islam-konferenz.de/SharedDocs/Anlagen/DIK/DE/Downloads/LenkungsausschussPlenum/20151110-la-ergebnisse-dik.pdf?__blob=publicationFile, letzter Abruf am 19.06.2016.
Fritz, Hartmut.2014. Beim 2. Arbeitsausschuss der Deutschen Islamkonferenz am 26.06.2014 in Berlin.

Herwig, Marc. 2011. Tübinger Studie: Mehr Islam an Kitas wäre gut, URL: http://www.gea.de/region+reutlingen/tuebingen/tuebinger+studie+mehr+islam+an+kitas+waere+-gut.2339443.htm, letzter Abruf am 24.05.2016

Karacinar, Pinar. 2013. Bundesweit einzigartiges Projekt in Mannheim gestartet: Kooperationskindertagesstätte „Muslimischer Kindergarten und städtische Krippe" unter einem Dach. URL: https://mannheim.de/presse/bundesweit-einzigartiges-projekt-mannheim-gestartet-kooperationskindertagesstaette-muslimisch, letzter Abruf am 04.07.2016.

Klaffl, Kathrin. 2016. Freie Wohlfahrtsverbände, URL: https://www.historisches-lexikon-bayerns.de/Lexikon/Freie_Wohlfahrtsverb%C3%A4nde#Empfohlene_Zitierweise, letzter Abruf am 26.06.2016.

Lohse, Eckart. 2014. Wohlfahrt statt Extremismus, URL: http://www.faz.net/aktuell/politik/inland/deutsche-islamkonferenz-wohlfahrt-statt-extremismus-12863660.html, letzter Abruf am 04.07.2016.

MiGAZIN. 2016. Größte Muslimgemeinschaft künftig in Deutschland, URL: http://www.migazin.de/2016/01/14/studie-groesste-muslimgemeinschaft-kuenftig-in-deutschland/, letzter Abruf am 03.05.2016.

MiGAZIN. 2013. Jeder achte Schüler muslimisch, URL: http://www.migazin.de/2013/01/09/jeder-achte-schuler-muslimisch/, letzter Abruf am 22.06.2016.

Schmidt, Manfred. 2015. Altenhilfe und Altenpflege – Saad der Debatte in der Deutschen Islam Konferenz. URL: http://www.deutsche-islam-konferenz.de/DIK/DE/Service/Bottom/RedenInterviews/Reden/20150114_schmidt_konferenz_wohlfahrt_grusswort.html, letzter Abruf am 18.05.2016.

Statistisches Bundesamt. 2015. Bevölkerung mit Migrationshintergrund, URL: http://www.bpb.de/wissen/NY3SWU,0,0,Bev%F6lkerung_mit_Migrationshintergrund_I.html, letzter Abruf am 12.05.2016.

Das Avicenna-Studienwerk: ein Stipendienprogramm für leistungsstarke und engagierte muslimische Studierende und Promovierende

Hakan Tosuner

1 Einleitung

Eine positive mediale Darstellung von Muslimen ist schon seit langer Zeit eine Rarität, vor allem Erfolgsgeschichten über junge Muslime in Bildung und Forschung sind kaum vorzufinden. Im öffentlichen Diskurs wird häufig darauf verwiesen, dass der Großteil der Muslime Empfänger von staatlichen Transferleistungen und Bildungsversager seien. Das Scheitern und Versagen in Bildung und Arbeit wird nicht selten in direkten Zusammenhang mit der Religionszugehörigkeit gebracht. Der überwiegend negative und problembeladene Diskurs über Islam und Muslime erreichte jedoch mit der Sarrazin-Debatte im Jahr 2010 eine andere Dimension: Muslimen wurde eine genetisch bedingte unterdurchschnittliche Intelligenz attestiert. Zudem wurden sie als Gemüse- und Dönerhändler und Produzenten von Kopftuchmädchen karikiert. Somit trügen Muslime wesentlich zur Verrohung und Verdummung der deutschen Gesellschaft bei. Diese rassistischen und stigmatisierenden Aussagen erfahren nicht nur Zuspruch aus bildungsfernen Bevölkerungsschichten der Mehrheitsgesellschaft, sondern auch dem Bildungsbürgertum.[1]

---

[1] In diesem Kontext beschreibt der Münchener Soziologieprofessor Armin Nassehi seine Erfahrungen mit Sarrazin-Sympathisanten mit folgenden Worten: „Das Münchner Literaturhaus hat Thilo Sarrazin (…) eingeladen (…) Das sah nach besten Voraussetzungen aus, um unaufgeregt diskutieren zu können – Diskussionspartner, die exakt dies vorhatten, sowie ein bürgerliches, gebildetes Publikum (…) Allein, die Erwartungen erfüllten sich nicht, der Abend geriet völlig aus den Fugen. Nachdem Sarrazin sich als Opfer der veröffentlichten Meinung stilisiert hatte, begann das distinguierte Publikum von circa 800 Personen zu toben und zu johlen, als kritische Einwände diskutiert wurden (…) das Bedenkliche bestand doch darin, dass auch das Publikum nicht an einer Abwägung von Argumenten interessiert war, sondern ausschließlich daran, sich Ressentiments und

Das Hauptproblem des Bildungssystems in Deutschland wird allerdings verkannt: Es sind primär die familiären Hintergründe und nicht die Talente und Fähigkeiten, die über einen erfolgreichen Bildungsweg entscheiden: während nur etwa 23 Prozent der Kinder aus Nichtakademiker-Haushalten studieren, beträgt dieser Anteil bei Akademikerkindern rund 77 Prozent. Kinder und Jugendliche aus bildungsbenachteiligten Milieus glauben trotz guter Noten nicht an Aufstiegschancen und haben tendenziell weniger Vertrauen in die eigenen Stärken.

Im ersten Abschnitt dieses Beitrages erfolgt ein kurzer Einblick in die Begabtenförderung in Deutschland, um die Bedeutung des Avicenna-Studienwerkes entsprechend zu kontextualisieren. Beginnend mit der Gründungsphase wird im Hauptteil das besondere Profil sowie die Arbeit des Avicenna-Studienwerks näher vorgestellt. Der Beitrag endet mit einem kurzen Ausblick.

2 Begabtenförderung in Deutschland

Seit 1971 wird in Deutschland durch das Bundesausbildungsförderungsgesetz (BAföG) allen jungen Menschen die Möglichkeit gegeben, unabhängig von ihrer wirtschaftlichen und sozialen Lage eine Ausbildung erfolgreich zu absolvieren. Neben dem BAföG und den Bildungsdarlehenangeboten bilden diverse Stipendienprogramme einen bedeutenden Pfeiler in der Studienfinanzierung.[2] Allerdings sind die vielfältigen Stipendienprogramme unter den meisten Studierenden und Promovierenden weitestgehend unbekannt. Die Förderung leistungsstarker Studierender ruht auf folgenden drei Pfeilern:

- Begabtenförderungswerke
- Deutschlandstipendium (wird von den Hochschulen vergeben und jeweils zur Hälfte vom Bund und von privaten Förderern finanziert, www.deutschlandstipendium.de)
- Aufstiegsstipendium (speziell für berufserfahrene Studierende, www.aufstiegsstipendium.de)

---

allzu einfache Erklärungen bestätigen zu lassen." http://www.zeit.de/2010/41/Nassehi (01.07.2016)

2 Darüber hinaus gibt es auch viele privat finanzierte Stipendienprogramme. Das BMBF-Internetportal www.stipendienlotse.de gibt einen Überblick über die vielen Angebote.

Die Vielfalt der deutschen Gesellschaft soll in den Begabtenförderungswerken widergespiegelt werden. Sie sollen ein Abbild der verschiedenen weltanschaulichen, religiösen, politischen, wirtschafts- oder gewerkschaftsorientierten Ausrichtungen in Deutschland sein. Ihre Aufgabe besteht darin, leistungsstarke und gesellschaftlich engagierte Studierende und Promovierende finanziell und ideell zu fördern.

Mit der Gründung des Avicenna-Studienwerks gibt es aktuell folgende dreizehn vom Bundesministerium für Bildung und Forschung geförderte Begabtenförderungswerke[3]:

- Konfessionell
- Avicenna-Studienwerk
- Cusanuswerk
  › Evangelisches Studienwerk Villigst
  › Ernst Ludwig Ehrlich Studienwerk
- politisch
  › Friedrich-Ebert-Stiftung
  › Friedrich-Naumann-Stiftung für die Freiheit
  › Hanns-Seidel-Stiftung
  › Heinrich-Böll-Stiftung
  › Konrad-Adenauer-Stiftung
  › Rosa-Luxemburg-Stiftung
- gewerkschaftsnah
  › Hans-Böckler-Stiftung
- arbeitgebernah
  › Stiftung der Deutschen Wirtschaft
- weltanschaulich neutral
  › Studienstiftung des deutschen Volkes

Die Förderung unterschiedlicher Talente und Begabungen hat die Bundesregierung zu einem ihrer bildungspolitischen Ziele festgelegt. Denn die Förderung begabter und engagierter junger Menschen wird als eine nachhaltige Investition in die Zukunft Deutschlands betrachtet. Daher wurden in den vergangenen Jahren die Mittel für die Förderung leistungsstarker und engagierter Studierender durch die Begabtenförderungswerke signifikant ausgebaut. Die Haushaltsmittel wurden in den letzten Jahren für die Begabtenförderung von etwa 80 Millionen (2005) auf circa 230 Millionen Euro (2015) erhöht. Die Zahl der von den Begabtenförde-

---

3 Eine Übersicht über die 13 vom BMBF geförderten Werke gibt es unter www.stipendiumplus.de

rungswerken geförderten Stipendiaten (Studierende und Promovierende) ist so von rund 16.000 (2005) auf rund 31.000 (2014) gestiegen. Mittlerweile fördern die Begabtenförderungswerde etwa ein Prozent aller Studierenden.

3 Aufbau des Avicenna-Studienwerkes

Parallel zu den in der Einleitung kurz skizzierten besorgniserregenden Entwicklungen wurden die ersten Ideen für eines der wichtigsten bildungspolitischen Projekte in Deutschland entwickelt. Denn die Gründung des Avicenna-Studienwerks fällt genau in diese kritische Phase und geht auf eine gemeinsame Initiative von Beschir Hussain und Matthias Meyer zurück. Während ihres Studiums erhielten beide Stipendien etablierter Stiftungen. Sie erkannten in der Förderung begabter muslimischer Studierender ein wichtiges bildungspolitisches Desiderat und entwickelten die Idee, ein muslimisches Begabtenförderungswerk aufzubauen. Ende 2010 traten sie schließlich mit dieser Idee an Prof. Dr. Bülent Uçar heran. Gemeinsam entwickelten sie das Profil und die Strukturen des späteren Studienwerkes. Zusammen mit Siham Fet-Tahi und weiteren ehrenamtlichen Unterstützern bereiteten sie die Gründung des Begabtenförderungswerkes vor. In der Zwischenzeit konnte das Vertrauen zahlreicher muslimischer Institutionen gewonnen werden. Nach fast zwei Jahren Vorarbeit wurde das Avicenna-Studienwerk im März 2012 als Verein in Osnabrück von 13 Gründungsmitgliedern ins Leben gerufen. Seit der Vereinsgründung engagieren sich eine Vielzahl von renommierten Wissenschaftlern und Vertreter aus der muslimischen Zivilgesellschaft in den Gremien des Vereins. Durch die Einstellung von Mounir Azzaoui als ersten hauptberuflichen Geschäftsführer, großzügige Spenden und eine Anschubsfinanzierung durch die Stiftung Mercator, konnte die Initiative auf stabile Beine gestellt werden.

Ein Meilenstein war die offizielle Anerkennung des Avicenna-Studienwerkes durch die Bundesbildungsministerin Prof. Dr. Johanna Wanka. Am 16. Juli 2013 wurde auf einer Pressekonferenz in Berlin wurde das Studienwerk in die Reihe der vom BMBF geförderten Begabtenförderungswerke in Deutschland aufgenommen. Auf der Pressekonferenz begründete Ministerin Wanka die Förderung des muslimischen Studienwerks:

„Viele muslimische Studentinnen und Studenten in Deutschland leisten Herausragendes in ihrem Fach und für die Gesellschaft. Durch die Aufnahme des Avicenna-Studienwerks in den Kreis der vom BMBF unterstützten Begabtenförderungswerke werden diese hervorragenden Leistungen noch besser anerkannt. Außerdem zeigen wir, dass gerade in der Pluralität unserer Gesellschaft eine große Chance liegt."[4]

Hakan Tosuner wurde im Oktober 2013 als Geschäftsführer berufen und mit dem Aufbau der Geschäftsstelle in Osnabrück beauftragt. Seit Februar 2014 können sich begabte und gesellschaftlich engagierte junge Muslime beim Avicenna-Studienwerk um ein Stipendium bewerben. Mit der historischen Aufnahme des ersten Stipendiaten-Jahrgangs zum Wintersemester 2014/15 verwirklicht sich die ursprüngliche Gründungsvision. Um die Bedeutung des Avicenna-Studienwerks sowie der Lebensleistung der Stipendiaten zu würdigen, empfing Bundespräsident Gauck den ersten Stipendiaten-Jahrgang in seiner Residenz und gab ihnen Folgendes mit auf den Weg:

> „Es gibt Sachen, wenn es sie nicht schon gäbe, müsste man sie erfinden. Deshalb bin ich froh und dankbar, dass es nun – man muss fast sagen: endlich! – das Avicenna-Studienwerk gibt (...) Ihr Namenspatron weist Ihnen die Richtung: Bleiben Sie offen, bleiben Sie kritisch, bleiben Sie engagiert. Seien Sie Vorbilder für diejenigen aus Ihren Familien, aus Ihren Milieus, für uns alle, die sich bemühen, Glauben und Engagement in Wissenschaft und Gesellschaft zu verbinden."[5]

Gleichzeitig öffnete sich durch die Aufnahme der ersten Stipendiaten ein neues Kapitel: Die zukünftige Geschichte des Avicenna-Studienwerkes schreiben die Stipendiaten. Wie dies aussehen könnte, brachte die Jurastudentin Nardin Maarouf in ihrer Rede auf der Aufnahmezeremonie in Berlin zu Wort:

> „Wir stehen für die gleiche Offenheit, die unser Hiersein und die Existenz des Avicenna-Studienwerkes überhaupt ermöglicht hat. Wir sehen diese Offenheit als Möglichkeit für eine inklusivere Gesellschaft. Die ideelle sowie materielle Förderung durch das Stipendium ist für uns nicht nur Anerkennung unserer Leistungen, in der Gesellschaft Verantwortung zu übernehmen oder akademische Hochleistung zu erbringen. Für uns ist diese Förderung und Anerkennung durch das Bundesministerium für Bildung und Forschung ein starkes Zeichen.
> Es ist ein Zeichen der Wertschätzung der Wissenschaft. Es ist ein Zeichen der Wertschätzung der islamischen Werte, welche für die meisten von uns erste und letzte Bezugspunkte unseres Handelns und Denkens sind und unsere Identität gestalten.
> Am allerhöchsten steht durch die Anerkennung die Botschaft, dass über die Zugehörigkeit des Islams zu Deutschland nicht weiter debattiert werden muss und jegliche Ungleichbehandlung entgegengewirkt wird (...) Wir sehen uns als Motor der

---

4 https://www.bmbf.de/de/begabtenfoerderung-fuer-muslime-647.html (01.07.2016)
5 http://www.bundespraesident.de/SharedDocs/Reden/DE/Joachim-Gauck/Reden/2014/11/141118-Avicenna-Studienwerk.html (01.07.2016)

gesellschaftlichen und wissenschaftlichen Weiterentwicklung und Meinungsbildung Deutschlands."[6]

3.1 Struktur

Das Avicenna-Studienwerk ist ein 2012 gegründeter gemeinnütziger, eingetragener Verein (e. V.). Das zentrale Gremium des Vereins ist die Mitgliederversammlung, die den Vorstand auf vier Jahre wählt. Der Vorstand leitet ehrenamtlich die Arbeit des Vereins und beruft einen hauptamtlichen Geschäftsführer.

Das Kuratorium umfasst Persönlichkeiten aus Politik, Wissenschaft, Kultur und Zivilgesellschaft, die das Studienwerk bei Grundsatzfragen beraten und unterstützen.

Die Mitglieder des Wissenschaftlichen Beirates sind an der Auswahl der Stipendiat beteiligt und helfen bei der Gestaltung des ideellen Programms.

Die Geschäftsstelle führt im Auftrag des Vorstandes die operativen Geschäfte des Studienwerks. Die Mitarbeiter der Geschäftsstelle nehmen eine Vielzahl von Aufgaben wahr, indem sie unter anderem Bewerber beraten, Stipendiat betreuen und begleiten, das ideelle Förderprogramm gestalten und organisieren sowie Öffentlichkeitsarbeit für das Studienwerk betreiben.

3.2 Avicenna: Der Namensgeber des Studienwerks

Avicenna ist der latinisierte Name des großen muslimischen Universalgelehrten Ibn Sīnā, der im Jahr 980 in der Nähe von Buhārā (im heutigen Usbekistan) geboren wurde und nach einem intensiven Leben 1037 im Alter von 57 Jahren starb. Schon sehr früh setzte er sich mit islamisch-theologischen Wissenschaften auseinander und studierte bei mehreren Gelehrten die damals üblichen philosophischen Disziplinen Logik, Metaphysik, Ethik und theoretische Philosophie. Avicenna rezipierte und kommentierte antike Philosophen Griechenlands wie z. B. Aristoteles und Platon. Später bildete sich Avicenna autodidaktisch in den naturwissenschaftlichen Fächern wie Mathematik, Astronomie, Chemie, Alchemie, und Physik weiter.

Außerdem war Avicenna ein bedeutender Mediziner und praktizierender Arzt, der in seinem Umfeld schnell Ruhm und Prominenz erlangte. Sein herausragendes Werk ist der im Jahr 1013 geschriebene ‚Kanon der Medizin' (al-qānūn fī t-tibb), der in Europa noch bis ins 18. Jahrhundert als Standardlehrbuch in der medizinischen Ausbildung verwendet wurde.

---

6 http://www.avicenna-studienwerk.de/pressemitteilungen/Maarouf_Rede.pdf (01.07.2016)

Als einer der großen muslimischen Universalgelehrten steht er für wissenschaftliche Exzellenz, freiheitliche Philosophie, Pluralität und die Übernahme von Verantwortung für seine Mitmenschen. Avicenna ist eine der wichtigsten Figuren, über die antikes und arabisches Wissen nach Europa gelangte. Durch seine breitgefächerte Kenntnis der naturwissenschaftlichen aber auch philosophischen Disziplinen gilt er als Symbol für wissenschaftliche Exzellenz und als Brückenbauer zwischen Orient und Okzident.

4 Profil des Avicenna-Studienwerks

Das Ziel des Studienwerks ist, leistungsstarke und gesellschaftlich engagierte muslimische Studierende und Promovierende aller Fachrichtungen durch Stipendien materiell und ideell zu fördern. Damit werden optimale Rahmenbedingungen für wissenschaftliche Qualifikation, soziales Engagement, Persönlichkeitsenfaltung und berufliche Karriere geschaffen. Auf diese Weise wird an der Heranbildung verantwortungsbewusster und qualifizierter muslimischer Persönlichkeiten mitgewirkt und diese angemessen auf Führungspositionen in Wissenschaft, Gesellschaft, Politik, Wirtschaft und Kultur vorbereitet.

4.1 Ideelle Förderung

Die ideelle Förderung stellt das Kernstück der Arbeit des Studienwerks dar. Alle Veranstaltungen im Rahmen des ideellen Programms zielen auf die individuelle Persönlichkeitsentfaltung der Stipendiaten. Dazu gehören die Förderung des kritisch-reflektierten Denkens und bewussten Handelns, das Erkennen interdisziplinärer Zusammenhänge, die Vermittlung von Schlüsselqualifikationen sowie muslimischen Grundwerten.

In den Clustern „Wissenschaft", „Gesellschaft" und „Glaube" wird das ideelle Förderprogramm durch die Organisation von Seminaren, Workshops, Vorträgen, Sommerakademien und stipendiatischen Initiativen umgesetzt.[7]

---

7 Bespielhaft wurden folgende Veranstaltungen im Rahmen des ideellen Förderprogramms durchgeführt:
   Veranstaltungen 2016:
   - Eine einwöchige Sommerakademie mit dem Schwerpunkt „Kunst und Kreativität" in Andalusien mit 65 Stipendiaten
   - Zwei Promovierendenkolloquien

Wissenschaft

Im Cluster „Wissenschaft" werden die Stipendiaten fachlich gefördert, zu interdisziplinärem Denken befähigt und mit Schlüsselkompetenzen, wie Präsentationstechniken und Projektmanagement, ausgestattet. Sie werden mit renommierten Wissenschaftlern und Experten aus ihren jeweiligen Disziplinen in exklusiven Formaten zusammengebracht, um von deren Expertise und Erfahrungen aus erster Hand zu lernen. Avicenna-Stipendiaten werden regelmäßig ermutigt ihre Erkenntnis- und Forschungsinteressen einzubringen und somit das ideelle Programm aktiv mitzugestalten.

Die Auslandsmobilität wird durch die Förderung von Studien-/Forschungsaufenthalten, Praktika sowie Sprachkurse gesteigert.

- Die ‚Anderen' in uns (Kooperation mit dem Ernst Ludwig Ehrlich Studienwerk und der Akademie des Jüdischen Museums Berlin)
- Medizin und islamische Ethik
- Zwischen Angst und Annahme (Kooperation mit der Friedrich-Ebert-Stiftung und dem Ernst Ludwig Ehrlich Studienwerk)
- Braucht das Geld die Religion? (Kooperation mit dem Evangelischen Studienwerk Villigst
- Itikaf – Spiritualität im Ramadan
- Ruhetage (Kooperation mit konfessionellen Werken)
- Religion und Politik: nach welchen Werten leben wir? (Kooperation mit der Konrad-Adenauer-Stiftung)
- Religiöse Radikalisierung aus innerislamischer Perspektive
- Leadership-Training

Veranstaltungen 2015:

- Zusammenspiel von Glaube und Wissenschaft
- Religion im Hochschulalltag (Kooperation mit konfessionellen Werken)
- Muslim Men & Women as Partners in Leading the Community
- Opportunities and Challenges of Interreligious Dialogue
- Muslimisches Erbe in Europa
- Warum Ehrenamt? Eine muslimische Perspektive
- Moscheen in Deutschland
- Medien und Muslime
- Leben und den Charakter des Propheten Muhammad
- Identitätsdiskurse in Deutschland
- Hybride Identitäten von Muslimen in Deutschland
- Identitätsdiskurse aus islamischer Perspektive
- Wer ist Wir? Über die Frage nach einer muslimischen Identität
- Erwartungen an und von muslimische/n Stipendiat/innen (Diskussionsrunde mit Bundestagsabgeordneten)
- Soft Skills Workshops (Rhetorik, Debattieren, Lebensplanung und Persönlichkeitsentfaltung)
- Zwei Promovierendenkolloquien

Mittels der oben aufgeführten Maßnahmen sollen die Stipendiaten unterstützt werden, um überdurchschnittliche Studien- sowie Promotionsabschlüsse zu erzielen und die Grundlage für exzellente Leistungen in Wissenschaft und Beruf zu gelangen.

Gesellschaft

Im Cluster „Gesellschaft" soll das Fundament für langfristiges und nachhaltiges gesellschaftliches Engagement gelegt werden. Einerseits wird Stipendiaten Wissen über einschlägige Institutionen und Prozesse vermittelt, andererseits werden sie hinsichtlich gesellschaftlicher Herausforderungen sensibilisiert und die Verbundenheit mit sozial schwachen Menschen und Gruppen hergestellt. Zudem erhalten Stipendiaten die Möglichkeit, mit Entscheidungsträgern und Führungspersönlichkeiten aus Wirtschaft, Politik und Gesellschaft in Kontakt zu treten und werden somit darauf vorbereitet, später selbst Führungspositionen einzunehmen.

Glaube

Im Cluster „Glaube" sollen Stipendiaten bei der Entwicklung einer muslimischen Identität und Lebensweise gefördert werden. Ihnen sollen muslimische Werte vermittelt und sie in die Lage versetzt werden diese zu reflektieren. Zu diesen Werten gehören unter anderem der Schutz der Menschenwürde, die Verantwortung gegenüber den Mitmenschen und der Umwelt, sowie Wertschätzung und Respekt gegenüber Vielfalt.

Auf diese Weise werden Voraussetzungen geschaffen, damit die Stipendiaten sich an Wertbildungsprozessen beteiligen und gesellschaftliche Verantwortung übernehmen können. Die Fähigkeit zur ethischen Reflektion gesellschaftlicher Herausforderungen sowie Entwicklungen in Wissenschaft und Praxis sind für die Weiterentwicklung unserer Gesellschaft von zentraler Bedeutung. Die Stipendiaten werden befähigt mit Angehörigen anderer Religionsgemeinschaften in einen konstruktiven Dialog zu treten. Schon seit Anfang an wird mit Stipendiaten der konfessionellen Förderungswerke ein intensiver Dialog auf nationaler, regionaler sowie lokaler Ebene geführt, sei es im Rahmen von mehrtägigen Seminaren oder eines gemeinsamen Besuches eines Gotteshauses am Nachmittag. Neben der weltanschaulichen und konfessionellen Pluralität in Deutschland sollen die Stipendiaten insbesondere die innerislamische Vielfalt kennen und schätzen lernen.

4.2 Engagement in Regionalgruppen

Das stipendiatische Leben spielt sich primär in den Regionalgruppen (RG) ab. Die RG, in denen sich die Stipendiaten einmal im Monat treffen, sollen die Vernetzung und den Austausch untereinander fördern und somit die Grundlage für ein aktives und vielseitiges stipendiatisches Engagement schaffen. Die RG haben bereits mehrere Info-Veranstaltungen, Diskussionsrunden, Vorträge oder Begegnungen mit Stipendiaten anderer Förderwerke in der eigenen Region durchgeführt. Jede RG hat inzwischen zwei Sprecher gewählt, die u. a. für die Organisation der RG sowie für die Kommunikation mit der Geschäftsstelle und anderen RG zuständig sind. Unter Berücksichtigung der geographischen Verteilung der Stipendiaten existieren mittlerweile acht RG – Nord, Berlin, Niedersachsen, Nordrhein-Westfalen-Süd, Nordrhein-Westfalen-Nord, Rhein-Main, Bayern und Baden-Württemberg.

4.3 Flüchtlingsprojekt: Unsere Zukunft. Mit Dir!

Den Schwerpunkt des sozialen Engagements im ideellen Förderprogramm bildet seit Ende 2015 auch die Arbeit mit Geflüchteten. Denn durch den großen Zuwachs an Geflüchteten, die nach Deutschland kommen, steigt auch die Herausforderung für alle gesellschaftlichen Akteure, die sich in der Arbeit mit Geflüchteten einbringen. Um geflüchteten Menschen den Start in ein neues Leben fernab der Heimat zu erleichtern, braucht es eine Vielzahl von Kultur-, Bildungs- und Sprachangeboten. Sie sind auf qualifizierte Helfer angewiesen, die ihnen mit kultureller Sensibilität begegnen und informiert zur Seite stehen.

Mit dem vom BMBF geförderten Projekt „Unsere Zukunft. Mit Dir!" werden bis zu 160 Stipendiaten des Avicenna-Studienwerks und der anderen 12 Begabtenförderungswerke zu Flüchtlingslotsen ausgebildet. Im Rahmen von mehrtägigen Schulungen erwerben oder stärken die Stipendiaten ihre interkulturellen Kompetenzen und werden auf ihre Multiplikatoren-Rolle im gesellschaftlichen Kontext vorbereitet. Durch das Projekt werden nicht nur bestehende Problemfelder in der Flüchtlingsarbeit angegangen, sondern nachhaltig in die Zukunft geflüchteter Menschen investiert.

5 Wer kann sich bewerben?

Das Avicenna-Studienwerk fördert nach den Richtlinien des BMBF besonders begabte muslimische Studierende und Promovierende mit deutscher Staatsangehörigkeit, Staatsangehörigkeit eines EU-Mitgliedsstaates oder dem Status eines Bildungsinländers im Sinne des §8 BAföG für ihre Ausbildung an staatlichen und staatlich anerkannten Hochschulen. Auch nichtmuslimische Studierende/ Promovierende können sich bewerben, wenn sie einen islambezogenen Studien-/ Forschungsschwerpunkt vorweisen oder sich in besonderem Maße für den Dialog mit dem Islam engagieren.

5.1 Studierendenförderung

Zum Auswahlverfahren der Studierendenförderung können Studierende an staatlichen oder staatlich anerkannten Hochschulen in Deutschland. Auch Abiturienten können sich bewerben.

Bewerber müssen zum Zeitpunkt der Bewerbung noch mindestens fünf Semester Regelstudienzeit bis zum Erreichen der Förderungshöchstdauer nach BAföG vor sich haben. Für Studierende in einem Bachelorstudiengang wird in diese Regelstudienzeit auch die sich an den Bachelor anschließende viersemestrige Masterphase eingerechnet. Bewerbungen für den Master sind möglich, wobei nur viersemestrige Masterstudiengänge gefördert werden.

5.2 Promovierendenförderung

Bewerben können sich akademisch ausgewiesene Promovierende aller Fachrichtungen, deren Dissertation sich in der Anfangsphase befindet. Medizinische Promotionen können nicht gefördert werden.

Promotionsstipendien werden für die Regelförderdauer von zwei Jahren vergeben. In begründeten Einzelfällen besteht die Möglichkeit der Verlängerung um zweimal sechs Monate. Die Promotion kann in begründeten Fällen auch an einer ausländischen Hochschule gefördert werden.

5.3 Finanzielle Förderung

Studierende können ein einkommensabhängiges Grundstipendium von bis zu 735,- Euro im Monat erhalten. Allen Studierenden wird eine Studienkostenpauschale in Höhe von 300,- Euro pro Monat gewährt.

Neben dem Grundstipendium können zusätzlich Familienzuschläge in Höhe von 155,- Euro im Monat sowie eine Kinderbetreuungspauschale von 130,- Euro im Monat je Kind vergeben werden. Die maximale Dauer der Förderung orientiert sich an der Regelstudienzeit.

Promovierende können ein monatliches Grundstipendium von bis zu 1.350,- Euro im Monat erhalten. Die Höhe des Grundstipendiums ist dabei abhängig vom Einkommen des Stipendiaten. Darüber hinaus wird eine monatliche Forschungskostenpauschale in Höhe von 100,- Euro gewährt.

Neben dem Grundstipendium können zusätzlich Familienzuschläge in Höhe von 155,- Euro im Monat und eine Kinderbetreuungspauschale von 155,- Euro im Monat für das erste Kind und jeweils 50,- Euro für jedes weitere Kind vergeben werden. Die Dauer der Promotionsförderung beträgt in der Regel zwei Jahre (Regelförderungsdauer) und kann auf begründeten Antrag um maximal ein weiteres Jahr verlängert werden.

Auslandsaufenthalte der Stipendiaten – etwa für Studien- und Forschungsaufenthalte, Praktika sowie Sprachkurse – können ebenfalls finanziell gefördert werden. Die Stipendien müssen nicht zurückgezahlt werden.

6 Profil der Stipendiaten

Seit der Aufnahme des ersten Stipendiaten-Jahrgangs im Herbst 2014 steigt die Anzahl der geförderten Stipendiaten stetig an. 2014 hat das Avicenna-Studienwerk erstmalig 65 Stipendien vergeben und 80 weitere im Folgejahr. Ab 2016 werden erstmals Stipendien auch zum Sommersemester vergeben, d.h. die Bewerbungsphase und die Aufnahme erfolgen nunmehr zwei Mal jährlich. Insgesamt werden 2016 weitere 120 Stipendiaten in die Förderung aufgenommen. Ziel ist es, bis 2018 einen Pool von 500 Stipendiaten zu haben.

Die Stipendiaten des Avicenna-Studienwerkes zeichnen sich nicht nur durch hervorragende fachliche Leistungen aus, sondern auch durch besonders starkes soziales Engagement und die Bereitschaft, Verantwortung zu übernehmen.

Alle Stipendiaten übernehmen gesellschaftliche Verantwortung unter anderem in Hochschulgremien, Bildungs-, Jugend- und Sportvereinen sowie Moscheegemeinden.

Zum Beispiel trainiert eine Stipendiatin mit Trainerlizenz eine Mädchenmannschaft, andere helfen Schülern von nebenan bei Hausaufgaben, machen Moscheeführungen und organisieren interreligiöse/-kulturelle Dialogveranstaltungen. Sie sind unverzichtbare Multiplikatoren unserer bunten Gesellschaft.

Gefördert werden Studierende aller Fachbereiche. Dabei studieren überdurchschnittlich viele der Stipendiaten Medizin, Rechtswissenschaften und Psychologie. Unter den Stipendiaten gibt es unter anderem auch angehende Pädagogen, Ingenieure, Wirtschaftswissenschaftler, Theologen, Architekten und Logopäden.

Der Anteil der Stipendiaten mit Migrationshintergrund liegt bei 98 %, d. h. sie selbst oder mindestens ein Eltern- bzw. Großelternteil ist im Ausland geboren: 53 % türkisch, 6 % ägyptisch, 6 % libanesisch, 5 % marokkanisch, 5 % afghanisch, 4 % syrisch, 3 % irakisch, 2 % iranisch, 2 % palästinensisch, 2 % pakistanisch, 2 % algerisch, 2 % tunesisch. Die unterschiedlichen Herkunftsländer der Stipendiaten spiegeln die Vielfalt der muslimischen Community in Deutschland wieder.

Ebenfalls bezeichnend ist der Anteil der Stipendiaten aus bildungsbenachteiligten Milieus; 66 % kommen aus einem Nicht-Akademiker-Haushalt und sind häufig die Ersten in ihren Familien, die nach erfolgreichem Abitur ein Hochschulstudium antreten. Fall sich diese Angabe allerdings nur auf den akademischen Abschluss der Eltern in Deutschland beziehen würde, wäre der Anteil von Erstakademikern der Stipendiaten erheblich höher, denn der akademische Abschluss der Eltern wurde überwiegend im Ausland absolviert. Die im Ausland erworbenen akademischen Abschlüsse der Eltern werden in Deutschland meistens nicht anerkannt. Dies hat zur Folge, dass sich die Eltern mit der deutschen Hochschullandschaft nicht gut auskennen, daher können sie ihren Kindern nur bedingt bei der Studienwahl oder -gestaltung behilflich sein.

Der Großteil der Stipendiaten sind ambitionierte Bildungsaufsteiger, die aus sozio-ökonomisch schwierigen Verhältnissen stammen und für die Aufnahme bzw. das Fortführen ihres Studiums oftmals auf ein Stipendium angewiesen sind. Daher werden etwa 75 % der Stipendiaten mit einem Vollstipendium gefördert. Durch die Avicenna-Stipendium können sie sich voll auf das Studium konzentrieren und im interdisziplinären Austausch ihr akademisches Potential optimal auszuschöpfen.

Das Förderprogramm des Avicenna-Studienwerkes trägt somit besonders stark zur Chancengleichheit in der Begabtenförderung bei.

7 Ausblick

Vor der Gründung des Avicenna-Studienwerks gab es bereits drei konfessionell geprägte Begabtenförderungswerke – das evangelische Studienwerk Villigst seit 1948, das katholische Cusanuswerk seit 1956, und das jüdische Ernst Ludwig Ehrlich Studienwerk erst seit 2009. Die Etablierung eines muslimischen Begabtenförderungswerks ist ein Signal der Anerkennung und Wertschätzung sowie ein wichtiger Schritt hin zur Gleichbehandlung der 4,5 Millionen Muslime in Deutschland. Die Pluralität in unserer Gesellschaft wird somit auch in den unterschiedlichen Begabtenförderungswerken widergespiegelt.

Das Avicenna-Projekt ist auch ein Ausdruck eines neuen Selbstbewusstseins und Selbstverständnisses unter Muslimen in Deutschland: Muslime sehen sich als Teil Deutschlands und möchten deswegen auch die gleichen Zugänge zu den verschiedenen Ressourcen haben. Mit Avicenna gibt es zum ersten Mal eine muslimische Bildungseinrichtung, die vom Staat gefördert wird. Das ist ein ganz wichtiges Signal an die muslimische Community, sie werden somit als integraler Teil eines modernen und pluralen Deutschlands verstanden. Die Förderung ist ein Meilenstein im Hinblick auf Chancengleichheit und Bildungsgerechtigkeit.

Durch die Existenz des Avicenna-Studienwerkes wird ein Ruck durch die muslimische Community gehen und mehr junge Menschen sich für ein Studium oder eine Promotion entscheiden. Es bietet die einmalige Möglichkeit das bis dato unentdeckte große geistige Potential junger Muslime in Deutschland zu erkennen und im Sinne des Gemeinwohls gezielt zu fördern.

Über die Notwendigkeit einer muslimischen Akademie
Ein engagiertes Plädoyer für mehr muslimische Bildungseinrichtungen am Beispiel der Entwicklungen in Niedersachsen

Annett Abdel-Rahman und Kathrin Klausing

1 Einleitung – Was ist geschehen?

In den vergangenen zehn Jahren hat sich die islamische Bildungslandschaft in Deutschland grundlegend verändert. Für die Öffentlichkeit womöglich am sichtbarsten durch die Einführung des Islamischen Religionsunterrichts und besonders durch die Etablierung von mehreren Zentren für Islamische Theologie. Dies hat auf sehr schnelle Weise das Spektrum muslimischer Ansprech- und Verhandlungspartner erweitert. In dem vorliegenden Artikel soll zum einen diese Entwicklung nachvollzogen werden, mit besonderem Augenmerk auf die medial wenig beleuchteten Prozesse, die hinter dieser Entwicklung stehen. Zum anderen soll exemplarisch beleuchtet werden, in welchen Wirkungsbereichen Akademien zukünftig eine Rolle spielen können (und müssen). Dabei bezieht sich der Artikel auf die beiden Schwerpunkte der Entwicklung des islamischen Religionsunterrichts und der islamischen Theologie in Deutschland, andere Schwerpunkte, wie z. B. Seelsorge, Präventionsarbeit oder Wirtschaftsethik aus islamischer Sicht müssen hier aus Platzgründen außer Acht gelassen werden, sollten aber aus gesellschaftlicher und fachwissenschaftlicher Sicht in diesen Diskursen ebenso große Beachtung finden.

Mit Bezug auf die beiden genannten Schwerpunkte ist das Land Niedersachsen beispielhaft sehr interessant. In diesem Bundesland haben sich die Entwicklungen am schnellsten vollzogen: das erste Kerncurriculum für den islamischen Religionsunterricht wurde in Niedersachsen bereits 2010 nach einer Erprobungsphase erstellt, der islamische Religionsunterricht wurde als öffentliches Lehrfach und notenrelevant schon 2013 aus der Modellversuchsphase abgelöst, die Islamische Theologie ist hier personell dauerhaft an einem eigenständigen Universitätsinstitut verankert, das schon seit 2012 nicht mehr unter dem projekthaften Charakter einer zentralen universitären Einrichtung (damals das Zentrum für Interkulturelle Islamstudien) operiert. Die Beiräte für die Islamische Theologie und den Islamischen

Religionsunterricht wurden (ohne Einmischung des Staates, wie dies in anderen Bundesländern geschehen ist) hier ohne große mediale Problematisierung grundgesetzkonform und nach den Empfehlungen des Wissenschaftsrates aufgebaut und arbeiten seitdem zuverlässig und kontinuierlich.

Der Artikel soll verdeutlichen, welche Arbeiten tatsächlich hinter den medial oft nur als Stichworte wahrgenommenen Gremien stehen. Dies geschieht durch eine Bestandsaufnahme und Analyse der fachlichen Beziehungen zwischen dem islamischen Religionsunterricht und der Islamischen Theologie/Islamischen Religionspädagogik, den verschiedenen Gremien, die diese Fächer steuern und des Bedarfs im Bereich der Erwachsenen- und Berufsfortbildung an diese Fächer.

2   Islamischer Religionsunterricht und Curriculumsarbeit

Der Werdegang und der Umgang mit dem islamischen Religionsunterricht, auch mit Blick auf die Qualitätssicherung der Lehreraus- und -weiterbildung und der grundlegenden Kerncurricula, ist einen genaueren Blick wert. Der Modellversuch in Niedersachsen begann mit 10 Grundschulen, deren Anzahl sich sukzessive erweiterte, und dauerte 10 Jahre. Mit der Beendung des Modellversuchs wurden auch *neue institutionelle Angebote* geschaffen, diesen Unterricht weiterhin qualitativ zu entwickeln und die Lehrerinnen und Lehrer in ihren Tätigkeiten fachwissenschaftlich und schulorganisatorisch zu begleiten und zu unterstützen. Dazu gehörten Aus- und Fortbildungen des niedersächsischen Kultusministeriums für Lehrer des muttersprachlichen Unterrichts, ein mittlerweile ausgelaufener berufsbegleitender Masterstudiengang „Islamische Religionspädagogik" im Erweiterungsfach des Instituts für Islamische Theologie an der Universität Osnabrück und seit 2012 die Möglichkeit, das Fach Islamische Religion als Teilfach eines Lehramtsstudiengangs zu studieren. Mit dem Ausbau des Lehrpersonals und dem Ausblick auf die zukünftigen grundständig ausgebildeten Lehrerinnen und Lehrer ergibt sich auch der Bedarf an regionalen Studienseminaren und Fortbildungsmöglichkeiten im Rahmen der niedersächsischen Richtlinien für die schulische Qualitätsentwicklung. Die Einführung des islamischen Religionsunterrichts an niedersächsischen Schulen wird zudem immer noch begleitet von allgemeinen, teils ideologischen, Auseinandersetzungen der Schulen mit der grundsätzlichen Frage, ob und wie mit Religion im Schulalltag und Schullehrplan umzugehen ist, die einer fachlichen Begleitung bedürfen, wenn es nicht zu Überforderungen kommen soll.

Der IRU als öffentliches, notenrelevantes Fach, begann in Niedersachsen, anders als in NRW, mit einem *Kerncurriculum*, das bereits vor dem Ende des Modellversuchs fertiggestellt und erprobt wurde. Das Kerncurriculum ist Ergebnis der Erfahrungen der Modellversuchsphase. Eine große Herausforderung bei der Erstellung des Kerncurriculums war, dass es keine vorliegenden verwendbaren wissenschaftlichen religionspädagogisch-theologischen Konzepte für einen bekenntnisorientierten RU in deutscher Sprache gab, auf die man hätte zurückgreifen können. Dies war eine Herausforderung, die sich durch den Beginn mit dem IRU – und nicht der Islamischen Theologie als Zuliefererwissenschaft für den IRU – stellte. Um eine Vergleichbarkeit innerhalb der Strukturen verschiedener Lernprozesse und inhaltlicher Schwerpunkte herstellen zu können und um interreligiöse Kooperationen in Schulen zu erleichtern, diente das Kompetenzmodell, welches Grundlage für evangelischen und katholischen Religionsunterricht ist, als Referenz für den IRU. An dieser Stelle sei darauf verwiesen, dass das Kerncurriculum und damit der IRU in interreligiöser Hinsicht zukunftsweisenden Charakter hat, auch gerade für seine christlichen Pendants.

Die prozessbezogenen Kompetenzen sind dabei ähnlich definiert, während inhaltliche Schwerpunkte, gebunden an die entsprechenden Kompetenzen, sich natürlich an Schwerpunkten islamisch-theologischer Fachwissenschaften orientieren.

Ein **Desiderat** waren seitens der islamischen Religionsgemeinschaften definierte Bildungs- und Erziehungsschwerpunkte, ausgehend von islamischen Vorstellungen von Bildungs- und Erziehungsprozessen und -zielen. Diese wären, eingebettet in theologische, historische, traditionelle und kulturelle Bezüge eine wertvolle Orientierung für die inhaltliche Ausgestaltung des Kerncurriculums. Außeruniversitäre, muslimische Bildungseinrichtungen könnten genau an dieser Stelle Wertvolles leisten, indem sie den Bildungsauftrag des Islamischen RU aus der Sicht der Religionsgemeinschaft definieren und seine theologischen Grundlagen, genauso wie die zu erwartenden Kompetenzen benennen und ausdefinieren.

Angesichts vieler öffentlicher Debatten, sind die *Eckpunkte für die Erstellung eines Kerncurriculums* für Unterricht an einer öffentlichen Schule scheinbar vielen Akteuren, selbst denen, die in diesem Bereich wissenschaftliche Positionen innehaben, gänzlich unbekannt. So ist es nicht ungewöhnlich, dass die (vermeintlichen) Inhalte dieses staatlich verantworteten Unterrichts folgendermaßen verballhornt werden: „Denn bis heute ist die Tradition des Islamischen Religionsunterrichts, wie er auch in deutschen Moscheen praktiziert wird, geprägt durch das Memorieren des Korans und die nicht hinterfragte Tradierung von Lehrmeinungen der klassischen Rechtsschulen. [...]. Die an den Schulen zu etablierende islamische Religionslehre darf methodisch nicht diesen überholten Traditionen verhaftet bleiben und sich außerhalb des wissenschaftlichen Verstehens stellen."[1] Die öffentlich oft nach politischen Parametern geführte Diskussion um den Islamischen Religionsunterricht wird, wie alle Teilbereiche der oft absurd oberflächlich und fehlinformierten geführten Islamdebatte, von Pädagogen und Wissenschaftlern mit Bekümmern, Sorge und Befremden wahrgenommen. Oft fehlt dem seit Jahren mit der Entwicklung des IRU beschäftigten Wissenschaftlern schlicht die Zeit diese Missinformationen mühsam aufzugreifen und zu dekonstruieren. Auch sind derlei Fachmänner und -frauen zum jetzigen Zeitpunkt derart selten und die zu erledigende Arbeit in dieser Konsolidierungsphase derart wichtig, weil zukunftsbestimmend, dass oft die Prioritäten nicht in der Entgegnung jeder geäußerten Verzerrung liegen kann. Deshalb nutzen die Autorinnen an dieser Stelle die Gelegenheit, genauer auf den Prozess der Erstellung des KCs einzugehen, da das Wissen darum grundlegend ist für die Qualität des Unterrichts und seine öffentliche Akzeptanz. Es ist aber auch grundlegend im Rahmen konzeptioneller Überlegungen für außeruniversitäre muslimische Bildungseinrichtungen.

Seitens des Kultusministeriums wurden in einer Kommission islamische Religionspädagogen, Lehrer und evangelische erfahrene Religionspädagogen zusammengeführt, um das KC für den Sekundarstufenbereich I zu erstellen. Eingeladen, an dieser Kommission mitzuarbeiten, war ebenso ein Imam, wie auch ein Mitglied des Landeselternrates. Um den rechtlichen Grundlagen eines bekenntnisorientierten Unterrichtes gerecht zu werden, haben sich nur muslimische Religionspädagoginnen und -pädagogen an der Auswahl und Gewichtung islamischer Inhalte beteiligt. Die beiden evangelischen Religionspädagoginnen haben aus religionspädagogischer Sicht kompetent Unterstützung geleistet und „den Außenblick" auf das KC übernommen, ebenso haben sie fachkompetent an Bereichen des interreligiösen Lernens mitgewirkt.

Deswegen hier in aller Klarheit: Auch dieses KC muss, wie alle anderen auch, den wissenschaftlichen Ansprüchen eines kompetenzorientierten Unterrichtens genügen.

Das so fertiggestellte KC wurde theologisch durch den Beirat für den islamischen Religionsunterricht Niedersachsen[2] geprüft. Die Begutachtung eines Kerncurriculums oder anderer Aufgaben kann durch den Beirat selbst durchgeführt werden, oder aber an andere Einrichtungen delegiert werden, was in diesem Fall auch

---

1 Ourghi, Abdel-Hakim: „Der Islamunterricht ist eine sunnitische Veranstaltung, Frankfurter Allgemeine Zeitung, 9. 10. 2014
2 Der Beirat IRU Niedersachsen setzt sich aus jeweils 2 Mitgliedern und ihrer Stellvertreter der beiden Verbände Schura-Niedersachsen und dem DITIB-Landesverband Niedersachsen und Bremen und einem Geschäftsführer zusammen. Die Mitglieder sind Religionspädagoginnen und Religionspädagogen und Theologinnen und Theologen.

teilweise geschehen ist. Exemplarisch zeigt dieser Prozess, dass außeruniversitäre muslimische Bildungseinrichtungen notwendig sind, um wissenschaftlich fundierte, auf die spezifischen Besonderheiten der Sache zugeschnittene Gutachten, erstellen zu können. Denkbar ist dies ebenso in Bereichen der Seelsorge oder bei wirtschaftsethischen Fragestellungen. Um die Repräsentativität und gleichzeitig fachliche und wissenschaftliche Unabhängigkeit einer solchen Bildungseinrichtung zu garantieren, müsste die Möglichkeit eines paritätisch zu besetzenden Beirats gegeben sein.

Die Anmerkungen aus dem Gutachten des Beirats werden in der Kommission diskutiert und finden je nach Entscheidung Beachtung oder werden begründet abgelehnt.

Wie alle anderen Curricula musste auch dieses in einer 6-wöchigen Anhörungsfrist allen Interessierten transparent zugänglich gemacht werden, um Anmerkungen, Kritik oder Nachfragen aufnehmen zu können. Nach dieser Frist werde alle (!) eingegangenen Bemerkungen seitens der Kommission eingearbeitet oder begründet abgelehnt.

Diese gründliche und transparente Vorgehensweise steht diametral den auch in den Medien immer wieder behaupteten Einschätzungen entgegen, der IRU sei ein einseitiger, unwissenschaftlicher und auf Katechese beruhender Unterricht der konservativen Religionsgemeinschaften. Sie macht aber auch deutlich, dass an Schnittstellen dieses Prozesses die Expertise außeruniversitärer Bildungseinrichtungen hilfreich sein könnte. Die folgende Bedarfsanalyse stellt das Spektrum des Fortbildungsbedarfs im Bereich „Islam und Schule" deshalb ausführlich dar. Um die Qualität des Unterrichts zu sichern, wurden 2015 und 2016 *Materialbände* in Zusammenarbeit mit Fachlehrern anhand des Kerncurriculums ab Klasse 5 erarbeitet.[3] Dies wäre eigentlich die Arbeit außeruniversitärer Einrichtungen gewesen, aufgrund des Mangels an solchen und des außerordentlich dringenden Bedarfs an qualitativ angemessenem Material, sah sich das niedersächsische Kultusministerium jedoch in der Verpflichtung, hier schnell und flexibel zu reagieren. Für jeweils zwei Doppeljahrgänge wurden und werden komplette Unterrichtseinheiten, passendes Material und Methoden, sowie Anregungen für Projektarbeit in den Schulen entwickelt. Lehrerinnen und Lehrer, die neu in das Fach in Niedersachsen einsteigen, haben insbesondere im Sekundarstufenbereich I keine Materialien, auf die sie zurückgreifen können. Die Materialsammlungen sind somit eine erste Hilfe und Unterstützung. Genau hier kann die Arbeit außeruniversitärer Bildungs-

---

3 Materialien für einen kompetenzorientierten Unterricht in den Schuljahrgängen 5 und 6 „Islamische Religion" (2015). URL: http://db2.nibis.de/1db/cuvo/datei/materialien_fuer_ir_aktuell_mit_transkription.pdf

einrichtungen greifen, indem Materialpools und Unterrichtsprojekte entwickelt werden, die sich konkret auf die Rahmenbedingungen des jeweiligen Bundeslandes beziehen können.

Die Unterstützung der Akteure für den IRU erweitert sich aber auch auf Fachberatung, Konzeptentwicklung für eine qualifizierte Weiterbildung, schulformspezifische Beratung und letztendlich auch ein Werben um Akzeptanz des Unterrichts nicht nur an den Schulen, an denen der IRU neu eingeführt wurde, sondern auch im gesellschaftlichen Kontext. Ab August wird eigens dafür seitens des Kultusministeriums ein Netzwerk aller islamischen Religionslehrerinnen und -lehrer ins Leben gerufen. Auch hier kann (und muss mit Blick in die Zukunft) eine außeruniversitäre Bildungseinrichtung Unterstützung leisten.

Auch *Lehrerfortbildungen* werden derzeit noch ausschließlich seitens des Kultusministeriums angeboten, obwohl dies in anderen Fachbereichen (der Vergleich zu den beiden christlichen Konfessionen liegt nahe) auch Aufgabe außeruniversitärer Einrichtungen der Erwachsenenbildung ist.

Ein Beispiel dafür, wie eine solche Realisierung des Lehrerbildungsbedarfs durch ein muslimisches Fachangebot aussehen kann, ist die Fortbildung des Zentrums für islamische Religionspädagogik Niedersachsen[4] als außeruniversitäre qualifizierte Einrichtung im Rahmen einer Fortbildungsreihe „Religionsunterricht im Dialog. Fortbildungsreihe für evangelische, katholische und muslimische Religionslehrerinnen und -lehrer": Eine Fortbildung, die sich exakt am Kerncurriculum Niedersachsen orientiert und den spezifischen Bedingungen der Lehrerinnen und Lehrer sowie des Bundeslandes (regionaler Bezug) gerecht wird. Dadurch findet eine tatsächliche Vernetzung der Lehrkräfte statt, die hier theologische und religionspädagogische Angebote erhalten, die genau auf ihre Bedürfnisse zugeschnitten sind. Diese Fortbildung ist eine der ersten Kooperationen in diesem Bereich, die 2016/2017 in Niedersachsen angeboten wird. Ein Planungsteam, bestehend aus dem Zentrum islamische Religionspädagogik Niedersachsen, den Bistümern Osnabrück und Hildesheim (Haus Ohrbeck) und dem RPI Loccum, bereitet sie fachkompetent vor und führt sie gemeinsam durch.

Diese Kooperation entstand aus dem Bedarf der Lehrerinnen und Lehrer des evangelischen, katholischen und islamischen Religionsunterrichts, sich über den jeweils anderen zu informieren und Raum für gemeinsame Begegnungen zu schaffen.

Die angebotene Fortbildungsreihe bietet eine Möglichkeit, gemeinsame Schwerpunkte aller Religionsunterrichte fachwissenschaftlich und religionspädagogisch zu beleuchten. Sie gibt dem Lehrpersonal außerdem Impulse, den eigenen Unterricht

---

4 Zentrum Islamische Religionspädagogik Niedersachsen, URL: http://zirp-niedersachsen.de/.

kompetent zu gestalten und für einen wertschätzenden Dialog miteinander zu werben, der Differenzen und Gemeinsamkeiten zulassen kann. Die Tagungsreihe ist als Lehrerfortbildung anerkannt. Sie wird vom NLQ[5] im Auftrag des Kultusministeriums gefördert. Auch die Projektpartner waren hier bundesweit ein Novum: das Bistum Hildesheim, das Bistum Osnabrück, der DITIB-Landesverband Niedersachsen und Bremen, die Evangelisch-lutherische Landeskirche Hannovers und die Schura Niedersachsen, ermöglichten erstmals eine Zusammenarbeit als Religionsgemeinschaften für den Religionsunterricht. An dieser Stelle sei auf die wertschätzende und sehr konstruktive Arbeit und Unterstützung aller Beteiligten, Religionsgemeinschaften wie Kultusministerium, hingewiesen, die angesichts der momentan stattfindenden politischen Debatten durchaus keine Selbstverständlichkeit ist.

Auch die Universitäten erleben sich immer mehr als Ansprechpartner für die Lehrerfortbildung, sie können dieser Nachfrage allerdings nur in einem bestimmten Rahmen gerecht werden. Ihnen fehlt es an Praxiserfahrungen aus dem Schulalltag, einer wichtigen Grundlage zur Erstellung von Materialien und Konzepten, die sich tatsächlich auf die Lebenswelt der Schülerinnen und Schüler beziehen. Die Aufgabe der Universitäten liegt darin, theologische, religionspädagogische und erziehungswissenschaftliche Grundlagen zu definieren, zu strukturieren und zusammenzuführen, eingebunden in verschiedene Nachbarwissenschaften, wie Erziehungswissenschaften, Fachdidaktik, aber auch Ansätze und Perspektiven anderer Religionen. Akademien hingegen beziehen diese Grundlagen auf berufspraktische Arbeitsfelder mit Blick auf regionale Besonderheiten (das sind Kerncurricula des jeweiligen Bundeslandes, spezifische Kooperationspartner, spezifische religionsrechtliche Bestimmungen, wie z. B. Berlin oder Bremen). Sie sind damit wesentlich flexibler und können sich auch auf spezifische Konzepte verschiedener Bildungsträger, wie z. B. Inklusion, religiöse Schulprofile, Gesamtschulen, Berufsschulen schneller einstellen.

3 Islamische Theologie in der Entwicklung

Die Entwicklung der islamischen Theologie ist in Deutschland grundlegend für einen qualitativ hochwertigen Religionsunterricht. Beides kann nicht voneinander losgelöst betrachtet werden, daher sei an dieser Stelle genauer darauf eingegangen. Diese 1400 Jahre alte Wissens- und Wissenschaftstradition ist mit Bezug auf die in Deutschland vorliegenden Rahmenbedingungen noch sehr jung. Für ein grundle-

---

5 Niedersächsisches Landesinstitut für schulische Qualitätsentwicklung

gendes Verständnis will der vorliegende Text eine Rückschau auf die letzten Jahre der rasanten Entwicklung einer islamischen Theologie in Deutschland seit dem Jahr 2010 und der damit verbundenen Kooperationen und Abgrenzungsversuche wagen. Diese Entwicklungen lassen sich sehr gut an dem Aushandlungsprozess um den Begriff der Islamischen Theologie selbst nachvollziehen. Darauf aufbauend werden hier die Möglichkeiten der islamischen Theologie über das begriffliche Dach hinaus ausgelotet. Das Projekt des islamischen Religionsunterrichts bzw. der universitären Ausbildung muslimischer Theologen gewann im Jahr 2010 mit den Empfehlungen des Wissenschaftsrates für den Aufbau einer Islamischen Theologie (damals noch „Islamische Studien") starken Aufschwung. In sehr kurzer Zeit, im Jahr 2012 (für die Etablierung einer neuen Disziplin ein absolut rasantes Vorhaben!), werden an fünf Standorten Zentren für Islamische Theologie zur Ausbildung von pädagogischem und theologischem Fachpersonal auf- bzw. ausgebaut und mit umfangreichen Mitteln Mitarbeiterinnen und Mitarbeiter ausgestattet. Schon in den vorhergehenden Jahren legten vier Universitäten die Grundlage für diese Entwicklung und den Ausbau solcher theologischen Zentren: namentlich sind dies die Standorte Münster, Frankfurt, Erlangen und Osnabrück.

In der Allgemeinheit werden immer wieder verschiedene Erwartungen an die Islamische Theologie formuliert, die weit über den fachlichen Rahmen hinausgehen. Interessant ist, dass anfangs der Erwartungshorizont der Muslime kaum Beachtung findet. Zwei Hoffnungen werden dagegen immer wieder besonders hartnäckig geäußert: einmal die Islamische Theologie oder wahlweise auch den islamischen Religionsunterricht als Mittel der Integration und zum anderen beides als Beschleuniger des Projektes der „Aufklärung der Muslime". So nannte Annette Schavan die Einrichtung des Tübinger Zentrums für Islamische Theologie einen „Meilenstein für die Integration".[6] Weiterhin gibt es die Vorstellung, die Islamische Theologie müsse nach dem Vorbild der christlichen Theologien weiterentwickelt werden:

> „Wir wollen mit der großen Erfahrung, die wir an deutschen Universitäten mit der Theologie haben, auch einen Beitrag zur Weiterentwicklung der islamischen Theologie leisten."[7]

Marco Schöller spricht der Islamwissenschaft korrekterweise diese Kompetenz ab – also „die Zuständigkeit dafür […], ob es eine Islamische Theologie an deutschen Hochschulen geben soll und wenn ja, wie diese beschaffen zu sein hat. Die

---

6 Siehe URL: http://www.zeit.de/studium/hochschule/2012-01/zentrum-islamische-theologie-2/komplettansicht
7 a. a. O.

Islamwissenschaft hat keine Deutungshoheit oder Absegnungskompetenz über die Belange einer Religionsgemeinschaft." Eine der bedeutendsten Chancen der Islamischen Theologie besteht deswegen darin, dass Muslime eigenständig ihre Religion erforschen, strukturieren und lehren können, eigenständig Schwerpunkte und Zusammenhänge definieren können und nunmehr die Möglichkeit haben, als Expertinnen und Experten zum Islam und den Muslimen aus der akademischen Position heraus wahrgenommen zu werden. Die Deutungshoheit über den Islam wird somit nicht nur ausgebaut, sondern auch verlagert, denn die Vertreterinnen und Vertreter der Islamische Theologie definieren nun maßgeblich das, was den Islam ausmacht bzw. was über den Islam überhaupt erst gewusst werden kann.

Es ist deutlich, dass die Islamische Theologie vor der fast unmöglichen Aufgabe steht, eine gut 1400 Jahre alte Wissenschafts- und Methodentradition und -entwicklung innerhalb eines Hochschulcurriculums für den Fach- und Lehramtsbachelor bzw. -master zu vermitteln, das zudem wissenschaftliches Arbeiten, interreligiöses Lernen, interdisziplinäres Studieren, internationale Erfahrung und Employability gewährleistet. Ein verantwortlicher Blick gilt dabei stets den späteren Berufsaussichten für Absolventen dieser Studiengänge. So klar das berufliche Ziel der Lehramtsstudiengänge ist, so unklar sind diese zunächst für die Absolventen der Islamischen Theologie. Die Erfüllung der politischen Hoffnung auf die Schaffung einheimischer und einheimisch ausgebildeter Imame, die flächendeckend und bereitwillig von den Moscheeverbänden zu adäquater Entlohnung eingesetzt werden, lässt sicherlich auch für ganz optimistische Beobachter noch auf sich warten. Der Gemeindeansatz im Fokus des Studiengangs wurde in der Konzeption des Masterstudienganges Islamische Theologie an der Universität Osnabrück ab dem Wintersemester 2015/16 vertieft, indem explizit ein gemeindepädagogischer und seelsorgerischer Schwerpunkt ausformuliert und curricular umgesetzt wurde. Dies parallel zur Ausrichtung auf die Ausbildung theologisch geschulten Nachwuchses für den akademischen Betrieb. Der mittlerweile durch die zweite Förderungsphase der Zentren für islamische Theologie etablierte Schwerpunkt Soziale Arbeit/Seelsorge eröffnet nun einen weiteren großen Berufszweig, den der Wohlfahrtspflege für muslimisches Fachpersonal, und wird, wie für den schulischen Bereich schon geschehen, einen Fortbildungsbedarf überhaupt erst wirklich sichtbar machen. Daran können unmittelbar außeruniversitäre Bildungseinrichtungen anknüpfen, in vergleichbarer Weise wie es bereits oben am Beispiel des islamischen Religionsunterrichts aufgeführt wurde.

4 Arbeit in den Beiräten

Beide oben aufgeführten Beispiele, die Implementierung des islamischen Religionsunterrichts und die Einrichtung von Instituten für islamische Theologie, werden von eingerichteten Beiräten begleitet. Mit dem Ende des Modellversuchs wurde ein Beirat gegründet, der sich bis heute aus religionspädagogischen und theologischen Fachleuten zusammensetzt. Er hat die Aufgabe, Gutachten für die Kerncurricula islamische Religion der verschiedenen Schulstufen zu erstellen, Gutachten für Lehrbücher in Abstimmung mit dem NLQ anzufertigen, und ebenso auch, Stellungnahmen zu Kerncurricula anderer Religionen zu verfassen. Des Weiteren erteilt der Beirat die Lehrerlaubnis (Idschaza) und unterstützt die Lehrerinnen und Lehrer in ihrer Tätigkeit mit fachlichen Informationen und auch bei Problemen, die evtl. in Schulen auftreten können. Der Beirat ist ebenso Ansprechpartner für Eltern, um sie über den islamischen Religionsunterricht zu informieren.

Der Beirat hat sich in den letzten Jahren in diesen Aufgaben bewährt und alle an ihn herangetragenen Aufgaben erfüllt. Die vollständige Ehrenamtlichkeit der beiratlichen Arbeit sei an dieser Stelle noch einmal hervorgehoben, da sie oft als Selbstverständlichkeit vorausgesetzt wird. Die Asymmetrien, die daraus entstehen und sichtbar werden, z. B. in der Kooperation mit kirchlichen Institution, werden oft den muslimischen Beiratsmitgliedern angelastet, weniger der Struktur. Es stellt sich an dieser Stelle die Frage, inwieweit tatsächlich eine derartige Verantwortung unter diesen Umständen qualitativ auf lange Zeit gesichert werden kann.

Ähnliche Aufgaben, nicht ganz so umfassend, aber in der gleichen Verantwortung, hat der konfessorische Beirat des Instituts für Islamische Theologie der Uni Osnabrück.

Das Aufgabenspektrum der Beiräte macht deutlich, das insbesondere für Gutachten und Konzepte, wissenschaftlich ausgebildete Akteure mit dem jeweiligen Praxis- und Regionalbezug notwendig sind, die diese Arbeit leisten können. Bildungseinrichtungen, die Universität und verschiedene Lernorte oder Arbeitsfelder verknüpfen, wären auch an dieser Stelle absolut notwendig.

5 Aufgabenbereiche einer Akademie am Beispiel des ZIRP

Das Zentrum Islamische Religionspädagogik Niedersachsen (ZIRP) ist aus der wachsenden Nachfrage entstanden, grundlegende und umfassende theoretische und praktische Informationen für den Bereich Islam und Schule zu erhalten. Dies betrifft insbesondere die fachwissenschaftliche Qualität des islamischen Religionsunterrichts innerhalb theologischer und religionspädagogischer Fragestellungen. Ebenso viel Bedeutung wird der wertschätzenden Begegnung von Schülern, Eltern, Lehrern, Fortbildern und Erziehern an den verschiedenen Bildungsorten zugemessen. Aus der Begegnung mit dem Anderen ergeben sich insbesondere dort aktuelle Fragestellungen auf beiden Seiten. Um hier nachhaltige und auf Dauer zufriedenstellende Lösungen anbieten zu können, ist es notwendig, historische Entwicklungen und wissenschaftliche Forschung theologischer, religionspädagogischer oder auch sozialer Aspekte miteinander zu verknüpfen und aufzubereiten.

Das ZIRP hat im Frühling 2015 seine Arbeit aufgenommen, die Hauptaufgaben, die angefragt werden sind:

- die religionspädagogische Aufbereitung spezifischer Themen für den islamischen Religionsunterricht auf theologisch fundierter Grundlage
- Schulungen zur Sensibilisierung interreligiöser Begegnungen in Kindergarten, Schule und Berufsschule, um nachhaltig das alltägliche Miteinander zwischen allen beteiligten Akteuren zu verbessern
- wissenschaftliche Grundlagenforschung und Expertise zu Fragestellungen aus dem Bereich Islam und Schule

Genau in diesen Bereichen kann das ZIRP die Brückenfunktion wahrnehmen, die eine außeruniversitäre Bildungseinrichtung zwischen Universität und den entsprechenden Wirkungsbereichen leisten muss.

6 Materialien, Konzepte, Weiterbildungen für den Unterricht in Moscheegemeinden

Neben den oben ausgeführten Lehrerfortbildungen und Weiterbildungsveranstaltungen im öffentlichen Bereich verschiedener Bildungsorte, verzeichnen auch Moscheen und andere muslimische Bildungsträger einen größer werdenden Bedarf an theologisch und religionspädagogisch aufbereiteten Konzepten und Materialen, gebrauchsfertig aufbereitet für den Unterricht in der Moschee. Oftmals sind die Lehrenden an diesen Lernorten zwar sehr engagiert, aber nicht (religions-)pädagogisch ausgebildet. Für die Erstellung solcher Materialien ist daher ein hohes Maß an Professionalität gefordert, denn es ist so konzipiert, dass auch Lehrende, die kein klassisches Lehramts- oder Pädagogikstudium absolviert haben, es kompetent nutzen können. Aus diesem Bedarf heraus ergab sich für das ZIRP die Anfrage,

Materialien für den Moscheeunterricht zu erstellen, die muslimische Jugendliche bei ihrer Identitätsbildung unterstützen können, ihnen erlauben ihre Religiosität reflektiert und offen leben und kommunizieren zu können und dies auf Basis religiöser Quellen fundiert nachzuvollziehen lernen.

Die Materialien beziehen sich auf konkrete inhaltliche Schwerpunkte, die in Modulen zusammengefasst sind. Fachspezifische Hintergrundinformationen, Ausführungen über die anzustrebenden Kompetenzen, methodische Erläuterungen und spezifische Literaturhinweise stützen komplett ausgearbeitete Unterrichtssequenzen. Die thematischen Schwerpunkte sind ebenso wie die vorgeschlagenen Methoden angepasst an die Rahmenbedingungen der Lehrenden und Lernenden. Somit kann auch ehrenamtlich arbeitenden Mitgliedern von Moscheegemeinden ermöglicht werden, in ihren Moscheen qualitativ anspruchsvolle Konzepte anzubieten.

7 Fazit

Zusammenfassend lassen sich folgende Thesen formulieren, die den Bedarf nach einer muslimischen Akademie verdeutlichen. Wir brauchen Akademien,

- weil sie Ergebnisse aus der Forschung der islamischen Theologie und ihrer Nachbarwissenschaften für die verschiedenen Berufszweige z. B. im Sozial- und Bildungssektor aufbereiten und adressatengerecht anbieten können
- weil sie die Erfahrungen aus der Praxis und die erwarteten und gelebten Werte aus gesellschaftlichen Kontexten einbinden in fachwissenschaftliche Diskussionen und konkrete Handlungsfelder
- weil sie, indem sie Normen setzen, die Qualität an Bildungsstandorten durch ihre Angebote sichern oder sogar ausbauen können
- weil sie regional vernetzen und damit unterschiedliche Akteure zusammenbringen können, um Lösungen für spezifische, regionale oder fachwissenschaftliche Fragestellungen anbieten zu können
- weil sie auf Besonderheiten, Inselthemen und neue Entwicklungen flexibel und lösungsorientiert reagieren können, indem sie Konzepte erarbeiten, Projekte anregen oder spezifisches Material erstellen
- weil sie Diskussionsforum, Balance und auch geistige und moralische Instanz und Reserve sein können für Entwicklungen der islamischen Theologie und Religionspädagogik und für gesellschaftliche Anfragen aus dem gegenwärtigen Zeitgeschehen

Die Autorinnen und Autoren

Annett Abdel-Rahman ist Lehrerin für islamische Religion an der IGS Stöcken in Hannover, Lehrbuchautorin für den Islamischen Religionsunterricht. Sie arbeitet in verschiedenen Kommissionen des Kultusministeriums an der Erstellung der Kerncurricula und entsprechender Unterrichtsmaterialien. Ehrenamtlich ist sie Vorsitzende des Beirats für Islamische Theologie an der Universität Osnabrück und war bis Juni 2016 Mitglied im Beirat für den Islamischen Religionsunterricht in Niedersachsen. Zusammen mit Dr. Kathrin Klausing hat sie 2015 das Zentrum für Islamische Religionspädagogik in Niedersachsen gegründet.

Dr. Dr. Peter Antes ist emeritierter Professor für Religionswissenschaft. Von 1973 bis zum Eintritt in den Ruhestand war er an der Universität Hannover tätig. Er ist Mitglied in der Eugen-Biser-Stiftung.

Dr. Dr. Rauf Ceylan ist Professor für gegenwartsbezogene Islamforschung am Institut für Islamische Theologie der Universität Osnabrück und stellvertretender Direktor des Instituts. Er ist Mitglieder im Institut für Migrationsforschung (IMIS) und Interkulturelle Studien und im Rat für Migration (RfM e. V.).

Samy Charchira ist Diplom Sozialpädagoge und Sachverständiger für Islamische Wohlfahrtspflege, u. a. bei der Deutschen Islamkonferenz. Seit 2013 ist er Mitglied des Landesvorstandes des Paritätischen Wohlfahrtsverbandes Nordrhein-Westfalen.

Naika Foroutan ist Professorin für Integrationsforschung und Gesellschaftspolitik an der Humboldt-Universität zu Berlin und stellvertretende Direktorin des Berliner Instituts für empirische Integrations- und Migrationsforschung (BIM).

Dr. Dirk Halm ist außerplanmäßiger Professor für Politische Soziologie an der Universität Münster und stellvertretender wissenschaftlicher Leiter der Stiftung Zentrum für Türkeistudien und Integrationsforschung an der Universität Duisburg-Essen. Zu seinen Forschungsschwerpunkten gehören die Sozialstrukturanalyse von Einwanderungsgesellschaften, Migration und Zivilgesellschaft und die politische Integration des Islams in Europa.

Alexander Häusler ist Sozialwissenschaftler und wissenschaftlicher Mitarbeiter des Forschungsschwerpunktes Rechtsextremismus/Neonazismus der Hochschule Düsseldorf (www.forena.de).

Melahat Kisi hat in Köln Pädagogik, Islamwissenschaften und Ethnologie studiert. Im Rahmen des „Graduiertenkollegs der Islamische Theologie" – eine Initiative der Stiftung Mercator und der Zentren/Institute für Islamischen Theologie in Deutschland – promoviert sie zum Thema „Geschlechtergerechtigkeit im Islamischen Religionsunterricht".

Kathrin Klausing studierte Deutsch als Fremdsprache und Islamwissenschaft an der TU und FU Berlin. 2011 promovierte sie am Arabistischen Seminar der FU Berlin zu Geschlechterrollenvorstellungen im Tafsir (Koranexegese). Sie ist seit 2012 als wissenschaftliche Mitarbeiterin am Institut für Islamische Theologie der Universität Osnabrück tätig. Dort lehrt und forscht sie im Bereich Koranexegese- und Wissenschaften. Seit 2014 ist sie Mitglied im Beirat für den Islamischen Religionsunterricht in Niedersachsen. Zusammen mit Annett Abdel-Rahman hat sie 2015 das Zentrum für Islamische Religionspädagogik in Niedersachsen gegründet.

Dr. Thomas Lemmen ist Katholischer Theologe, Mitarbeiter des Referats Dialog und Verkündigung des Erzbistums Köln, Lehrbeauftragter an der Katholischen Hochschule Nordrhein-Westfalen und Dozent an der Philosophisch-Theologischen Hochschule SVD St. Augustin sowie Geschäftsführer der Christlich-Islamischen Gesellschaft e. V. (CIG).

Dr. Rüdiger Lohlker ist Professor für Islamwissenschaften an der Universität Osnabrück mit den Forschungsschwerpunkten: moderne islamische Bewegungen, islamisches Denken, Islam und arabische Welt im Internet und islamisches Recht.

Dr. Yasemin el-Menouar hat an der Universität Köln Soziologie und Islamwissenschaften studiert. Sie ist in der Bertelsmann-Stiftung tätig und leitet das internationale Projekt „Religionsmonitor".

Dr. Stefan Muckel ist Professor für öffentliches Recht und Kirchenrecht, Rechtswissenschaftliche Fakultät der Universität zu Köln.

Dr. Markus Ottersbach ist Professor für Soziologie an der Fakultät für Angewandte Sozialwissenschaften der Technischen Hochschule Köln. Direktor des Instituts für Interkulturelle Bildung und Entwicklung und Leiter des Forschungsschwerpunkts „Migration und interkulturelle Kompetenz". Schwerpunkte in Forschung und Lehre: Migration, Soziale Ungleichheit, Jugend- und Stadtsoziologie, Politische Partizipation

Arnfrid Schenk studierte in Freiburg i. Br. Politik und Islamwissenschaften und besuchte anschließend die Henri-Nannen-Journalistenschule in Hamburg. Redakteur bei der ZEIT, im Ressort Chancen, Schwerpunkte unter anderem Integration und Islam in Deutschland.

Sven Speer hat Politikwissenschaft und Geschichte studiert und promoviert an der Goethe-Universität Frankfurt über den Verhandlungserfolg religiöser Parteien am Beispiel der Religionspolitik in den Verfassungsgebungsprozessen der deutschen Bundesländer. Er ist Vorsitzender des Forums Offene Religionspolitik e. V. und Referent für Religionspolitik im Niedersächsischen Landtag

Hakan Tosuner hat Politikwissenschaft, Rechtswissenschaften und Volkswirtschaftslehre in Frankfurt a. M. und den USA studiert. Nach seinem Studium koordinierte er die Diversity-Programme der Fulbright-Kommission (Deutschland-USA). Seit 2013 ist er Geschäftsführer des Avicenna Studienwerks.

Dr. Haci-Halil Uslucan ist Professor für moderne Türkeistudien und Integrationsforschung an der Universität Duisburg-Essen und wissenschaftlicher Leiter des Zentrums für Türkeistudien und Integrationsforschung. Seit 2012 ist er Mitglied des Sachverständigenrats deutscher Stiftungen für Integration und Migration (SVR) und seit 2015 nimmt er dort die Funktion des stellvertretenden Vorsitzenden wahr.

Maxie Wolf ist Absolventin des bilingualen Doppeldiplomstudiengangs Public Administration (Special Emphasis: European Studies) und schloss ihr Studium mit dem Bachelor of Arts der Universität Münster und dem Bachelor of Science der University of Twente in Enschede ab. Ihre Forschungsschwerpunkte sind postkoloniale Strukturen, Entwicklungszusammenarbeit in afrikanischen sowie lateinamerikanischen Staaten und Europastudien. Derzeit ist sie Angehörige des Forschungskollegs für Politikwissenschaft an der Universität Münster innerhalb des Masterprogramms Politikwissenschaft.

Dr. Ismail H. Yavuzcan hat bis September 2015 den Lehrstuhl für Islamische Religionspädagogik am Zentrum für Islamische Theologie an der Universität Tübingen vertreten. Als Dozent wirkt er bei der Ausbildung von angehenden Religionslehrern bei der IRPA in Wien mit. Er ist auch als Übersetzer, Schulbuchautor und Fachberater für islamische Religionspädagogik tätig.

Dr. Andreas Zick ist Direktor des Instituts für Interdisziplinäre Konflikt- und Gewaltforschung (IKG) und Professor für Sozialisation und Konfliktforschung an der Universität Bielefeld. Forschungsgebiete: Vorurteile, Diskriminierung und Akkulturationsprozesse, 2016 Communicator Preis des Stifterverbandes für die deutsche Wissenschaft und der Deutschen Forschungsgemeinschaft.

Printed by Printforce, the Netherlands